সীতা : মিথিলার যোদ্ধা

অমীশ একজন ১৯৭৪ সালে জন্মগ্রহণকারী, আইআইএম (কলকাতা)-তে শিক্ষিত ব্যাঙ্কার-লেখক। তাঁর প্রথম বই, দ্য ইমমর্টালস অফ মেলুহা (শিবা ট্রিলজির প্রথম বই) -এর সাফল্য তাঁকে লেখালেখিতে সম্পূর্ণভাবে মনোনিবেশ করার জন্য আর্থিক পরিষেবায় তাঁর কর্মজীবন ছেড়ে দিতে উৎসাহিত করেছিল। একজন লেখক হওয়ার পাশাপাশি, তিনি ভারত সরকারের একজন কূটনীতিক, টিভি তথ্যচিত্রের হোস্ট এবং একজন চলচ্চিত্র প্রযোজক।

অমীশ ইতিহাস, পৌরাণিক কাহিনী এবং দর্শন সম্পর্কে উৎসাহী, তিনি বিশ্বের সমস্ত ধর্মে সৌন্দর্য এবং অর্থ খুঁজে পান। তাঁর বই ছয় মিলিয়নেরও বেশি কপি বিক্রি হয়েছে এবং কুড়িটিরও বেশি ভাষায় অনূদিত হয়েছে। তাঁর শিবা ট্রিলজি ভারতীয় প্রকাশনার ইতিহাসে সবচেয়ে দ্রুত বিক্রি হওয়া এবং তার রামচন্দ্র সিরিজ দ্বিতীয় দ্রুততম বিক্রি হওয়া বই সিরিজ। আপনি অমীশের সাথে সংযুক্ত হতে পারেন এখানে:

www.authoramish.com
www.facebook.com/authoramish
www.instagram.com/authoramish
www.twitter.com/authoramish

www.authoramish.com

লেখকের অন্যান্য বই

শিব ত্রয়ী

ভারতীয় প্রকাশনীর ইতিহাসে সর্বাধিক বিক্রীত ধারাবাহিক:

মেলুহার মৃত্যুঞ্জয়ীগণ (কাহিনি-১)
নাগ রহস্য (কাহিনি-২)
বায়ুপুত্রদের শপথ (কাহিনি-৩)

রামচন্দ্র ধারাবাহিক

ভারতীয় প্রকাশনীর ইতিহাসে দ্বিতীয় সর্বাধিক বিক্রীত ধারাবাহিক:

রাম—ইক্ষ্বাকু কুলতিলক (রামচন্দ্র ধারাবাহিক-১)
রাবণ-আর্য্যাবর্তের অরিশ্রেষ্ঠ (রামচন্দ্র ধারাবাহিক-৩)

অ কল্পকাহিনী

মৃত্যুঞ্জয়ী ভারত: নবীন দেশ, নিরন্তর সভ্যতা

www.authoramish.com

'{অমীশের} লেখনী ভারতের প্রাচীন সংস্কৃতির প্রতি এক সুতীব্র কৌতূহল জাগায়।'

নরেন্দ্র মোদী

(মাননীয় প্রধানমন্ত্রী, ভারত)

'{অমীশের} লেখা তরুণ প্রজন্মকে প্রাচীনকালের মূল্যবোধের সাথে পরিচয় করায় এবং একইসঙ্গে তাদের কৌতুহল জাগিয়ে তোলে ও চরিতাথ´ করে।'

- শ্রী শ্রী রবি শঙ্কর

(আধ্যাত্মিক নেতা এবং প্রতিষ্ঠাতা, আট´ অফ লিভিং ফাউন্ডেশন)

'{অমীশের} লেখনী এককথায় চিত্তাকর্ষক ও তথ্যসমৃদ্ধ।'

অমিতাভ বচ্চন

(কিংবদন্তি নায়ক)

'অমীশ, অন্যান্য লেখকের চেয়ে অনেক বেশি চিন্তাশীল এবং গভীর, যাঁরা মূলত নতুন ভারতকে চিত্রিত করেন।'

বীর সাংভি

(সিনিয়র সাংবাদিক ও কলামিস্ট)

'অমীশ হলেন ভারতবর্ষের সাহিত্যের সর্বশ্রেষ্ঠ রকস্টার।'

শেখর কাপুর

(পুরস্কার প্রাপ্ত চিত্র পরিচালক)

www.authoramish.com

'{অমীশ} হলেন এই প্রজন্মের এক প্রকৃত চিন্তাশীল মননের আরেক নাম।'

অর্ণব গোস্বামী

(প্রখ্যাত সাংবাদিক এবং এমডি, রিপাব্লিক টিভি)

'অমীশের গল্প বলার ধরণের সাবলীলতায় ছোট বড় প্রতিটি ঘটনার পুঙ্খানুপুঙ্খ বিবরণ লক্ষ করা যায়।'

ডঃ শশী থারুর

(মেম্বার অফ পার্লামেন্ট এবং লেখক)

'{অমীশ} হলেন একজন মননশীল মানুষ। অতীতের প্রতি যার মধ্যে এক আশ্চর্য মনোমুগ্ধকর দৃষ্টিভঙ্গি কাজ করেন।'

শেখর গুপ্ত

(সাংবাদিক এবং কলামিস্ট)

'নতুন ভারতের সম্বন্ধে জানতে হলে, আপনাকে অমীশের লেখা পড়তেই হবে।'

স্বপন দাশগুপ্ত

(মেম্বার অফ পার্লামেন্ট এবং বর্ষীয়ান সাংবাদিক)

'অমীশের প্রতিটি লেখায় উন্নতশীল সমাজের সম্পূর্ণ চালচিত্র ফুটে ওঠে—লিঙ্গ বৈষম্য, জাতপাত, যে কোনো ধরণের সামাজিক বিরোধ ইত্যাদি—তিনি এই মুহূর্তে একমাত্র ভারতীয় লেখক যার দর্শনের উপর অগাধ দখল, তাঁর প্রতিটি বই অক্লান্ত চিন্তা ও অভ্রান্ত গবেষণার ফসল।'

সন্দীপন দেব

(বর্ষীয়ান সাংবাদিক এবং মুখ্য আধিকারিক, স্বরাজ্য)

'অমীশের সাহিত্য সৃষ্টি আমাদের ভাবায়, তাঁর বইগুলি সাহিত্যের বন্ধন অনর্গল করে, তাঁর লেখনীতে ফুটে ওঠে দর্শন, ভক্তিরসে টইটম্বুর তাঁর লেখায় ফুটে ওঠে তাঁর দেশভক্তির সুবাস।'

গৌতম চিকরমানে

(বর্ষীয়ান সাংবাদিক এবং লেখক)

'অমীশ হলেন সাহিত্যের এক বিস্ময়।'

অনিল ধরকর

(বর্ষীয়ান সাংবাদিক এবং লেখক)

সীতা

মিথিলার যোদ্ধা

রামচন্দ্র ধারাবাহিকের
দ্বিতীয় বই

অমীশ

অনূবাদ
ইপ্সীতা ভট্টাচার্য

ekadā

www.authoramish.com

ekadā

First published in English as *Sita: Warrior of Mithila* in 2017 by Westland Publications Private Limted

Published in 2018 by Westland Publications Private Limited

First published in Bengali as *Sita: Mithilar Yoddha* in 2017 by Westland Publications Private Limited, in association with Yatra Books

Published in 2023 by Eka, an imprint of Westland Books, a division of Nasadiya Technologies Private Limited

Published in 2026 by Ekadā, an imprint of Westland Books, a division of Nasadiya Technologies Private Limited

No. 269/2B, First Floor, 'Irai Arul', Vimalraj Street, Nethaji Nagar, Alapakkam Main Road, Maduravoyal, Chennai 600095

ISBN: 9789357763783

10 9 8 7 6 5 4 3 2

This is a work of fiction. Names, characters, organisations, places, events and incidents are either products of the author's imagination or used fictitiously.

Cover concept and Cover design by Sideways
Illustrated by Arthat Studio
Book formatting and typesetting by *i*Cues
Printed at Nutech Print Services Pvt. Ltd

www.authoramish.com

আমার ভগ্নীপতি

হিমাংশু রায় কে

একজন মানুষ, যে ভারতের প্রাচীন সাম্যের পথের জীবিত নিদর্শন।

প্রভু গণেশের এক গৌরবান্বিত ভক্ত যে অন্য সব ধর্মকে সম্মান করে।

এক নিষ্ঠাবান ভারতীয় দেশভক্ত।

এক জ্ঞানী, সাহসী এবং ন্যায়নিষ্ঠ মানুষ।

এক বীর।

www.authoramish.com

ওঁ নমঃ শিবায়।

ব্রহ্মাণ্ড ভগবান শিবের সামনে নতজানু হয়।

আমি ভগবান শিবের সামনে নতজানু হই।

www.authoramish.com

অদ্ভুত রামায়ণ থেকে।

(মহর্ষি বাল্মীকির নামে)

যদা যদা হি ধর্মস্য গ্লানির্ভবতি সুব্রত।
অভ্যুত্থানামধর্মস্য তদা প্রাকৃতিসাম্ভবঃ।।

যখনই ধর্মের পতন হবে অথবা অধর্মের উত্থান হবে পবিত্র নারীর আবির্ভাব ঘটবে।

সে ধর্মের সুরক্ষা করবে,
সে আমাদের রক্ষা করবে।

www.authoramish.com

চরিত্র এবং গুরুত্বপুর্ণ উপজাতিদের তালিকা।

(বর্ণানুক্রমে)

অরিষ্টনেমী: মলয়পুত্রদের সামরিক প্রধান; বিশ্বামিত্রের ডান হাত।

অশ্বপতি: উত্তরপশ্চিম রাজ্য কেকয়ের রাজা; কৈকেয়ীর পিতা এবং দশরথের রাজকীয় সহযোগী।

ভরত: রামের বৈমাতৃক ভাই; দশরথ ও কৈকেয়ীর পুত্র।

দশরথ: কোশল রাজ্যের চক্রবর্তী রাজা এবং সপ্তসিন্ধুর সম্রাট; কৌশল্যা, কৈকেয়ী এবং সুমিত্রার স্বামী; রাম, ভরত, লক্ষ্মণ ও শত্রুঘ্নর পিতা।

হনুমান: রাধিকার খুড়তুত ভাই; বায়ু কেসরির পুত্র; এক নাগ এবং বায়ুপুত্র উপজাতির সদস্য।

জনক: মিথিলার রাজা; সীতা এবং ঊর্মিলার পিতা।

জটায়ু: মলয়পুত্র উপজাতির একজন সেনানায়ক; সীতা এবং রামের নাগ মিত্র।

কৈকেয়ী: কেকয়ের রাজা অশ্বপতির কন্যা; দশরথের দ্বিতীয় এবং প্রিয়তমা পত্নী; ভরতের মাতা।

কৌশল্যা: দক্ষিণ কোশলের রাজা ভানুমন ও তার পত্নী মহেশ্বরির কন্যা; দশরথের জ্যেষ্ঠা পত্নী; রামের মাতা।

কুম্ভকর্ণ: রাবণের ভ্রাতা; একজন নাগ।

কুশধবজ: সঙ্কাশ্যের রাজা; জনকের অনুজ।

লক্ষ্মণ: দশরথের যমজ পুত্রদের একজন; সুমিত্রার পুত্র; রামের প্রতি বিশ্বস্ত; পরে উর্মিলার সঙ্গে বিবাহিত।

মলয়পুত্রগণ: ষষ্ঠ বিষ্ণু পরশুরামের রেখে যাওয়া উপজাতি।

মন্থরা: সপ্তসিন্ধুর সর্বাপেক্ষা বিত্তশালী ব্যবসায়ী।

মারা: এক ভাড়া করা আততায়ী।

নারদ: লোথালের এক বনিক; হনুমানের বন্ধু।

নাগগণ: বৈকল্য নিয়ে জন্মান মানুষ।

রাবণ: লঙ্কার রাজা; বিভীষণ, শুর্পনখা ও কুম্ভকর্ণের ভ্রাতা।

রাধিকা: সীতার বন্ধু; হনুমানের খুড়তুত বোন।

রাম: কোশলের রাজধানী অযোধ্যার সম্রাট দশরথ এবং তার বড় রানি কৌশল্যার পুত্র; চার ভ্রাতার জ্যেষ্ঠতম; পরে সীতার সঙ্গে বিবাহিত।

সমিচি: মিথিলার পুলিস এবং বিধি প্রধান।

শত্রুঘ্ন: লক্ষ্মণের যমজ ভ্রাতা; দশরথ ও সুমিত্রার পুত্র।

শূর্পনখা: রাবণের বৈমাত্রেয় ভগ্নী।

শ্বেতকেতু: সীতার শিক্ষক।

সীতা: মিথিলার রাজা জনক এবং রানি সুনয়নার পালিতা কন্যা; মিথিলার প্রধান মন্ত্রী; পরবর্তী কালে রামের সঙ্গে বিবাহিত।

সুমিত্রা: কাশীর রাজকন্যা; দশরথের তৃতীয় পত্নী; যমজ লক্ষ্মণ ও শত্রুঘ্নের মাতা।

সুনয়না: মিথিলার রানি; সীতা ও উর্মিলার মাতা।

বালি: কিষ্কিন্ধ্যার রাজা।

বরুণ রত্নাকর: রাধিকার পিতা; বাল্মীকিদের প্রধান।

বশিষ্ঠ: রাজগুরু; অযোধ্যার রাজপুরোহিত; অযোধ্যার চার রাজপুত্রের শিক্ষক।

বায়ু কেসরী: হনুমানের পিতা; রাধিকার কাকা।

বায়ুপুত্রগণ: পুর্ববর্তী মহাদেব প্রভু রুদ্রের রেখে যাওয়া উপজাতি।

বিভীষণ: রাবণের বৈমাত্রেয় ভ্রাতা।

বিশ্বামিত্র: মলয়পুত্রদের প্রধান; রাম ও লক্ষণের সাময়িক গুরু।

উর্মিলা: সীতার অনুজা; সুমিত্রার গর্ভে জনকের ঔরসজাত কন্যা; পরে লক্ষণের সঙ্গে বিবাহিত।

লেখকের কাছ থেকে।

এই বইটি হাতে তুলে নেবার এবং আপনাদের আমার সঙ্গে ভাগ করে নেবার মত সবথেকে মূল্যবান বস্তু – সময়, আমাকে দেবার জন্য আপনাদেরকে আমার ধন্যবাদ।

আমি জানি এই গ্রন্থের প্রকাশে অনেক দীর্ঘ সময় লেগেছে, আর তার জন্য আমি আপনাদের কাছে ক্ষমা চেয়ে নিচ্ছি। কিন্তু যখন আমি আপনাদেরকে রামচন্দ্র সিরিজের বর্ণনা পদ্ধতি বলব তখন হয়তো আপনারা বুঝতে পারবেন এটি কেন এতো দীর্ঘ সময় নিয়েছে।

আমি হাইপারলিঙ্ক নামে গল্প বলার এক বিশেষ পদ্ধতিতে অনুপ্রাণিত হয়েছি। একে অনেকে মাল্টিলিনিয়ার নেরেটিভও বলে থাকেন। এই ধরনের বর্ণনায় বিভিন্ন চরিত্র থাকে এবং একটি সংযোগ তাদেরকে একসঙ্গে নিয়ে আসে। রামচন্দ্র সিরিজের প্রধান তিনটি চরিত্র হল রাম, সীতা ও রাবণ। প্রত্যেকটি চরিত্র যে ব্যক্তিত্বে পরিণত হয় সেটা তার নিজের জীবনের অভিজ্ঞতার ফল। সীতার অপহরণের বিন্দুতে এসে তাদের কাহিনী একত্র হচ্ছে। এবং এদের প্রত্যেকের নিজস্ব অভিযান আর মনোগ্রাহী অতীতের কাহিনী আছে। সেই জন্য যেমন প্রথম গ্রন্থটি রামের কাহিনী উন্মোচন করেছে, তেমনি দ্বিতীয় এবং তৃতীয় গ্রন্থদুটি যথাক্রমে সীতা এবং রাবণের অভিযানের দৃশ্য তুলে ধরবে। তারপর এই তিনটি কাহিনী চতুর্থ গ্রন্থ থেকে একটি একক কাহিনীতে একসঙ্গে মিশে যাবে।

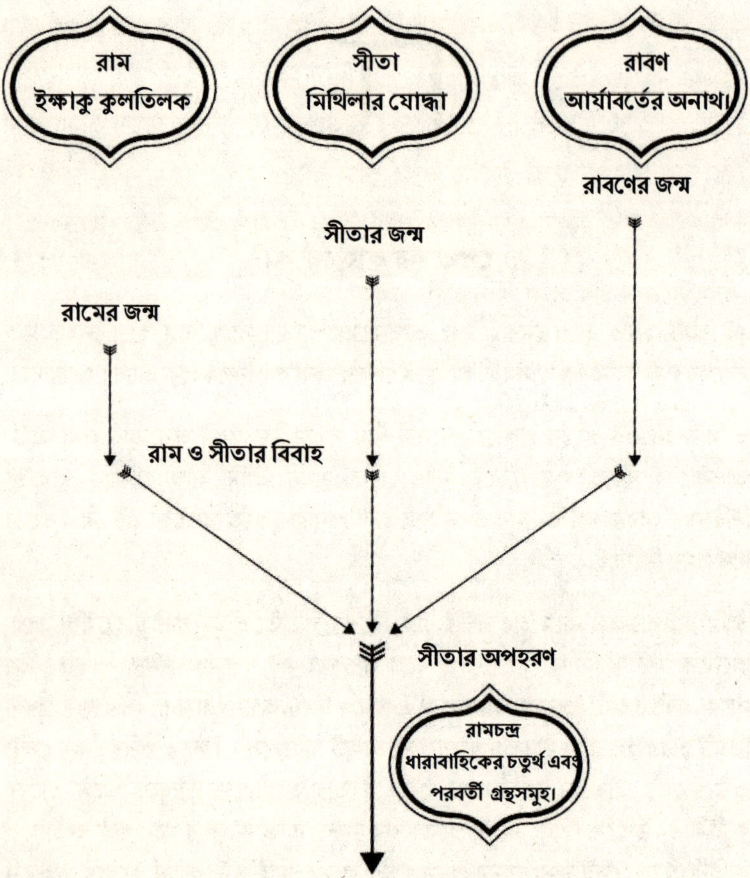
রাম
ইক্ষ্বাকু কুলতিলক
সীতা
মিথিলার যোদ্ধা
রাবণ
আর্যাবর্তের অনাথ।
রাবণের জন্ম
সীতার জন্ম
রামের জন্ম
রাম ও সীতার বিবাহ
সীতার অপহরণ
রামচন্দ্র
ধারাবাহিকের চতুর্থ এবং
পরবর্তী গ্রন্থসমুহ।

আমি জানতাম এটা জটিল এবং সময়সাপেক্ষ ব্যাপার হবে, কিন্তু আমাকে স্বীকার করতেই হচ্ছে যে এটা দারুণ উদ্দীপক কাজ ছিল। আমি আশা করছি এটা আপনাদের জন্যেও ততটাই ফলপ্রসূ এবং রোমাঞ্চকর অভিজ্ঞতা হবে যতটা আমার জন্যে ছিল। সীতা এবং রাবণের চরিত্র বোঝার ফলে আমি তাদের জগতে বাস করে, সেই সব রূপরেখা এবং কাহিনীকে খুঁজে পেয়েছি যা এই মহাকাব্যকে জীবন্ত করে তোলে।

আমি নিজেকে এর জন্যে সত্যি আশীর্বাদধন্য মনে করি।

যেহেতু এই পরিকল্পনাটা ছিল, আমি প্রথম গ্রন্থে (রাম – ইক্ষ্বাকু কুলতিলক) কিছু সূত্র রেখে দিয়েছিলাম যেগুলি দ্বিতীয় এবং তৃতীয় গ্রন্থের সঙ্গে যুক্ত। বলা বাহুল্য আপনাদের জন্য গ্রন্থ ২ ও ৩ -এও অপ্রত্যাশিত চমক এবং মোড় অপেক্ষা করে আছে!

সত্যি বলতে কি, রাম – ইক্ষ্বাকু কুলতিলক -এর শেষ অনুচ্ছেদে একটি বিরাট সুত্র ছিল। কেউ কেউ সেটা ধরতে পেরেছেন। আর যারা পারেননি তাঁদের জন্য সীতা – মিথিলার যোদ্ধা গ্রন্থের প্রথম পরিচ্ছেদে এক বিরাট তথ্য উন্মোচন এর অপেক্ষা করে আছে।

আমি আশা করব আপনাদের সীতা – মিথিলার যোদ্ধা পড়ে ভাল লাগবে। আপনারা কি ভাবলেন সেটা আমাকে নীচে দেয়া আমার ফেসবুক বা টুইটারের মাধ্যমে জানাতে ভুলবেন না।

ভালবাসান্তে,

অমীশ

www.facebook.com/authoramish

www.twitter.com/authoramish

কৃতজ্ঞতা স্বীকার

যখন কেউ লেখে তখন তার অন্তরাত্মা কাগজে উজাড় করে দেয়। কথিত আছেএতে নাকি সাহস প্রয়োজন। এও বলা হয়ে থাকে যে, সাহস তখনি আসে যখন কেউ জানে তার পাশে অনেকে আছে। আমার পাশে যারা আছে তাদের আমি কৃতজ্ঞতা জানাতে চাই, যারা আমাকে সাহস যোগায়। যারা আমাকে অনুভব করায় যে আমি একা নই।

নীল, আমার ৮ বছরের পুত্র, আমার গৌরব এবং খুশী। এখনি সে প্রচুর পড়ে। ও কবে আমার বই পড়বে তার জন্যে সাগ্রহে অপেক্ষা করে আছি আমি। প্রীতি, আমার স্ত্রী; ভাবনা, আমার ভগ্নী; হিমাংশু, আমার ভগ্নীপতি; অনীশ ও আশিস; আমার দুই ভ্রাতা; তাদের প্রাথমিক মতামতের জন্য। প্রথম পাণ্ডুলিপিটা তারাই পরে। সাধারণত প্রতিটা অধ্যায় লেখার সঙ্গে সঙ্গে। এবং আমি দর্শনগুলির অনেকগুলির বিষয়েই তাদের সঙ্গে বিস্তারিত আলোচনা করি। এই বইয়ের অনেকটা আমি অনীশ ও মীরার দিল্লির বাড়িতে লিখেছি। পূর্বজন্মে নিশ্চয়ই ভাল কিছু করেছিলাম যার ফলে এই সম্পর্কগুলির আশীর্বাদধন্য হতে পেরেছি।

আমার পরিবারের বাকিরা, উষা, বিনয়, মিতা, ডোনেটা, শেরনাজ, স্মিতা, অনুজ, রুতা। তাদের অবারিত বিশ্বাস এবং ভালবাসার জন্য।

শর্বাণী, আমার সম্পাদক, আমার কাহিনীগুলির প্রতি তার নিষ্ঠা আমার চেয়ে একবিন্দু কম নয়। সে আমারই মত একগুঁয়ে। প্রচুর পড়াশোনা করে, যেমন আমি করি।

টেকনোলজির বিষয়ে আমারই মত অবোধ। পূর্বজন্মের কোন একটিতে নিশ্চয় আমরা ভাইবোন ছিলাম!

গৌতম, কৃষ্ণকুমার, নেহা, দীপ্তি, সতিশ, সঙ্ঘমিত্রা, জয়ন্তী, সুধা, বিপিন, শ্রীবৎস, শত্রুঘন, সরিতা, অরুণিমা, রাজু, সংযোগ, নবীন, জয়শঙ্কর, সতীশ, দিব্যা, মধু, সত্য শ্রীধর, ক্রিস্টিনা, প্রীতি এবং আমার প্রকাশক ওয়েস্টল্যান্ডের দুর্দান্ত কর্মিদল, যারা আমার বিনীত মতানুযায়ী ভারতের শ্রেষ্ঠ প্রকাশক।

অনুজ, আমার এজেন্ট, শুরু থেকেই একজন বন্ধু এবং অংশীদার।

অভিজিৎ, আমার পুরনো বন্ধু এবং বরিষ্ঠ কর্পোরেট একজিকিউটিভ, যে ওয়েস্ট ল্যান্ডের সঙ্গে মিলে এই গ্রন্থের বিপণন প্রচেষ্টার চালনা করেছে। এক দুর্দান্ত মানুষ!

মোহন ও মেহুল, আমার ব্যক্তিগত ম্যানেজার, যারা বাকি সব কিছুর খেয়াল রাখে যাতে আমি লেখার সময় পাই।

অভিজিত, সোনালি, শ্রুতি, রয়, কাসান্দ্রা, জশুয়া, পূর্বা, নলিন, নিবেদিতা, নেহা, নেহাল এবং সাইডওয়েজ এর কর্মিদল, এক অসামান্য কোম্পানি যারা ব্যবসার সব ক্ষেত্রে উদ্ভাবনী চিন্তা প্রয়োগ করে। সাইডওয়েজ এই গ্রন্থের ব্যবসা এবং বিপণন প্রণালি প্রস্তুত করতে সাহায্য করেছে। অধিকাংশ বিপণন বিষয়ক সামগ্রী, প্রচ্ছদটিসহ, তাদেরই অবদান। এই প্রচ্ছদটি আমার দেখা শ্রেষ্ঠ প্রচ্ছদ গুলির অন্যতম। প্রচ্ছদ পরিকল্পনায় তাদেরকে সাহায্য করেছে 'অর্থাৎ' এর শিল্পীরা (জিতেন্দ্র, দেবল, জনসন) যারা নিজেরাও অসাধারণ ডিজাইনার।

মায়াঙ্ক, প্রিয়াঙ্কা জৈন, দীপিকা, নরেশ, বিশাল, দানীশ এবং মো'র আঁকার দল, যারা এই গ্রন্থের সংবাদ মাধ্যমের সঙ্গে সম্পর্ক এবং বিপণনের দায়িত্বে ছিলেন। তাঁদের শক্তিশালী অবদান ছিল এবং তাঁরা আমার সঙ্গে কাজ করা সবচেয়ে ভাল এজেন্সির একটি।

হেমল, নেহা এবং অক্টোবাজ এর সদস্যরা, যারা এই বইয়ের সোসিয়াল মিডিয়ায় কার্যকলাপ তদারক করতে সাহায্য করেছে। পরিশ্রমী, অসাধারণ বুদ্ধিমান এবং তীব্র ভাবে সমর্পিত। যে কোন দলের জন্য মূল্যবান সম্পদ।

মৃণালিনী ও বৃষালী, সংস্কৃত পণ্ডিত, যারা আমার গবেষণায় আমার সঙ্গে কাজ করে। তাদের সঙ্গে আমার আলোচনা গুলি জ্ঞানোদ্দীপক। তাদের কাছ থেকে যা আমি শিখি তা এমন অনেক তত্ত্ব গড়ে তুলতে আমাকে সাহায্য করে, যেগুলি আমার গ্রন্থে স্থান পায়।

সবশেষে, যাঁদের গুরুত্ব কারোর চেয়ে কম নয়, আপনারা, আমার পাঠকেরা। শুধু মাত্র আপনাদের পৃষ্ঠপোষকতার জন্যেই আজ আমি এই ধরনের জীবন বাঁচতে পারছি; যেখানে আমি যা ভালবাসি সেটা করতে পারি এবং তা থেকেই জীবনধারণের জন্য উপার্জন করতে পারি।

আপনাদের যতই ধন্যবাদ জানাই তা যথেষ্ট হবে না!

অধ্যায় ১

খৃঃ পু: ৩৪০০   গোদাবরী নদীর নিকটবর্তী কোন এক জায়গা। ভারতবর্ষ।

সীতা ঘন পাতার রাশির ডাঁটাগুলিকে নিজের ধারালো ছুড়ি দিয়ে দক্ষহাতে দ্রুত কেটে যাচ্ছিলো। বেঁটে কলাগাছ গুলির উচ্চতা তার নিজের সমান। নাগাল পেতে কোন অসুবিধে নেই। একটু থেমে নিজের কাজটা পরখ করল সীতা। তারপর একটু দূরে মলয়পুত্র যোদ্ধা মক্রন্তের দিকে তাকাল। তার কাটা পাতার পরিমাণ সীতার কাটা পাতার প্রায় অর্ধেক।

আবহাওয়া এখন শান্ত। একটু আগেই বনের এই দিকটায় হুহু করে বাতাস বইছিল। অসময়ের বৃষ্টি অঞ্চলটায় আছড়ে পড়েছে। বৃষ্টির হাত থেকে নিজেদের বাঁচাতে গাছের ছাউনির নীচে আশ্রয় নিয়েছিল দুজনে। বাতাসের শব্দ এত প্রবল ছিল যে নিজেদের মধ্যে কথা বলাও প্রায় অসম্ভব হয়ে পড়েছিল। আর ঠিক একই রকম হঠাৎ করে আবার সব শান্ত হয়ে গেল। ঝড় বৃষ্টি দুই-ই গায়েব। তাড়াতাড়ি দুজনে বনের বেঁটে কলাগাছে ভরা অংশটায় চলে এসেছিলো। কারণ এই যাত্রার একমাত্র উদ্দেশ্যই ছিল এই পাতাগুলোকে খোঁজা।

'যথেষ্ট হয়ে গেছে মক্রন্ত।' সীতা বলল।

মক্রন্ত ঘুরে দাঁড়ালো। ভিজে যাওয়ায় পাতার ডাঁটাগুলি কাটতে মুশকিল হচ্ছিল। তার ধারণা পরিস্থিতি অনুসারে সে ভাল কাজ করেছে। এবার সীতার পাশে রাখা পাতার স্তুপটা দেখার পর নিজের অনেক ছোট্ট গাদাটা দেখে একটা লাজুক হাসি হাসল সে।

উত্তরে সীতা অনাবিল হাসল 'যথেষ্ট হয়ে গেছে। চল শিবিরে ফিরে যাই। রাম ও লক্ষণ শিকার থেকে শিগগিরি ফিরবে। আশা করি ওরা কিছু একটা পেয়েছে।'

সীতা তার স্বামী অযোদ্ধার রাজপুত্র রাম এবং দেওর লক্ষণের সঙ্গে লঙ্কার রাক্ষসরাজ রাবণের প্রত্যাশিত প্রতিশোধের হাত থেকে বাঁচতে দণ্ডকারণ্যের ভেতরে দিয়ে পালিয়ে বেড়াচ্ছে। মলয়পুত্র গোষ্ঠীর এক ছোট্ট সেনাদলের সেনাধ্যক্ষ জটায়ু অযোধ্যার রাজপরিবারের এই তিন সদস্যকে রক্ষার শপথ নিয়েছে। তার দৃঢ় বিশ্বাস পালানটাই একমাত্র উপায় রাবণ তার বোন শূর্পনখার লক্ষণের হাতে আহত হবার প্রতিশোধ নিতে নিশ্চিত সৈন্যবাহিনী পাঠাবে।

গোপনীয়তা অপরিহার্য ছিল। ফলে তারা মাটিতে গভীর গর্ত খুঁড়ে তাঁর মধ্যে রান্না করতো। আগুনের জন্য বিশেষ ধরনের কম ধোঁয়ার পাথুরে কয়লা (অ্যানথ্রাসাইট) ব্যবহার করত। সাবধানের মার নেই ফলে মোটা কলাপাতা দিয়ে গর্তের ভেতরকার রান্নার হাঁড়ি ঢাকা দেয়া হয় যাতে কোন অবস্থাতেই ধোঁয়া বাইরে যেতে না পারে। কারণ এতে তাদের অবস্থানটা জানাজানি হয়ে যেতে পারে। এই কারণেই সীতা এবং মক্রন্ত কলাপাতা কাটছিল। আজ সীতার রান্না করার পালা।

পাতার বড় গাদাটা নিতে মক্রন্ত জোর করায় সীতা বাঁধা দিল না। এতে যোদ্ধা মলয়পুত্রর অবদানে ভারসাম্য আনার উপলব্ধি হবে। কিন্তু এই কাজটাই বেচারা মক্রন্তের মৃত্যুর কারণ হয়ে গেলো।

সীতা প্রথম শুনতে পেয়েছিল শব্দটা। একটু আগে হলে বাতাসের গর্জনে এটা শোনা যেত না। এখন নিঃসন্দেহে এ ধনুকের ছিলায় টান পড়ার ভয়ানক শব্দ। সাধারণ ধনুক। বরিষ্ঠ সেনানায়ক এবং সফল যোদ্ধাদের অনেকে আরও দামি মিশ্র ধনুক ব্যাবহার করে। কিন্তু সাধারণ পদাতিক যোদ্ধারা এই ধরনের সম্পূর্ণ কাঠের তৈরি ধনুকই ব্যবহার করে। এই ধনুক গুলি একটু বেশী শক্ত হয় আর ছিলায় টান পড়লে এক বিশেষ ধরনের শব্দ করে।

'মক্রন্ত। মাথা নিচু' পাতাগুলি ফেলে দিয়ে মাটিতে পড়তে পড়তে চেঁচাল সীতা।

মক্রন্তের প্রতিক্রিয়ায় দেরী হয় নি কিন্তু বড় পাতার বোঝার ফলে তাল সামলাতে না পেরে হোঁচট খেল সে। মাটিতে পড়বার আগেই তার ডান কাঁধে এসে লাগল একটা তীর। কিছু করবার আগেই আরেকটা তীর এসে বিঁধল তার গলায়। দুর্ভাগ্য।

মাটিতে পড়েই গড়িয়ে একটা গাছের পেছনে সরে এলো সীতা। গাছে পিঠ ঠেকিয়ে নিচু হয়ে ডান দিকে চেয়ে দেখল। হতভাগ্য মক্রন্ত মাটিতে পড়ে নিজের রক্তে ডুবে যাচ্ছে। তীরের ফলা তার গলা এফোঁড় ওফোঁড় করে দিয়েছে। দেরী নেই মৃত্যুর।

রাগে অভিসম্পাত দিল সীতা আর তারপর এতে শক্তির অপচয় খেয়াল হতে গভীর নিঃশ্বাস নিতে আরম্ভ করে হৃৎস্পন্দন কমিয়ে আনল। মন দিয়ে ভাল করে চারদিক দেখল। তার সামনের দিকে কেউ নেই। তীর এসেছে উলটো দিক থেকে। তার আশ্রয়দাতা গাছের আড়ালে ঢাকা পড়ে আছে। কমপক্ষে দুজন শত্রু আছে এটা বোঝা যাচ্ছে। একজন তীরন্দাজের পক্ষে এত দ্রুত পরপর দুটি তীর ছোঁড়া সম্ভব নয়।

মক্রন্তের দিকে আবার তাকিয়ে দেখল তার নড়াচড়া বন্ধ হয়ে গেছে। আত্মা নশ্বর দেহ ত্যাগ করেছে । বনে এখন এক অস্বস্তিকর স্তব্ধতা। এ প্রায় বিশ্বাস করা শক্ত যে সামান্য কয়েক মুহুর্ত আগেই এক নিষ্ঠুর হিংস্রতা উন্মোচিত হয়েছে এখানে।

বিদায়। নির্ভিক মক্রন্ত। তোমার আত্মার আবার নতুন লক্ষ্যপ্রাপ্তি হোক।

টুকরো টুকরো আদেশের শব্দ ভেসে এলো সীতার কানে। ‘প্রভু কুম্ভকর্ণের... যাও... ও... এখানে... বল...’

এবার তাড়াহুড়োয় চলে যাচ্ছে এমন কারো পায়ের শব্দ পেল সে।

এখন সম্ভবতঃ শুধু একজন শত্রু উপস্থিত। ‘মা, আমাকে সাহায্য কর মা।’ মাটির দিকে চোখ নামিয়ে ফিস ফিস করে বলল সীতা।

কোমরের পেছনে আড়াআড়ি বেঁধে রাখা খাপ থেকে ছুরিটা বের করল সে। চোখ বন্ধ করল। গাছের আড়াল থেকে বেড়িয়ে উঁকি মারা নিরাপদ নয়। সঙ্গে সঙ্গে তীর ছুটে আসবে। দৃষ্টি কোন কাজে লাগবে না। কানই ভরসা। বড়

বড় তীরন্দাজ আছে যারা শব্দভেদী বাণ চালাতে পারে। কিন্তু খুব কম লোকেই পারে শব্দের উৎসে ছুরি ছুঁড়তে। সীতা সেই মুষ্টিমেয়দের একজন।

একটা উঁচু কিন্তু আশ্চর্য রকম নরম কণ্ঠস্বর শোনা গেলো। 'বেরিয়ে আসুন রাজকুমারী সীতা। আমরা আপনার ক্ষতি করতে চাই না। এটাই ভাল হবে যদি...'

কথা অসমাপ্ত রেখে থেমে গেল কণ্ঠস্বরও। চিরকালের জন্য। কারণ যে কণ্ঠ থেকে এই স্বরের উৎপত্তি ছিল সেখানে এখন আমূল বিঁধে আছে একটি ছোরা।

নিজেকে লুকিয়ে রেখেই নিমেষে ঘুরে অমোঘ এবং নির্ভুল ভাবে ছুরিটা নিক্ষেপ করেছিল সীতা।. গলায় এসে ছুরিটা যখন বিঁধল তখন এক মুহূর্তের জন্য হকচকিয়ে গিয়েছিল লঙ্কার সৈন্যটি, তৎক্ষণাৎ মৃত্যু হল তার, নিজের রক্তে শ্বাস আটকে, ঠিক যেমন মক্রন্তের হয়েছিলো।

একটু অপেক্ষা করল সীতা। আর কেউ নেই নিশ্চিত হতে হবে। তার কাছে আর কোন অস্ত্র নেই। কিন্তু তার শত্রুদের সেটা জানা নেই। কান পেতে শুনল ভাল করে সে। কোন শব্দ না পেয়ে মাটিতে ঝাঁপ দিয়ে গড়িয়ে ঝোপের আড়ালে চলে গেলো চটপট। এখনো কারো সারা শব্দ নেই।

যাও যাও আর কেউ নেই!

চটপট উঠে দাঁড়িয়ে এক দৌড়ে লঙ্কার মৃত সৈন্যটির কাছে পৌছুলো সীতা। ধনুকে তীর জোড়া নেই দেখে একটু অবাক হল। নিজের ছুরিটা বের করে নিতে গিয়ে বুঝল কশেরুকার হাড়ে এত গভীর ভাবে বিঁধে গেছে সেটা বের করা শক্ত।

শিবির বিপন্ন, যাও!

লঙ্কার সৈন্যটির তুণীরটা তুলে নিল সে। তাতে কয়েকটা তীর আছে এখনও। পিঠ এবং ঘাড়ে বেঁধে নিল সেটা তাড়াতাড়ি। তারপর ধনুকটা তুলে নিয়ে প্রাণপণে ছুটতে শুরু করল তাদের শিবির অভিমুখে। অন্য লঙ্কার সৈন্যটি দলের কাছে পৌঁছে নিজের লোকেদেরকে সতর্ক করার আগেই তাকে ধরে ফেলে হত্যা করা প্রয়োজন।

অস্থায়ী শিবিরটির চারদিকে এক বিরাট সংগ্রামের চিহ্ন ছড়িয়ে আছে। জটায়ু এবং আরও দুজন ছাড়া বাকী অধিকাংশ মলয়পুত্র যোদ্ধারা মৃত। রক্তের সাগরে শায়িত। নির্মম ভাবে হত্যা করা হয়েছে তাদেরকে। জটায়ু নিজেও গভীর ভাবে আহত। তার দেহের নানা জায়গার ক্ষত থেকে রক্ত বয়ে পড়ছে। তার কয়েকটি ফলআর আঘাত আর কয়েকটি মুষ্ঠ্যাঘাতের ফল। তার দুহাত শক্ত করে পেছন দিকে করে বাঁধা। দুজন লঙ্কার সৈন্য তাকে শক্ত হাতে ধরে দাঁড় করিয়ে রেখেছে । মহান নাগাকে জেরা করছে তার সামনে দাঁড়ান এক দৈত্যকায় পুরুষ।

নাগ বলা হয় সপ্তসিন্ধুর সেই সব মানুষদের যারা কোন না কোন অস্বাভাবিকতা নিয়ে জন্মায়। জটায়ুর বিকৃতি তার মুখমণ্ডলকে এক শকুনের রূপ দিয়েছিল।

অন্য দুই মলয়পুত্ররাও রক্তাক্ত অবস্থায় মাটিতে হাঁটু গেড়ে বসে ছিল। তাদের হাতদুটিও একই রকম ভাবে পেছনে করে বাঁধা। তিনজন করে লঙ্কার সৈন্য তাঁদের কে ঘিরে ছিল। আরও দুজন তাঁদের কে চেপে ধরে রেখেছিল মাটিতে। লঙ্কার তরবারিগুলি থেকে তখনো রক্ত ঝরছে।

রাবণ আর তার অনুজ কুম্ভকর্ণ একটু দূরে দাঁড়িয়ে মন দিয়ে জিজ্ঞাসাবাদ নিরীক্ষণ করছিল। তাঁদের হাতে কোন রক্ত লেগে নেই।

'উত্তর দাও সেনাপতি। ' ধমকে উঠলো লঙ্কার লোকটি । 'কোথায় ওরা?'

জটায়ু ঠোঁটে ঠোঁট চেপে সবলে মাথা নাড়ল।

লঙ্কার লোকটি তার কানের এক ইঞ্চির মধ্যে মাথা ঝুঁকিয়ে ফিসফিস করে বলল। 'তুমি তো আমাদের একজন ছিলে জটায়ু। প্রভু রাবণের অনুগামী ছিলে একসময়।' জটায়ু বিদ্বেষ ভরা চোখে তাকাল। তার জ্বলন্ত চোখে উত্তর পরিষ্কার।

জটায়ু চোখ ফিরিয়ে নিয়ে দূরে তাকালও। ক্রোধের ছাপ মিলিয়ে গেল। তার মুখমণ্ডলে এক শূন্যতা যেন তার মন কোন অন্য জায়গায় হারিয়ে গেছে।

লঙ্কার প্রশ্নকর্তা তার এক সৈন্যের প্রতি ইশারা করল।

'যে আজ্ঞা সেনাপতি খর।'

'তোমার নিজের জীবনের পরোয়া না করতে পার সেনাপতি জটায়ু,' বলল খর, 'কিন্তু অন্তত তোমার দুজন সৈন্যকে বাঁচাতে চাও না?

মলয়পুত্রটি জটায়ুর দিকে তাকিয়ে চিৎকার করল, 'হে সেনাপতি আমি মরতে প্রস্তুত। কিছু বলবেন না। '

নবীন সৈন্যটির মাথায় ছুরির বাঁট দিয়ে আঘাত করল লঙ্কার লোকটি। একটু ঝুঁকে পড়ে আবার সাহসে ভর করে সোজা হয়ে গেলো সৈন্যটি। তার গলায় আবার ছুরিটা ফিরে এসেছে।

খরের কণ্ঠস্বর মখমলের মত কোমল 'তোমার সৈন্যের জীবনটা বাঁচিয়ে দাও সেনাপতি। বলে দাও ওরা কোথায় আছে।'

'কোনদিন ওদের নাগাল পাবে না।' গর্জে উঠলো জটায়ু। 'ওরা তিনজন অনেক আগেই চলে গেছে।'

খর হাসল 'অযোধ্যার রাজপুত্র দুটো যাক যেখানে খুশি। আমাদের কেবল বিষ্ণু কে চাই।'

জটায়ু চমকে উঠলো। এরা কি করে জানলো?

'বিষ্ণু কোথায়?' প্রশ্ন খরের 'কোথায় মেয়েটা?'

জটায়ুর ঠোঁট নড়ে উঠলো। কিন্তু কেবল প্রার্থনার উদ্দেশ্যে। তার বীর সৈন্যের আত্মার জন্য প্রার্থনা করছিল সে।

বিদায় আমার বীর ভ্রাতা...

শিবিরের কাছে পৌঁছে সীতা নিজের গতি একটু কমিয়ে দিল। লঙ্কার দ্বিতীয় সৈন্যটিকেও হত্যা করেছে সে। বুকে বেঁধা তীর নিয়ে কিছু দূরে পড়ে আছে তার শব। সৈন্যটির তীরগুলো তুলে নিয়ে নিজের তুণীরে ভরে নিয়েছে সীতা। একটা গাছের আড়ালে লুকিয়ে শিবিরটা ভাল করে পর্যবেক্ষন করল সে। প্রায় শতাধিক লঙ্কাসেনা চারিদিকে গিজ গিজ করছে।

সমস্ত মলয়পুত্র যোদ্ধা মৃত। জটায়ু ছাড়া। দুজন পড়ে আছে তার কাছে। অদ্ভুত ভাবে বাঁকা ঘাড় তাদের। রক্তের নদীর মাঝখানে হাঁটু গেড়ে বসা জটায়ু। লঙ্কার সৈন্য চেপে ধরে আছে তাকে। হাত বাঁধা পেছনে করে। নির্যাতিত, আহত এবং রক্তাক্ত। কিন্তু তবু ভেঙ্গে পড়ে নি সে। উদ্ধত দৃষ্টিতে দূরে চেয়ে

ছিল সে। তার বাহুর উর্ধাংশে ছুরি চেপে ধরে পাশে দণ্ডায়মান ছিল খর। বাহুর পেশীর ওপর ছুরিটা চালিয়ে মাংস কেটে রক্ত বের করে আনল সে।

সীতা খরের দিকে তাকিয়ে ভুরু কোঁচকাল। *একে আমি চিনি। এর আগে কোথায় দেখেছি একে?*

এই মাত্র যে রক্তাক্ত রেখাটি সে করেছে মৃদু হেসে তার ওপর আবার ছুরিটা চালাল খর, কিছু পেশীতন্তু গভীর ভাবে কেটে দিল।

'উত্তর দাও,' জটায়ুর গালের ওপর ছুরির আঁচড়ে আরও খানিকটা রক্ত বের করে এনে খর বলল। 'কোথায় সে?'

জটায়ু তার দিকে থুতু ফেলল। 'আমাকে দ্রুত মার, বা ধীরে ধীরে। আমার কাছ থেকে তুমি কিছুই পাবে না।'

খর রেগে ছুরিটা উঁচিয়ে ধরল। এক আঘাতে কাজটা শেষ করে দিতে যাচ্ছিল। কিন্তু সেটা হবার নয়। সাঁ করে একটা তীর এসে বিঁধল তার হাতে। সজোরে চীৎকার করে উঠল সে। ছুরিটা হাত থেকে মাটিতে পড়ে গেল।

রাবণ এবং তার ভাই কুম্ভকর্ণ চমকে ঘুরে দাঁড়াল। বহুসংখ্যক লঙ্কার সৈন্য ছুটে এসে দুই রাজকীয় ব্যক্তির চারদিকে এক সুরক্ষা বলয় তৈরি করে দিল। নিজের আবেগপ্রবণ ভাইকে আটকানোর উদ্দেশ্যে কুম্ভকর্ণ রাবণের হাত ধরে ফেলল।

অন্য সৈন্যরা ধনুক তুলে সীতার দিকে তীর তাক করল। এক উঁচু গলায় 'তীর ছুঁড়ো না' শোনা গেল কুম্ভকর্ণের কাছ থেকে। ধনুক গুলি তৎক্ষণাৎ নেমে গেল।

খর তীরের দণ্ডটা ভেঙ্গে ফেলল, ফলাটা হাতে বেঁধাই রয়ে গেল।

এতে কিছুক্ষণ রক্তপাত বন্ধ থাকবে। 'কে ছুঁড়ল এটা। দীর্ঘসময়ের পীড়িত রাজপুত্র? তার অতিকায় ভাই? না বিষ্ণু স্বয়ং?'

সীতা স্তব্ধ হয়ে একই স্থানে নিশ্চল হয়ে দাঁড়িয়ে গেল। *বিষ্ণু? লঙ্কার লোকটা কি করে জানতে পারল? কে বিশ্বাসঘাতকতা করেছে?!*

নিজের মনকে বর্তমানে জোর করে ফিরিয়ে আনল সে। এখন অন্যমনস্কতার সময় নয়।

নিজের জায়গা থেকে দ্রুত সরলো সে, নিঃশব্দে, অন্য জায়গায়।

আমি যে একা সেটা ওদের কে জানতে দেয়া চলবে না।

'বেরিয়ে এসে প্রকৃত যোদ্ধার মত যুদ্ধ কর!' খর আহ্বান করল।

সীতার নিজের অবস্থানটা পছন্দ হল। যেখান থেকে প্রথম তীরটা ছুঁড়েছিল সেখান থেকে এই জায়গাটা কিছুটা দূরে। তূণীর থেকে ধীরে একটা তীর টেনে সীতা ছিলায় যোজনা করে লক্ষ্যস্থির করল। লঙ্কার সৈন্যবাহিনী তাদের সেনাপতির পতন হলে খুব দ্রুত পিছিয়ে যায় বলে শোনা যায়। কিন্তু রাবণ তার সৈন্যদের দ্বারা সুরক্ষিত ছিল, তাদের ঢাল উচোন। সীতা উপযুক্ত লক্ষ্যপথ খুঁজে পাচ্ছিল না।

রাম এখানে থাকলে ভাল ছিল। ও ঠিক তীরের পথ বের করে নিত।

সীতা একটা ফাঁকা জায়গা তৈরি করার জন্য সৈন্যদের ওপর ক্ষিপ্র বেগে আক্রমণের সিদ্ধান্ত নিল। সে দ্রুত পরপর পাঁচটি তীর ছুঁড়ল। পাঁচজন লঙ্কার সৈন্য লুটিয়ে পড়ল। কিন্তু বাকিরা দমল না। রাবণের চারদিকের রক্ষা বলয় অটল রয়ে গেল। তারা তাদের রাজার জন্যে প্রাণ দিতে প্রস্তুত।

রাবণ এখনো সুরক্ষিত রয়েছে।

কয়েকজন সৈন্য তার দিকে ছুটতে আরম্ভ করল। সে স্থান পরিবর্তন করে নিল।

অবস্থান গ্রহণ করে সে তূণীরটা নিরীক্ষণ করল। তিনটে তীর পরে আছে। *দুচ্ছাই!*

সীতা ইচ্ছে করে একটা ডালের ওপর পা রাখল। কয়েকজন সৈন্য শব্দ লক্ষ্য করে ছুটে এলো। রাবণের লোকেদের তৈরি সুরক্ষা বেষ্টনীর গায়ে কোথাও একটা ফাঁক পাবার আশায় সে আবার স্থান পরিবর্তন করল। কিন্তু সে যা ভেবেছিল খর তার অনেক বেশী চেয়ে চালাক।

সে পিছিয়ে এসে তার অক্ষত বাঁ হাতে জুতোর সুকতলা থেকে একটা ছুরি টেনে বের করল। তারপর জটায়ুর পেছনে গিয়ে তার গলায় সেটা চেপে ধরল।

খরের ঠোঁটে উন্মাদের মত হাসি খেলা করছিল। বিদ্রূপের স্বরে বলল সে। 'তুমি পালাতে পারতে। কিন্তু পালাও নি। তাই আমি বাজি রেখে বলতে পারি, গাছের আড়ালে লুকিয়ে থাকা লোকেদের মধ্যে তুমিও আছ। হে মহান বিষ্ণু।' "মহান" শব্দটি খর তীব্র ব্যঙ্গের স্বরে উচ্চারণ করল। 'আর তোমাকে যারা পূজো করে তুমি তাদের রক্ষা করতে চাও। কি দারুণ প্রেরণাদায়ী... কি দারুণ মর্মস্পর্শী।'

খর চোখের জল মোছার ভান করল।

সীতা পলকহীন চোখে লঙ্কার লোকটির দিকে তাকিয়েছিল।

খর বলে চলেছে, 'তাই আমার একটা প্রস্তাব আছে। বেরিয়ে এস। তোমার স্বামী আর দৈত্যকায় দেওরকেও বল বেরিয়ে আসতে। তাহলে আমরা এই সেনানায়ককে মারব না। এমনকি আমরা অযোধ্যার দুই বেচারা রাজপুত্র কেও নিরাপদে যেতে দেব। আমরা কেবল তোমার আত্মসমর্পণটুকুই চাই।'

সীতা নিশ্চল। নিশ্চুপ।

খর ধীরে জটায়ুর গলার ওপর ছুরিটা ঘষল। একটা সরু লাল রেখা ফুটে উঠল জটায়ুর গলায়। সুর করে বলল খর। 'সারাদিন পড়ে নেই আমার হাতে... '

সহসা জটায়ু মাথা দিয়ে পেছনে আঘাত করল। খরের উরুসন্ধিতে। ব্যাথায় ঝুঁকে পড়ল খর। জটায়ু চেঁচাল। 'পালাও। পালিয়ে যাও। হে দেবী। তোমার জীবন উৎসর্গ করার মত মূল্যবান আমি নই!'

তিনজন লঙ্কার সৈন্য এসে জটায়ুকে মাটিতে চেপে ধরল। খর সজোরে অভিসম্পাত করতে করতে উঠে দাঁড়ালো। তখনো যন্ত্রণায় ঝুঁকে আছে সে। কয়েক মুহূর্ত পর নাগটির কাছে সরে এসে সজোরে লাথি কষাল। যে যে দিক থেকে তীর ছোঁড়া হয়েছে একে একে সবদিকে ঘুরে ঘুরে, জটায়ুকে অবিরাম লাথি মারতে মারতে সে গাছের সারিটা জরীপ করতে লাগল।

তারপর নিচু হয়ে রুঢ়ভাবে জটায়ুকে টেনে দাঁড় করিয়ে দিল। সীতা এখন তার বন্দীকে দেখতে পাচ্ছে। পরিষ্কারভাবে।

আহত ডান হাতে খর জটায়ুর মাথাটা এবার শক্ত করে ধরেছে, মাথা দিয়ে যাতে আর কোন আঘাত না করা যায়। অবজ্ঞার হাসি ঠোঁটে ফিরে এসেছে

তার। অন্য হাতে ছুরিটা জটায়ুর গলায় চেপে ধরল সে। 'আমি ঘাড়ের ধমনীটা কেটে দিতে পারি, তোমার প্রিয় সেনাধ্যক্ষ কয়েক মুহূর্তের মধ্যে মারা যাবে। মহান বিষ্ণু।' ছুরিটা মলয়পুত্রের তলপেটে নামিয়ে আনল সে। 'কিংবা ও ধীরে ধীরে রক্তক্ষরণে মরতে পারে। তোমাদের এ নিয়ে ভাবার একটু সময় আছে।'

সীতা নড়ল না। তার কাছে শুধুমাত্র তিনটে তীর আছে। কিছু করতে যাওয়া হঠকারিতা হবে। কিন্তু সে জটায়ুকে মরতে দিতে পারে না। জটায়ু তার ভাইয়ের মত।

'আমরা কেবল বিষ্ণুকে চাই।' চেঁচাল খর। 'তাকে আত্মসমর্পণ করতে বল। বাকিরা চলে যেতে পার। আমি কথা দিচ্ছি। এ এক জন লঙ্কার মানুষের দেয়া কথা!'

'ওকে ছেড়ে দাও!' গাছের পেছনে লুকনো অবস্থায়ই সীতা চিৎকার করে বলল।

'সামনে এসে আত্মসমর্পণ কর।' জটায়ুর তলপেটে ছুরিটা ধরে বলল খর। 'তবে আমরা ওকে ছেড়ে দেব।'

সীতা মাথা নিচু করে চোখ বন্ধ করল। অসহায় রাগে তার কাঁধ ঝুঁকে পড়েছে। তারপর নিজেকে আর কিছু ভাবার সময় না দিয়ে সে বেরিয়ে এল। কিন্তু তার আগে তার সহজাত অনুভূতি তাকে ধনুকে তীর যোজনা করিয়ে দিয়েছে।

'মহান বিষ্ণু।' তাচ্ছিল্যের হাসি হেসে জটায়ুকে ছেড়ে দিয়ে নিজের মাথার পেছনের একটা অনেক পুরনো ক্ষতের দাগে হাত বোলাল খর। এক না ভোলা স্মৃতি জাগিয়ে তুলল। 'আমাদের সঙ্গে যোগ দেবার জন্য ধন্যবাদ। তোমার স্বামী আর তার দৈত্যকায় ভাই কোথায়?'

সীতা উত্তর দিল না। কিছু লঙ্কার সৈন্য ধীরে ধীরে তার দিকে এগোতে আরম্ভ করল। সে লক্ষ্য করল তাদের তলোয়ার খাপে ভরা। তাদের হাতে লম্বা বাঁশের লাঠি, যা দিয়ে আহত করা যায়, হত্যা নয়। সে সামনে এগিয়ে এসে ধনুকটা নামাল। 'আমি ধরা দিচ্ছি। সেনাপতি জটায়ুকে ছেড়ে দাও।'

চাপা হাসি হেসে খর জটায়ুর তলপেটের গভীরে ছুরিটা ঢুকিয়ে দিল। ধীরে, শান্তভাবে। যকৃত ছিন্ন করে দিয়ে, তারপর বৃক্ক, থামল না...।

'নাআআ!' চেঁচাল সীতা। ধনুকটা তুলে খরের চোখের ভেতর তীরটা ছুঁড়ল সে। চোখ ভেদ করে সোজা তার মস্তিষ্কে গিয়ে বিঁধল তীরটা। খরের তৎক্ষণাৎ মৃত্যু ঘটল।

'আমার ওকে জীবিত চাই।' লঙ্কা সেনার সুরক্ষা বলয়ের পেছন থেকে চেঁচাল কুম্ভকর্ণ।

সীতার দিকে এগিয়ে আসা সৈন্যদের সঙ্গে বাঁশের লাঠি উঁচিয়ে ধরে আরও সৈন্যরা যোগ দিয়েছে।

'রাআআম!' তূণীর থেকে আরেকটা তীর নিয়ে ধনুকে লাগিয়ে ছুঁড়তে ছুঁড়তে চীৎকার করল সীতা। আরেকজন লঙ্কার সৈন্য লুটিয়ে পড়ল মাটিতে।

তাতে অন্যদের গতি কমল না। তারা ছুটে আসতে লাগল।

সীতা আরেকটা তীর ছুঁড়ল। তার শেষ তীর। আরেকজন লঙ্কার সৈন্য পড়ে গেল। অন্যরা থামল না।

'রাআআম!'

লঙ্কার সৈন্যরা প্রায় তার ওপর এসে পড়েছে। বাঁশের লাঠি উঁচিয়ে।

'রাআআম!' চেঁচাল সীতা।

একজন লঙ্কার সৈন্য এগিয়ে আসতেই ধনুকের ছিলাটাকে ফাঁসের মত করে লাঠিটা জড়িয়ে নিয়ে তার হাত থেকে ছিনিয়ে নিল সীতা। বাঁশের লাঠিটা দিয়ে লঙ্কার সৈন্যটির মাথায় সরাসরি আঘাত করল সে, মাটিতে ফেলে দিল। মাথার ওপর লাঠিটা ঘোরাল সীতা, তার ভয়ানক শব্দে সহসা ভীত সৈন্যরা থেমে গেল। অস্ত্রটাকে বাগিয়ে ধরে সে স্থির হয়ে দাঁড়াল। শক্তির অপচয় কমিয়ে। প্রস্তুত ও সতর্ক। একহাতে লাঠির মধ্যেখানে ধরা, লাঠির এক প্রান্ত তার হস্তমুলের তলায় । অন্য হাত সামনে সোজা করে বাড়ানো। পা ভারসাম্য রক্ষা করে দু দিকে ছড়ান। কম পক্ষে পঞ্চাশজন লঙ্কার সৈন্য ঘিরে ধরেছে তাকে। কিন্তু তারা দূরত্ব বজায় রাখছিল।

'রাআআম!' কোনভাবে তার কণ্ঠস্বর বন পার হয়ে তার স্বামীর কানে পৌঁছানোর প্রার্থনা করে চীৎকার করল সীতা।

'আমরা আপনার ক্ষতি করতে চাই না, দেবী বিষ্ণু। ' বলল এক সৈন্য। আশ্চর্য রকম নম্র স্বরে। 'দয়া করে ধরা দিন। আপনার কোন ক্ষতি করা হবে না।'

সীতা জটায়ু কে দ্রুত এক ঝলক দেখে নিল। *তার এখনো নিঃশ্বাস চলছে কি?*

'আমাদের পুষ্পক বিমানে ওকে বাঁচানর যন্ত্রপাতি আছে। ' বলল লঙ্কার সৈন্যটি। 'দয়া করে আপনাকে আহত করতে বাধ্য করবেন না আমাদের। '

সীতা বুকে হাওয়া ভরে নিয়ে আবার চীৎকার করল। 'রাআআআম!'

সীতার মনে হল অনেক দূর থেকে একটা ক্ষীণ স্বর শুনতে পেল সে। 'সীতাআআআ...'

হঠাৎ একটি যোদ্ধা তার বাঁ দিক থেকে নিচু করে লাঠি চালাল। সীতার পা লক্ষ্য করে। আঘাতটা এড়াতে পা দুটি গুটিয়ে লাফ দিল সীতা। হাওয়ায় থাকা অবস্থাতেই ক্ষিপ্রবেগে ডান হাত ছেড়ে দিয়ে বাঁ হাতে প্রচণ্ড বেগে লাঠিটা ঘোরাল সীতা। লঙ্কার সৈন্যটির মাথার পাশে গিয়ে লাগল সেটা। জ্ঞান হারিয়ে লুটিয়ে পড়ল সে।

'রাআআম!' মাটিতে পা রেখে আবার চেঁচাল সীতা।

আবার একই স্বর শুনতে পেল সে। তার স্বামীর কণ্ঠস্বর। দূর থেকে ভেসে আসা, মৃদু। 'ওকে ... ছেড়ে ...দাও...'

সেই কণ্ঠস্বরেই যেন বিদ্যুৎস্পৃষ্ট হয়ে, দশজন লঙ্কার সৈন্য একসঙ্গে আক্রমণ করল। সীতা ভয়ঙ্কর ভাবে চতুর্দিকে লাঠি ঘোরাতে লাগল, বেশ কয়েকজন লুটিয়ে পড়ল তাতে।

'রাআআম!'

সে কণ্ঠস্বরটা আবার শুনতে পেল। এবার বেশী দূরে নয়।

'সীতাআআ...'

ও এসে পড়েছে। ও এসে পড়েছে।

লঙ্কার সৈন্যদের আক্রমণ এখন অবিরাম, অদম্য। সীতা ছন্দবদ্ধ ভাবে লাঠি ঘুরিয়ে যাচ্ছিল। ভয়ানক ভাবে। হায় একটু যদি কম হত শত্রুসংখ্যা। পেছন থেকে একজন লাঠি চালাল। সীতার পিঠে।

'রাআআ...!'

সীতা, দুপায়ে দাঁড়িয়ে থাকার শক্তি হারিয়ে লুটিয়ে পড়ল মাটিতে। সে নিজেকে সামলে নেবার আগেই সৈন্যরা ছুটে এসে তাকে শক্ত করে চেপে ধরল।

সীতা প্রচণ্ড চেষ্টা করছিল নিজেকে ছাড়িয়ে নেবার। লঙ্কার সৈন্যদের একজন হাতে একটা নিমগাছের পাতা নিয়ে তার দিকে এগিয়ে এল। তাতে এক নীল রঙের প্রলেপ মাখানো। সীতার নাকের ওপর জোরে পাতাটা চেপে ধরল সে।

ঘনিয়ে আসা অন্ধকারের মধ্যে হাতে পায়ে দড়ির ছোঁয়া অনুভব করল সীতা।

রাম... বাঁচাও।

তারপর সব অন্ধকার।

২

অধ্যায় ২

৩৮ বছর পূর্বে, ত্রিকূট পর্বতের উত্তরে, দেওঘর, ভারতবর্ষ

ঘোড়ার লাগামটা টেনে ধরে ফিসফিস করে বলল সুনয়না, 'একটু দাঁড়াও।'

মিথিলার রাজা জনক ও তার পত্নী সুনয়না দীর্ঘ পথ পার হয়ে গঙ্গার প্রায় একশত কিলোমিটার দক্ষিণে ত্রিকূট পর্বত পৌঁছেছে। তাদের লক্ষ্য কিংবদন্তি কুমারী দেবী কন্যাকুমারির সাক্ষাৎ পাওয়া। এক দৈবী শিশু। সমগ্র সপ্ত সিন্ধু জুড়ে সকলের বিশ্বাস যে নির্মল হৃদয় নিয়ে যেই তার কাছে আসুক প্রত্যক্ষ দেবী তাদের কে সাহায্য করে থাকেন। আর মিথিলার রাজ পরিবারের তাঁর আশীর্বাদের প্রয়োজন আছে সে বিষয়ে কোন সন্দেহ নেই।

বিরাট গণ্ডকী নদীর তীরে মহান রাজা মিথির পত্তন করা মিথিলা এক সময় একটি সমৃদ্ধ নৌবন্দর ছিল। এর সমৃদ্ধির ভিত্তি ছিল কৃষি যা সম্ভব হয়েছিল এর অসামান্য উর্বর মাটির জন্য, এবং সেই সঙ্গে সপ্ত সিন্ধুর বাকিদের সঙ্গে নদীমাতৃক বাণিজ্য। দুর্ভাগ্যবশত পনের বছর আগে এক ভূমিকম্পর ফলে হওয়া বন্যায় গণ্ডকীর গতিপথ পরিবর্তন হয়ে যায়। তার সঙ্গে সঙ্গে বদলে গেছে মিথিলার সৌভাগ্যও। এখন নদীটির গতিপ্রবাহ আরও পশ্চিমে সঙ্কাশ্য নগরের পাশ দিয়ে চলে। জনকের অনুজ কুশধ্বজ শাসিত সঙ্কাশ্য ছিল মিথিলার এক নগণ্য সাহায্যাধীন রাজ্য। গণ্ডকীর গতিপথ পরিবর্তনের সঙ্গে সঙ্গে মিথিলার দুর্ভাগ্য আরও বাড়িয়ে দিয়েছে লাগাতার কয়েক বছর পর্যাপ্ত পরিমাণ বৃষ্টি না

হওয়া। মিথিলার সর্বনাশ সঙ্কাশ্যর পৌষ মাস । মিথি বংশের কার্যতঃ প্রধান প্রতিনিধি রূপে কুশধ্বজের মর্যাদা দ্রুত বৃদ্ধি পাচ্ছিল।

অনেকের মতে রাজা জনকের উচিত মিথিলার পুরাতন সম্পদের কিছু অংশ দিয়ে গণ্ডকী নদীর গতিপথ আগের জায়গায় ফিরিয়ে আনার জন্যে এক প্রযুক্তি গত উদ্যোগ আরম্ভ করা। কিন্তু কুশধ্বজ তার বিপক্ষে পরামর্শ দিয়েছে। তার যুক্তি ছিল এত বিশাল উদ্যোগে অর্থব্যয় করা বুদ্ধিমানের কাজ হবে না। নদীটি সঙ্কাশ্য থেকে মিথিলায় নিয়ে যাবার জন্য অর্থের অপচয় করার প্রয়োজন কি? হাজার হোক সঙ্কাশ্যের সম্পদ তো কার্যতঃ মিথিলারই।

ধর্মপ্রাণ, আধ্যাত্মিক, জনক মিথিলার সৌভাগ্যের এই অধোগতির প্রতি এক দার্শনিক মনোভাব ধারণ করেছিলেন। কিন্তু দু বছর আগে বিয়ে করে আসা নতুন রানি সুনয়না নিজে অলস প্রকৃতির ছিলেন না। তার পরিকল্পনায় ছিল মিথিলা কে আবার পুরনো গরিমায় ফিরিয়ে আনা। আর সেই পরিকল্পনার এক বড় অংশ ছিল গণ্ডকীর গতিপথ কে আগের জায়গায় ফেরানো। কিন্তু এত বছর পর এই ধরণের এক ব্যয় সাপেক্ষ কঠিন প্রযুক্তিগত উদ্যোগের সমর্থনে যুক্তিগ্রাহ্য কারণ খোঁজা মুশকিল হয়ে পড়েছিল।

যখন যুক্তি অসফল হয়, তখন ভক্তি সুরাহা করতে পারে।

কন্যাকুমারী মন্দিরে গিয়ে আশীর্বাদ নিতে, তার সঙ্গে যাওয়ার জন্য জনককে সুনয়না রাজি করিয়ে নিয়েছিল। যদি বালিকা দেবী গণ্ডকীর উদ্যোগের সমর্থন করেন তবে কুশধ্বজের পক্ষেও এর বিরুদ্ধে কিছু বলা শক্ত হবে। কন্যাকুমারীর কথা যে সাক্ষাত দেবী মাতারই কথা সে বিষয় কেবল মিথিলা নয় সমগ্র ভারতেরই বিশ্বাস। দুর্ভাগ্যবশতঃ কন্যাকুমারী মত দেন নি। 'প্রকৃতির বিধান কে সম্মান কর।' বলেছেন তিনি।

এখন মিথিলায় ফেরার পথে রাজকীয় রক্ষীদলকে সঙ্গে করে, ত্রিকূট পর্বতের উত্তরে গৃহাভিমুখে যাত্রা করছিল এক হতাশ সুনয়না ও দার্শনিক জনক।

'জনক!' সুনয়না গলা চড়িয়ে ডাকল। তার স্বামী গতি না কমিয়ে এগিয়ে গেছে।

জনক ঘোড়ার লাগাম টেনে ধরে পেছনে তাকাল। তার স্ত্রী দূরে একটা গাছের দিকে নির্বাক ইশারা করল। জনক সে দিকে তাকিয়ে দেখল কয়েকশো মিটার দূরে এক পাল নেকড়ে একটা শকুন কে ঘিরে ধরেছে। তারা কাছে আসতে চেষ্টা করছে আর বারংবার বিশাল কায় পাখিটি তাদের প্রতিহত করছে। শকুনটি তারস্বরে চেঁচাচ্ছে। শকুনের ডাক সাধারণত বিষণ্ন হয় কিন্তু একে মরিয়া শোনাচ্ছিল।

সুনয়না মনোযোগ দিয়ে দেখল। যুদ্ধটা অসম। ছয়টা নেকড়ে নিখুঁত বোঝাপড়ার সঙ্গে এঁকেবেঁকে পালা করে আক্রমণ করছে। সাহসী পাখিটা কিন্তু পিছু হটছে না।, বার বার হটিয়ে দিচ্ছে প্রতিপক্ষকে। আক্রমণকারিরা ধীরে ধীরে কাছে আসছে। একটা নেকড়ে এসে শকুনটিকে থাবা দিয়ে আঘাত করে রক্ত বের করে দিল।

পাখিটা উড়ে পালাচ্ছে না কেন?

মনে ঔৎসুক্য জাগায় সুনয়না কদমচালে ঘোড়াটাকে রণক্ষেত্রের দিকে এগিয়ে নিল। দেহরক্ষীরা পেছনে একটু দূরে।

'সুনয়না...' তার স্বামী শক্ত করে ঘোড়ার লাগাম চেপে ধরে সতর্ক করল।

অকস্মাৎ বাঁ দিকে আক্রমণের ফলে শকুনটির অন্যমনস্কতার সুযোগ নিয়ে একটা নেকড়ে প্রাণঘাতি আঘাত হানল। ডানদিক থেকে এসে কামড়ে ধরল পাখিটার বাঁ দিকের ডানায়। ভাল করে কামড়ে ধরে টানতে থাকল নেকড়েটা শকুনকে সরানোর চেষ্টায়। তারস্বরে চিৎকার করছে পাখিটা। গলার স্বরে আর্তনাদ। কিন্তু জমি ছাড়ে নি। সর্বশক্তি দিয়ে টেনে রেখেছে। কিন্তু নেকড়ের চোয়ালে শক্তি ছিল কামড়ে আরও বেশী। ফিনকি দিয়ে রক্ত বেরিয়ে এলো। ছেড়ে দিয়ে পিছিয়ে এলো নেকড়েটা, ছিড়ে আনা ডানার অংশ মুখ থেকে মাটিতে ফেলে দিল।

সুনয়না টগবগিয়ে ঘোড়া নিয়ে এগিয়ে গেলো। দুটো নেকড়ের সরে যাওয়ায় যে ফাঁকটা পেয়েছে শকুনটা সেটা দিয়ে পালিয়ে যাবে আশা করেছিল সুনয়না। কিন্তু আশ্চর্যজনক ভাবে পাখিটা সেখানেই দাঁড়িয়ে রইলো, আরও একটা নেকড়েকে ধাক্কা দিয়ে সরিয়ে।

খোলা জায়গাটা কাজে লাগা! পালা!

সুনয়না ছুটে যাচ্ছিল পাখির দিকে। রাজকীয় দেহরক্ষীরা তলোয়ার বের করে তাদের রানির পেছনে ছুটল। কয়েক জন পেছনে রাজার কাছে থেকে গেলো।

স্ত্রীর নিরাপত্তা নিয়ে চিন্তিত জনক বলল, ' সুনয়না!' ঘোড়ার গায়ে পা দিয়ে আঘাত করল এগোনর জন্য। কিন্তু সে খুব ভাল ঘোড়সওয়ার না হওয়াতে ঘোড়া ধীরে দুলকি চালেই এগুতে থাকল।

পুঁটুলিটা সুনয়নার প্রথম চোখে পড়ল যখন সে প্রায় মিটার পঞ্চাশেক দূরে। নেকড়ের পাল থেকে সেটাই বাঁচানোর চেষ্টা করছিল শকুনটা। শুকনো কাদার মধ্যে একটা ছোট লাঙ্গলরেখার মধ্যে গোঁজা ছিল সেটা।

পুঁটুলিটা নড়ে উঠল ।

'হে *প্রভু পরশুরাম!*' বলে উঠল সুনয়না। 'এ তো একটা শিশু!'

ঘোড়াটাকে আরো দ্রুত চালিয়ে সামনে এগিয়ে গেল সুনয়না।

নেকড়ের পালের কাছাকাছি পৌঁছুনর সময় তার কানে এলো মানবশিশুর আর্তনাদ ভরা কান্না। পশুদের গর্জনে যা প্রায় চাপা পড়ে যাচ্ছিল।

'*হাইয়া!*' চেঁচাল সুনয়না। তার দেহরক্ষীরা কাছে এসে পড়েছে।

অশ্বারোহীর দল টগবগ করে আহত পাখিটার কাছে এসে পড়ায় লেজ গুটিয়ে বনের ভিতর পালাল নেকড়ে গুলি। একজন রক্ষী তরোয়াল তুলল শকুনটাকে আঘাত করতে।

'দাঁড়াও।' ডান হাত তুলে আদেশ করল সুনয়না।

সে এবং তার সঙ্গীরা মাঝপথে ঘোড়ার লাগাম চেপে ধরে দাঁড়িয়ে পড়ল।

সুনয়না ব্রঙ্গর পুর্বের এক দেশে বড় হয়েছে। তার পিতার দেশ ছিল আসাম, যাকে কখনো কখনো তার প্রাচীন নাম প্রাগজ্যোতিষ অর্থাৎ পুর্বের আলোর দেশ বলেও উল্লেখ করা হয়ে থাকে। এবং তার মা ছিলেন মিজোরাম থেকে। রামের ঘনিষ্ঠ মানুষের দেশ। ষষ্ঠ বিষ্ণু প্রভু পরশুরামের ভক্ত মিজো জাতির লোকেরা দুর্দম্য যোদ্ধা। কিন্তু তাদের আসল খ্যাতি ছিল পশুপাখি এবং প্রকৃতির ছন্দের এক সহজাত বোধের জন্য।

সুনয়না স্বতস্ফুর্ত ভাবেই বুঝতে পেরেছিল ওই 'পুঁটুলি'টা শকুনের খাদ্য নয়, এটা রক্ষার দায়িত্ব তার।

'একটু জল এনে দাও।' ঘোড়া থেকে নামতে নামতে আদেশ দিল সুনয়না।

রক্ষীদের একজন বলে উঠল রানিমা, 'আপনার জন্য কি নিরাপদ...?'

তার দিকে কড়া দৃষ্টি ফেলে তাকে থামিয়ে দিল সুনয়না। রানি বেঁটে এবং ছোট্ট খাট্ট। সুগোল, ফর্সা মুখশ্রী দেখতে নরম, শান্ত। কিন্তু তার ছোট্ট চোখে ইস্পাত কঠিন সঙ্কল্পের ঝিলিক মর্মস্থলের চরিত্র জানান দেয় করে। সে নিচু গলায় আবার বলল, 'একটু জল এনে দাও।'

'যে আজ্ঞা রানিমা'

জলভরা পাত্র হাজির হল তৎক্ষণাৎ।

সুনয়না শকুনের চোখে চোখ রাখল। পাখিটা জোরে জোরে নিঃশ্বাস নিচ্ছিল। নেকড়ের সঙ্গে যুদ্ধে পরিশ্রান্ত। একাধিক আঘাতের রক্তে তার সারা শরীর রক্তাক্ত হয়ে গেছে। পাখার ক্ষতটা সব চেয়ে মারাত্মক, তার থেকে ভয়ানক ভাবে রক্তপাত হচ্ছে। রক্ত ক্ষরণে টলছে সে। কিন্তু শকুনটা সরতে রাজি নয়। সুনয়নার দিকে এক দৃষ্টে চেয়ে আছে। আক্রমণাত্মক ভাবে ঠোঁট উঁচিয়ে তারস্বরে চেঁচাচ্ছিল পাখিটা। হাওয়ায় পায়ের বাঁকা নখ চালিয়ে মিথিলার রানিকে দূরে সরিয়ে রাখার চেষ্টা করছিলো।

সুনয়না ইচ্ছে করে শকুনির পেছনের পুঁটুলিটার দিকে তাকাচ্ছিল না। অতিকায় পাখিটার প্রতি সম্পুর্ণ মনোযোগ দিয়ে একটা শান্ত সুর গুনগুন করতে থাকল সে। শকুনটা একটু শান্ত হল। নখ গুটিয়ে নিল। চেঁচানর তীব্রতাও কমে এলো।

খুব সন্তর্পণে এগিয়ে গেল সুনয়না। শান্ত পায়ে। কাছে পৌঁছে মাথা নিচু করে সমর্পনের ভঙ্গীতে জলের পাত্রটা পাখিটার সামনে রাখল। তারপর একই ভাবে ধীরে ধীরে পিছিয়ে এলো। মধুর কণ্ঠে বলল। 'আমি সাহায্য করতে এসেছি। বিশ্বাস কর...।'

অবলা জীবটা মানুষের স্বর বুঝতে পেরে একটু জল খাওয়ার চেষ্টায় মাথা নোয়াল কিন্তু তার বদলে টলে পড়ে গেল মাটিতে।

সুনয়না ছুটে গিয়ে পড়ে থাকা পাখির মাথাটা কোলে তুলে নিয়ে আলতো করে হাত বুলিয়ে দিতে লাগল। উজ্জ্বল লাল রঙের ওপর কালো ডোরাকাটা কাপড়ে জড়ান শিশুটি তারস্বরে কাঁদছে। পাখিটাকে শান্ত করতে করতে হাত নেড়ে এক জন সৈন্যকে মূল্যবান পুঁটুলিটা তুলে নিতে ইশারা করল সে।

—১৮—

'কি সুন্দর শিশু' দীর্ঘ কৃশ অবয়ব নুইয়ে স্ত্রীর কাছ ঘেঁষে দাঁড়িয়ে সোহাগ ভরা গলায় বলল জনক। তার সাধারণত জ্ঞানী ও উদাসীন চোখে এখন স্নেহ ও মনোযোগ ভরা।

জনক ও সুনয়না অস্থায়ী ভাবে লাগান চেয়ারে বসেছিল। নরম সুতির কাপড়ে জড়ান শিশুটি নিশ্চিন্তে সুনয়নার কোলে ঘুমিয়ে আছে। এক বিশাল ছাতার ছায়া প্রখর রোদের হাত থেকে তাদেরকে আড়াল করছে। রাজবৈদ্য বাচ্চাটিকে দেখে গেছেন। তার কপালে ডান পাশে একটা ক্ষতর উপর কিছু ভেষজ ওষুধ আর নিম পাতা লাগিয়ে দিয়ে পট্টি বেধে দিয়েছেন। রাজদম্পতি কে আশ্বাস দিয়ে গেছেন যে, সময়ের সঙ্গে সঙ্গে ক্ষতের দাগটা প্রায় মিলিয়ে যাবে।অন্যান্য চিকিৎসকদের সঙ্গে মিলে তিনি এখন শকুনটির ক্ষতের পরিচর্যা করতে ব্যস্ত।

'মনে হচ্ছে এর কেবল কয়েক মাস বয়েস। এত সাঙ্ঘাতিক অবস্থা সহ্য করেছে, নিশ্চয় খুব শক্তিশালী এই শিশু। ধীরে ধীরে বাচ্চাটিকে দোল দিতে দিতে বলল সুনয়না।

'হ্যাঁ। সুন্দর আর শক্তিশালী। ঠিক তোমার মত।'

সুনয়না বাচ্চাটার মাথায় হাত বোলাতে বোলাতে স্বামীর দিকে চেয়ে মৃদু হাসল। 'এমন একটা শিশুকে কি ভাবে কেউ ফেলে রেখে যেতে পারে?'

জনক দীর্ঘশ্বাস ফেলল। 'বহু লোক জীবনের আশীর্বাদগুলিকে গ্রহণ করার বুদ্ধি রাখে না। উলটো জগত যা দেয়নি তাতে মনোযোগ দিয়ে বসে থাকে।'

মাথা নেড়ে স্বামীর কথার সায় দিয়ে সুনয়না আবার শিশুটির দিকে মনোযোগ দিল। 'কেমন পরীর মত ঘুমিয়ে আছে।'

'ঠিক বলেছ।' বলল জনক।

শিশুটিকে তুলে এনে সাবধানে ক্ষতস্থান বাঁচিয়ে তার কপালে আলতো করে চুমু খেলো।

জনক সাদরে স্ত্রীর পিঠ চাপড়ে বলল। 'কিন্তু তুমি কি নিশ্চিত সুনয়না?'

'হ্যাঁ। এই শিশু আমাদের। আমরা যা চেয়েছিলাম সেটা তো দেবী কন্যাকুমারী দেননি। কিন্তু তার আশীর্বাদে আমরা আরো ভাল কিছু পেয়ে গেছি।'

'কি নাম দেবে এর?'

আকাশের দিকে চেয়ে গভীর নিশ্বাস নিলো সুনয়না। নাম সে মনে মনে ভেবেই রেখেছে। জনকের দিকে ফিরে বলল। 'মা ধরিত্রীর বুকের গহ্বর থেকে পেয়েছি ওকে। একে আমরা ডাকবো সীতা বলে।

— —

সুনয়না শশব্যাস্ত হয়ে জনকের ব্যাক্তিগত প্রকোষ্ঠে এসে ঢুকল। আরাম কেদারায়ে হেলান দিয়ে বসে জনক জাবালি উপনিষদ পাঠে ব্যাস্ত। মহর্ষি সত্যকাম জাবালির জ্ঞানের বিষয় নিয়ে রচিত এই গ্রন্থ। স্ত্রীর প্রতি মনোযোগ ফিরিয়ে বইটা সরিয়ে রাখল জনক। 'সম্রাট কি জয়ী হয়েছেন?'

তাদের জীবনে সীতার আগমনের পর পাঁচ বছর কেটে গেছে।

'না।' হতভম্ব সুনয়না উত্তর দিল। 'হেরে গেছেন।'

অবাক হয়ে সোজা হয়ে বসল জনক। 'সম্রাট দশরথ লঙ্কার এক বণিকের হাতে পরাজিত হয়েছেন?'

'হ্যাঁ। কারাচাপে রাবণ সপ্ত সিন্ধুর প্রায় সমগ্র সৈন্য বাহিনীকে ধ্বংস করে দিয়েছে। সম্রাট দশরথ কোন মতে প্রাণ নিয়ে পালিয়েছেন।'

'হে রুদ্র দয়া কর।' ফিস ফিস করে বলল জনক।

'আরো আছে। সম্রাটের জ্যেষ্ঠ পত্নী, রানি কৌশল্যা, সে দিনই এক পুত্র সন্তানের জন্ম দিয়েছেন যেদিন সম্রাট দশরথ কারাচাপের যুদ্ধে পরাজিত হলেন। আর এখন অনেকেই ওই ছোট্ট ছেলেটাকে হারের কারণ বলে দায়ী করছে। সে নাকি অপয়া কারণ ছেলেটার জন্মের আগে পর্যন্ত সম্রাট তো কোন যুদ্ধে পরাজিত হন নি।'

'যত্ত সব বাজে কথা!' বলল জনক। 'লোকেরা এত বোকা কি করে হতে পারে?'

'ওই ছোট্ট ছেলেটার নাম রাম। ষষ্ঠ বিষ্ণু, প্রভু পরশুরামের নামের অনুসারে।'

'আশা করি এটা ওর জন্যে সৌভাগ্য আনবে। বেচারা শিশু।'

'আমি মিথিলার ভবিষ্যৎ নিয়ে বেশী চিন্তিত জনক।'

জনক অসহায় ভাবে দীর্ঘ শ্বাস ফেলে বলল। 'তোমার কি মনে হয়ে? কি হবে?'

সুনয়না কিছু দিন হল কার্যত একা হাতে রাজ্যটা শাসন করছিল। জনকের অধিকাংশ সময় কাটতো দর্শনের জগতে। রানির জনপ্রিয়তা রাজ্যে বাড়ছিল। অনেকেরই বিশ্বাস মিথিলার জন্যে রানি সৌভাগ্য সূচক। কারণ রাজা জনকের পত্নী রূপে সে মিথিলায়ে আসবার পর প্রতি বছরই বর্ষা হয়েছে বিপুল পরিমাণে। বৃষ্টি ঝরেছে সগৌরবে।

'আমার নিরাপত্তা নিয়ে চিন্তা হচ্ছে।' বলল সুনয়না।

'আর অর্থ?' জনকের প্রশ্ন। 'তোমার কি মনে হয়ে না যে রাবণ সব রাজ্য গুলির ওপর তার বাণিজ্যিক শর্তারোপন করবে। সপ্ত সিন্ধুর সব সম্পদ গিয়ে ঢুকবে লঙ্কার কোষাগারে।'

'কিন্তু আমরা তো নামমাত্রই বাণিজ্য করি আজকাল। আমাদের কাছ থেকে কিছু দাবি করতে পারবে না। অন্য রাজ্য গুলির অনেক বেশী হারানোর

আছে। আমি সপ্ত সিন্ধুর সৈন্য দলের ধ্বংস হয়ে যাওয়ায় বেশী চিন্তিত। অরাজকতা বেড়ে যাবে চতুর্দিকে। আমরা কত টুকু নিরাপদ থাকব যদি সমগ্র দেশই বিশৃঙ্খল হয়ে পড়ে?'

'সত্যি।'

জনকের মাথায় একটা চিন্তা এলো। *নিয়তির লিখন কে খণ্ডাতে পারে? তা সে মানুষের হোক বা দেশের? আমাদের কর্তব্য শুধু ভবিষ্যৎকে বুঝতে চেষ্টা করা, ভবিতব্যের সঙ্গে লড়াই করা নয়। আর তার থেকে পরবর্তী জীবনের জন্যে শিক্ষা গ্রহণ করা বা মোক্ষলাভের প্রস্তুতি করা।*

কিন্তু সে জানত সুনয়নার অসহয়তা অপছন্দ। তাই সে চুপ করে রইল।

রানি বলে চলেছে। 'রাবণ জিতবে আমি এটা আশা করিনি।'

জনক হাসল। 'বিজয়ী হওয়া খুব ভাল কিন্তু পরাজিতেরা তাদের মহিলাদের কাছ থেকে বেশি ভালবাসা পায়।'

চোখ ছোট করে সুনয়না জনকের দিকে তাকাল। স্বামীর রসিকতার চেষ্টাটা তার ভাল লাগেনি। 'জনক, আমাদের কিন্তু ভাবনা চিন্তা আরম্ভ করা উচিত। অনিবার্য পরিস্থিতির সামনা করার জন্যে প্রস্তুত থাকা উচিত।'

জনকের ইচ্ছে ছিল আরেকটা কৌতুক ভরা মন্তব্য করার। কিন্তু পুরনো অভিজ্ঞতার ফলে সংযমী হয়ে গেলো।

'আমার তোমার ওপর সম্পূর্ণ বিশ্বাস আছে। তুমি কিছু একটা ঠিক ভেবে বের করবে। আমি নিশ্চিত।' বলে মৃদু হেসে আবার জাবালি উপনিষদে মনোযোগ দিল জনক।

অধ্যায় ৩

ভারতের বাকী সব রাজ্য যখন রাবণের হাতে দশরথের পরাজয়ের ধাক্কা সামলাতে ব্যস্ত ছিল, মিথিলা কিন্তু অপেক্ষাকৃত অপ্রভাবিত ছিল। এমনিতেও বিরূপভাবে প্রভাবিত হবার মত বড় রকমের কোন বাণিজ্য ছিল না। সুনয়না কয়েকটি সংশোধন আরম্ভ করেছিল যাতে বেশ ভাল ফল পাওয়া গিয়েছে। যেমন স্থানীয় কর আদায় এবং শাসনভার গ্রামীন স্তরে হস্তান্তরিত করে দেয়া হয়েছে। তাতে মিথিলার আমলাদের ওপর চাপ কমে গেছে আর কার্যকারিতা ও বৃদ্ধি পেয়েছে।

বেড়ে যাওয়া কৃষি জাত উপার্জন ব্যবহার করে সে অতিরিক্ত সংখ্যক আমলাদের পুনপ্রশিক্ষনের ব্যবস্থা করেছে এবং মিথিলার পুলিশ বাহিনীকে বড় করেছে যাতে রাজ্যের আভ্যন্তরীণ সুরক্ষার উন্নতি ঘটেছে। মিথিলার কোন স্থায়ী সেনাদল ছিল না। তার প্রয়োজন নেই কারণ চুক্তি অনুসারে, প্রয়োজনে মিথিলার বহিঃশত্রুর সঙ্গে কুশধ্বজের সঙ্কাশ্যের সেনাদল এর যুদ্ধ করার কথা।এসব বড় ধরনের পরিবর্তন নয়, ফলে মিথিলার বাসিন্দাদের দৈনন্দিন জীবনে কোন উপদ্রব না ঘটিয়েই অপেক্ষাকৃত সহজে বাস্তবায়িত করা গিয়েছিল। অন্যান্য রাজ্যগুলিকে অবশ্য অনেক ঝঞ্ঝাট পোয়াতে হয়েছে। রাবণের সন্ধিশর্ত পালন করতে তাদের যন্ত্রণাকর পরিবর্তন আনতে হয়েছে।

রাজবিজ্ঞপ্তি অনুসারে সীতার জন্মদিন এক উৎসবের দিন বলে ঘোষণা করা হয়েছিলো। সীতার প্রকৃত জন্মদিন জানা ছিল না ফলে তাকে যে দিনটিতে

ভূমিগর্ভে পাওয়া গিয়েছিল, সেইদিনটিই উদযাপন করা হত। আজ সীতার ষষ্ঠ জন্মদিন।

গরিব দের মধ্যে উপহার ও দানসামগ্রী বিলিয়ে দেওয়া হল যেমন সব বিশেষ বিশেষ দিনে করা হয়ে থাকে। পার্থক্য ছিল কিছুটা। সুনয়না এসে শাসন ব্যবস্থার উন্নতি সাধন করার আগে দানসামগ্রীর বেশীর ভাগটাই সেই সব মজুরেরা হাতিয়ে নিত যারা বিত্তশালী নয় কিন্তু ঠিক দরিদ্রও নয়। সুনয়নার করা শাসনব্যবস্থার সংশোধনের ফলে এটা নিশ্চিত করা গিয়েছিল যে দানসামগ্রী প্রথমে তাদের কাছে যাবে যারা প্রকৃত অর্থে গরীব এবং দুঃস্থ, যাদের বাস দুর্গের ভেতরকার প্রাচীরের দক্ষিণ প্রান্তের প্রবেশদ্বারের নিকটবর্তী বস্তিগুলিতে।

সার্বজনীন অনুষ্ঠান শেষ করে রাজদম্পতি প্রভু রুদ্রের বিশাল মন্দিরে পৌঁছুল।

রুদ্রদেবের মন্দিরটি লাল বেলেপাথরের তৈরি। এটি মিথিলার উচ্চতম ইমারত গুলির একটি। শহরের অধিকাংশ স্থান থেকেই দৃশ্যমান। এর চার পাশে ঘিরে আছে এক বিশাল উদ্যান- জনবহুল শহরের মধ্যে এক শান্ত জায়গা। উদ্যানের ওপাশ থেকে আরম্ভ হয়েছে বস্তিগুলি যা দুর্গপ্রাচীর পর্যন্ত বিস্তৃত। প্রধান গর্ভ গৃহের অভ্যন্তরে স্থাপিত আছে প্রভু রুদ্র এবং দেবী মোহিনীর বিরাট বিগ্রহ। এই নগর, যা জ্ঞান, শান্তি এবং দর্শনের প্রতীক হয়ে উঠেছে তার সঙ্গে তাল মিলিয়েই বোধ হয় প্রভু রুদ্র তাঁর সাধারণ উগ্র রূপে চিত্রিত নন এখানে। এই বিগ্রহে তাঁর রূপ দয়ালু, প্রায় নম্র। তাঁর হাতের পাশে বসা দেবী মোহিনী, তার হাত ধরা।

প্রার্থনা শেষ হলে মন্দিরের পুরোহিত রাজপরিবারকে প্রসাদ বিতরণ করলেন। সুনয়না পুরোহিতকে প্রণাম করে সীতার হাত ধরে গর্ভ গৃহের একপাশের একটি দেয়ালের কাছে নিয়ে গেল। সেখানে দেয়ালে, নেকড়ের হাত থেকে সীতাকে রক্ষা করবার জন্য বীরের মত প্রাণ বিসর্জনকারী শকুনের স্মৃতিতে একটি ধাতব ফলক বসান হয়েছে। সসম্মানে পাখিটির অন্ত্যেষ্টিক্রিয়া সম্পন্ন করার আগে তার মৃত মুখের ছাপ নিয়ে ধাতুতে ঢালাই করে শকুনের

নশ্বর দেহ ত্যাগের সময়কার মুখভঙ্গির প্রতিকৃতি প্রস্তুত করা হয়। একইসঙ্গে দৃঢ় সঙ্কল্প এবং অভিজাত চেহারা দেখতে গা ছম ছম করে। সীতা মায়ের কাছে অনেক বার এই কাহিনী শুনতে চেয়েছে। সুনয়না খুশী মনে শুনিয়েছে। সেও চায় তার মেয়ে এটা মনে রাখুক। জানুক যে মহত্বের নানা রূপ এবং চেহারা আছে। সীতা প্রতিকৃতিটা ভক্তিভরে আলতো করে ছুঁল। এবং প্রতিবারের মত তার চোখে জীবন দাতার জন্য একফোঁটা অশ্রু দেখা দিল।

'ধন্যবাদ,' ফিসফিস করে বলল সীতা। পশুপাখির দেবতা পশুপতি কে উদ্দেশ্য করে সে একটা ছোট্ট প্রার্থনা জানালো। 'শকুনের আত্মা যেন আবার লক্ষ্যের সন্ধান পায়।

জনক সবার দৃষ্টি এড়িয়ে ইশারা করল পত্নীকে। রাজপরিবার ধীরে ধীরে ভগবান রুদ্রর মন্দির থেকে বেরিয়ে এলো। পুরোহিতের পেছন পেছন সিঁড়ি দিয়ে নেমে এলো সকলে। পাটাতনের উচ্চতা থেকে বস্তি গুলি স্পষ্ট দেখা যাচ্ছে।

'মা, তুমি আমাকে কেন ওখানে কখন যেতে দাওনা?' বস্তির দিকে আঙ্গুল দেখিয়ে প্রশ্ন করল সীতা।

সুনয়না হেসে তার মেয়ের মাথায় হাত বুলিয়ে বলল, 'খুব শিগগিরি।'

'সব সময় তাই বল,' গাল ফুলিয়ে আপত্তি জানাল সীতা।

'ঠিকই তো বলেছি। শিগ্‌গির, কিন্তু কত শিগ্‌গির সেটা বলিনি!'

সীতার চুল গুলো এলোমেলো করে দিয়ে জনক বলল। 'এখন তুমি খেলো গিয়ে। আমার গুরুজির সঙ্গে কথা বলার আছে।'

সাত বৎসর বয়েসী সীতা তার পিতা জনকের সঙ্গে তার ব্যাক্তিগত কার্যালয়ে খেলছিল। সেই সময় জনকের প্রধান গুরু অষ্টাবক্র এসে হাজির হলেন। প্রথামত জনক নত হয়ে অভিবাদন জানালেন এবং গুরু কে তার নির্দিষ্ট সিংহাসনে আসন গ্রহণ করার অনুরোধ জানালেন।

সপ্ত সিন্ধু রাজনৈতিক মঞ্চে মিথিলার এখন আর কোন মুখ্য ভূমিকা না থাকায় এর কোন স্থায়ী রাজগুরু ছিলেন না। কিন্তু জনকের সভায় আতিথ্য গ্রহণ করতে দেখা যেত ভারতবর্ষের বহুসংখ্যক সুপ্রসিদ্ধ বিদ্বান, বৈজ্ঞানিক, দার্শনিক, এবং সুপ্রতিষ্ঠিত দ্রষ্টাদের। বিদ্যা ও জ্ঞানের সুরভিতে মাতোয়ারা মিথিলার আবহাওয়া বুদ্ধিজীবীদের খুবই প্রিয় ছিল। এবং এই মননশীল ব্যাক্তিদের শ্রেষ্ঠতমদের একজন ছিলেন জনকের প্রধান গুরু অষ্টাবক্র। এমন কি মলয়পুত্রদের প্রধান মহান মহর্ষি বিশ্বামিত্রও মাঝে মধ্যেই মিথিলায় পদার্পণ করতেন।

'আপনি ইচ্ছে করলে আমরা পরেও কথা বলতে পারি মহারাজ।' বললেন অষ্টাবক্র।

'না না অবশ্যই নয়।' বলল জনক। 'আমাকে একটা প্রশ্ন সমস্যায় ফেলেছে, গুরুজি, সেটির বিষয়ে আপনার উপদেশ প্রয়োজন আমার।'

অষ্টাবক্রের শরীরে আটটি বৈকল্য আছে। তার মা সন্তান সম্ভবা অবস্থায় এক দুর্ঘটনার শিকার হয়ে ছিলেন। কিন্তু দৈহিক বৈকল্যের ভারসাম্য বজায় রাখতে বিধাতা এবং অদৃষ্ট তাকে এক অসামান্য মস্তিষ্ক প্রদান করেছে। অষ্টাবক্রের অসামান্য প্রতিভার লক্ষণ শৈশব থেকেই দেখা গিয়েছিল। তরুণ বয়েসে জনকের সভায় পদার্পণ করে তৎকালীন প্রধান রাজ গুরু ঋষি বান্দিকে এক চমকপ্রদ তর্কযুদ্ধে পরাজিত করেছিলেন তিনি, যার দ্বারা তাঁর পিতা ঋষি কাহোলার অতীতে বান্দির কাছে পরাজয়ের শোধ হয়েছিল। ঋষি বান্দি ভদ্র ভাবে পরাজয় স্বীকার করে নিয়ে পুর্ব সমুদ্রের নিকটবর্তী এক আশ্রমে চলে যান আরো জ্ঞানার্জনের উদ্দেশ্যে। এই ভাবে নবীন অষ্টাবক্র জনকের প্রধান গুরুর পদ লাভ করেন।

রাজর্ষি জনকের রাজ্য মিথিলার উদার পরিবেশে অষ্টাবক্রর শারীরিক বৈকল্য কোন কৌতূহল আকর্ষণ করত না। কারণ ঋষি অষ্টাবক্রের উজ্জ্বল মস্তিষ্ক খুবই প্রভাবশালী ছিল।

'বাবা, আমি সন্ধ্যাবেলা আসবো,' পিতার চরণ স্পর্শ করে সীতা বলল।

জনক আশীর্বাদ করল তাকে। সে ঋষি অষ্টাবক্রকেও প্রণাম করে প্রকোষ্ঠের বাইরে বেরিয়ে গেলো। চৌকাঠ পার হয়ে সীতা থেমে দরজার আড়ালে লুকিয়ে পড়ল। জনকের চোখের আড়ালে কিন্তু যাতে তাদের কথা শোনা যায়। তার বাবা কে কোন প্রশ্ন চিন্তায় ফেলেছে সেটা জানতে চায় সে।

'বাস্তব কি সেটা আমরা কি করে জানতে পারব। গুরুজি?' প্রশ্ন করল জনক।

নাবালক সীতা কিংকর্তব্যবিমুঢ় হয়ে দাঁড়িয়ে ছিল। বিভ্রান্ত। প্রাসাদের আনাচে কানাচে কানাঘুষো শুনেছে সে যে তার বাবা নাকি উত্তরোত্তর ছিটগ্রস্থ হয়ে পড়ছেন। এও শুনেছে যে, তাদের ভাগ্য ভাল যে সুনয়নার মত এক জন বাস্তববাদী রানি রাজ্যশাসন করার জন্যে পেয়েছে।

বাস্তব কি?

সে ফিরে দাঁড়িয়ে মায়ের ঘরের দিকে ছুট দিল, 'মা!'

— ৫ —

সীতা যথেষ্ট অপেক্ষা করেছে। এখন তার বয়েস আট। আর এখনও তার মা তাকে দুর্গপ্রাচীরের সংলগ্ন বস্তিতে নিয়ে যায় নি। শেষ বার তার প্রশ্নের উত্তরে অন্তত একটা কারণ দেওয়া হয়েছিলো। তাকে বলা হয়েছিল ওখানে যাওয়া বিপদজনক হতে পারে। ওখানে নাকি কেউ কেউ প্রহৃত হতে পারে। সীতার এখন বিশ্বাস মা নিছক অজুহাত দিচ্ছিল।

শেষ পর্যন্ত কৌতূহলের জয় হল এবং এক পরিচারিকার বাচ্চার পোশাকের ছদ্মবেশ ধরে সীতা প্রাসাদ থেকে লুকিয়ে বেরিয়ে গেলো। তার কাঁধের এবং কানের চারপাশে জড়ান একটা বড় মাপের অঙ্গবস্ত্র মাথায় অবগুণ্ঠনের কাজ করছিলো। উত্তেজনা ও স্নায়ুর চাপে বুক ধড় ফড় করছিলো তার। বার বার পেছনদিকে দেখছিল সে তার এই ছোট্ট অভিযানের সাক্ষী যাতে কেউ না থাকে। ছিল না কেউ।

পড়ন্ত বিকেলে সীতা প্রভু রুদ্রর মন্দিরের বাগান পেরিয়ে চুপি চুপি বস্তিতে ঢুকে পড়ল। একেবারে একা। তার মায়ের কথা গুলো কানে বাজছিল। একটা বড় লাঠি অস্ত্র হিসেবে সঙ্গে এনেছে সে। গত এক বছর ধরে লাঠি চালানোর প্রশিক্ষণ চলছে তার।

বস্তিতে ঢুকে নাক কোঁচকাল সীতা। নাকে দুর্গন্ধের আক্রমণে। মন্দিরের বাগানের দিকে ঘুরে তাকিয়ে অনুভব করল ফিরে যেতে ইচ্ছে করছে। কিন্তু একই সঙ্গে নিষিদ্ধ কিছু করার উত্তেজনা ঘিরে ধরল তাকে। এটার জন্য অনেক দীর্ঘ সময় অপেক্ষা করেছে সে। হাঁটতে হাঁটতে বস্তির আরও ভেতরে ঢুকে পরল সে। জরাজীর্ণ বাড়ি গুলি এলোপাথাড়ি কাপড়ের চাঁদোয়া আর বাঁশ দিয়ে তৈরি। নড়বড়ে বাড়ি গুলির মধ্যেকার জায়গাটুকুই বস্তির ভেতর লোকেদের হেঁটে যাওয়ার 'পথ'। এই পথগুলি একই সঙ্গে উন্মুক্ত নর্দমা শৌচাগার এবং মুক্তাঙ্গন পশুখোঁয়ারের কাজ করে। আবর্জনায় ছেয়ে আছে সেগুলি। মল মূত্র ও পশুবিষ্ঠা ছড়িয়ে আছে চার ধারে। মানুষ এবং পশুর মূত্রের পাতলা আবরণের ফলে হাঁটা অসুবিধে। সীতা তার অঙ্গবস্ত্র নাকের ওপর টেনে নিলো। একই সঙ্গে মুগ্ধ এবং ভীত সে।

এভাবে মানুষ সত্যি থাকে? হে প্রভু রুদ্র রক্ষা কর।

প্রাসাদের কর্মচারীরা তাকে বলেছিল রানি সুনয়না মিথিলায় আসার পর বস্তির অবস্থার উন্নতি হয়েছে।

একে যদি উন্নতি বলা হয়ে তবে আগে কত দুর্দশা ছিল?

কর্দমাক্ত পথ ধরে সাবধানে বিষ্ঠা বাঁচিয়ে এগিয়ে চলল সে যতক্ষণ না একটা দৃশ্য থামিয়ে দিল তাকে।

একটা বস্তি বাড়ির সামনে বসে এক মা তার বাচ্চাকে জীর্ণ থালা থেকে খাবার খাওয়াছিল। শিশুটার বয়েস দু কি তিন বছর হবে। মায়ের হাতের খাবারের গ্রাস থেকে মুখ ফিরিয়ে নিতে নিতে খুশি মনে মায়ের কোলে বসে কলধ্বনি করছিল বাচ্চাটা। কখনো কখনো নাটকীয় করুণায় মুখ খুলে মায়ের হাতের গ্রাসটা মুখে গুঁজে দিতে দিয়ে মাকে বাধিত করছিলো। সেটা আবার তার মায়ের আনন্দে কলধ্বনি করার পালা। দৃশ্যটা মধুর হলেও সীতার মুগ্ধতার

কারণ ছিল অন্য। মহিলাটির কাছে বসেছিল একটি কাক। আর সে প্রত্যেক গ্রাসের পর এক গ্রাস পাখিটিকে খাওয়াচ্ছিল। কাক নিজের ভাগের জন্যে অপেক্ষা করছিল ধৈর্য ধরে। তার জন্যে এটা খেলা নয়।

মহিলাটি দুজনকেই পালা করে খাওয়াচ্ছিল। সমান ভাবে।

সীতার মুখে মৃদু হাসি ফুটল। কয়েক দিন আগে তার মায়ের বলা কথা মনে পরল তার। *প্রায়ই অভিজাতদের থেকে দরিদ্রদের মধ্যে বেশী মহত্ব দেখা যায়।*

শব্দ গুলির অর্থ তখন সে বোঝেনি। এখন বুঝল।

সীতা ফিরে দাঁড়ালো। প্রথম যাত্রার পক্ষে যথেষ্ট বস্তি হয়েছে। শিগগিরি আবার আসবার সঙ্কল্প নিল সে। প্রাসাদে ফিরবার সময় হয়ে গেছে।

তার সামনে চারটে সরু গলি। *কোনটা নেবো?*

মনস্থির না করতে পেরে সবচেয়ে বাঁয়ের গলিটা ধরে চলতে শুরু করল সে। অনেকক্ষণ হাঁটার পরও কিন্তু বস্তির সীমারেখার দৃষ্টিগোচর হল না। চলার গতি বাড়ানর সঙ্গে হৃৎস্পন্দনের গতিও বেড়ে গেলো।

দিনের আলো কমে এসেছে। সব কটা এলোমেলো গলি যেন অন্য অনেক গুলো রাস্তার জটলায় এসে মিশছিল। সবই বিশৃঙ্খল এলোমেলো। বিভ্রান্ত সীতা অন্ধের মত একটা শান্ত গলিতে ঢুকে পড়ল। ভয়ের প্রথম আভাস মনে জাগায় গতি বাড়াল সে। কিন্তু তাতে ভুল রাস্তায় আরো দ্রুত এগিয়ে যাওয়া ছাড়া আর কিছু হল না।

'দুঃখিত।' চেঁচাল সীতা, কারোর সঙ্গে ধাক্কা লাগায়।

কালো গায়ের রঙ, মেয়েটাকে দেখে মনে হয়ে কিশোরী বা একটু বড় । চেহারা আর পোশাকে অপরিষ্কার আলুথালু ভাব। তার জীর্ণ পোশাক থেকে আসা দুর্গন্ধ থেকে বোঝা যায় সেটা অনেক দিন পাল্টান হয়ে নি। জটপাকা অপরিষ্কার চুলে ঘুরে বেড়াচ্ছে উকুনের দল। মেয়েটা দীর্ঘকায়া, মেদহীন এবং আশ্চর্য রকম পেশীবহুল। তার মার্জারসদৃশ চোখ এবং ক্ষতচিহ্ন ভরা শরীর তাকে এক বিপদজনক, ক্ষুরধার অবয়ব দিয়েছে।

সে সীতার মুখের দিকে তারপর হাতের দিকে দেখল ভাল করে। হঠাৎ চিনতে পারায় তার চোখ জ্বল জ্বল করে উঠল যেন সুযোগের সন্ধান পেয়েছে।

সীতা ততক্ষণে ছুটে পাশের একটি গলিতে ঢুকে পরেছে। মিথিলার রাজকুমারী গতি বাড়িয়ে মরিয়া দৌড় আরম্ভ করেছে। মনে মনে প্রার্থনা করছে যেন এটাই বস্তি থেকে বেরুবার সঠিক পথ হয়।

কপালে ঘামের বিন্দু দেখা দিয়েছে তার। শ্বাস স্থির করার চেষ্টা করে বিফল হল সীতা।

দৌড়তে লাগল সে। যতক্ষণ না বাধ্য হয়ে থামতে হল।

'হে রুদ্র রক্ষা কর।'

পা ঘষটে থামতে হল তাকে। সামনে শক্ত পাঁচিলের অন্তরায়। এখন সে সত্যি সত্যিই সম্পূর্ণ ভাবে হারিয়ে গেছে। দুর্গের ভেতরের প্রাচীরের লাগোয়া বস্তির অন্য প্রান্তে পৌঁছে গেছে সে। মিথিলার কেন্দ্রীয় নগরের দূরত্ব এখান থেকে সব চেয়ে বেশী। জায়গাটায় একটা অস্বস্তিকর নিস্তব্ধতা চেপে বসে আছে। লোকজন নেই বললেই চলে। সূর্য প্রায়ে ডুবে গেছে আর গোধূলির মৃদু আভাস অন্ধকার কে আরো জোরদার করে দিয়েছে। কি করবে বুঝতে পারছিল না সে।

'আরে এটা আবার কে?' পেছন থেকে একটা গলা শোনা গেলো।

সাঁ করে ঘুরে দাঁড়াল সীতা, আঘাত করতে প্রস্তুত। দুজন কিশোরকে ডান দিক থেকে তার দিকে আসতে দেখল। বাঁ দিকে ঘুরে ছুটল সে। কিন্তু বেশী দূর যেতে পারল না। বাড়িয়ে দেওয়া একটা পায়ে হোঁচট খেয়ে মুখ থুবড়ে পড়ে গেল। বিষ্ঠার ওপর। ওরা শুধু দুজন নয়। তাড়াতাড়ি উঠে দাঁড়িয়ে লাঠিটা বাগিয়ে ধরল সীতা। তাকে ঘিরে পাঁচটি ছেলে এসে দাঁড়িয়েছে, মুখে চোখে উদ্দেশ্যহীন ভীতিপ্রদ চেহারা।

বস্তির অপরাধীদের বিষয়ে তার মা তাকে সাবধান করেছিলো। লোকেদের প্রহৃত হওয়া সম্পর্কে। কিন্তু সীতার সেই কাহিনী গুলো বিশ্বাস করে নি, ভেবেছে মায়ের কাছ থেকে দান গ্রহণ করতে আসা মিষ্টি মানুষগুলো কাউকে কখনো ব্যাথা দিতে পারে না।

মায়ের কথা শোনা উচিত ছিল।

সীতা ঘাবড়ে চার দিকে দেখল। ছেলে পাঁচটা তার সামনে এসে দাঁড়িয়েছে এখন। দুর্গের খাড়া দেওয়াল তার পেছনে। পালানোর কোন উপায়ে নেই।

ভয় দেখানোর জন্য লাঠিটা তাদের দিকে বাগিয়ে ধরল সীতা। ছোট্ট মেয়েটার ভাব ভঙ্গীতে মজা পেয়ে জোরে হেসে উঠল ছেলেগুলো।

মাঝখানের ছেলেটা দাঁতে নখ কেটে সুর করে বলে উঠল 'ও মা গো...আমরা কত ভয় পেয়েছি...'

কর্কশ হাসি হেসে উঠল তারপর।

নাটকীয় বিনয়ের সঙ্গে বলল ছেলেটা, 'বড়লোকের মেয়ে, আংটিটা তো বেশ দামি। আমরা পাঁচ জন সারা জীবনে যা রোজগার করব তার থেকেও বেশী। তোমার কি মনে হয়ে...'

'আংটিটা চাই তোমাদের?' প্রশ্ন করে সীতা আংটি টা খুলতে খুলতে একটু স্বস্তি অনুভব করল। নাও এটা। আমাকে যেতে দাও।

চাপা হাসি হেসে বলল ছেলেটা। 'অবশ্যই ছেড়ে দেব তোমাকে। আংটিটা আগে ছুঁড়ে দাও এদিকে।'

সীতা উৎসুক হয়ে ঢোক গিলল। লাঠিটা শরীরে ঠেস দিয়ে তাড়াতাড়ি তর্জনী থেকে আংটিটা খুলে নিলো। ওটা মুঠোয় করে বাঁ হাতে লাঠিটা তাদের দিকে তাক করে বলল। 'আমি কিন্তু এটা চালাতে পারি।'

ছেলেটা ভুরু কপালে তুলে বন্ধুদের দিকে তাকাল, তারপর ফিরে তাকিয়ে বলল। 'আমরা তোমার কথা বিশ্বাস করছি। আংটিটা ছুড়ে দাও এদিকে।'

সীতা সামনে ছুড়ে দিল আংটিটা। ছেলেটার একটু দূরে এসে পড়ল সেটা।

'হাতের জোর বাড়াতে হবে তোমাকে, বড়লোকের মেয়ে।' সেটা তোলবার জন্য নীচু হতে হতে হেসে বলল ছেলেটা। আংটিটা ভাল করে দেখে মৃদু শীস দিয়ে উঠল। তারপর কোমরবন্ধে গুজে রাখল। 'এবার বল, আর কি আছে তোমার কাছে?'

হঠাৎ ছেলেটা সামনে ঝুঁকে মাটিতে লুটিয়ে পড়ল। তার পেছনে সেই শ্যামলা লম্বা মেয়েটা দাঁড়িয়েছিল, যার সঙ্গে সীতার ধাক্কা লেগেছিল একটু

আগে। তার দু'হাতে ধরা একটা বড় বাঁশের লাঠি। ছেলে গুলো দ্রুত ঘুরে দাঁড়াল মেয়েটার দিকে। সাহস টিকল না অবশ্য তাদের। মেয়েটা তাদের চেয়ে লম্বা মেদহীন এবং পেশীবহুল।

আরও জরুরী হল, ছেলেগুলি মনে হল তাকে চেনে। এবং তার খ্যাতির কথাও জানে।

'তোমার এর সঙ্গে কোন সম্পর্ক নেই। সমিচি...' একটা ছেলে দ্বিধাভরে বলল। 'চলে যাও।'

উত্তরে সমিচির লাঠি এসে পরল তার হাতে। হিংস্র ভাবে। হাতটা অন্য হাতে চেপে ধরে ছেলেটা পিছিয়ে গেলো।

'এখান থেকে বিদায় না হলে অন্য হাতটাও ভেঙ্গে দেবো,' গর্জে উঠল সমিচি।

ছেলেটা দৌড়ে পালাল।

অন্য চার নাবালক অবশ্য পিছু হটেনি। প্রথমে যে পড়ে গিয়েছিল সে উঠে দাঁড়িয়েছে। সীতার দিকে পেছন করে তারা সমিচির মুখোমুখি। সীতা আপাতঃ দৃষ্টিতে কম বিপদজনক। তারা খেয়াল করে নি লাঠিটা মাথার ওপরে শক্ত করে উঁচিয়ে ধরে সীতা চুপি চুপি যে ছেলেটি তার আংটি নিয়েছিল, তার পেছনে এসে দাঁড়িয়েছে। দুরত্বটা নির্ভুলভাবে অনুমান করে নিয়ে হাতের লাঠিটা ছেলেটার মাথা লক্ষ্য করে চালিয়ে দিল সীতা।

ঠকাস্!

ছেলেটা মাটিয়ে লুটিয়ে পড়ল। মাথার পেছনের ক্ষত থেকে গল গল করে রক্ত বেরোচ্ছে। অন্য তিনজন ঘুরে ধারালো। স্তম্ভিত, চলৎশক্তি হীন।

'চল শিগগির!' ছুটে এসে সীতার হাত ধরে চেঁচাল সমিচি।

দুজনে ছুটতে ছুটতে মোড় নেবার আগে সমিচি এক ঝলক ফিরে দেখল। ছেলেটা মাটিতে পড়ে আছে নিশ্চল হয়ে। তাকে ঘিরে থাকা বন্ধুরা তাকে জাগাতে চেষ্টা করছে।

'তাড়াতাড়ি!' চেঁচাল সমিচি।

অধ্যায় ৪

সীতা পেছনে হাত করে দাঁড়িয়েছিল। মাথা নুইয়ে। সমস্ত জামাকাপড়ে মিথিলার বস্তির আবর্জনা ও পশুবিষ্ঠা। মুখে শুকনো কাদার প্রলেপ। হাতের আঙ্গুলে বহুমূল্য আংটিটা নেই। ভয়ে কাঁপছিল সীতা। মাকে এত রাগ করতে আগে কখনও দেখে নি সে।

সুনয়না এক দৃষ্টিতে মেয়ের দিকে তাকিয়ে ছিল। কোন কথা বলে নি। কেবল দৃষ্টিতে অননুমোদন, এবং তার চেয়েও খারাপ, হতাশা। সীতার মনে হচ্ছিল সে তার মাকে চরম ব্যর্থতা এনে দিয়েছে।

'আমাকে ক্ষমা করে দাও মা।' করুণ স্বরে বলল সীতা। আরেকপ্রস্থ জলের ধারা নেমে এল সীতার গাল বেয়ে।

সে চাইছিল মা অন্তত কিছু একটা বলুক। বা থাপ্পড় মারুক। বা বকুনি দিক। এই চুপ করে থাকা ভয়ঙ্কর।

'মা...'

সুনয়না মেয়ের দিকে কঠিন দৃষ্টিতে চেয়ে, পাথরের মত নিশ্চুপ হয়ে বসে ছিল।

'মহারানী!'

সুনয়না ঘরের দরজার দিকে তাকাল। মিথিলার পুলিশবাহিনীর একজন সেখানে দাঁড়িয়ে ছিল। মাথা নিচু করে।

'কি খবর এনেছ?' রুক্ষস্বরে প্রশ্ন করল সুনয়না।

'ছেলে পাঁচটা নিখোঁজ রানিমা।' বলল পুলিশটি। 'সম্ভবত পালিয়েছে।'

'পাঁচজনই?'

'আহত ছেলেটার কথা জানিনা, রানিমা।' সীতা যার মাথায় মেরেছিল তার বিষয়ে বলল পুলিশটি। 'কয়েকজন সাক্ষী পাওয়া গেছে। তারা বলেছে অন্য ছেলেগুলি নাকি তাকে তুলে নিয়ে গেছে। খুব রক্তপাত হচ্ছিল।'

'অনেক?'

'মানে ... একজন সাক্ষীর বক্তব্য হল আশ্চর্যের কথা হবে যদি ছেলেটা...' বুদ্ধিমানের মত "না মরে" কথাটা চেপে গেল।

'যাও এখান থেকে।' আদেশ দিল সুনয়না।

পুলিশটি সঙ্গে সঙ্গে অভিবাদন করে ঘুরে দাঁড়িয়ে বেড়িয়ে গেল।

সুনয়না আবার সীতার দিকে মনোযোগ ফেরাল। তার মেয়ে সে কঠোর দৃষ্টির সামনে সিঁটিয়ে গেল। রানি তারপর অপরিষ্কার কিশোরীটির দিকে নজর দিল।

'তোমার নাম কি বাছা?' প্রশ্ন করল সুনয়না।

'সমিচি, রানিমা।'

'তুমি আর বস্তিতে ফিরবে না সমিচি। এখন থেকে তুমি প্রাসাদেই থাকবে।'

সমিচি হেসে হাতজোড় করে নমস্কার করল। 'যে আজ্ঞা রানিমা। এতো আমার সৌভাগ্য...'

সুনয়নার উঁচু করা ডান হাত সমিচির কথা থামিয়ে দিল। রানি সীতার দিকে ফিরল। 'নিজের ঘরে যাও। স্নান কর। আঘাতগুলি বৈদ্যকে দেখাও। সমিচিরগুলিও। কাল কথা বলব আমরা।'

'মা...'

'কাল।'

— ১৮ —

রানির ঘরের ভেতর মন্দিরের বাইরে মাটিতে বসা সুনয়নার পাশে দাঁড়িয়েছিল সীতা। মেঝেতে নতুন আলপনা দিতে মগ্ন ছিল সুনয়না। রঙের

গুঁড়ো দিয়ে তৈরি জটিল জ্যামিতিক নক্সা, গণিত, দর্শন, আর আধ্যাত্মিক প্রতীকের এক সূক্ষ্ম সমন্বয়।

মন্দিরের প্রবেশপথে প্রতিদিন সকালে সুনয়না নতুন করে আলপনা দেয়। মন্দিরের অভ্যন্তরে স্থাপিত আছে পুর্ববর্তী বিষ্ণু প্রভু পরশুরাম, মহান মহাদেব প্রভু রুদ্র ও স্রস্টা-বিজ্ঞানী প্রভু ব্রহ্মার বিগ্রহ, যারা সুনয়নার প্রধান আরাধ্য দেবতা। কিন্তু সব চেয়ে গৌরবের স্থান, কেন্দ্র দেবী মাতা আদ্যাশক্তির জন্য নির্ধারিত ছিল। দেবী মার আরাধনার রীতি বিশেষভাবে প্রচলিত ছিল সুনয়নার পিতৃভূমি আসামে। ভারতীয় উপমহাদেশে বৃহত্তম নদ ব্রহ্ম পুত্রের উপরিভাগের অঞ্চল জুড়ে সে এক বিশাল, উর্বর এবং খুবই সমৃদ্ধিশালী উপত্যকা।

সীতা ধৈর্য ধরে অপেক্ষা করছিল। কথা বলার সাহস ছিল না তার।

'আমার তোমাকে কিছু করতে বা না করতে বলার পেছনে সব সময় কারণ থাকে সীতা।' মেঝেতে ফুটে উঠতে থাকা জটিল আলপনা থেকে চোখ না তুলে সুনয়না বলল।

সীতা স্থির হয়ে বসে আছে। তার দৃষ্টি মার হাতে নিবদ্ধ।

'জীবনে কিছু বিষয় আবিষ্কার করার একটা বয়েস আছে। তার জন্যে প্রস্তুত হতে হয়।'

আলপনা শেষ করে সুনয়না মেয়ের দিকে তাকাল। মার চোখে চোখ পড়াতে একটু সহজ হল সীতা। চোখে সর্বদার মত ভালবাসা ভরা। মা আর রেগে নেই।

'খারাপ লোকও আছে সীতা। যারা অপরাধ করে বেড়ায়। তাদেরকে ভেতরের নগরের ধনীদের মধ্যেও পাবে আর বস্তির দরিদ্রদের মধ্যেও পাবে।'

'হ্যাঁ মা। আমি...'

'শশ্‌শ্‌... কথা বোলো না, কেবল শোন।' দৃঢ় স্বরে বলল সুনয়না। সীতা চুপ করে গেল। সুনয়না বলে চলল। 'ধনীদের মধ্যেকার অপরাধীরা অধিকাংশই লোভের শিকার। লোভকে সামলান যায়। কিন্তু দরিদ্র্যদের মধ্যকার অপরাধীরা হয় ক্রুদ্ধ এবং বেপরোয়া। বেপরোয়া ভাব অনেক সময় মানুষের ভেতর থেকে তার সবচেয়ে ভালত্ব বের করে আনতে পারে। সেই জন্য গরীবেরা প্রায়ই মহৎ

হতে পারে। কিন্তু বেপরোয়াভাব সবচেয়ে খারাপটাও বের করে আনতে পারে। তাদের তো হারানোর কিছু নেই। আর যখন তারা দেখে যে অন্যদের কাছে এত কিছু আছে আর তাদের কাছে এত কম তখন তাদের রাগ হয়। সেটা স্বাভাবিক। শাসক হিসেবে আমাদের কর্তব্য হল পরিস্থিতিকে ভাল করার চেষ্টা করে যাওয়া। কিন্তু সেটা রাতারাতি হতে পারে না। যদি গরীবদেরকে সাহায্য করার জন্য ধনীদের কাছ থেকে বেশী নিয়ে নেই তবে তারা বিদ্রোহ করবে। তাতে বিশৃঙ্খলা দেখা দেবে। আর সবাই মুশকিলে পড়বে। তাই আমাদের ধীরে ধীরে এগোতে হবে। প্রকৃত দরিদ্রদের সাহায্য করতে হবে। সেটাই ধর্ম। কিন্তু অন্ধের মত এটা ভাবলে চলবে না যে গরীব মাত্রেই মহৎ। খালি পেটে চরিত্র দৃঢ় রাখার তেজ সবার থাকে না।'

সুনয়না সীতাকে কোলে টেনে নিল। সীতা আরাম করে বসল। বস্তির গোঁয়ারগোবিন্দের মত অভিযানের পর এই প্রথম সে একটু স্বস্তির নিঃশ্বাস নিল।

'মিথিলা শাসন করতে তুমি একদিন আমাকে সাহায্য করবে।' বলল সুনয়না। 'তোমাকে পরিণত আর বাস্তববাদী হতে হবে। লক্ষ্য নির্ণয় করার জন্য হৃদয় ব্যবহার করা উচিৎ। কিন্তু যাত্রাপথের পরিকল্পনা করতে হবে মস্তিষ্ক ব্যাবহার করে। যারা কেবল হৃদয়ের কথা শোনে তারা সাধারণত বিফল হয়। অন্যদিকে যারা কেবল মাথা ব্যবহার করে তাদের সম্ভাবনা থাকে স্বার্থপর হবার। নিজের আগে অন্যের কথা ভাবতে কেবল হৃদয়ই পারে। ধর্মের খাতিরে তোমাকে সমাজে ভারসাম্য এবং সমতা আনার চেষ্টা করতে হবে।। নিখুঁত সাম্য কখনো আনা যায় না, কিন্তু আমাদের চেষ্টা করতে হবে যতটা সম্ভব অসাম্য দূর করার। কিন্তু গৎবাঁধা চিন্তার ফাঁদে পরো না। ক্ষমতাশালী মানেই মন্দ আর দুর্বলেরা সব ভাল এটা ধরে নিও না। সবার মধ্যেই ভাল খারাপ দুটোই আছে। '

সীতা নিঃশব্দে মাথা নেড়ে সায় দিল।

'তোমাকে অবশ্যই উদার হতে হবে। সেটাই ভারতীয় নীতি। কিন্তু তাই বলে অন্ধ আর বোকার মত উদার হয়ো না।'

'হ্যাঁ, মা।'

'আর কক্ষনো ইচ্ছে করে নিজেকে বিপদে ফেলবে না। '

চোখে জলের ধারা নিয়ে সীতা মাকে জড়িয়ে ধরল।

সুনয়না সরে এসে মেয়ের চোখের জল মুছিয়ে দিল। 'আমার ভয়ে প্রাণ যায় যায় অবস্থা হয়ে গিয়েছিল। তোমার কিছু ক্ষতি হয়ে গেলে আমি কি করতাম?'

'ক্ষমা করে দাও মা।'

সুনয়না হেসে সীতাকে আবার জড়িয়ে ধরল। 'আমার পাগলী মেয়ে...'

সীতা একটা গভীর শ্বাস নিল। একটা অপরাধ বোধ কুরে কুরে খাচ্ছিল ওকে।

তার জানা প্রয়োজন। 'মা। আমি যে ছেলেটার মাথায় মেরেছিলাম, সে কি...'

সুনয়না মেয়েকে থামিয়ে দিল। 'ও নিয়ে তোমাকে ভাবতে হবে না। '

'কিন্তু...'

'বললাম না ও নিয়ে ভাবতে হবে না।'

— ৫ —

'ধন্যবাদ কাকা!' কুশধ্বজের কোলে ঝাঁপিয়ে পড়ে বলল সীতা।

জনকের অনুজ এবং সঙ্কাশ্যের রাজা কুশধ্বজ মিথিলা ভ্রমণে এসেছে। ভাইঝির জন্য একটা উপহার নিয়ে এসেছে সে। উপহারটা খুব পছন্দসই হয়েছে। একটা আরবী ঘোড়া। দেশী ভারতীয় জাতের ঘোড়ার সঙ্গে এর পার্থক্য আছে। ভারতীয় ঘোড়ার সাধারণত চৌত্রিশটি পাঁজর থাকে যেখানে আরবী ঘোড়ার প্রায়ই দেখা যায় ছত্রিশটি। তাছাড়া মাপে ছোট, মসৃণ এবং প্রশিক্ষণ দেয়া সহজ হওয়ার ফলে সবার কাছে এর চাহিদা খুব বেশী। এবং এর সহ্যক্ষমতা উল্লেখযোগ্য রকমের বেশী। এ এক আকাঙ্খিত সম্পত্তি। দুর্মুল্যও বটে।

সীতার খুশী হওয়া স্বাভাবিক।

বিশেষভাবে সীতার মাপমতো প্রস্তুত একটি ঘোড়ার জিন সীতাকে দিল কুশধ্বজ। চামড়ার তৈরি জিনের হাতলের মাথাটা সোনা দিয়ে মোড়া। জিনটা ছোট হলেও অল্পবয়স্ক সীতার পক্ষে যথেষ্ট ভারী। কিন্তু এটি বয়ে নিয়ে যাবার জন্য সে মিথিলার রাজকর্মীদের সাহায্য নিতে রাজী হল না।

জিনটা টেনে হিঁচড়ে রাজঅন্তঃপুরের প্রাঙ্গণে নিয়ে এল সীতা। সেখানে তার নতুন ঘোড়া অপেক্ষা করছিল। কুশধ্বজের এক কর্মচারী তাকে ধরে দাঁড়িয়েছিল।

সুনয়না হাসল। 'অনেক ধন্যবাদ। সীতা এখন কয়েক সপ্তাহ এই নিয়েই পড়ে থাকবে। ঘোড়ায় চড়া শেখা না হওয়া পর্যন্ত আর নাওয়া খাওয়া করবে বলে মনে হয় না!'

'ও ভাল মেয়ে।' বলল কুশধ্বজ।

'কিন্তু এটা বেশ দামী উপহার কুশধ্বজ।'

'ও আমার একমাত্র ভাইঝি বৌদি। ' ভ্রাতৃবধূকে বলল কুশধ্বজ। 'আমি প্রশ্রয় দেব না তো কে দেবে?'

সুনয়না মৃদু হেসে প্রাঙ্গণের লাগোয়া বারান্দায় জনকের সঙ্গে যোগ দেবার ইশারা করল। স্ত্রী ও ভ্রাতা আসায় মিথিলারাজ বৃহদারণ্যক উপনিষদের পাণ্ডুলিপিটা বন্ধ করে সরিয়ে রাখল। সাবধানী পরিচারকেরা কয়েক গ্লাস ঘোলের সরবত রেখে গেল। তারা টেবিলের মাঝখানে একটি রুপার প্রদীপও জ্বেলে দিয়ে একই রকম নিঃশব্দে সরে গেল সেখান থেকে।

সপ্রশ্ন দৃষ্টিতে প্রদীপটার দিকে তাকিয়ে ভুরু কোঁচকাল কুশধ্বজ। এখন তো দিনের বেলা। কিন্তু কিছু না বলে চুপ করে রইল।

পরিচারকরা নিরাপদ দূরত্বে চলে যাওয়া পর্যন্ত চুপ করে রইল সুনয়না। তারপর সে জনকের দিকে তাকাল। কিন্তু তার স্বামী আবার পাণ্ডুলিপিটা তুলে নিয়েছে। গভীর ভাবে নিমগ্ন তাতে। তার দৃষ্টি আকর্ষণের চেষ্টা ব্যর্থ হওয়ায় সুনয়না গলা খাঁকারি দিল। জনকের পাণ্ডুলিপি থেকে মনোযোগ সরলো না।

'কি ব্যাপার, বৌদি?'

সুনয়না বুঝলো সে নিরুপায়। তাকেই যা বলার বলতে হবে। তার কোমরে বাঁধা বড় বটুয়া থেকে একটা দলিল বের করে টেবিলের ওপর রাখল সে। কুশধ্বজ সেটির দিকে না তাকিয়ে অটল হয়ে বসে রইল।

'কুশধ্বজ, আমরা অনেক বছর ধরে সঙ্কাশ্য ও মিথিলার যোগাযোগকারী পথটা নিয়ে কথা বলছি।' বলল সুনয়না। বিরাট বন্যার সময় সেটা ধুয়ে মুছে গিয়েছিল। কিন্তু তারপর দুই দশক কেটে গেছে। রাস্তাটা না থাকায় মিথিলার লোকজন এবং ব্যাবসায়ীদের ভীষণ কষ্ট করতে হয়েছে।

'ব্যবসায়ী আবার কোথায় বৌদি?' হাল্কা হাসির সঙ্গে বলল কুশধ্বজ। 'মিথিলাতে ও আবার আছে নাকি?'

খোঁচাটা অগ্রাহ্য করল সুনয়না। 'রাস্তার নির্মানের তুমি দুই তৃতীয়াংশ খরচা দেবে বলে রাজী হয়েছিলে, যদি মিথিলা এক তৃতীয়াংশ দেয়।'

কুশধ্বজ চুপ করে রইল।

'মিথিলা নিজের অংশটা যোগাড় করে নিয়েছে।' বলল সুনয়না। দলিলটার দিকে ইশারা করল। চুক্তিটা স্বাক্ষর করে নিয়ে কাজটা শুরু করে দেয়া যাক।'

কুশধ্বজ মৃদু হাসল। 'কিন্তু বৌদি, আমি সমস্যাটা বুঝতে পারছি না। রাস্তাটা তেমন কিছু খারাপ নয়। লোকেরা রোজ ব্যবহার করে। আমি নিজেই তো গতকাল ওটা দিয়ে মিথিলায় এলাম।'

'কিন্তু তুমি একজন রাজা কুশধ্বজ, ' মিষ্টি সুরে বলল সুনয়না। তার গলার স্বর কায়মনোবাক্যে নম্র। 'তোমার অনেক কিছু করার ক্ষমতা আছে যা সাধারণ লোকেদের নেই। সাধারণ লোকেদের ভাল রাস্তা দরকার হয়।'

কুশধ্বজ এক গাল হাসল। 'হ্যাঁ। মিথিলার সাধারণ লোকেদের সৌভাগ্য যে তারা এরকম একজন রানি পেয়েছে যে তাদের জন্য এতখানি সমর্পিত প্রাণ।'

সুনয়না কিছু বলল না।

'আমার একটা প্রস্তাব আছে বৌদি। ' বলল কুশধ্বজ। 'মিথিলা রাস্তা বানানো আরম্ভ করে দিক। তোমাদের তরফের একতৃতীয়াংশ কাজটা হয়ে গেলে বাকি দুই তৃতীয়াংশ সঙ্কাশ্য সম্পূর্ণ করে দেবে।'

'ঠিক আছে।'

সুনয়না দলিলটা তুলে নিল। পাশের টেবিল থেকে একটা খাগের কলম তুলে নিয়ে একেবারে শেষে এক ছত্র যোগ করল। তারপর নিজের ঝুলি থেকে রাজকীয় নামমুদ্রা বের করে চুক্তিপত্রটিতে ছাপ দিয়ে, দলিলটা কুশধ্বজের দিকে বাড়িয়ে ধরল। এই বার কুশধ্বজ প্রদীপটার তাৎপর্য বুঝতে পারল।

অগ্নি দেব, স্বাক্ষী স্বরূপ।

প্রত্যেক ভারতবাসীর বিশ্বাস, অগ্নি পবিত্রকারী। এটা কোন কাকতালীয় বিষয় নয় যে পবিত্রতম ভারতীয় শাস্ত্র ঋগ্বেদের প্রথম পরিচ্ছেদের প্রথম পঙক্তিতে আছে অগ্নিদেবের স্তুতি। অগ্নিদেবের সাক্ষাতে নেয়া কোন শপথ কখনো ভঙ্গ করা যায় না। বিবাহের, যজ্ঞের, শান্তিচুক্তির ..এমনকি পথ নির্মানেরও নয়।

কুশধ্বজ দলিলটা ভ্রাতৃ বধূর হাত থেকে নিল না। তার বদলে নিজের ঝুলিতে হাত ঢুকিয়ে তার নিজস্ব রাজকীয় নামমুদ্রা বের করে আনল।

'আমার তোমার ওপর সম্পুর্ণ বিশ্বাস আছে, বৌদি। তুমি আমার সম্মতি দলিলে চিহ্নিত করে দিতে পার।'

সুনয়না কুশধ্বজের কাছ থেকে নামমুদ্রাটি নিয়ে দলিলে মুদ্রিত করতে যাবে, এমন সময় মৃদু স্বরে কুশধ্বজ বলল। 'এটা নতুন নামমুদ্রা বৌদি। সঙ্কাশ্যের প্রকৃত স্বরূপ প্রতিফলিত হয় এতে। '

সুনয়না ভুরু কোঁচকাল। নামমুদ্রাটি উলটে তাতে খোদাই করা চিহ্নটা দেখল।

যদিও তাতে কাগজে যা ছাপ পড়বে তার উলটো প্রতিকৃতি ছিল, কিন্তু মিথিলার রানি তৎক্ষণাৎ চিনতে পারল চিহ্নটা। একক শুশুক মিথিলার রাজকীয় প্রতীক। পারম্পারিক ভাবে সঙ্কাশ্য মিথিলার করদ রাজ্য হিসেবেই চলে এসেছিল। যার শাসক রাজপরিবারের কনিষ্ঠ সদস্যদের একজন হয়ে থাকে। এবং এর নামমুদ্রাও ভিন্ন। একক ইলিশ মৎস।

সুনয়না রাগে আড়ষ্ট হয়ে গেল। কিন্তু সে জানত তাকে ক্রোধ সম্বরণ করতে হবে। ধীরে দলিলটা টেবিলে রেখে দিল সে। সঙ্কাশ্যর নামমুদ্রা ব্যবহার করা হয় নি।

'তোমার আসল নামমুদ্রাটা দিচ্ছ না কেন কুশধ্বজ?' বলল সুনয়না।

'এটাই এখন আমার রাজ্যের নামমুদ্রা, বৌদি।'

'মিথিলা স্বীকার না করে নিলে সেটা তো কখনো হতে পারে না। মিথিলা প্রকাশ্যে ঘোষণা না করলে কোন রাজ্যই এটাকে তোমার নামমুদ্রা বলে মানবে না। সপ্তসিন্ধুর প্রতিটা রাজ্য জানে যে একক শুশুক মিথিলার রাজপরিবারের অপরোক্ষ উত্তরসূরির চিহ্ন।'

'সত্যি কথা, বৌদি। কিন্তু তুমি সেটা পাল্টাতে পার। ঐ দলিলে নামমুদ্রাটা ব্যবহার করে সারাদেশে একে বৈধতা দিতে পার।'

সুনয়না একবার জনকের দিকে তাকাল। মিথিলার রাজা মাথা তুলে তার স্ত্রীর দিকে এক সংক্ষিপ্ত দৃষ্টি ফেলে আবার বৃহদারণ্যক উপনিষদে ফিরে গেল।

'এটা মানা যায় না, কুশধ্বজ।' ভেতরের ফেটে পড়া রাগটা লুকোনর জন্য কণ্ঠস্বর ও মুখের ভাব শান্ত রেখে বলল সুনয়না।

'আমি বেঁচে থাকতে এটা হবে না।'

'আমি বুঝতে পারছিনা তুমি এত বিচলিত হচ্ছ কেন বৌদি। তুমি তো বিয়ে করে মিথিলার রাজ পরিবারে এসেছ। আমি এখানে জন্মেছি। মিথিলার রাজরক্ত আমার ধমনীতে বইছে, তোমার নয়। ঠিক, জনক দাদা? '

জনক মুখ তুলে তাকাল এবং অবশেষে কথা বলল, যদিও তার স্বর উদাসীন ও ক্রোধশুন্য। 'কুশধ্বজ, সুনয়না যা বলছে আমার ও তাই মত।'

কুশধ্বজ উঠে দাঁড়াল। 'আজ একটা দুঃখজনক দিন। রক্ত রক্তের অপমান করল। তাও এমন কারণে যা...'

সুনয়না উঠে দাঁড়াল। কুশধ্বজকে মাঝপথে থামিয়ে দিয়ে বলল, যদিও তার কণ্ঠস্বরে নিখুঁত নম্রতা। 'এরপর যা বলবে ভাল করে ভেবে বল কুশধ্বজ।'

কুশধ্বজ হাসল। এগিয়ে এসে সুনয়নার হাত থেকে নামমুদ্রাটা নিয়ে নিল। 'এটা আমার।'

সুনয়না চুপ করে রইল।

'মিথিলার রাজকীয় ঐতিহ্যের অভিভাবক হবার ভান করো না' তাচ্ছিল্যের স্বরে বলল কুশধ্বজ। 'তোমার রক্তের সম্পর্ক নেই। কেবল বাইরের আমদানী।'

সুনয়না কিছু একটা বলতে যাচ্ছিল এমন সময় একটা খুদে হাত তাকে জড়িয়ে ধরল। নীচে তাকিয়ে দেখতে পেল, ছোট্ট সীতা তার পাশে দাঁড়িয়ে রাগে কাঁপছে । তার অন্য হাতে কুশধ্বজের সদ্য উপহার দেয়া জিনটা। সেটা কাকার দিকে ছুঁড়ে মারল সে। কুশধ্বজের পায়ের ওপর পড়ল গিয়ে সেটা।

যন্ত্রণায় নুয়ে পড়া কুশধ্বজের হাত থেকে সঙ্কাশ্যের নামমুদ্রাটা খসে পড়ল মাটিতে।

সীতা এক লাফ দিয়ে গিয়ে নামমুদ্রাটা তুলে মাটিতে আছড়ে দু টুকরো করে ভেঙ্গে দিল। রাজকীয় নামমুদ্রা ভাঙ্গা খুবই অশুভ বলে মানা হয়। এ এক চরম অপমান।

'সীতা!' জনক চেঁচাল।

কুশধ্বজের মুখ রাগে বিকৃত হয়ে গেছে। 'এটা কিন্তু জুলুম দাদা!'

সীতা এখন তার মার সামনে দাঁড়িয়ে। কাকার দিকে মুখ করে, হুমকি দেয়া দৃষ্টিতে চেয়ে আছে। দুপাশে দুহাত ছড়িয়ে মাকে আড়াল করে আছে।

সঙ্কাশ্যের রাজা তার রাজকীয় নামমুদ্রার ভাঙ্গা টুকরো গুলি তুলে নিয়ে ঝড়ের বেগে বেড়িয়ে গেল। 'এ কিন্তু এখানে শেষ হল না, দাদা!'

সে বেড়িয়ে যেতেই সুনয়না হাঁটু গেঁড়ে বসে সীতাকে নিজের দিকে ফেরাল। 'এটা তোমার করা উচিৎ হয় নি সীতা। '

সীতা জ্বলন্ত চোখে মার দিকে তাকাল। তারপর ঘুরে দৃষ্টিতে অভিযোগ আর অস্বীকার নিয়ে বাবার দিকে চাইল। ক্ষমা চাওয়ার লেশমাত্র নেই তার চোখে।

'এটা তোমার করা উচিৎ হয় নি সীতা।'

—৯ৃ১—

সীতা মাকে আঁকড়ে ধরে ছিল। ছাড়তে রাজী নয়। নিঃশব্দ যাতনায় কাঁদছিল সে। মুখে মৃদু হাসি নিয়ে জনক এগিয়ে এসে তাঁর মাথায় হাত বুলিয়ে দিল। রাজপরিবারের সকলে রাজার ব্যাক্তিগত কার্যালয়ে জড় হয়েছে।

কুশধ্বজের ঘটনার পর কয়েক সপ্তাহ কেটে গেছে। সীতা, তার বাবামা সিদ্ধান্ত নিয়েছে, গুরুকুলে যাবার পক্ষে যথেষ্ট বড় হয়ে গেছে। গুরুকুলের আক্ষরিক অর্থ গুরুর পরিবার, কিন্তু প্রকৃতপক্ষে এ এক শিক্ষাবাস।

জনক ও সুনয়না মেয়ের জন্য ঋষি শ্বেতকেতুর গুরুকুল বেছে নিয়েছে। শ্বেতকেতু জনকের প্রধান গুরু অষ্টাবক্রের কাকা। তাঁর গুরুকুলে দর্শন, গণিত, বিজ্ঞান এবং সংস্কৃতের প্রধান বিষয় গুলির শিক্ষা দেয়া হয়। সীতা সেই সঙ্গে বিশেষ করে শিক্ষা নেবে, ভূগোল, ইতিহাস, অর্থনীতি এবং রাজ্যশাসন।

একটি বিষয়ে জনকের আপত্তি থাকলেও সুনয়না জোর করে যোগ করেছে, তা হল যুদ্ধবিদ্যা এবং রণকৌশল। জনক অহিংসায় বিশ্বাসী, সুনয়না বাস্তববাদে।

সীতা জানতো তাকে যেতে হবে। কিন্তু সে একটা শিশু। আর সেই শিশু বাড়ি ছেড়ে যেতে আতঙ্কিত হয়ে গেছে।

'তুমি নিয়মিত বাড়ি আসবে, সোনা। ' বলল জনক। 'আর আমরাও তোমাকে দেখতে আসব। আশ্রম গঙ্গা নদীর তীরে। বেশী দূর তো নয়।'

সীতা মাকে আরও জোরে জড়িয়ে ধরল।

সুনয়না সীতার হাতটা ছাড়িয়ে তার চিবুক ধরল। মেয়ের চোখ নিজের দিকে ফিরিয়ে বলল। 'তুমি ওখানে খুব ভাল করবে। জীবনের জন্য প্রস্তুত হবে। আমি জানি।'

'আমি কাকার সঙ্গে ওরকম করেছি বলে কি তোমরা আমাকে পাঠিয়ে দিচ্ছো?' কাঁদতে কাঁদতে বলল সীতা।

সুনয়না ও জনক সঙ্গে সঙ্গে হাঁটু গেঁড়ে বসে তাকে কাছে জড়িয়ে ধরল।

'একেবারেই না সোনা, ' বলল সুনয়না। 'তোমার কাকার সঙ্গে এর কোন সম্পর্ক নেই। তোমাকে পড়াশোনা করতে হবে। শিক্ষিত হতেই হবে যাতে একদিন এই রাজ্য শাসনে সাহায্য করতে পার।'

'হ্যাঁ, সীতা,' বলল জনক। 'তোমার মা ঠিক বলেছে। কুশধ্বজ কাকার সঙ্গে যা হয়েছে সেটা আমি, তোমার মা এবং ওর মধ্যেকার বিষয়। তার সঙ্গে তোমার কোন সম্পর্ক নেই।'

আরেকপ্রস্থ কান্না আরম্ভ হল সীতার। মাবাবাকে আঁকড়ে ধরল যেন কখনই ছাড়বে না।

অধ্যায় ৫

সীতার শ্বেতকেতুর গুরুকুলে আসার পর দুই বৎসর কেটে গেছে। দশ বছর বয়সী ছাত্রীর বুদ্ধিমত্তা এবং তীক্ষ্ণতায় গুরু মুগ্ধ হলেও তার বহিরাঙ্গনের উদ্যম ছিল অসামান্য।বিশেষ করে তার লাঠি চালনার দক্ষতা ছিল উল্লেখযোগ্য।

কিন্তু তার তেজস্বী মেজাজ কখনো কখনো সমস্যার সৃষ্টি করতো। যেমন একবার এক সহপাঠী তার বাবাকে অকর্মণ্য রাজা বলেছিল, যার নাকি রাজা না হয়ে শিক্ষক হবার বেশী যোগ্যতা। সীতা উত্তরে তাকে বেধড়ক মেরেছিল। ছেলেটিকে গুরুকুলের আয়ুরালয়ে প্রায় একমাস পরে থাকতে হয়। তার পরও দুমাস তাকে লেংচে হাটতে হয়েছে।

চিন্তিত শ্বেতকেতু অহিংসা এবং আবেগ সম্বরণের ওপর অতিরিক্ত পাঠ্যক্রমের ব্যবস্থা করেছিল। মাথা গরম মেয়েটিকে গুরুকুলের চত্বরে হিংসার নিষেধাজ্ঞার বিষয়েও কঠোর ভাবে সচেতন করে দেয়া হয়েছিল। ভবিষ্যতে রাজকীয় দায়িত্ব পালনের জন্য রণকৌশল যাতে নিয়মানুবর্তীতা এবং আচরণবিধি আয়ত্বে আনে। বিদ্যালয়ের ভেতরে একে অন্যকে আঘাত করার অনুমতি ছিল না।

কথাটা কার্যকরী করার জন্য সুনয়নাকে একবার গুরুকুলে আগমনের সুযোগে ঘটনাটি জানানো হয়। তার জোর দিয়ে বলা কথার সীতার ওপর বাঞ্ছিত প্রভাব হয়েছিল। তখন থেকে সে অন্য ছাত্রদের মারপিট করা থেকে বিরত থাকে, যদিও অনেকসময় তাকে ধৈর্যের পরীক্ষা দিতে হয়।

এটা তেমনি একটা সময়।

'তোমাকে তো কুড়িয়ে পাওয়া গিয়েছিল, তাই না?' বিদ্রূপের স্বরে বলল কাল্প রাজ, এক সহপাঠী।

গুরুকুলের পুকুরের কাছে পাঁচজন ছাত্র ছাত্রী জড় হয়েছিল। তিনজন সীতাকে ঘিরে বসেছিল। একটা দড়ি দিয়ে মাটিতে নকশা বানিয়ে সীতা মগ্ন হয়ে তাদেরকে বৌধায়নের সুলভ সূত্রের উপপাদ্য বোঝাতে ব্যস্ত ছিল। কাল্পকে সম্পুর্ন অগ্রাহ্য করছিল সে, সেই সঙ্গে বাকীরাও। সে সবসময়ের মত চারপাশে ঘুরঘুর করছিল, সবাইকে উত্যক্ত করার চেষ্টায়। তার কথা কানে আসতে সবার চোখ সীতার দিকে ঘুরল।

রাধিকা সীতার নিকটতম বন্ধু। সে সঙ্গে সঙ্গে প্রতিক্রিয়া আটকাতে চেষ্টা করল। 'ছাড় না সীতা ওটা একটা আহাম্মক।'

সীতা সোজা হয়ে বসে এক মুহূর্তের জন্য চোখ বন্ধ করল। নিজের জন্মদাত্রী মায়ের সম্পর্কে অনেক বার ভেবেছে সে। কেন তাকে ত্যাগ করেছিলেন তিনি? তার পালিকা মায়ের মতই কি তিনিও অসামান্য ছিলেন। কিন্তু একটা বিষয়ে তার কোন সন্দেহ নেই: সে সুনয়নার মেয়ে।

'আমি আমার মায়ের মেয়ে।' দাঁতে দাঁত চেপে বলল সীতা। বন্ধুর পরামর্শ ইচ্ছে করে অগ্রাহ্য করে উত্যক্তকারীর দিকে বেপরোয়া দৃষ্টিতে তাকাল সে।

'হ্যাঁ, হ্যাঁ । সে আমি জানি। আমরা সবাই আমাদের মায়ের সন্তান। কিন্তু তোমাকে দত্তক নেয়া হয়েছিল না? তোমার মার আসল মেয়ে হলে তোমার কি হবে?

'আসল মেয়ে? আমি নকল নই কাল্প। আমি একদম আসল। '

'কিন্তু তুমি তো আর...'

'বিদায় হও এখান থেকে' বলল সীতা। যে ডালের টুকরোটা দিয়ে বৌধায়নের উপপাদ্য বোঝাচ্ছিল সেটা হাতে তুলে নিল।

'না, না। আমি কি বলতে চাইছি তুমি বুঝতে পারছ না। তুমি দত্তক নেয়া বলে তোমাকে যে কোন সময় বের করে দেয়া হতে পারে। তখন তুমি কি করবে?'

সীতা ডালটা নামিয়ে রেখে ঠাণ্ডা চোখে কাল্লর দিকে তাকাল।

ছেলেটার এটা চুপ করে যাবার পক্ষে ভাল সুযোগ ছিল। কিন্তু দুর্ভাগ্যবশত অতটা বোধবুদ্ধি তার ছিল না।

'তোমাকে শিক্ষকরা পছন্দ করেন আমি দেখেছি। গুরুজি তো খুবই পছন্দ করেন। তোমাকে বাড়ি থেকে তাড়িয়ে দিলে তুমি এখানে ফিরে এসে সারাদিন পড়াতে পার!' বলে হেসে কুটিপাটি হয়ে গেল কাল্ল। অন্য কেউ হাসল না। আসলে পরিবেশের থমথমে ভাবটা বিপদজনক সীমায় পৌঁছে গেছে।

'সীতা...' রাধিকা আবার শান্তির পরামর্শ দিয়ে অনুনয় করল। 'ছেড়ে দাও...'

সীতা রাধিকার উপদেশ এবারও অগ্রাহ্য করল। ধীরে ধীরে উঠে দাঁড়িয়ে কাল্লর দিকে এগিয়ে গেল। জোরে ঢোঁক গিলল ছেলেটা কিন্তু পিছু হটল না। সীতার শক্ত করে পেছনে হাতে হাত ধরা। প্রতিপক্ষের এক ইঞ্চি দূরত্বে পৌঁছে থামল সীতা। কটমট করে তার চোখে চোখ রাখল। ঘাবড়ে গিয়ে শ্বাসের গতি বেড়ে গেছে কাল্লর। কপালের শিরার দপদপানি থেকে বোঝা যাচ্ছে সাহসও উবে যাচ্ছে দ্রুতগতিতে। কিন্তু সে পিছু হটছিল না।

সীতা আরেক আক্রমণাত্মক পদক্ষেপ বাড়াল। কাল্লর বিপদজনক নৈকট্যে এসে পড়েছে সে। তার পায়ের আঙ্গুল ছেলেটার পায়ের আঙ্গুলে ছুঁয়ে গেছে। তার নাকের ডগা ছেলেটার মুখের এক সেন্টিমিটারের মধ্যে। চোখে আগুন ঝরছে তার।

কাল্লর কপালে বিন্দু বিন্দু ঘাম জমেছে। 'শোন... তোমার কিন্তু কাউকে মারা বারণ...।'

সীতা তার চোখে চোখ রেখে পলকহীন ভাবে চেয়ে রইল। ঠাণ্ডা। জোরে জোরে শ্বাস পড়ছে তার।

চিঁ চিঁ করে গলা শোনা গেল কাল্লর। 'শোন...'

হঠাৎ সজোরে চীৎকার করে উঠলো সীতা। কাল্লর মুখের ওপর এক কান ফাটান চীৎকার। এক শক্তি শালী, উঁচু পর্দার নিনাদ। চমকে উঠে মাটিতে চিৎপাত হয়ে পেছনে উলটে পড়ল কাল্ল। তারপর ভ্যাঁ করে কেঁদে ফেলল।

বাকী সবাই হেসে উঠল হো হো করে।

হঠাৎ যেন আকাশ থেকে একজন শিক্ষক উদয় হলেন।

'আমি ওকে মারিনি! আমি ওকে মারিনি!'

'সীতা...'

সীতা শিক্ষকের কথা মত বিনা আপত্তিতে তাঁর সঙ্গে চলে গেল।

'কিন্তু আমি ওকে মারিনি!'

— ছয় —

'হনু ভাই!' বড় ভাইকে জড়িয়ে ধরে আদুরে গলায় বলল রাধিকা। তার খুড়তুতো ভাই।

রাধিকা সীতাকে সঙ্গে করে তার প্রিয় আত্মীয়ের সঙ্গে দেখা করতে এসেছে। দেখা করার জায়গাটি গুরুকুল থেকে হেঁটে এক ঘন্টার রাস্তা, দক্ষিণের বনের গভীরে এক লুকোন ফাঁকা জায়গায়। ভাইবোন এখানেই লুকিয়ে দেখা করে। গুরুকুলের কর্তৃপক্ষের কাছে অদৃশ্য থাকার তার ভাইয়ের সঙ্গত কারণ আছে।

সে একজন নাগ: বৈকল্য নিয়ে জন্মানো মানুষ।

তার পরনে গাঢ় বাদামী ধুতি এবং শ্বেত অঙ্গবস্ত্র। ফর্সা, দীর্ঘকায় এবং লোমশ। পিঠের নিম্নভাগ থেকে অনেকটা লেজের মত এক উপবৃদ্ধি বেড়িয়ে আছে। সেটা থেকে থেকে যেন নিজের মনেই ঝাপটা মারছে। তার বিশাল অবয়ব এবং পেশীবহুল কায়া এক ভীতিপ্রদ উপস্থিতি সৃষ্টি করেছে। প্রায় দেবতাসুলভ দেহজ্যোতি। চ্যাপ্টা নাক মুখের ওপর চেপে বসানো। মুখের চারদিক নিখুঁত ভাবে গোল করে লোম দিয়ে ঘেরা। মুখের ওপর আর নীচের অংশ কিন্তু অদ্ভুত ভাবে নির্লোম, রেশমের মত মসৃণ ও হাল্কা গোলাপি রঙের, একটু ফোলা ফোলা। ঠোঁট সরু, প্রায় অদৃশ্য রেখার মত। শৈল্পিক বাঁকা ভুরুর নীচে আকর্ষণীয় দুই চোখে বুদ্ধিমত্তা ও ধ্যানীসুলভ স্থৈর্য জ্বল জ্বল করছে। বিধাতা যেন বাঁদরের মুখ নিয়ে মানুষের মাথায় বসিয়ে দিয়েছেন।

রাধিকার দিকে প্রায় পিতৃ সুলভ স্নেহভরা দৃষ্টিতে তাকাল সে। ‘কেমন আছে আমার ছোট্ট বোনটা?’

রাধিকা ছদ্ম রাগে নীচের ঠোঁট ফোলাল। ‘তোমাকে কতদিন দেখিনি বল তো? বাবা ঐ নতুন গুরুকুলটা নির্মানের অনুমতি দেবার পর থেকে...’

রাধিকার বাবা শোন নদীর তীরে অবস্থিত একটি গ্রামের প্রধান। তিনি সম্প্রতি গ্রামের কাছে একটি গুরুকুল স্থাপনের অনুমতি দিয়েছেন। চারটি তরুণ বালক সেখানে ভর্তি হয়েছে। আর কোন ছাত্র নেই। সীতা অবাক হয়ে ভেবেছে বাড়ির এত কাছে আরেকটি গুরুকুল থাকা সত্ত্বেও রাধিকা কেন ঋষি শ্বেতকেতুর গুরুকুলে পড়ে আছে। হয়তো চারজন ছাত্রের একটি ছোট্ট গুরুকুল তাদের গুরুজির বিখ্যাত গুরুকুলের মত এত ভাল নয়।

‘দুঃখিত রাধিকা, আমি খুব ব্যস্ত ছিলাম।’ হনুমান বলল, ‘একটা নতুন দায়িত্ব দেয়া হয়েছে আর ...।’

‘তোমার দায়িত্বের বিষয় নিয়ে আমার কোন আগ্রহ নেই!’

রাধিকার ভাই দ্রুত প্রসঙ্গ বদলাল। ‘তোমার নতুন বন্ধুর সঙ্গে পরিচয় করাবে না?’

রাধিকা আরো কয়েক মুহূর্ত তার দিকে চেয়ে রইল তারপর হাল ছেড়ে দেবার ভঙ্গীতে হেসে ফেলে বন্ধুর দিকে ফিরল। ‘এ হচ্ছে সীতা। মিথিলার রাজকুমারী। আর ও আমার বড় ভাই। হনু ভাই।’

তার ভাই নতুন পরিচিতার দিকে জোড় হাতে নমস্কার করে হাসল। ‘ছোট্ট রাধিকা আমাকে হনুভাই বলে ডাকে। আমার নাম হনুমান।’

সীতাও হাতজোড় করে তার মমতামাখা মুখের দিকে তাকিয়ে বলল। ‘আমার হনুভাইটাই ভাল লাগছে।’

হনুমান আন্তরিক হাসি হেসে বলল। ‘তবে ওটা হনুভাইই থাক।’

— ১৫ —

সীতা গুরুকুলে পাঁচ বছর কাটিয়েছে। এখন তার বয়েস তেরো।

পবিত্র গঙ্গার দক্ষিণ কুলে মগধ থেকে নদীর গতি অভিমুখে সামান্য এগিয়ে যেখানে উত্তাল সরযু নদী শান্ত গঙ্গায় এসে মিশেছে গুরুকুলটি সেখানে অবস্থিত। এর অবস্থানটি এত সুবিধাজনক যে বহু ঋষি এবং ঋষিকারা বিভিন্ন আশ্রম থেকে এই গুরুকুলে চলে আসতেন। তাঁরা সাধারণত অতিথি শিক্ষক রূপে মাস কয়েক পড়াতেনও।

মহাঋষি বিশ্বামিত্র স্বয়ং এই মুহূর্তে গুরুকুলে অভ্যাগত। অনুগামীদের সঙ্গে করে প্রায় পঁচিশজন ছাত্রের বাসস্থান এই অনাড়ম্বর গুরুকুলে প্রবেশ করলেন তিনি।

'নমস্কার, মহান মলয়পুত্র।' হাতজোড় করে নত হয়ে ষষ্ঠ বিষ্ণু প্রভু পরশুরামের রেখে যাওয়া উপজাতির প্রধান প্রবাদপ্রতিম ঋষিবরকে অভিবাদন জানালেন শ্বেতকেতু। মলয়পুত্রদের ওপর দুটি দায়িত্ব ন্যস্ত ছিল। দুষ্টের সংহারকারী পরবর্তী মহাদেবের যখন ও যদি আবির্ভাব ঘটে তবে তাঁকে সাহায্য করা এবং ঠিক সময়ে শুভের বিস্তারক পরবর্তী বিষ্ণুর উত্থান ঘটানো।

প্রবাদপ্রতিম সপ্তর্ষির উত্তরাধিকারী বলে খ্যাত মহান ঋষি বিশ্বামিত্রের উপস্থিতি তে আশ্রমের পরিবেশ বৈদ্যুতিক হয়ে উঠছিল। অতীতে যে সমস্ত জ্ঞানী মহিলা ও পুরুষ এখানে এসেছেন তাদের সকলের চেয়ে বড় এ এক অতুলনীয় সম্মান।

'নমস্কার, শ্বেতকেতু,' কর্তৃত্বপুর্ণ স্বরে বললেন বিশ্বামিত্র, ঠোঁটে মৃদু হাসির আভাস। গুরুকুলের কর্মচারীরা তৎক্ষণাৎ কাজে নেমে পড়েছে। কয়েকজন মুনিবরের অনুগামীদের মালপত্র ও ঘোড়াগুলিকে সামলাতে সাহায্য করছে, ওদিকে অন্যরা এমনিতেই ঝকঝকে পরিষ্কার অতিথি আবাস গুলিকে সাফাই করতে ছুটেছে। বিশ্বামিত্রের ডানহাত এবং মলয়পুত্রদের সামরিক প্রধান যোগ্য অরিষ্টনেমী সেনাপতির মতই সকলের কাজ তদারক করছিল।

'এদিকটাতে আসার কারণ জানতে পারি কি? প্রভু? 'প্রশ্ন করলেন শ্বেতকেতু।

'আমার নদীর উজানে কিছু কাজ আছে।' বিশদে না বলে রহস্যময় ভাবে বললেন বিশ্বামিত্র।

ভয়ানক মলয়পুত্রপ্রধানকে এ বিষয়ে যে আর কোন প্রশ্ন করা সমীচীন হবে না সে বোধ শ্বেতকেতুর ছিল। কিন্তু আলোচনা চালিয়ে যাওয়া প্রয়োজন। 'হে মহান গুরুদেব। রাবণের বানিজ্যচুক্তি সপ্তসিন্ধুর রাজ্যগুলির গভীর দুর্দশার কারণ হচ্ছে। লোকেরা ভুগছে আর দারিদ্র্যের শিকার হচ্ছে। কাউকে না কাউকে তার সঙ্গে লড়াই করতে হবে।'

প্রায় সাত ফুট লম্বা, কৃষ্ণকায় বিশ্বামিত্র, শারীরিক এবং মানসিক দুভাবেই অবাস্তব অনুপাতের। তাঁর পেশীবহুল কাঁধ, শক্তিশালী বাহুদ্বয় ও বলিষ্ঠ বক্ষের নীচে বৃহৎ উদর। বুকের ওপর ছড়িয়ে আছে সাদা দাড়ি। ব্রাহ্মণের শিখাটুকু ছাড়া মাথা পুরো কামানো। বড় বড় নির্মল চোখ। এবং কাঁধ থেকে ঝুলছে পবিত্র যজ্ঞোপবীত। চমকপ্রদ বৈপরীত্যে তাঁর মুখে ও শরীরে অসংখ্য যুদ্ধক্ষতের চিহ্ন। বিশাল উচ্চতা থেকে নীচে শ্বেতকেতুর দিকে তাকালেন তিনি।

'আজ এই কাজের দায়িত্ব নেবার মত কোন রাজা নেই।' বললেন বিশ্বামিত্র। 'এরা সবাই নিজেকে বাঁচাতে পারে। নেতৃত্ব দিতে পারবে না।'

'হয়তো এই কাজটা সাধারণ রাজাদের ক্ষমতার বাইরে, হে মহান ঋষি।'

বিশ্বামিত্রের হাসি রহস্যময় ভাবে মুখে ছড়িয়ে পড়ল কিন্তু কোন কথা বললেন না।

শ্বেতকেতু এই মহান পুরুষের সঙ্গে তাঁর আলোচনার প্রয়োজনটাকে ছেড়ে দিতে পারছিলেন না। 'আমার ধৃষ্টতা ক্ষমা করবেন মহর্ষি। কিন্তু আপনি আমাদের সঙ্গে কদিন কাটাবেন মনে করছেন? আমার ছাত্ররা যদি আপনার উপদেশের লাভ একটু পায় তবে খুব ভাল হয়।'

'আমি এখানে কেবল কয়েকদিন থাকব শ্বেতকেতু। তোমার ছেলেমেয়েদের পড়ান সম্ভব হবে বলে মনে হয় না।'

শ্বেতকেতু যথাসম্ভব বিনয়ের সঙ্গে অনুরোধটি আবার করতে যাচ্ছিলেন এমন সময় সজোরে একটা শব্দ শোনা গেল।

একটি দ্রুত হুশ তারপর সজোরে ঠকাস করে শব্দ!

বিশ্বামিত্র এককালে ক্ষত্রিয় যোদ্ধা রাজকুমার ছিলেন। শব্দটা তৎক্ষণাৎ চিনতে পারলেন। কাঠের লক্ষ্যে বর্শার আঘাতের শব্দ, প্রায় নিখুঁতভাবে।

শব্দটা যেদিক থেকে এসেছে সেদিকে ঘুরলেন তিনি। প্রশংসায় ভুরু ওপরে উঠে গেছে তাঁর। 'তোমার গুরুকুলে কেউ একজনের বলিষ্ঠ ছুঁড়বার হাত আছে শ্বেতকেতু।'

শ্বেতকেতু গর্বিত হাসি হাসলেন। 'চলুন আপনাকে দেখাই গুরুজি।'

—৫১—

'সীতা?' বিস্ময়ে প্রায় হতবাক হওয়া বিশ্বামিত্রের প্রশ্ন। 'জনকের মেয়ে সীতা?'

বিশ্বামিত্র ও শ্বেতকেতু বাইরের জনবিরল কিন্তু সুসজ্জিত প্রশিক্ষণস্থলের এক প্রান্তে যেখানে ছাত্রেরা ধনুর্বিদ্যা, বর্শা চালনা এবং অন্যান্য অনঙ্গাস্ত্রের অনুশীলন করে সেখানে এসে দাঁড়ালেন। অন্য প্রান্তে পৃথক জায়গা তরবারি ও গদার মত অঙ্গাস্ত্রের অনুশীলনের জন্য নির্ধারিত করা ছিল। অনুশীলনে মগ্ন সীতা নিঃশব্দে এসে তার পরের ক্ষেপণের প্রস্তুতি দেখতে দাঁড়ানো দুই ঋষিকে দেখতে পায় নি।

'হে মহান মলয়পুত্র। এর ভেতর রাজা জনকের জ্ঞান আছে,' উত্তরে বললেন শ্বেতকেতু। কিন্তু সেই সঙ্গে রানি সুনয়নার বাস্তববাদ ও যোদ্ধাসুলভ তেজও আছে। আর সাহস করে এটাও বলতে পারি যে আমার গুরুকুলের শিক্ষকরা মানসিকতাকে ভাল করে গড়ে তুলেছেন।'

বিশ্বামিত্র তীক্ষ্ণ দৃষ্টিতে সীতাকে নিরীক্ষণ করছিলেন। তের বৎসর বয়সের তুলনায় উচ্চতায় বেশী সীতার এখনি পেশী গড়ে ওঠা আরম্ভ হয়ে গেছে। তার সোজা ঘন কালো চুল বেণী বেঁধে একটা সুবিধাজনক খোঁপা করা। পায়ের হাল্কা টোকায় একটা বর্শা ওপরে তুলে দক্ষ হাতে লুফে নিল সীতা। বিশ্বামিত্র কেতাদুরস্ত ভঙ্গীটা লক্ষ্য করলেন। কিন্তু তিনি অন্য কিছুতে বেশী প্রভাবিত। বর্শাটির বাঁটের ঠিক ভারসাম্যের বিন্দুতে ধরেছে। সাধারণ প্রশিক্ষণের বর্শায়

যেমন থাকে এটিতে কিন্তু তেমন কোন চিহ্ন দেয়া ছিল না। সে বোধ করি সহজাত ক্ষমতায় এটা বিচার করে নিয়েছে। এত দূর থেকেও তিনি দেখতে পাচ্ছিলেন ধরাটা নিখুঁত। বর্ষার দণ্ডটা তার হাতের তালুতে সোজা করে রাখা তর্জনী ও মধ্যমার মাঝখানে। বৃদ্ধাঙ্গুষ্ঠ পেছনে করা, বাকি আঙ্গুলগুলি তার বিপরীত মুখী।

বাঁ পাটা সামনে করে সীতা লক্ষ্যবস্তুটার দিকে ফিরে দাঁড়াল। যেটা একটা কাঠের তক্তার ওপর অনেকগুলি সমকেন্দ্রিক বৃত্ত আঁকা। সে বাঁ হাতটা একই দিকে তুলল। তার শরীর অতি সামান্য ঘুরল, ক্ষেপণে শক্তি বৃদ্ধির জন্য। মাটির সঙ্গে সমান্তরাল করে ডান হাতটা পেছনে টেনে নিল সে, শিল্পীর হাতে আঁকা প্রতিকৃতির মত স্থিরভঙ্গিমা।

নিখুঁত।

শ্বেতকেতু মৃদু হাসলেন। যদিও তিনি নিজে যুদ্ধবিদ্যার প্রশিক্ষণ দেন না, কিন্তু সীতার দক্ষতার বিষয়ে তিনি এক ব্যাক্তিগত গর্ব অনুভব করেন। 'ছুঁড়বার আগে ও চিরাচরিত পদক্ষেপ গুলি নেয় না। দেহের মোচড় এবং কাঁধের শক্তি ওকে প্রয়োজনীয় সমস্ত ক্ষমতার যোগান দেয়।'

বিশ্বামিত্র অগ্রাহ্য করার দৃষ্টিতে শ্বেতকেতুর দিকে একবার তাকিয়ে আবার চিত্তাকর্ষক মেয়েটির দিকে মনোযোগ দিলেন। ঐ কটি পদক্ষেপ শক্তি বাড়াতে পারে কিন্তু সে সঙ্গে লক্ষ্যভ্রষ্টও করাতে পারে। বিশেষত যদি লক্ষ্যবস্তু ছোট হয়। শ্বেতকেতুকে এই খুঁটিনাটি ব্যাখ্যা করা প্রয়োজন মনে করলেন না তিনি।

শরীরটাকে বাঁ দিকে মোচড় দিয়ে কাঁধের ও পিঠের শক্তি জড় করে সীতা সজোরে ছুঁড়ল। কবজি আর আঙ্গুলের ঝটকায় বর্শাটার অন্তিম গতি স্থির করে দিয়ে।

হুউশ এবং ঠকাস্!

বর্শা একেবারে নির্ভুল লক্ষ্যে গিয়ে বিঁধেছে। তক্তার ঠিক কেন্দ্রে। আগের বর্শাটিকে ঠেলে সরিয়ে যেটিও একই ছোট বৃত্তটাতে বিঁধেছিল।

বিশ্বামিত্র সামান্য হাসলেন। 'মন্দ নয়... একেবারেই মন্দ নয়...'

দর্শকদ্বয় যা জানতেন না তা হল, সীতা হনুমানের কাছে প্রশিক্ষণ নিচ্ছিল। তার দুই বোনের সঙ্গে নিয়মিত দেখা করতে আসার সঙ্গে সঙ্গে সেই সীতাকে পদ্ধতিটা নির্ভুল করতে সাহায্য করেছে।

শ্বেতকেতু গর্বিত বাবামায়ের মত হাসলেন। 'ও অসাধারণ।'

'মিথিলায় ওর অবস্থা কি এখন?'

শ্বেতকেতু গভীর নিঃশ্বাস নিয়ে বললেন। 'আমি ঠিক নিশ্চিত নই। ও তাদের দত্তক কন্যা। এবং রাজা জনক ও রানি সুনয়না সবসময়ই ওকে খুব ভালবেসেছেন। কিন্তু এখন যখন...'

'আমি শুনেছি সুনয়না কয়েক বৎসর আগে এক কন্যা সন্তান লাভ করেছে।' মাঝপথে বলে উঠলেন বিশ্বমিত্র।

'হ্যাঁ। বিবাহের একদশকেরও বেশী দিন পর এখন তাঁরা তাদের নিসর্গজ কন্যা লাভ করেছেন।'

'উর্মিলা। ঠিক?'

'হ্যাঁ। এটাই তার নাম। রানি সুনয়না বলেছে যে সে তার দুই কন্যার মধ্যে কোন ভেদাভেদ করে না, কিন্তু সীতার সঙ্গে নয় মাস হয়ে গেছে দেখা করতে আসে নি। আগে প্রতি ছ মাস অন্তর আসতো। অবশ্য সীতাকে মিথিলায় নিয়মিত ডেকে নিয়ে যাওয়া হয়। ছ মাস আগেও গিয়েছিল। কিন্তু খুব একটা খুশী হয়ে ফেরেনি।'

চিবুকে হাত রেখে চিন্তিতমুখে বিশ্বামিত্র সীতার দিকে তাকালেন। এখন সীতার মুখ দেখতে পাচ্ছিলেন তিনি। আশ্চর্যরকম পরিচিত লাগছিল তাঁর। কিন্তু ঠিক মনে করতে পারছিলেন না।

—১৮—

গুরুকুলে মধ্যাহ্ন ভোজনের সময় এখন। ছাত্রদের থাকবার সাধারণ মাটির কুটির দিয়ে ঘেরা প্রাঙ্গণের কেন্দ্রে, বিশ্বামিত্র এবং তাঁর সঙ্গী মলয়পুত্ররা বসে ছিলেন। জায়গাটা মুক্তাঙ্গন পাঠস্থান রূপেও ব্যবহৃত হয়। প্রশিক্ষণ সর্বদা খোলা

জায়গায় হয়ে থাকে। শিক্ষকদের ছোট ছোট অনাড়ম্বর কুটিরগুলি একটু দূরে অবস্থিত।

'আরম্ভ করা যাক, গুরুজি?' মলয়পুত্রদের সামরিক প্রধান অরিষ্টনেমী প্রশ্ন করল।

গুরুকুলের কর্মচারীরা এবং ছাত্ররা তাদের সম্মানিত অতিথিদের কলাপাতার থালায় খাদ্য পরিবেশন করেছে। শ্বেতকেতু বিশ্বামিত্রর পাশে বসে প্রধান মলয়পুত্রের অপেক্ষা করছিলেন অনুষ্ঠান আরম্ভ করার। বিশ্বামিত্র নিজের গ্লাসটা তুলে নিয়ে ডান হাতের তালুতে একটু জল ঢেলে সেটি থালার চারপাশে ছিটিয়ে দিয়ে খাদ্য এবং পুষ্টির রূপে আশীর্বাদ দানের জন্য দেবী অন্নপূর্ণাকে ধন্যবাদ জ্ঞাপন করলেন। খাবারের প্রথম গ্রাসটি তুলে দেবতাদের অঞ্জলির প্রতীক হিসেবে একপাশে রেখে দিলেন। বাকী সকলে একই ভাবে করার পর বিশ্বামিত্রের ইশারায় সবাই খাওয়া আরম্ভ করল।

বিশ্বামিত্র অবশ্য প্রথম গ্রাসটি মুখে তোলার আগে একটু থামলেন। তার চোখ পুরো চত্তরটায় একজনকে খুঁজছিল। তার সৈন্যদের মধ্যে জটায়ু নামে এক নাগ ছিল। বেচারি জন্মের সময় এমন এক বৈকল্য নিয়ে জন্মেছে যা ধীরে ধীরে তার মুখে এক বিকৃতি এনে দিয়ে তাকে নাগ শ্রেণীভুক্ত করে দিয়েছে। তার বিকৃতির ফলে তার চেহারা শকুনের মত দেখতে হয়ে গেছে। অনেকেই জটায়ুকে অবহেলা করে। কিন্তু বিশ্বামিত্র তাদের একজন নন। প্রধান মলয়পুত্র জটায়ুর মহত্ব এবং বীরত্ব দুটোই চিনতে পেরেছিলেন। অন্যদের কুসংস্কারাচ্ছন্ন দৃষ্টি তার গুণগুলির প্রতি অন্ধ ছিল।

সমসাময়িক পক্ষপাতদুষ্টতা বিশ্বামিত্রের জানা ছিল। তাঁর এটাও জানা ছিল যে, এই আশ্রমে জটায়ুর খাবারের ব্যাবস্থা করার কথা কারও মনে না আসাটাই স্বাভাবিক। তিনি চারদিকে তাকিয়ে তাকে খুঁজলেন। অবশেষে দেখতে পেলেন জটায়ু দূরে একটি গাছের তলায় একা বসে আছে। কোন ছাত্রকে ইশারা করতে যাবেন এমন সময় তাঁর চোখে পড়ল একহাতে কলাপাতার থালা আর অন্য হাতে খাবার ভরা পাত্র নিয়ে সীতা নাগটির দিকে যাচ্ছে।

মহর্ষি দেখলেন জটায়ু লজ্জিত বিস্ময়ে উঠে দাঁড়াল।

এত দূর থেকে বিশ্বামিত্র কথাবার্তা কি হচ্ছিল শুনতে পাচ্ছিলেন না। কিন্তু ভাবভঙ্গী বুঝতে পারছিলেন। সীতা গভীর শ্রদ্ধার সঙ্গে জটায়ুর সামনে কলাপাতার থালাটা রাখল তারপর তাতে খাবার পরিবেশন করল। জটায়ু অপ্রস্তুতের হাসি হেসে খেতে বসার পর, সীতা নত হয়ে হাতজোড় করে নমস্কার করল, তার পর সেখান থেকে চলে এলো।

বিশ্বামিত্র সীতাকে দেখতে দেখতে ভাবতে লাগলেন, *এই চেহারা এর আগে কোথায় দেখেছি?*

অরিষ্টনেমীও সীতাকে পর্যবেক্ষণ করছিল। সে বিশ্বামিত্রের দিকে ফিরল।

'মেয়েটা সত্যি অসাধারণ মনে হচ্ছে গুরুজি।' বলল অরিষ্টনেমী।

'হুঁম।' তার দিকে এক ঝলক তাকিয়ে বললেন বিশ্বামিত্র। তারপরে খাওয়ায় মন দিলেন।

অধ্যায় ৬

'ব্যাপারটা ভাল হচ্ছে না, কৌশিক,' বলল দিবোদাস। 'বিশ্বাস কর ভাই।'

কাবেরী নদীর তীরে তাদের গুরুকুলের বাইরে বড় একটা পাথরের চাঁইয়ের ওপর কৌশিক এবং দিবোদাস বসে ছিল। সাতজন কিংবদন্তী দ্রষ্টা শ্রদ্ধেয় সপ্তর্ষির উত্তরাধিকারী মহর্ষি কাশ্যপের গুরুকুলে শিক্ষক দুই বন্ধুর বয়স ত্রিশের কোঠার শেষার্ধে। কৌশিক ও দিবোদাস দুজনেই এই গুরুকুলের ছাত্র ছিল। স্নাতক হবার পর দুজনে নিজের নিজের পথ বেছে নিয়ে আলাদা হয়ে যায়। দিবোদাস খুব ভাল শিক্ষক রূপে বিখ্যাত হয়েছে, আর কৌশিক এক সফল ক্ষত্রিয় রাজা রূপে। দুই দশক পর দুইজনে আবার এই সম্মানিত গুরুকুলে যোগ দিয়েছে, এই বার শিক্ষক হিসেবে। তাদের ছোটবেলার বন্ধুত্ব জেগে উঠেছে নিমেষে। বস্তুতঃ তারা এখন দুই ভাইয়ের মত। একান্তে এখনো তারা একে অন্যকে ছাত্রাবস্থার গুরুকুলের নাম ধরে সম্বোধন করে।

'কেন ভাল হচ্ছে না দিবোদাস?' প্রশ্ন করল কৌশিক। তার বিশাল, পেশীবহুল শরীর সর্বদার মতই মারমুখী ভাবে সামনে ঝুঁকে আছে। 'ওদের বানরদের বিরুদ্ধে পক্ষপাত আছে। ভারতবর্ষের মঙ্গলের জন্যই আমাদের এই কুসংস্কারের বিরুদ্ধে লড়তে হবে।'

দিবোদাস মাথা নাড়ল, কিন্তু বুঝল যে আর কথা বাড়ানো অর্থহীন। কৌশিকের গোঁয়ার্তুমিতে বাধা দেবার চেষ্টা সে অনেকদিন হল ছেড়ে দিয়েছে। উই ঢিপিতে মাথা ঠোকার মত ব্যাপার সেটা। খুব বুদ্ধির পরিচয় নয়।!

পাশে রাখা মাটির পাত্রটা তুলে নিল সে। তাতে ফেনিল দুধের মত এক তরল পানীয়। নিজের নাক চেপে ধরে সেটা গিলে ফেলল। 'ওয়াক্!'

কৌশিক অট্টহাসি হেসে বন্ধুর পিঠে সজোরে চাপড় মেরে বলল, 'এত বছর পরেও এটা খেতে ঘোড়ার মূত্রের মত লাগে!'

হাতের উলটোপিঠে মুখ মুছে হাসল দিবোদাস। 'নতুন কিছু ভাব এবারে। এটা যে ঘোড়ার মূত্রের মত খেতে সেটাই বা কি করে জানলে তুমি? ঘোড়ার মূত্র খেয়েছ কখনো?!'

আরও জোরে হেসে উঠে বন্ধুর কাঁধে হাত রেখে কৌশিক বলল। 'আমি অনেকবার সোমরস খেয়েছি, আর আমি নিশ্চিত যে ঘোড়ার মূত্রের স্বাদও এর চেয়ে খারাপ হতে পারে না!'

দিবোদাস একগাল হেসে বন্ধুর কাঁধ বেষ্টন করে হাত রাখল। তারপর মিশুকে মৌনতায় বসে তাদের গুরুকুলের ছোট্ট শহর ময়ুরমের পাশ দিয়ে ধীরে বয়ে যাওয়া কাবেরী নদীকে দেখতে লাগল। শহরটির দূরত্ব সমুদ্র থেকে বেশী নয় এবং শত শত ছাত্রের শিক্ষাস্থল এই বিশাল গুরুকুলের জন্য সুযোগ্য স্থান। আরও জরুরী বিষয় হল এখানে বিভিন্ন বিষয়ে শিক্ষার উচ্চতর পাঠ্যক্রম আছে। সমুদ্রের কাছাকাছি হওয়ায় সপ্তসিন্ধুর উত্তরাঞ্চলের ছাত্ররা ভারতবর্ষের পুর্ব উপকুল ধরে জলপথে সহজেই এখানে পৌঁছুতে পারে। ফলে তাদেরকে নর্মদা নদীকে উত্তর থেকে দক্ষিণে পার হতে হয় না, যেটা করার বিরুদ্ধে এক কুসংস্কারাচ্ছন্ন বিধান আছে, তারও উল্লঙ্ঘন হয় না। তদুপরি গুরুকুলটি জলনিমগ্ন প্রাগৈতিহাসিক দেশ সঙ্গমতামিলের নিকটবর্তী। সঙ্গমতামিল এবং পশ্চিমের প্রাচীন জলমগ্ন দ্বারকা রাজ্য এই দুটি ছিল ভারতীয় বৈদিক সংস্কৃতির পৃষ্ঠভূমি। এর ফলে ছাত্রদের জন্য এই জায়গাটি অনবদ্য রকম পবিত্র।

দিবোদাস কাঁধ সোজা করল, যেন কিছু করার সাহস সঞ্চয় করছে।

বন্ধুর অনুচ্চারিত লক্ষণ গুলি সম্পর্কে পুরো মাত্রায় ওয়াকিবহাল কৌশিক মন্তব্য করল। 'কি হল?'

দিবোদাস গভীর নিঃশ্বাস নিল। আলোচনাটা সহজ হবে না সেটা সে জানে। কিন্তু তাকে আরেকবার চেষ্টা করতেই হবে। 'শোন কৌশিক। আমি জানি তুমি

ত্রিশঙ্কুকে সাহায্য করতে চাও আর এ বিষয়ে আমি তোমার সঙ্গে একমত। ওর সাহায্যর প্রয়োজন। ও লোক ভাল। হয়তো অপরিণত এবং সাদাসিধে।কিন্তু নিঃসন্দেহে ভাল লোক। কিন্তু সে বায়ুপুত্র হতে পারবে না। ওদের পরীক্ষায় বিফল হয়েছে সে। এটা ওকে মানতেই হবে। ওকে দেখতে কেমন বা ও কোথায় জন্মেছে তার সঙ্গে এর কোন সম্পর্ক নেই। এটা তার যোগ্যতার প্রশ্ন।'

বায়ুপুত্ররা পুর্ববর্তী মহাদেব প্রভু রুদ্রের রেখে যাওয়া উপজাতি। ভারতবর্ষের পশ্চিম সীমান্ত পার হয়ে পরিহা নামক এক জায়গায় তাদের বাস। বায়ুপুত্রদের ওপর যে দায়িত্ব ন্যস্ত ছিল তা হল পরবর্তী বিষ্ণু, যখনি তাঁর উত্থান হোক, তাকে সাহায্য করা। এবং অশুভ শক্তি মাথা চারা দিলে অবশ্যই তাদের মধ্যে থেকে একজন হবে পরবর্তী মহাদেব।

কৌশিক আড়ষ্ট হয়ে বলল। 'বায়ুপুত্ররা বানরদের সহ্য করতে পারে না সে তো তুমি জান।'

বানররা এক বিরাট, ক্ষমতাশালী এবং শান্তিপ্রিয় উপজাতি। কাবেরীর উত্তরে তুঙ্গভদ্রা নদীর তীরে তাদের বাস। তুঙ্গভদ্রা কাবেরীর আরও উত্তরের এক উপনদী। উপজাতিটির অবয়ব বিশেষ রকমের ভিন্ন। সাধারণত বেঁটে মোটা এবং বেশ পেশীবহুল, তাদের কেউ কেউ আবার দৈত্যাকার। তাদের মুখের চারদিক মিহি রোমে ঘেরা যা চোয়ালের কাছে এসে ফুলে দাড়ি হয়ে যায়। সামনের দিকে বেড়িয়ে থাকা মুখ যার চারদিকে রেশমের মত মসৃণ রোমহীন চামড়া। তাদের লোমশ শরীর ঘন কম্বলের মত লোমে ঢাকা। কিছু সংস্কারাচ্ছন্ন মানুষের কাছে তারা বাঁদরের মত দেখতে সুতরাং কোন না কোন ভাবে মানুষের চাইতে নিকৃষ্ট। শোনা যায় পরিহার আরও পশ্চিমে আরো এমন উপজাতি বাস করে। এদের বৃহত্তম ও প্রাচীনতম বাসস্থানের একটি হল নিয়ান্ডারথাল বা নিয়ান্ডার দের উপত্যকা বলে এক দেশ।

'কোন অসহিষ্ণুতার কথা বলছ তুমি? 'প্রশ্ন সূচক হাত তুলে বলল দিবোদাস। 'তারা তরুণ মারুতিকে নিজের বলে মেনে নিয়েছে। নেয় নি? মারুতিও তো বানর। কিন্তু তার যোগ্যতা আছে, ত্রিশঙ্কুর যেটা নেই।'

কৌশিককে পিছু হটবার নয়। 'ত্রিশঙ্কু আমার প্রতি বিশ্বস্ত ছিল। আমার সাহায্য চেয়েছে। আমি ওকে সাহায্য করব!'

'কিন্তু কৌশিক তুমি পরিহার নিজস্ব সংস্করণ কি ভাবে তৈরি করবে? এটা বুদ্ধির কাজ নয়...'

'আমি ওকে কথা দিয়েছি দিবোদাস। তুমি আমাকে সাহায্য করবে কি করবে না?'

'অবশ্যই করব কৌশিক। কিন্তু ভাই ...'

হঠাৎ দূর থেকে এক উঁচু মেয়েলী গলার আওয়াজ শোনা গেল। 'এই, দিবোদাস!'

কৌশিক ও দিবোদাস দুজনে ঘুরে দাঁড়াল। নন্দিনী। গুরুকুলের আরেক শিক্ষিকা। এবং দুজনের বন্ধু। কৌশিক দিবোদাসের দিকে দাঁতে দাঁত চেপে এক আহত, ম্লান দৃষ্টিতে তাকাল।

'গুরুজি...'

বিশ্বামিত্রের চোখ চট করে খুলে গিয়ে তাঁকে এক প্রাচীন, শতাধিক বৎসরের স্মৃতিচারণ থেকে ফিরিয়ে নিয়ে এলো।

'বিরক্ত করার জন্য ক্ষমা করবেন গুরুজি।' ভক্তিভরে হাতজোড় করে অনুতপ্ত ভাবে নমস্কার করল অরিষ্টনেমী।'কিন্তু আপনি আমাকে বলেছিলেন ছাত্রেরা জড় হলে আপনাকে জাগিয়ে দিতে।'

বিশ্বামিত্র উঠ বসে তার অঙ্গবস্ত্রটা গুছিয়ে নিলেন। 'সীতা এসেছে?'

'হ্যাঁ, গুরুজি।'

— ৫ ১ —

দূরে এককোণে বসে ছিলেন শ্বেতকেতু। নিজের পুরো পাঁচিশজন ছাত্রকে খোলা চৌকো জায়গাটায় একত্র দেখে তার উৎফুল্লতা বোঝা যাচ্ছিল। বিশ্বামিত্র প্রধান অশ্বত্থ গাছের গুঁড়ির চারদিকে গোল করে নির্মিত বেদীর ওপর বসলেন।

শিক্ষকের আসন সেটি। মহান মলয়পুত্র প্রধান তাঁর ছাত্রদের শিক্ষা দেবেন। একবার হলেও। শ্বেতকেতু এবং তাঁর ছাত্রদের জন্য এ এক বিরল সম্মান।

গুরুকুলের শিক্ষকেরা এবং মলয়পুত্ররা শ্বেতকেতুর পেছনে নিঃশব্দে দাঁড়িয়ে ছিলেন।

'তোমরা কি আমাদের মহান প্রাচীন সাম্রাজ্যের বিষয়ে শিখেছ?' প্রশ্ন করলেন বিশ্বামিত্র। 'এবং তাদের উত্থান ও পতনের কারণ?'

ছাত্ররা সকলে সম্মতি সূচক মাথা নাড়ল।

'ঠিক আছে, তাহলে কেউ একজন আমাকে বল, মহান সম্রাট ভরতের উত্তরসূরিদের সাম্রাজ্যের পতন কেন হয়েছিল? বহু শতাব্দী ধরে সমৃদ্ধ হওয়া এক সাম্রাজ্য মাত্র দুটি প্রজন্মের মধ্যে নির্মূল হয়ে গেল। কেন? '

কাল্ল রাজ হাত তুলল। শ্বেতকেতু প্রমাদ গুনলেন।

'হ্যাঁ?' জিজ্ঞাসা বিশ্বামিত্রের।

'গুরুজি, তারা একই সঙ্গে বিদেশী শত্রুদের আক্রমণ এবং আভ্যন্তরীণ বিদ্রোহের শিকার হয়েছিল। আমরা যে কাঁচের মারবেল নিয়ে খেলি, তার মত অবস্থা হয়েছিল তাদের। চারদিক থেকে সবাই বার বার তাদেরকে আঘাত করছিল। সাম্রাজ্য বাঁচবে কি করে?'

কথাটা বলে হেসে কুটিপাটি হয়ে পড়ল কাল্ল। যেন সে মানব ইতিহাসের হাস্যকরতম রসিকতা করেছে এই মাত্র। বাকী সবাই চুপ করে ছিল। পেছনে কয়েকজন ছাত্র লজ্জায় মাথায় হাত দিল। বিশ্বামিত্র স্থির শীতল দৃষ্টিতে কাল্লর দিকে চেয়ে রইলেন। তারপর একই দৃষ্টি শ্বেতকেতুর দিকে ফিরল।

আগের অনেক বারের মতই, শ্বেতকেতু কাল্লকে বাবামায়ের কাছে ফেরত পাঠিয়ে দেবার কথা বিবেচনা করলেন। শিক্ষাদানের অযোগ্য এ এক অদ্ভুত বাচ্চা।

কাল্লর কথার উত্তর দেয়া প্রয়োজন মনেনা করে বিশ্বামিত্র প্রশ্নটির পুনরাবৃত্তি করলেন, এবার সরাসরি সীতার দিকে চেয়ে। কিন্তু মিথিলার রাজকুমারী নিরুত্তর।

'ভূমি তুমি উত্তরটা দাও না কেন?' গুরুকুলের নামে সম্বোধন করে প্রশ্ন করলেন বিশ্বামিত্র।

'কারণ আমি নিশ্চিত নই গুরুজি।'

বিশ্বামিত্র সামনের সারির দিকে ইশারা করে বললেন, 'এখানে এসো, বৎস।'

তার মিথিলার শেষবার যাত্রার পর থেকে সীতা একা থাকা পছন্দ করছিলো। বেশীরভাগ সময়ই পাঠস্থানে পেছনের সারিতে বসত। তার বন্ধু রাধিকা পিঠ চাপড়ে তাকে সামনে যাবার উৎসাহ দিল। সীতা এগিয়ে এলে বিশ্বামিত্র তাকে বসতে ইঙ্গিত করলেন। তারপর তার চোখের দিকে তাকিয়ে রইলেন। খুব অল্প সংখ্যক মুনি চোখ দেখে মনের কথা বুঝতে পারেন। বিশ্বামিত্র সেই বিরল মুনিদের একজন।

'আচ্ছা বল তো,' বিশ্বামিত্র বললেন। তাঁর দৃষ্টি সীতার মনের ভেতর বিঁধছিল। মহান সম্রাট ভরতের বংশধর ভারতেরা এত সহসা ছাড়খার হয়ে গেল কেন?'

সীতা খুব অস্বস্তি বোধ করছিল। উঠে দাঁড়িয়ে ছুটে পালাবার অদম্য ইচ্ছে হচ্ছিল তার। কিন্তু তার জানা ছিল মহর্ষিকে সে অপমান করতে পারবে না। উত্তর দেয়ার সিদ্ধান্ত নিল সে। 'ভারতদের বিশাল সেনাবাহিনী ছিল। বিভিন্ন ক্ষেত্রে যুদ্ধ করা সম্ভব ছিল তাদের পক্ষে। কিন্তু তাদের যোদ্ধারা...'

'অপদার্থ ছিল,' সীতার চিন্তার খেই ধরে বললেন বিশ্বামিত্র। 'আর তারা অপদার্থ কেন ছিল? তাদের তো অর্থ, প্রশিক্ষণ, যন্ত্রপাতি বা সমারাস্ত্রের কোন অভাব ছিল না।'

সীতা সমিচির বলা একটি কথার পুনরাবৃত্তি করল। 'অস্ত্রটা আসল নয়, সেটা যে নারী চালায় সেই আসল।'

বিশ্বামিত্র অনুমোদনের হাসি হাসলেন। 'আর তাদের যোদ্ধারা অস্ত্র চালাতে অপারগ ছিল কেন? ভুলে যেও না এই অস্ত্রগুলি তাদের শত্রুদের অস্ত্রের চাইতে অনেক বেশী উন্নত মানের ছিল।'

সীতা এটা ভাবেনি। সে চুপ করে রইল।

'পতনের সময়কার ভারত সমাজ বর্ণনা কর।' নির্দেশ বিশ্বামিত্রর।

এই উত্তরটা সীতার জানা ছিল। 'শান্তিপুর্ণ, উদার এবং এক নম্র সমাজ ছিল সেটা। শিল্প, সংস্কৃতি, সঙ্গীত, আলোচনা, বিতর্ক... এসবের স্বর্গ ছিল। তারা কেবল অহিংসা মেনে চলত তা নয় সগর্বে উদযাপন ও করতো। মৌখিক এবং শারীরিক দুটোই। এক নিখুঁত সমাজ। স্বর্গের মত।'

'সত্যি। কিন্তু কিছু লোকের জন্য সেটা নরকতুল্য ছিল।'

সীতা কিছু বলল না কিন্তু তার মনে প্রশ্ন জাগল: কাদের জন্য?

বিশ্বামিত্র এমন ভাবে তার মনের কথা পড়ে নিলেন যেন সে মুখে উচ্চারণ করেছে। তিনি উত্তর দিলেন, 'যোদ্ধাদের।'

'যোদ্ধাদের?'

'যোদ্ধাদের প্রধান গুণ কি? কিসে তাদের প্রেরণা? কিসে তারা উদ্বুদ্ধ হয়? হ্যাঁ, অনেকে আছে যারা গৌরবের জন্য, দেশের জন্য বিধিবদ্ধতার জন্য যুদ্ধ করে। কিন্তু এমনও আছে যারা হত্যার সামাজিক অনুমোদিত উপায় খোঁজে। বহিঃপ্রকাশের রাস্তা না পেলে এইসব লোকেরা সহজেই অপরাধের পথে চলে যেতে পারে। মানব জাতির ইতিহাসে প্রশংসিত কত বীর যোদ্ধা অল্পের জন্য সামাজিক অধঃপতিত বলে পরিচিত হবার হাত থেকে বেঁচে গেছে। অপরাধী হওয়া থেকে কী তাদেরকে রক্ষা করেছে, পরিবর্তে যোদ্ধা বানিয়েছে? যোদ্ধাদের আচার নীতিঃ হত্যার এক যোগ্য কারণ।'

একটি শিশুর পক্ষে নিশ্চয়তা ছেড়ে সূক্ষ্ম তারতম্য বোঝা সহজ কাজ নয়। সীতা আড়ষ্ট হয়ে গেল। হাজার হোক তার বয়েস মাত্র তের বছর।

'যোদ্ধাদের উন্নতি নির্ভর করে প্রশংসা আর বীরপূজার ওপর। সেগুলি না পেলে যোদ্ধার তেজ তার সঙ্গে আচার রীতি মরে যায়। দুঃখের বিষয় হল, ভারত সমাজের শেষ সময়ে অনেকেই যোদ্ধাদের অবজ্ঞা ও নিন্দা করা পছন্দ করতো। সেনাবাহিনীর প্রতিটি কাজকে কঠোর সমালোচনা করা হতো। যে কোন ধরনের হিংসা এমন কি ধর্মীয় হিংসাকেও বাধা দেয়া হতো। যোদ্ধার তেজকে বলা হত দানবিক আবেগ যা নিয়ন্ত্রণ করা উচিৎ বলে তাচ্ছিল্য করা হতো। এখানেই শেষ নয়। মৌখিক হিংসা নিয়ন্ত্রণের উদ্দেশ্যেবাক স্বাধীনতাও

খর্ব করা হয়েছিল। মতান্তরকে দাবিয়ে দেয়া হতো। ভারতেরা এভাবেই পৃথিবীর বুকে স্বর্গ সৃষ্টি করা যাবে ভেবেছিল; শক্তিকে নির্বল করে ও দুর্বল কে ক্ষমতাশালী করে।

বিশ্বামিত্রের গলার স্বর মৃদু হয়ে এসেছিল যেন তিনি কেবল সীতার সঙ্গেই কথা বলছিলেন। বাকীরা গভীর মনোযোগ দিয়ে শুনছিল।

'ফলতঃ ভারতেরা তাদের ক্ষত্রিয় গোষ্ঠীকে ভীষণ ভাবে দাবিয়ে দিয়েছিল। পৌরুষকে পুরুষত্বহীন করে দেয়া হয়েছিল। অতীতের মহান মুনিরা যাঁরা সম্পুর্ন অহিংসা এবং প্রেমের প্রচার করেছেন তাঁদেরকে বিশেষ মর্যাদা প্রদান করে তাঁদের বাণীকে সম্প্রসারিত করা হয়েছিল। কিন্তু তাতে যখন বিদেশ থেকে বর্বর হানাদারেরা আক্রমণ করল তখন এই শান্তিবাদী অহিংস ভারত স্ত্রী ও পুরুষেরা পাল্টা যুদ্ধ করতে অক্ষম হয়ে পড়েছিল। এই সভ্য লোকেরা নৃশংস বিদেশী যোদ্ধাদের কাছে দুর্বলচেতা বলে প্রতিপন্ন হয়ে পড়ে।' এক কাষ্ঠ হাসি হেসে বিশ্বামিত্র বলে চললেন। 'এদের ভালবাসার বাণীতে ঐ হিরণ্যলোমের ম্লেচ্ছ যোদ্ধাদের কোন আগ্রহ ছিল না। ভারত সমাজের কাছে এটা আশাতীত ছিল। ভালবাসার উত্তর ওদের ছিল গণহত্যা। তারা ছিল অসভ্য, নিজেদের সাম্রাজ্য গড়ার ক্ষমতা তাদের ছিল না। কিন্তু ভারতের ক্ষমতা ও সম্মান তারা ধ্বংস করে দিল। আভ্যন্তরীণ বিদ্রোহ ধ্বংসের কাজটা সম্পুর্ণ করে দিয়েছিল।'

'গুরুজি আপনি কি এটা বলছেন যে, বিদেশী দানব দের সঙ্গে যুদ্ধ করার জন্য নিজস্ব দানব প্রয়োজন?'

'না। আমি কেবল এটা বলছি যে, সমাজকে যে কোন রকমের চূড়ান্ত থেকে সতর্ক থাকতে হবে। প্রতিযোগী ভাবাদর্শের মধ্যে ভারসাম্য বজায় রাখার জন্য নিরন্তর চেষ্টা চালিয়ে যেতে হবে। সমাজ থেকে অপরাধীদের সরাতে হবে, এবং অর্থহীন হিংসা বন্ধ করতে হবে। কিন্তু যোদ্ধাদের তেজস্বীতাকে দানবিক রূপ দিলে হবে না। পৌরুষকে ছোট করে এমন সমাজ সৃষ্টি কোরো না। যে কোনকিছুর আতিশায্য জীবনের ভারসাম্য নষ্ট করে দেয়। অহিংসার মত নীতির জন্যেও এটা সত্য। পরিবর্তনের হাওয়া কখন এসে পড়বে তোমার জানা নেই।

কখন সমাজ রক্ষা করার জন্য অথবা শুধু বাঁচবার জন্যই হিংসার প্রয়োজন হয়ে পড়বে।'

সম্পূর্ণ নিস্তব্ধ সবাই।

সময় হয়েছে।

বিশ্বামিত্র আলোচনাটি যে প্রশ্নের দিকে টেনে নিয়ে যাচ্ছিলেন এবার সেটা করলেন। 'সপ্ত সিন্ধু কি এমন কোন চরমপন্থার শিকার হয়েছিল যার ফলে রাবণ তাদের পরাজিত করতে সক্ষম হয়েছিল?'

সীতা মন দিয়ে প্রশ্নটা ভাবল। 'হ্যাঁ। ব্যবসায়ী বর্গের প্রতি বিরক্তি এবং ঘৃণা।'

'ঠিক। অতীতে তাদের মধ্যেকার কয়েকটি দানবের জন্য ভারতেরা সমগ্র ক্ষত্রিয় জীবন যাত্রাকে আক্রমণ করেছিল। তারা অদম্য ভাবে হিংসার বিরুদ্ধে হয়ে যায়। এমন সমাজ ছিল যারা তাদের মধ্যেকার কয়েকজন ব্রাহ্মণ আত্মম্ভরি, নাক উঁচু ও একচেটিয়া মনোভাবের হয়ে যাওয়ায় তারা সগর্বে বিদ্যাবিরুপ হয়ে ব্রাহ্মণ জীবনযাত্রাকে আক্রমণ করেছিল। আর আমাদের সময়ে কয়েকজন বৈশ্য যখন স্বার্থপর, জাঁকজমকপ্রিয় ও অর্থলিপ্সু হয়ে যায় তখন সপ্তসিন্ধু বাণিজ্যকেই তাচ্ছিল্য করতে শুরু করে। আমরা ধীরে ধীরে আমাদের সমাজের বাণিজ্যটাকে "কুসম্পদশালী পুঁজিপতি" – দের হাত থেকে বের করে দিয়ে অন্যদের হাতে তুলে দিয়েছি। কুবের, এবং পরবর্তীকালে রাবণ, কেবল ধীরে ধীরে অর্থ আহরণ করেছে আর স্বাভাবিক ভাবেই অর্থনৈতিক ক্ষমতা তাদের হাতে এসে গেছে। কারাচাপের যুদ্ধ কেবল এক ঔপচারিকতা ছিল যা সুদীর্ঘ ঐতিহাসিক পরম্পরাকে পরিণতি দিয়েছে। একটি সমাজের সর্বদা ভারসাম্য রক্ষার চেষ্টা করা উচিত। এর বুদ্ধিজীবী প্রয়োজন, যোদ্ধা প্রয়োজন, ব্যবসায়ী প্রয়োজন, শিল্পী প্রয়োজন এবং প্রয়োজন সুদক্ষ কর্মীর। যদি সমাজ কোন বর্গকে অত্যধিক ক্ষমতা শালী করে তোলে বা অন্যকে বেশী দুর্বল, তাহলে সেটি বিশৃঙ্খলার দিকে এগোয়।'

সীতার মনে পড়ল তার বাবার একটি ধর্মসভায় শোনা একটি কথা। 'আমি কেবল একটি "বাদ" –ই বিশ্বাস করি। বাস্তববাদ।'

এটা একজন চার্বাক দার্শনিক বলেছিল।

'তুমি কি চার্বাক দর্শনে বিশ্বাসী?' প্রশ্ন করলেন বিশ্বামিত্র।

নাস্তিক এবং বাস্তববাদে বিশ্বাসী এর প্রবর্তকের নামে চার্বাক দর্শনের নামকরণ করা হয়েছে। পবিত্র গঙ্গার উৎসস্থল গঙ্গোত্রীর কাছে বাস করতেন তিনি। চার্বাক্‌রা কেবল পঞ্চেন্দ্রিয় দ্বারা যা অনুভব করা যায় তাতেই বিশ্বাস করে। তাদের মতে না আত্মা বলে কিছু আছে না ভগবান। পঞ্চভূতে গড়া এই দেহটাই একমাত্র বাস্তব। যা মৃত্যুর পর আবার পঞ্চভূতে ফিরে যাবে। তারা আজকের দিনটাতে বাচে এবং জীবন উপভোগ করে। তাদের প্রশংসকদের চোখে তারা উদার, ব্যক্তিতান্ত্রিক এবং নিরপেক্ষ। উলটোদিকে তাদের সমালোচকদের মতে তারা অনৈতিক, স্বার্থপর ও দায়িত্বজ্ঞান হীন।

'না গুরুজি, আমি চার্বাক নীতি অনুসরণ করি না। আমি যদি বাস্তববাদী হই তবে আমাকে সব ঘরানার দর্শন খোলা মনে নিতে হবে। আর সেই অংশটুকুই নেব যা আমার যুক্তিযুক্ত মনে হবে, বাকী যা ঠিক মনে হবে না সেটাকে পরিত্যাগ করতে হবে। আমার নিয়তিকে সার্থক করার যে দর্শনই সাহায্য করবে সেটা থেকেই আমাকে শিক্ষা নিতে হবে।'

বিশ্বমিত্র মৃদু হাসলেন। *বুদ্ধিমতী, তেরো বৎসর বয়েসের পক্ষে খুবই বুদ্ধিমতী।*

অধ্যায় ৭

সীতা পুকুরের পাশে বসে ন্যায়সূত্র পড়ছিল। এই অতুলনীয় রচনাটি ভারতীয় দর্শন শাস্ত্রের এক মুখ্য ধারা ন্যায় দর্শনের প্রবর্তক। বিশ্বামিত্র ঋষি শ্বেতকেতুর আশ্রম ঘুরে যাবার পর কয়েকমাস কেটে গেছে।

'ভূমি,' সীতার গুরুকুলের নাম ডেকে বলল রাধিকা। 'তোমার বাড়ি থেকে তোমার সঙ্গে কেউ দেখা করতে এসেছে।'

সীতা বিরক্তির নিঃশ্বাস ফেলল। 'ওরা অপেক্ষা করতে পারবে না?'

ঋষি শ্বেতকেতুকে প্রশ্ন করার জন্য সীতা একটি তালিকা প্রস্তুত করছিল। এখন কাজটার দেরী হয়ে যাবে।

জাহাজঘাটার কাছে ধৈর্য ধরে সীতার জন্য অপেক্ষা করছিল সমিচি।

দশজন লোকের একটা দল তার পেছনে দাঁড়িয়ে ছিল। তারা সমিচির অধীনস্ত।

সমিচি এখন আর বস্তির সেই মেয়েটি নয়। পুলিশ বাহিনীতে যোগ দেবার পর থেকে সে এখন সেখানকার উদীয়মান তারকা। মিথিলার বস্তিতে রাজকুমারী সীতাকে রক্ষা করার সুবাদে কৃতজ্ঞতার ফলে রাজপরিবারে সে প্রিয়পাত্রী সেটা সবার জানা। তার সামনে লোকেরা সামলে চলে। তার আসল বয়েস কেউ জানেনা, সমিচি নিজেও নয়। তাকে দেখে কুড়ির একটু বেশী মনে হয়।

অভিজাত পরিবারে না জন্মান এই বয়েসের কোন মহিলার পুলিস বাহিনীতে কোন দলের পরিচালনা করা এক বিরল সম্মান। কিন্তু সে তো রাজকুমারীকে রক্ষা করেছিল।

'সমিচি!'

গলার স্বরটা চিনতে পারায় সমিচির গলা থেকে একটা বিরক্তিসূচক শব্দ এল। সেই হাস্যকর ছেলেটা, কাল্ল রাজ। উৎসাহের সঙ্গে ছুটে সমিচির কাছে হাঁপাতে হাঁপাতে এসে পৌঁছুল সে। উত্তেজিত।

'কেউ বলল তুমি এসেছ। আমি যত তাড়াতাড়ি পেরেছি এসে গেছি।'

সমিচি বারো বছরের ছেলেটাকে দেখল। তার হাতে ধরা একটা লাল গোলাপ। ওকে ধাক্কা মারার ইচ্ছেটা দমন করে সমিচি চোখ ছোট করে তার দিকে তাকাল। 'আমি তোমাকে বলেছিলাম...'

'আমি ভাবলাম এই গোলাপটা তোমার পছন্দ হবে,' লাজুক স্বরে বলল কাল্ল। 'গতবার যখন তুমি এসেছিলে আমি তোমাকে এর গন্ধ উপভোগ করতে দেখেছিলাম।'

সমিচি ফিসফিস করে ঠাণ্ডা স্বরে বলল। 'আমার কোন রকম গন্ধে আগ্রহ নেই।'

না দমে গিয়ে কাল্ল একটা হাত বাড়িয়ে রক্তাক্ত আঙ্গুল দেখাল। সহানুভূতি আদায়ের এক শোচনীয় প্রয়াস। গোলাপের ঝাড় থেকে ফুলটা ছিঁড়বার আগে সে বেশ কয়েকবার নিজের আঙ্গুলে কাঁটা দিয়ে খুঁচিয়েছে। এতে কাজ হচ্ছে না দেখে সে একটু কাছে এগিয়ে এল। 'আমার আঙ্গুলটার জন্য কোন ওষুধ আছে কি তোমার কাছে?'

দূরত্ব বাড়ানর জন্য সমিচি এক পা পেছল। তাতে একটা পাথরে হোঁচট খেল সে। সামান্য। কাল্ল তাকে ধরার জন্য তাড়াতাড়ি এগিয়ে গেল। বেচারা ছেলেটা সত্যিই সাহায্য করতে চেয়েছিল। এর পর যা ঘটল সেটা চোখ ধাঁধান গতিতে। সমিচি রাগে চিৎকার করে উঠে তার হাতটা মুচড়ে দিল এবং সজোরে লাথি মারল তার পায়ে।

কাম্ল সামনে ঝুঁকে পড়ে যাচ্ছিল যখন সমিচির কনুই উঠে এল এক নির্মম আঘাতে. তার নাকটা ভেঙ্গে গেল, তৎক্ষণাৎ।

রক্তাক্ত নাক চেপে ধরল কাম্ল। সমিচি রাগে চীৎকার করে বলল, 'আমাকে কখনও ছোঁবে না!'

কাম্ল মরিয়া হয়ে কাঁদছিল। ভয়ে জড়সড় হয়ে মাটিতে পড়েছিল। রক্তাক্ত। কম্পমান। পুলিসরা তাড়াতাড়ি ছুটে এসে তাকে উঠে দাঁড়াতে সাহয্য করল। তারা তাদের নেত্রীর দিকে লুকিয়ে আতঙ্কিত দৃষ্টিতে তাকাল। সবার মনে একই চিন্তা।

এতো একটা বাচ্চা ছেলে। ওঁনার সমস্যা কি?

সমিচির পাথরের মত মুখে অনুতাপের কোন চিহ্ন নেই। একজন মিথিলার পুলিসকে হাত নেড়ে খারিজ করার ইশারা করল সে। 'এই গবেটটাকে এখান থেকে নিয়ে যাও।'

ছেলেটিকে সন্তর্পনে তুলে নিয়ে পুলিসটি গুরুকুলের চিকিৎসকের সন্ধানে চলে গেল। বাকি পুলিসরা ভীতভাবে সারি বেঁধে জাহাজঘাটায় ফিরে গেল। তাঁদের নেতৃর বিষয়ে না বলা কথায় বাতাস ভারী হয়ে ছিল।

সমিচির কিছু একটা সমস্যা আছে।

'সমিচি।'

সকলে ঘুরে দেখতে পেল রাজকুমারী সীতা বেরিয়ে আসছে গাছগুলির পেছন থেকে। এবং বহুরূপীর মত পালটে গেল সমিচি। চোখে উপচে পড়া আন্তরিকতা ও মুখে একগাল হাসি নিয়ে দ্রুত এগিয়ে এল সে।

'কেমন আছ সমিচি?' বন্ধুকে জড়িয়ে ধরে বলল সীতা।

সমিচি উত্তর দেবার আগেই সীতা দূরে দাঁড়ান পুলিসদের দিকে ফিরে হাতজোড় করে নমস্কার জানাল। মুখে আন্তরিক হাসি। পুলিসেরা অনেকটা নত হয়ে হাতজোড় করে নমস্কার জানাল।

'আমি ভাবি তোমার লোকেরা সবসময় এত ভয়ে ভয়ে কেন থাকে।' ফিসফিস করে বলল সীতা।

সমিচি হেসে মাথা নেড়ে সীতার হাত ধরে একটু দূরে নিয়ে এল যেখান পুলিশরা কিছু শুনতে পাবে না।

'ভুলে যাও ওদের। রাজকুমারী।' স্নেহভরা হাসি হেসে বলল সমিচি।

'আমি তোমাকে আগেও বলেছি সমিচি।' সীতা বলল, 'আমরা যখন একা থাকব, আমাকে রাজকুমারী নয়, সীতা বলে ডাকবে। তুমি তো আমার বন্ধু। এমনিতেও আমাকে এখন আর কেউ রাজকন্যা বলে ভাবে এমন তো নয়।'

'অন্য যে যাই ভাবুক আমার কোন সন্দেহ নেই যে তুমি মিথিলার এক রাজকুমারী।'

সীতা চোখের তারা ঘুরিয়ে 'হ্যাঁ, তুমিও বললে আমিও মানলাম।'

'রাজকুমারী আমাকে পাঠানো হয়েছে...'

সীতা সমিচিকে বাধা দিয়ে বলল। 'সীতা। রাজকুমারী না।'

'মাফ কর। সীতা তোমাকে বাড়ি ফিরতে হবে।'

সীতা দীর্ঘশ্বাস ফেলল। 'তুমি জান তা হয় না সমিচি। আমি মাকে অনেক সমস্যায় ফেলেছি।'

'সীতা, নিজের সঙ্গে এটা কোরো না।'

'কাকার সঙ্গে ঘটনাটা সবাই জানে। আমি রাজকীয় নামমুদ্রাটা যখন ভেঙ্গে ফেলেছিলাম।' সীতা তার কাকা কুশধ্বজের মিথিলায় শেষবারের আগমনের কথা মনে করল। 'মা আর মিথিলাকে সে অবিরাম যন্ত্রণা দিচ্ছে। সবাই তার জন্যে আমাকে দায়ী করে। আর ঠিকই করে। আমার দুরেই থাকা উচিৎ।'

'সীতা তোমার মা বাবার তোমার জন্য মন কেমন করে। রানি সুনয়না খুব অসুস্থ। তোমার সত্যিই...'

'মার কিছু হতে পারে না। উনি একজন অতিমানবী। তুমি আমাকে গুরুকুল ছেড়ে বাড়ি নিয়ে যাবার জন্য এমনিই বলছ।'

'কিন্তু... এটাই সত্যি।'

'সত্যি হল মার রাজ্য এবং উর্মিলার বিষয়ে মনোযোগ দেয়া উচিৎ। তুমি তো জান বাবা ... অন্যমনস্ক। তুমি তো নিজেই আমাকে বলেছ লোকেরা

আমার সম্পর্কে কি বলে। আমার জন্যে মার আরো সমস্যা বাড়ানোর কি দরকার।'

'সীতা...'

'যথেষ্ট হয়েছে।' হাত তুলে বলল সীতা 'এ বিষয়ে আমার আর কথা বলতে ভাল লাগছে না।'

'সীতা...'

'আমার লাঠি চালানো অভ্যেস করার ইচ্ছে হচ্ছে। যাবে নাকি?'

যে কোন উপায়ে বিষয়টা বদলানো, ভাবল সমিচি।

'চল।' ঘুরে দাঁড়িয়ে বলল সীতা।

সমিচি পেছন পেছন চলল।

—১৮—

বিশ্বামিত্র মলয়পুত্রদের গঙ্গা আশ্রমে তাঁর অনাড়ম্বর কুটিরে পদ্মাসনে বসে ছিলেন।

মন থেকে সব চিন্তা সরিয়ে ধ্যান করতে চেষ্টা করছিলেন। কিন্তু আজ সে চেষ্টা বিফল হয়ে যাচ্ছে।

একটা শিসের শব্দ শুনতে পেলেন তিনি। সঙ্গে সঙ্গে চিনতে পারলেন।

এটা সাধারণ পাহাড়ি ময়না। এ এমন একটা পাখি যাকে প্রায়ই আশ্চর্য কণ্ঠস্বরধারী বলা হয়ে থাকে। এ শিস দিতে পারে, কূজন করতে পারে, তীক্ষ্ণ চীৎকার করতে পারে, এমনকি অনুকরণও করতে পারে।

বাসা থেকে এত দূরে এটা কি করছে? সমতলভূমিতে?

তাঁর মন অতীতের এক ঘটনার স্মৃতিতে ফিরে গেল। যখন ময়নার ডাক তিনি এমন এক জায়গায় শুনতে পেয়েছিলেন যেখানে শোনার কথা নয়।

আশ্চর্য মনের গতিবিধি... এত অস্থির এবং আশাতীত...

বহু দশক আগের সেই দিনটির স্মৃতি ভিড় করে এল। যে দিন তিনি তাঁর প্রাক্তন মিত্র বশিষ্ঠের আযোধ্যার রাজগুরু নিযুক্ত হবার সংবাদ পেয়েছিলেন।

বিশ্বামিত্র রাগে দুঃখে তাঁর বুক ভারী হওয়া অনুভব করলে।

বিশ্বাসঘাতক... আমি ওর জন্য কত কিছু করেছি...

তাঁর মন ঠিক সেই মুহূর্তটায় ফিরে গেল যখন তিনি খবরটা শুনেছিলেন। আশ্রমটা ছিল...

হঠাৎ বিশ্বামিত্রের চোখদুটি খুলে গেল।

হে মহান প্রভু পরশুরাম...

তাঁর মনে পড়ে গেল কোথায় তিনি এই মুখটি দেখেছেন। সীতার মুখটি।

তিনি মৃদু হাসলেন। এতে তাঁর সিদ্ধান্ত আরও জোরাল হল।

ধন্যবাদ প্রভু পরশুরাম। আমাকে আমার পথ খুঁজে পেতে সাহায্য করার জন্যই আপনি আমার মনকে বিক্ষিপ্ত হতে দিয়েছেন।

— ১৮ —

'গুরুজি...' ফিসফিস করে ডাকল অরিষ্টনেমী।

প্রধান জাহাজের পাটাতনের ধারে বিশ্বামিত্রের পাশে দাঁড়িয়ে ছিল সে। পাঁচটি জাহাজের এক বহর নিয়ে পবিত্র গঙ্গার বুকে ভেসে চলেছিলেন তাঁরা। খনির লোকেদের এক বিশেষ ধরনের বস্তু খোঁজবার তদারক করতে চলেছেন তাঁরা। এটি তাঁদের কে অসুরাস্ত্র নামক এক শক্তিশালী অস্ত্র নির্মাণে সাহায্য করবে। তাতে বায়ুপুত্রদের ওপর নির্ভর করার প্রয়োজন কমে যাবে।

বহু শতাব্দী আগে, পুর্ববর্তী মহাদেব প্রভু রুদ্র, দৈবী অস্ত্রের ব্যবহার সীমিত করে দিয়েছিলেন। দৈবী অস্ত্রের প্রয়োগের জন্য, প্রভু রুদ্রের জীবিত প্রতিনিধি, বায়ুপুত্রদের অনুমোদন আবশ্যক। এটা বিশ্বামিত্রের পছন্দ এবং স্বাচ্ছন্দ্য দুয়েরই বিরুদ্ধে।

মহান ঋষি এক বিশদ পরিকল্পনা করেছেন। এমন এক পরিকল্পনা যাতে সম্ভবত অসুরাস্ত্রের প্রয়োগ যুক্ত আছে। তিনি জানতেন বায়ুপুত্ররা তাঁকে পছন্দ করে না। ত্রিশঙ্কুর ঘটনার পর থেকে। তাদের কোন গত্যন্তর নেই সেই জন্য তারা তাঁকে সহ্য করে। হাজার হোক তিনি মলয়পুত্রদের প্রধান।

যদিও খোঁজার কাজটা ধীর এবং ক্লান্তিকর কিন্তু বিশ্বামিত্র নিশ্চিত ছিলেন বস্তুটি খুঁজে পাওয়া যাবে, এক সময়।

তাঁর পরিকল্পনার দ্বিতীয় পর্যায় যাবার সময় হয়েছে। তাঁকে একজন বিষ্ণু নির্বাচন করতে হবে। তাঁর পছন্দ সবে মাত্র তিনি অরিষ্টনেমীর কাছে ব্যাক্ত করেছেন। তাঁর বিশ্বাসী সহকারী।

'তোমার মত নেই?' জিজ্ঞাসা করলেন বিশ্বামিত্র।

'ও অসামান্য ক্ষমতার অধিকারী গুরুজি। সে বিষয়ে সন্দেহ নেই, সেটা বোঝা যায়, এমনকি তার এই অল্প বয়েসেও। কিন্তু...' অরিষ্টনেমীর স্বর মিলিয়ে গেল।

বিশ্বামিত্র অরিষ্টনেমীর কাঁধে হাত রেখে বললেন। 'খোলাখুলি বল। আমি তোমার সঙ্গে কথা বলছি কারণ আমি তোমার মতামত জানতে চাই।'

'আমি ওকে মনোযোগ দিয়ে অনেকটা সময় দেখেছি, গুরুজি। আমার মনে হয়েছে ও একটু বেশী মাত্রায় বিদ্রোহী। আমি নিশ্চিত নই যে, মলয়পুত্ররা ওকে সামলাতে পারবে। অথবা নিয়ন্ত্রণ করতে পারবে।'

'পারব। ওর আর কেউ নেই। ওর নগর ওকে বহিষ্কার করেছে। কিন্তু ওর মধ্যে মহান হবার সম্ভাবনা আছে। ও মহান হতে চায়। আমরা সেটা বাস্তবায়িত করার পথ হব।'

'কিন্তু আমরা কি অন্য প্রার্থীর জন্য খোঁজ চালু রাখতে পারি না?'

'তোমার বিশ্বস্ত অনুচরেরা মিথিলায় ওর সম্পর্কে খবর যোগাড় করেছে। তার অধিকাংশই বেশ উদ্দীপক।'

'কিন্তু আট বছর বয়েসে মিথিলার বস্তিতে একটা ছেলের সম্ভাব্য হত্যার বিষয়টা রয়েছে।'

'এই ঘটনাটাতে আমি তার আত্মরক্ষার ক্ষমতা দেখতে পাচ্ছি। তোমার অনুসন্ধানকারীরা এও তো বলেছে যে ছেলেটা সম্ভবত একটি অপরাধী ছিল। শিশু অবস্থায়ও সে নিজের পথ লড়াই করে তৈরি করেছে। সেটা একটা ভাল ব্যাপার। লড়বার মানসিকতা আছে ওর। কাপুরুষের মত মরে গেলে ঠিক বলতে তুমি?'

'না,গুরুজি,'বলল অরিষ্টনেমী 'কিন্তু আমি শুধু ভাবছি অন্য কোন প্রার্থীর সম্ভাবনা আছে কিনা যে আমাদের এখনও নজরে পড়ে নি।'

'তুমি ভারতবর্ষের প্রায় সবকটি রাজ পরিবারকে ব্যক্তিগত ভাবে জান। তাদের অধিকাংশই একেবারে অপদার্থ, স্বার্থপর, কাপুরুষ আর দুর্বল। আর তাদের পরের প্রজন্ম , রাজপরিবারের ছেলেমেয়েরা তো আরো বাজে। বংশগত আবর্জনা ছাড়া কিছু না।'

অরিষ্টনেমী হাসল। 'এমন অপদার্থ অভিজাতদের বোঝা বওয়ার দুর্ভাগ্য খুব কম দেশের হয়েছে।'

'আমাদের অতীতে অনেক মহান নেতা ছিলেন। আর ভবিষ্যতেও আমরা অনেক মহান নেতা পাব। এমন নেতা যিনি ভারতবর্ষকে এখনকার এই বদ্ধ জলার পাঁক থেকে বের করে আনবেন।'

'সাধারণ মানুষদের মধ্য থেকে নয় কেন?'

'আমরা অনেকদিন ধরে খুঁজছি। প্রভু পরশুরামের যদি তাই ইচ্ছে হতো তবে এতদিনে কাউকে পেয়ে যেতাম। আর মনে রেখো সীতা রাজপরিবারে কেবলমাত্র পালিত সদস্য। তার বংশপরিচয় অজ্ঞাত।'

সীতার জন্ম সম্পর্কে তাঁর নিজের সন্দেহের কথা অরিষ্টনেমীকে বলা প্রয়োজন মনে করলেন না বিশ্বামিত্র।

অরিষ্টনেমী নিজের দ্বিধা কাটিয়ে বলল। 'আমি শুনেছি যে অযোধ্যার রাজপুত্ররা...'

মলয়পুত্রের সামরিক প্রধান বিশ্বামিত্রকে রেগে উঠতে দেখে মাঝপথে থেমে গেল। তার বিখ্যাত সাহস হাওয়ায় মিলিয়ে গেল। অরিষ্টনেমী সত্যিই অযোধ্যার তরুণ রাজকুমারদের বিষয়ে সুখ্যাতি শুনেছে। বিশেষ করে রাম ও ভরত। রামের বয়েস নয় বৎসরের একটু কম। কিন্তু অযোধ্যার রাজগুরু হলেন বশিষ্ঠ এবং অরিষ্টনেমী বশিষ্ঠ সম্পর্কে আলোচনা এড়িয়ে চলতে শিখেছে।

'ঐ সাপটা অযোধ্যার রাজপুত্রদের নিজের গুরুকুলে নিয়ে গেছে।' বললেন বিশ্বামিত্র। ভেতরে রাগ টগবগ করছিল তাঁর। 'ওর আশ্রমটা কোথায় আমি জানিও না। খবরটা ও গোপন রেখেছে। আমি যখন জানি না তখন কেউ জানে

না। চার ভাইয়ের কথা আমরা শুনতে পাই কেবল যখন তারা ছুটিতে অযোধ্যায় ফেরে।'

অরিষ্টনেমী মুর্তির মত দাঁড়িয়ে রইল, প্রায় নিঃশ্বাস বন্ধ করে।

'বশিষ্ঠ কি ভাবে চিন্তা করে আমি জানি। ওকে বন্ধু ভাবার ভুল করেছিলাম আমি একবার। ও কিছু একটা করতে চলেছে। হয় রাম না হয় ভরতকে নিয়ে।'

'কখনো কখনো পরিকল্পনা মত সব হয় না, গুরুজি। আমাদের লঙ্কার কাজে অসাবধানরশতঃ সাহায্য হল...'

'রাবণের নিজস্ব উপযোগিতা আছে।' বাধা দিয়ে বললেন বিশ্বামিত্র। 'সেটা কখনো ভুলো না। আর আমাদের যে পথে প্রয়োজন সে পথেই চলছে সে। সব ঠিক হয়ে যাবে।'

'কিন্তু গুরুজি। বায়ুপুত্ররা কি মলয়পুত্রদের বিরোধীতা করতে পারে? পরবর্তী বিষ্ণুর নির্বাচন করার বিশেষ অধিকার তো আমাদের। অযোধ্যার রাজগুরুর নয়।'

'তাদের এই ছদ্ম নিরপেক্ষতার জন্য বায়ুপুত্ররা ঐ ছুঁচোটাকে যথা সাধ্য সাহায্য করবে। সেটা আমি জানি। আমাদের কাছে বেশী সময় নেই। আমাদেরকে এখনই প্রস্তুতি শুরু করে দিতে হবে।'

'হ্যাঁ, গুরুজি।'

'আর তাকে যদি নিজের ভূমিকার জন্য প্রস্তুত হতে হয়, সেটাও এখনি আরম্ভ হওয়া প্রয়োজন।'

'হ্যাঁ,' গুরুজি

'সীতা বিষ্ণু হবে।' আমার শাসনকালে বিষ্ণুর উত্থান ঘটবে। সময় এসে গেছে। এই দেশের একজন নেতা চাই। আমাদের প্রিয় ভারতবর্ষকে আমরা অন্তহীন ভাবে ভুগতে দিতে পারি না।'

'হ্যাঁ, গুরুজি। ' বলল অরিষ্টনেমী। 'অধিনায়ককে কি বলব...'

'হ্যাঁ।'

—৫৯—

'আমাকে কোথায় নিয়ে যাচ্ছ রাধিকা?' মৃদু হেসে প্রশ্ন করল সীতা। তার বন্ধু তার হাত ধরে নিয়ে যাচ্ছিল।

গুরুকুলের দক্ষিণের বনের গভীরে হাঁটছিল তারা।

'হনু ভাই।' ছোট ফাঁকা জায়গাটাতে পৌঁছে সীতা খুশীতে চেঁচিয়ে উঠল।

হনুমান নিজের ঘোড়ার পাশে দাঁড়িয়ে ছিল। গাছে বাঁধা ক্লান্ত পশুটার গলা মালিশ করে দিচ্ছিল সে।

'আমার বোনেরা!' স্নেহভরা স্বরে বলল হনুমান।

নম্র দৈত্যটি এগিয়ে এল তাদের কাছে। দুজনকে একসঙ্গে আন্তরিক আলিঙ্গনে বন্দী করে নিল হনুমান। 'কেমন চলছে তোমাদের দুজনের?'

'তুমি এবার অনেক বেশী দিন ধরে আস নি।' রাধিকা অনুযোগ করল।

'জানি,' দীর্ঘশ্বাস ফেলল হনুমান। 'কিছু মনে কোরো না। আমি বিদেশ গিয়েছিলাম...'

'তুমি কোথায় যাও?' সীতা প্রশ্ন করল। হনুমানের রহস্যময় জীবন তার খুব উত্তেজক লাগে। 'তোমাকে এসব কাজে কে পাঠায়?'

'আমি তোমাকে ঠিক সময়মত বলব সীতা... কিন্তু এখন নয়।'

হনুমান ঘোড়ার জিনের সঙ্গে বাঁধা একটি ঝুলিতে হাত ঢুকিয়ে একটা সোনার তৈরি সুদৃশ্য গলার হার বের করে আনল। স্পষ্ট বোঝা যাচ্ছিল এর গড়নটা বিদেশী।

রাধিকা খুশীতে চেঁচিয়ে উঠল।

'ঠিক ধরেছ।' হারটা তার হাতে দিয়ে হনুমান হাসল। 'এটা তোমার জন্য।'

রাধিকা হারটা হাতে নিয়ে বার বার ঘুরিয়ে ফিরিয়ে খুঁটিয়ে খুঁটিয়ে দেখে তারিফ করছিল।

'আর আমার গম্ভীর বোনের জন্য এইটা।' সীতাকে বলল হনুমান। 'তুমি সব সময় যা চেয়ে থাক আমি নিয়ে এসেছি...'

সীতার চোখ বড় বড় হয়ে গেল। 'একমুখী রুদ্রাক্ষ?!'

রুদ্রাক্ষ কথার আক্ষরিক অর্থ রুদ্রের অশ্রুবিন্দু। বাস্তবে এটি একটি খয়েরী রঙের উপবৃত্তাকার বীজ। মহাদেব, প্রভু রুদ্রের প্রত্যেক ভক্তই রুদ্রাক্ষ বীজের মালা পরে অথবা একটি বীজ পূজাস্থানে রাখে। সাধারণ রুদ্রাক্ষের চারপাশে বহু শিরা থাকে। এক মুখী রুদ্রাক্ষ খুবই বিরল আর এর গায়ে কেবল একটি মাত্র খাঁজ থাকে। এটি পাওয়া খুব শক্ত। খুব মূল্যবান। রুদ্রের অটল ভক্ত সীতার কাছে অমূল্য।

হনুমান মৃদু হেসে জিনের থলিটায় হাত ঢোকাল।

হঠাৎ ঘোড়াটা ঘাবড়ে ছটফট করে উঠল, তার কানদুটি আগুপাছু কাঁপতে লাগল। কয়েক মুহূর্তের মধ্যে তার শ্বাস প্রশ্বাস দ্রুত ও অগভীর হয়ে গেল। ভয় পাওয়ার লক্ষণ।

হনুমান সতর্ক হয়ে চারিদিকে দেখল। এবং বিপদ তার চোখে পড়ে গেল।

খুব ধীরে ধীরে, ভীতির লক্ষণ না দেখিয়ে সে রাধিকা ও সীতাকে নিজের পেছনে টেনে আনল।

কথা বলা ঠিক হবে না সে জ্ঞান মেয়ে দুজনেরই ছিল। বিপদের গন্ধ তারাও পাচ্ছিল। কিছু একটা গুরুতর সমস্যা হয়েছে।

হঠাৎ হনুমান কর্কশ তীক্ষ্ণ স্বরে সজোরে চিৎকার করে উঠল, বিচলিত বাঁদরের মত। গাছের আড়ালে লুকিয়ে থাকা বাঘটি সঙ্গে সঙ্গে বুঝে গেল তার হঠাৎ চমকের সুযোগটা আর নেই। ধীরে ধীরে বেরিয়ে এল সে। হনুমান হাত বাড়িয়ে কোমরবন্ধে বাঁধা খাপ থেকে তার বাঁকানো ছুরি বের করে আনল। হিংস্র গোর্খাদের খুক্‌রির আদলে তৈরি ছুরিটির ফলা সোজা নয়। মাঝামাঝি জায়গায় এসে সেটা মোটা হয়ে গেছে এবং মোটা অংশটি তারপর নীচের দিকে বেঁকে গেছে। ঢালু কাঁধের মত। হাতলের দিকটায় ফলার ধারাল দিকটিতে দুটো খাঁজ। গরুর ক্ষুরের মত। এর একটা কার্যকারিতা আছে, এতে ফলা বেয়ে আসা রক্ত হাতলে পৌঁছে সেটিকে পিচ্ছিল করে দেবার পরিবর্তে মাটিতে পড়ে যায়। গরুর ক্ষুরের খাঁজটি এও বোঝায় যে এই অস্ত্রটি কখনও পবিত্র গাভীর হত্যার জন্য ব্যবহার করা যাবে না। হাতলটা হাতির দাঁতের তৈরি। মাঝমাঝি জায়গায় হাতলের চারদিক উঁচু হয়ে একটা গেঁজের কাজ করছে যা মধ্যমা ও অনামিকার

মধ্যেখানে থাকায় ছুরিটি শক্ত করে ধরা যায়। ছুরির সোজা আঘাত করার সময় হাতের নিরাপত্তার জন্য কোন আড়াআড়ি রক্ষানড়ি নেই। আঘাত করার সময় কোন স্বল্পদক্ষতা সম্পন্ন যোদ্ধার হাত ফসকে ফলার ওপর চলে যেতে পারে। যার ফলে ছুরি চালক গুরুতর আহত হতে পারে।

কিন্তু কোন সুস্থ মস্তিষ্কের লোক তো হনুমান কে অত্যন্ত সুদক্ষ ছাড়া কিছু বলবে না।

বাঘটা খুব ধীরে এগিয়ে আসছিল। 'আমার পেছনে থাক।' মেয়েদের ফিস ফিস করে বলল হনুমান।

হনুমান ভারসাম্য ঠিক রেখে পা ফাঁক করে নুয়ে দাঁড়ালো। অপেক্ষারত। পরবর্তী ঘটনার জন্য। শ্বাস প্রশ্বাস স্থির।

কান ফাটানো চিৎকার করে বাঘটা হঠাৎ পেছনের পায়ে ভর করে সামনের দু পা বাড়িয়ে দিয়ে ছিটকে উঠলো। অতিকায় হনুমানকে ধরবার জন্য তৈরি। তার হাঁ করা মুখ সোজা হনুমানের গলা লক্ষ্য করে এগিয়ে এলো।

বাঘটির কৌশলে খুঁত ছিল না। মানুষটাকে নিজের বিশাল ওজনের চাপে নীচে ফেলে থাবা দিয়ে মাটিতে চেপে ধরে, বাকী কাজটা চোয়ালের সাহায্যে শেষ করা।

আরেকটু ছোট শত্রু হলে সে বাগে নিয়ে আসতে পারত। কিন্তু তার দুর্ভাগ্য সে মহাবলী হনুমানকে আক্রমণ করেছিল।

দৈত্যাকার নাগ আকারে প্রায় বাঘটির সমানই বিশালকায়। এক পা পেছনে করে নিজের মেরুদন্ড বাঁকিয়ে শক্তি শালী পেশীর সাহয্য নিয়ে নিজের পায়ে দাঁড়িয়ে রইল। বাঁ হাতে বাঘের গলা চেপে ধরে তার ভয়ানক চোয়ালকে দূরে ঠেলে রাখল। বাঘটিকে নিজের পিঠে আঁচড়াতে দিল হনুমান। এতে বেশী ক্ষতি হবে না। ডান হাতটা পেছনে টেনে এনে কাঁধের পেশী বাঁকিয়ে নির্মম ভাবে বাঘটির তলপেটে খুক্‌রিটা গভীর ভাবে বসিয়ে দিল সে। সেটার অত্যধিক ধারাল ফলাটা মসৃনভাবে ঢুকে গেল ভেতরে। যন্ত্রণায় গর্জে উঠলো পশুটি। আকস্মিক চোটে বিস্ফারিত তার চোখ।

হনুমান নিঃশ্বাস টেনে নিয়ে ডান দিকে টানা কোপ বসাল পশুটার তলপেটের গভীরে। একপ্রান্ত থেকে অন্যপ্রান্তে। হিংস্র কিন্তু কার্যকরী। জন্তুটির তলপেটের সমস্ত অঙ্গ প্রত্যঙ্গই কেবল নয় ছুরিটা তার মেরুদণ্ডের খানিকটা এবং তার ভেতরকার কিছু স্নায়ুকেও ছিন্ন করে দিল।

বিদীর্ণ তলপেট থেকে বাঘটির পিচ্ছিল পাকস্থলী বাইরে বেরিয়ে এলো। তার পেছনের পা পক্ষাঘাতে অবশ। হনুমান পশুটিকে পেছনে ধাক্কা দিতে সেটি মাটিতে পড়ে গেল। যন্ত্রণায় গর্জন করতে করতে সামনের দু পা চারদিকে ছুঁড়ছিল সে।

বাঘটির দুর্বল হয়ে পড়ার অপেক্ষা করে তার সামনের পা নুয়ে পড়লে হনুমান সেটার থাবার হাত থেকে আরো আহত হওয়া এড়াতে পারত। কিন্তু পশুটি তীব্র যন্ত্রণা পাচ্ছিল। হনুমান তার নির্যাতন শেষ করতে চাইছিল। কাঁধে পশুটির থাবা আরও গভীর ভাবে বসে যাওয়া সত্ত্বেও হনুমান আরও কাছে নিচু হয়ে বাঘটির বুকে ছুরি ঢুকিয়ে দিল। ছুরির ফলা সোজা কেটে ঢুকে গেল জন্তুটির হৃদপিণ্ডের গভীরে। কয়েক মুহূর্ত ছটফট করল পশুটি। তারপর তার আত্মা দেহ ছেড়ে চলে গেল।

হনুমান ফলাটা বের করে এনে মৃদু স্বরে বলল, 'হে মহান পশু, তোমার আত্মা পুনরায় লক্ষ্যের সন্ধান পাক।'

—১৮—

'এসব হয়ে থাকে রাধিকা,' বলল হনুমান। 'আমরা বনের মধ্যেখানে। কি আশা কর?'

রাধিকা তখনো ভয়ে কাঁপছিল।

সীতা তাড়াতাড়ি জিনের থলি থেকে চিকিৎসার সামগ্রী বের করে এনে হনুমানের ক্ষত পরিষ্কার করে দিল। প্রাণঘাতী না হলেও তারমধ্যে কয়েকটা বেশ গভীর। সীতা হাঁ করে থাকা কয়েকটা ক্ষতকে সেলাই করে দিল। খালি

জায়গাটার আশে পাশে সীতা কিছু শক্তিদায়ক ভেষজ খুঁজে পেয়ে সেগুলোকে পাথরে একটু জল দিয়ে পিষে হনুমান কে পান করতে দিল।

ওষুধটা গিলে হাতের পেছনে মুখ মুছতে মুছতে হনুমান সীতাকে দেখছিল।

সীতা ঘাবড়ায় নি... ভয় পায় নি... মেয়েটা অসামান্য...

'এত সহজে বাঘকে কাবু করা যায় আমি ভাবতে পারতাম না।' ফিসফিস করে বলল সীতা।

'আমার মত আয়তন হলে একটু সুবিধে হয়।' হাসল হনুমান।

'ঘোড়া চালাতে পারবে তো? তোমার আঘাত গুরুতর নয় কিন্তু...'

'আমি এখানে তো থাকতে পারব না। আমাকে ফিরে যেতে হবে...'

'তোমার আরেক রহস্যময় দায়িত্ব?'

'আমাকে যেতে হবে।'

'যা করার সে তো করতেই হবে হনু ভাই।'

হনুমান মৃদু হাসল। 'রুদ্রাক্ষটা ভুলো না।'

সীতা জিনের থলে থেকে একটা রেশমি ঝুলি বের করল। আস্তে আস্তে সেটা খুলে সাবধানে একমুখী রুদ্রাক্ষটা তুলে ধরে বিহ্বল হয়ে সেটির দিকে চেয়ে রইল সীতা, তারপর ভক্তিভরে কপালে ঠেকিয়ে নিজের কোমরের বটুয়াতে ঢুকিয়ে রাখল।

অধ্যায় ৮

শ্বেতকেতুর নিজের ভাগ্যকে বিশ্বাস হচ্ছিল না। মহান বিশ্বামিত্র তার গুরুকুলে এই বছরে দ্বিতীয় বার এসেছেন। তিনি তাড়াতাড়ি আশ্রমের প্রবেশ দ্বারে পৌঁছুলেন যা দিয়ে মলয়পুত্ররা ঢুকছিলেন।

'নমস্কার হে মহর্ষি।' হাসিমুখে সশ্রদ্ধ হাতজোড় করে বললেন শ্বেতকেতু।

'নমস্কার শ্বেতকেতু।' আমন্ত্রণ কর্তা যাতে ঘাবড়ে না যান ঠিক সেই পরিমাণ হেসে বললেন বিশ্বামিত্র।

'আপনার গতবারের পর এত তাড়াতাড়ি আবার আমাদের গুরুকুলে এই আগমন বিরাট সম্মানজনক।'

'হ্যাঁ' চারদিকে দেখতে দেখতে বললেন বিশ্বামিত্র।

'দুর্ভাগ্যের কথা ছাত্ররা এখানে না থাকায় আপনার উপস্থিতির লাভ পাবে না।' মুখে আন্তরিক অনুতাপের ভাব নিয়ে শ্বেতকেতু জানালেন। 'অধিকাংশ ছাত্রই ছুটিতে।'

'কিন্তু আমার বিশ্বাস কয়েকজন থেকে গেছে।'

'হ্যাঁ। সীতা আছে প্রভু। হে খ্যাতিমান।... আর...'

'আমি সীতার সঙ্গে দেখা করতে চাই।'

'অবশ্যই।'

গঙ্গার উলটো পারের দিকে মুখ করে নঙ্গর ফেলে দাঁড়িয়ে থাকা জাহাজের প্রধান পাটাতনের ধারের রেলিঙের কাছে সীতা বিশ্বামিত্রের সঙ্গে দাঁড়িয়েছিল। বিশ্বামিত্র গুরুকুলের শিক্ষকদের কৌতূহলী দৃষ্টির বাইরে একান্ত চাইছিলেন। সীতা এবং বিশ্বামিত্র থেকে একটু দূরে প্রধান পাটাতনের ওপর মলয়পুত্র পণ্ডিতেরা ইঁট দিয়ে একটি ছোট যজ্ঞ কুণ্ডও প্রস্তুত করছিল।

সীতা একটু বিভ্রান্ত হয়ে ভাবল, *মহর্ষি আমার সঙ্গে কেন কথা বলতে চান?*

'তোমার বয়স কত সীতা?'

'আমার খুব শিগগিরি চোদ্দ বৎসর হয়ে যাবে গুরুজি।'

'সে বেশী বয়স নয়। আমার মনে হয় আমার আরম্ভ করতে পারি।'

'কি আরম্ভ গুরুজি?'

'তুমি বিষ্ণুর বিধান সম্পর্কে শুনেছ?'

'হ্যাঁ গুরুজি।'

'কি জান বল।'

'শুভের প্রচারক মহত্তম নেতাদেরকে এই উপাধি প্রদান করা হয়। তাঁরা তাঁদের জনগণকে এক নতুন জীবন ধারার পথে নিয়ে যান। এই বৈদিক যুগে যাতে আমরা বাস করি তাতে এর আগে ছয়জন বিষ্ণু ছিলেন। এখনকার পূর্ববর্তী বিষ্ণু ছিলেন মহান প্রভু পরশুরাম।'

'জয় পরশু রাম।'

'জয় পরশু রাম।'

'আর কি জান তুমি?'

'বিষ্ণুরা সাধারণত অশুভের সংহারক মহাদেবের সঙ্গে একযোগে কাজ করেন। নিজের সেই জীবনের কর্ম সমাপন হলে মহাদেবরা এক উপজাতিকে তার প্রতিনিধি রূপে নিয়োগ করে যান। এর আগের মহাদেব প্রভু রুদ্রের গোষ্ঠী হল বায়ুপুত্রেরা, যারা সুদূর পরিহার বাসিন্দা। আমাদের যুগের বিষ্ণু মিলিত ভাবে কাজ করবেন...'

'এই মিলিতভাবে কাজ করার বিষয়টা তত জরুরী নয়।'

সীতা অবাক হয়ে চুপ করে গেলো। সে যা শিখেছে এটা তা নয়।

'আর কি জান তুমি?'

'আমি জানি যে আগের বিষ্ণু প্রভু পরশুরামও একটি উপজাতি রেখে গেছেন। মলয়পুত্র। এবং আপনি মহাঋষিজি মলয়পুত্রদের প্রধান, আর আমাদের যুগে যদি কোন বিষ্ণুকে যে অন্ধকার আমাদের গ্রাস করেছে তার সঙ্গে যুদ্ধ করতে উঠে দাঁড়াতে হয় তবে সেটি আপনিই হবেন।'

'ভুল করছ তুমি।'

সীতা বিভ্রান্ত হয়ে ভুরু কোঁচকাল।

'তোমার শেষ কথাটায় তুমি যে ধারনাটা বললে সেটা ভুল।'

ব্যাখ্যা করলেন বিশ্বামিত্র। 'আমি মলয়পুত্রদের প্রধান। কিন্তু আমি বিষ্ণু হতে পারি না। আমার কাজ হল পরবর্তী বিষ্ণু কে হবে সেটা নির্ধারণ করা।

সীতা নিঃশব্দে মাথা নেড়ে সায় দিল।

'ভারতবর্ষের অবক্ষয়ের প্রধান কারণ কি বলে মনে হয় তোমার।?'

'অধিকাংশ লোকেরা বলবে রাবণ। কিন্তু আমি তা বলব না।'

বিশ্বামিত্র মৃদু হাসলেন 'কেন?'

'রাবণ রোগের লক্ষণ মাত্র। আসল রোগ সে নয়। এটা যদি রাবণ না হত তবে অন্য কেউ আমাদের নির্যাতন করতো। দোষটা আমাদের যে আমরা নিজেদেরকে অন্যের হাতে পরাভূত হতে দেই। রাবণ শক্তি শালী হতে পারে কিন্তু আমরা যদি...'

'রাবণ ততটা শক্তিশালী নয় যতটা সপ্ত সিন্ধুর লোকেরা তাকে ভেবে থাকে। কিন্তু রাবণ তার নিজের যে দানবিক ভাবমূর্তি নিজেই সৃষ্টি করেছে সেটার মজা লুটছে। সেই রূপটা সবাইকে আতঙ্কিত করে। কিন্তু সেই ভাবমূর্তি আমাদেরও কাজে লাগবে।' বললেন বিশ্বামিত্র।

সীতা শেষ কথাটা বুঝতে পারলো না। আর বিশ্বামিত্র ব্যাখ্যা না করার সিদ্ধান্ত নিলেন।

'তাহলে তুমি বলছ রাবণ কেবল উপসর্গ মাত্র। সেক্ষেত্রে সপ্তসিন্ধু কোন রোগে আজ আক্রান্ত?'

সীতা চিন্তাগুলিকে সঠিক বর্ণনের জন্য একটু চুপ করে ভেবে নিল। 'গুরুজি গুরুকুলে গতবছর আপনি আমাদের সঙ্গে কথা বলার পর আমি এ বিষয়ে ভেবেছি। আপনি বলেছিলেন সমাজ ভারসাম্য চায়। এতে বুদ্ধিজীবী , যোদ্ধা, ব্যবসায়ী এবং দক্ষ শ্রমিক চাই। এবং আদর্শগত ভাবে কোন শ্রেণীর বিপক্ষে পাল্লা ভারী হওয়া উচিৎ নয়। সকলের মধ্যে এক ন্যায্য সমতা থাকা উচিৎ।'

'... এবং?'

'তবে সমাজ কেন নিয়তঃই অসামঞ্জস্যের দিকে চলে যায়? আমি সেটাই ভাবছিলাম। এর ভারসাম্য তখনি নষ্ট হয় যখন লোকেরা তাদের সহজাত গুণাবলী অনুসারে জীবন যাত্রা অনুসরণ করতে পারে না। সেটা হয় যখন কোন শ্রেণীকে নিপীড়ন কিংবা হেয় করা হয়, যেমন এখনকার সপ্ত সিন্ধুতে বৈশ্যদের করা হয়। এতে বৈশ্য গুণের অধিকারীরা ক্রুদ্ধ এবং হতাশ হয়ে পড়ে। এমনটা সেক্ষেত্রেও হতে পারে যখন কাউকে তার নিজের ইচ্ছে মতন কাজ করতে না দিয়ে মা বাবা কিংবা শ্রেণীগত পেশা ধারণ করতে বাধ্য করা হয়। রাবণের জন্ম হয় ব্রাহ্মণ রূপে। কিন্তু স্পষ্টই সে ব্রাহ্মণ হতে চায় নি। তার প্রকৃতি ছিল ক্ষত্রিয়ের। এটা একই রকম সত্যি...'

সীতা সময়মত চুপ করে গেলো। কিন্তু বিশ্বামিত্র সরাসরি তার চোখে তাকিয়ে ছিলেন, চিন্তাটা বুঝে নিলেন। 'হ্যাঁ আমার ক্ষেত্রেও সত্যি। আমি জন্মেছিলাম ক্ষত্রিয় রূপে কিন্তু ব্রাহ্মণ হতে চেয়েছিলাম।'

'আপনার মত মানুষেরা ব্যাতিক্রম গুরুজি। অধিকাংশ লোকেরাই সমাজ এবং পরিবারের চাপের সামনে নতি স্বীকার করে ফেলে। কিন্তু এর ফলে তাদের ভেতর গভীর নৈরাশ্যের জন্ম হয়। এরা অসুখী এবং ক্রুদ্ধ লোকেরা যারা অতৃপ্ত ও ভারসাম্যহীন জীবন কাটায়। সমাজও এতে ক্ষতিগ্রস্ত হয়। এতে সমাজে এমন ক্ষত্রিয় দেখা যেতে পারে যারা বীর নয়, ফলে সমাজকে রক্ষা করতে অক্ষম। এমন ব্রাহ্মণ দেখা যেতে পারে যারা অস্ত্রোপচারক বা ভাস্করদের মত দক্ষ শূদ্র হতে চায় আর ফলে শোচনীয় শিক্ষক হয়। এবং এর ফলে শেষ পর্যন্ত সমাজের অবনতি ঘটে।'

'সমস্যার স্বরূপ তুমি ভাল নিরূপণ করেছো। এবার বল, এর সমাধান কি?'

'আমি জানিনা। সমাজ কি করে বদলান যায়? আমাদের সমাজকে যে জন্ম ভিত্তিক শ্রেণী ব্যবস্থা ধ্বংস করে ফেলছে তাকে কি করে ভাঙ্গা যাবে?'

'আমার মনে একটা সমাধান আছে।'

সীতা ব্যাখ্যার জন্য অপেক্ষা করছিল।

'এখন নয়,' বললেন বিশ্বামিত্র। 'বুঝিয়ে বলব একদিন, যখন তুমি প্রস্তুত হয়ে যাবে। এখন আমাদের অনুষ্ঠান সম্পন্ন করা বাকি।'

'অনুষ্ঠান?'

'হ্যাঁ,' প্রধান পাটাতনের মধ্যেখানে তৈরি করা যজ্ঞকুণ্ডের দিকে ঘুরে দাঁড়িয়ে বললেন বিশ্বামিত্র। পাটাতনের উলটো প্রান্তে সাতজন মলয়পুত্র পণ্ডিত অপেক্ষা করছিলেন। বিশ্বামিত্রের ইশারা দেখতে পেয়ে তাঁরা যজ্ঞকুণ্ডের কাছে এগিয়ে এসে দাঁড়ালেন।

'এসো,' বলে সীতাকে নিয়ে এগিয়ে গেলেন তিনি।

যজ্ঞের বেদীর গড়নটি রীতিবহির্ভুত। অন্তত সীতা এমনটা আগে দেখেনি। এর বহির্ভাগে ইঁটের তৈরি একটি বর্গাকার গণ্ডী। তার ভেতরে ধাতুর তৈরি বৃত্তাকার গণ্ডী।

'এক ধরনের মণ্ডল বা আধ্যাত্মিক জগতের এক প্রতীক এই যজ্ঞকুণ্ড।' সীতাকে বোঝালেন বিশ্বামিত্র। 'বর্গাকার গণ্ডী পৃথ্বীর প্রতীক, যেখানে আমাদের বাস। বর্গের চারটি বাহু চার টি দিকের প্রতীক। মধ্যেকার স্থানটি প্রকৃতির প্রতীক। অপরিশীলিত এবং অদম্য। ভেতরের বৃত্তটি জ্ঞানের পথের প্রতীক, পরমাত্মার প্রতিনিধি। বিষ্ণুর কর্তব্য পার্থিব জীবনের ভেতরে পরমাত্মার অন্বেষণ। বিষ্ণু ঈশ্বরের কাছে পৌঁছনর একটি পথকে প্রজ্বলিত করে। জগতের প্রতি বৈরাগ্যের সাহায্যে নয়, আমাদের এই মহান ভূমির প্রতি এক প্রগাঢ় এবং আধ্যাত্মিক নিষ্ঠার মধ্যে দিয়ে।

'হ্যাঁ গুরুজি।'

'তুমি চতুষ্কোণের দক্ষিণ পাশে বসবে।'

সীতা বিশ্বামিত্রের নির্দেশিত আসনে বসলো। মলয়পুত্র প্রধান সীতার মুখমুখি উত্তর দিকে পিঠ করে বসলেন। যজ্ঞের বেদীর ভেতরকার বৃত্তাকার গণ্ডীর ভেতর এক মলয়পুত্র পণ্ডিত আগুন জ্বেলে দিলেন। তিনি সুর করে অগ্নিদেবের স্তোত্র উচ্চারণ করছিলেন।

যজ্ঞের অর্থ হচ্ছে বৈতানিক বিনিময়: নিজের প্রিয় কিছুর বলিদানের পরিবর্তে আশীর্বাদ প্রাপ্তি। অগ্নিদেব, পবিত্রকরতা আগুন, মানব ও দৈবের এই দেওয়া নেওয়ার সাক্ষী।

বিশ্বামিত্র হাতজোড় করে নমস্কার করলেন। সীতাও তাই করল। তিনি বৃহদারন্যক উপনিষদ থেকে একটি স্তোত্র পাঠ করতে আরম্ভ করলেন। সীতা এবং সাতজন মলয়পুত্র পণ্ডিত যোগ দিল।

অসতো মা সদ্গময়ো
তমসো মা জ্যোতির্গময়ো
মৃত্যুর্মামৃতম্ গময়ো
ওম শান্তি শান্তি শান্তিঃ।
অসত্য হতে সত্যে নিয়ে চল
অন্ধকার হতে আলোয় নিয়ে চল
মৃত্যু হতে অমৃতে নিয়ে চলো।
আমার এবং বিশ্বে আসুক শান্তি, শান্তি, শান্তি।

বিশ্বামিত্র কোমরে বাঁধা ঝুলিতে হাত ঢুকিয়ে একটি ছোট খাপ বের করে আনলেন। ভক্তি ভরে হাতের তালুতে সেটি ধরে তার মধ্যে থেকে একটি ছোট রূপার ছুরি বের করে আনলেন। ফলাটার ধারে আঙ্গুল বুলিয়ে পরখ করে ছুঁচলো মুখটায় আঙ্গুল রাখলেন। ক্ষুরধার। হাতলের ওপর চিহ্নটা দেখলেন ভালকরে। এটাই সঠিক। আগুনের ওপর দিয়ে হাত বাড়িয়ে সীতার দিকে ছুরিটা এগিয়ে ধরলেন। উত্তর থেকে দক্ষিণে দিতে হয় এটাকে।

'রক্তাক্ষরে মুদ্রাঙ্কিত হবে এই যজ্ঞ।' বললেন বিশ্বামিত্র।

'হ্যাঁ গুরুজি।' দুহাতে সশ্রদ্ধে সীতা ছুরিটি গ্রহণ করে বলল।

ঝুলিতে আবার হাত ঢুকিয়ে আরেকটা ছোট খাপ বের করে আনলেন বিশ্বামিত্র। দ্বিতীয় ছুরিটা বের করে তিনি ফলাটা পরীক্ষা করলেন। ক্ষুরধার। সীতার দিকে তাকিয়ে বললেন । 'রক্ত কেবল যজ্ঞকুণ্ডের বৃত্তাকার ভেতরের গণ্ডীর মধ্যেই পড়তে হবে। কোন অবস্থvতেই যেন সেটা ধাতু এবং ইটের মধ্যেকার জায়গাটায় না পড়ে। বুঝেছ?'

'হ্যাঁ গুরুজি।'

দুজন মলয়পুত্রা পণ্ডিত নিঃশব্দে এগিয়ে এসে বিশ্বামিত্র এবং সীতা দুজনের হাতে একটি করে বস্ত্রখণ্ড দিলেন। জীবাণুনাশক নিমের রসে ডুবিয়ে আনা হয়েছে এগুলি।

আর কোনও রকম নির্দেশের অপেক্ষা না করে সীতা ছুরির তীক্ষ্ণ ফলাটা বাম হাতের তালুতে রেখে তার চারদিকে মুঠোটা বন্ধ করে নিল। তারপর এক ক্ষিপ্র, পরিচ্ছন্ন গতিতে চামড়াটা এক প্রান্ত হতে অন্য প্রান্ত পর্যন্ত চিড়ে দিয়ে ছুরিটা এক টানে বের করে নিল। পবিত্র অগ্নির ওপর অবাধ রক্তের ধারা বেয়ে নামলো। সীতা নির্বিকার।

'আরে আমাদের কেবল এক ফোঁটা রক্ত প্রয়োজন ছিল।' ব্যাস্ত হয়ে বললেন বিশ্বামিত্র 'একটা ছোট্ট আঁচড় দিলেই যথেষ্ট ছিল।'

সীতা অবিচল ভাবে বিশ্বামিত্রের দিকে তাকাল। জীবাণু নাশক কাপড়ের টুকরোটা আহত হাতে চেপে ধরল সন্তর্পণে যাতে রক্ত না পড়ে।

বিশ্বামিত্র তক্ষুনি নিজের বৃদ্ধাঙ্গুষ্ঠতে ছুরির ফলা বিদ্ধ করলেন।

যজ্ঞ কুন্ডের ভেতরকার গণ্ডীর ওপর হাতটা নিয়ে গিয়ে বৃদ্ধাঙ্গুষ্ঠের ওপর চাপ দিয়ে এক ফোঁটা রক্ত আগুনের শিখার ওপর পরতে দিলেন। সীতাও বাঁ হাত বাড়িয়ে কাপড়টা সরিয়ে কয়েক ফোঁটা রক্ত আগুনে পড়তে দিল।

পরিষ্কার স্বরে বিশ্বামিত্র বললেন। 'পবিত্র অগ্নিদেবের সাক্ষাতে আমি শপথ গ্রহণ করলাম যে, চিরকাল, আমার অন্তিম নিঃশ্বাস পর্যন্ত এবং তার পরেওআমি প্রভু পরশুরাম কে দেয়া প্রতিশ্রুতি রক্ষা করব ।'

সীতা শব্দগুলির হুবহু পুনরাবৃত্তি করল।

'জয় পরশুরাম,' বললেন বিশ্বামিত্র।

'জয় পরশুরাম,' বলল সীতাও।

চারদিকে ঘিরে থাকা মলয়পুত্র পণ্ডিতেরাও যোগ দিলেন 'জয় পরশুরাম।'

বিশ্বামিত্র মৃদু হেসে হাত টেনে নিলেন। সীতাও হাত সরিয়ে নিয়ে জীবাণুনাশক কাপড়টি দিয়ে সেটিকে জড়িয়ে নিল। একজন মলয়পুত্র পণ্ডিত তার কাছে এগিয়ে এসে কাপড়টা শক্ত করে তার হাতে বেঁধে দিলেন যাতে রক্তপাত বন্ধ হয়ে যায়।

'হয়ে গেছে' সীতার দিকে চেয়ে বললেন বিশ্বামিত্র।

'আমি কি এখন মলয়পুত্র হয়ে গেছি?' আশান্বিত স্বরে প্রশ্ন করল সীতা।

বিশ্বামিত্রের চেহারায় কৌতুকের ছাপ। 'তোমার ছুরির চিহ্নটা দেখ।'

সীতা রূপার ছুরিটা তুলে নিল। ধারাল ফলার পাশটায় তার রক্তের দাগ। সীতা হাতলটা মন দিয়ে দেখল। তিনটি জটিল অক্ষর খোদাই করা ছিল সেটার ওপর। অতীতের মুনিরা তাঁদের জ্ঞানানুসারে, মত দিয়েছিলেন যে পুরাতন সংস্কৃত ভাষার কোনও লিখিত রূপ থাকবে না। তাঁদের মতে লিখিত শব্দ কথিত শব্দের চেয়ে নিম্ন মানের; এটি মনের ধারণা উপলব্ধির ক্ষমতা কমিয়ে দেয়। ঋষি শ্বেতকেতু অন্য আরেক ব্যাখ্যা দিয়েছিলেনঃ

মুনিরা শাস্ত্র লেখা না হোক এবং মৌখিক থাকুক এই জন্য চাইতেন কারণ যাতে সময়ের সঙ্গে সঙ্গে অনায়াসে তার পরিবর্তন করা যায়। কোন বিষয় লিখে রাখলে সেটি শাস্ত্রকে কাঠিন্য প্রদান করে। কারণ যাই হোক না কেন প্রকৃতপক্ষে সপ্ত সিন্ধুতে লেখার মূল্য ছিল না। যার ফলে দেশজুড়ে অনেক ধরনের লিপি প্রচলিত ছিল। লিপি যা স্থান এবং কাল অনুসারে পরিবর্তিত হয়ে যেত। আদর্শ এক লিপির বিকাশের কোনও রকমের আন্তরিক প্রচেষ্টা ছিল না।

হাতলের ওপর লেখা শব্দটি সরস্বতি নদীর উর্ধাঞ্চলের এক প্রচলিত ভাষায় লেখা। সীতা সেটি চিনতে পারলো।

চিহ্ন গুলি পরশুরাম এর।

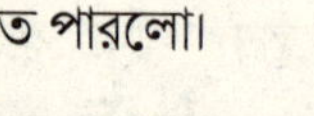

'ওদিকটা নয় সীতা,' বললেন বিশ্বামিত্রও। 'উলটে দেখ।'

ছুরিটা উলটে দেখে সীতার বিস্ময়ে চোখ বিস্ফারিত হয়ে গেলো।

ভারতের সব পুরাণেই মৎস্য এক অতি পরিচিত প্রতীক। সমুদ্র যখন দেশকে ধ্বংস করে দেয় সেই সময় এক অতিকায় মৎস্য প্রভু মনুকে সদলবলে পালাতে সাহায্য করেছিলো। মনুদেব ঘোষণা করেন সেই মহান মৎস্যকে মীন অবতার রূপে সম্মানিত করা হবে, তিনিই প্রথম বিষ্ণু। মৎস্য চিহ্নের অর্থ বিষ্ণুভক্ত। বিশ্বামিত্রের ছুরির হাতলে সেটাই আঁকা।

কিন্তু সীতার ছুরির হাতলে চিহ্নটি একটু ভিন্ন। নিঃসন্দেহে এটিও মৎস্য কিন্তু এর মাথায় একটি মুকুট।

মুকুট হীন মৎস্য চিহ্নের অর্থ তুমি বিষ্ণুর অনুগামী । কিন্তু চিহ্নটির ওপর মুকুট থাকার অর্থ তুমিই বিষ্ণু।

হতভম্ব সীতা বিশ্বামিত্রের দিকে তাকাল।

মৃদু স্বরে বিশ্বামিত্র বললেন, 'এই ছুরিটা তোমার, সীতা।'

অধ্যায় ৯

শ্বেতকেতু গুরুকুলের ছাত্রাবাস গুলি একেবারেই অনাড়ম্বর। চারপাশের পরিবেশের সঙ্গে মানানসই। ছাত্রদের প্রত্যেকের থাকার জন্য বরাদ্দ একটি করে জানালাহীন মাটির ছোট কুঁড়েঘর। তার ভেতরে কোনরকমে একজনের শয্যা পাতা যায়, আর আছে কাপড় ঝোলানর জন্য পেরেক এবং বইপত্র। কুঁড়েঘরগুলিতে কেবল প্রবেশ দ্বার আছে, দরজায় পাল্লা অনুপস্থিত।

সীতা বিছানায় শুয়ে গতদিন মলয়পুত্রদের জাহাজের ঘটনা গুলি নিয়ে চিন্তা করছিল।

তার হাতে ছুরিটা ধরা ছিল। ফলাটা নিরাপদে খাপে ঢোকান, ফলে হাত কাটার কোন ঝুঁকি নেই। তার দৃষ্টি বারংবার আকৃষ্ট হচ্ছিল ছুরিটির হাতল এবং তার ওপর খোদাই করা সুন্দর চিহ্নগুলির প্রতি।

বিষ্ণু?

আমি?

বিশ্বামিত্র বলেছিলেন তার প্রশিক্ষণ খুব শিগগিরি আরম্ভ হবে। কয়েকমাসের মধ্যে তার বয়েস গুরুকুল ত্যাগ করার যোগ্য হয়ে যাবে। তারপর সে যাত্রা করবে মলয়পুত্রদের রাজধানী অগস্ত্য কুটম অভিমুখে। ভারতের সুদূর দক্ষিণে। অতঃপর ছদ্মবেশে ভারতবর্ষ পর্যটন। বিশ্বামিত্র চান যাতে যে দেশকে সে একদিন উদ্ধার এবং চালনা করবে তাকে সীতা জানুক, বুঝুক। তাঁর মলয়পুত্রদের সঙ্গে করে তিনি হবেন তার পথিকৃৎ। এর মাঝে সে এবং বিশ্বামিত্র মিলে ভবিষ্যতের কর্তব্যগুলির এক পরিকল্পনা প্রস্তুত করবেন। এক নতুন জীবন ধারার পদ্ধতির পরিকল্পনা।

এই সমস্ত ব্যাপার তাকে অভিভূত করে ফেলছিল।

'হে দেবী'

সীতা বিছানা থেকে নেমে পড়ে দরজায় এসে দাঁড়ালো। একটু দূরত্বে জটায়ু দাঁড়িয়ে ছিল।

'হে দেবী।' আবার বলল সে।

সীতা হাত জোর করে নমস্কার করল। 'আমি আপনার ছোট বনের মত জটায়ু জি। আমাকে লজ্জা দেবেন না। আমাকে কেবল আমার নাম ধরে ডাকবেন।'

'না সেটা আমি করতে পারি না, হে দেবী। আপনি হলেন...'

জটায়ু চুপ করে গেলো। মলয়পুত্র দেরকে কঠিন নির্দেশ দেয়া হয়েছে। সীতাকে পরবর্তী বিষ্ণু রূপে কেউ যেন সম্বোধন না করে। উপযুক্ত সময়ে এটি ঘোষণা করা হবে। এমন কি সীতাকেও এ বিষয়ে কাউকে জানাতে নিষেধ করা হয়েছে। এমনিতেও সে যে কাউকে বলতো এমন নয়। সীতা উদ্বিগ্ন হয়ে পড়েছিল, প্রায় ভয় পেয়ে যাচ্ছিল এই উপাধিটার অর্থ চিন্তা করে।

'ঠিক আছে তবে আপনি আমাকে আপনার বোন বলতে পারেন।'

'সেটা ঠিক আছে বোন।'

'আপনি কি বলতে চাইছিলেন জটায়ুজি?'

'তোমার হাতটা কেমন আছে?'

সীতা নিমপাতার পট্টিটা অন্য হাত দিয়ে ছুঁয়ে হাসল। 'আমি রক্তপাত ঘটাতে একটু বেশী উৎসাহ দেখিয়ে ফেলেছিলাম।'

'হ্যাঁ।'

'এখন ঠিক আছি।'

'শুনে ভাল লাগলো।' বলল জটায়ু। সে স্বভাবে একটু লাজুক। একটা ধীর দীর্ঘ নিঃশ্বাস নিয়ে মৃদু স্বরে বলতে লাগল। 'মলয়পুত্ররা ছাড়া তুমি সেই অল্প কয়েকজন মানুষের অন্যতম যারা আমার প্রতি উদারতা দেখিয়েছে। বিশ্বামিত্রের আদেশ ছাড়াই।'

বেশ কয়েকমাস আগে, সীতা জটায়ুকে কিছু খাদ্য পরিবেশন করেছিলো কারণ তার চেহারা সীতাকে সেই মহান শকুনের কথা মনে করিয়ে দিয়েছিল যে সীতার জীবন রক্ষা করেছিলো। কিন্তু সেকথাটা সে নিজের ভেতরেই রেখে দিল।

'তুমি সম্ভবত এই নতুন পরিস্থিতি সম্পর্কে অনিশ্চিত।' বলল জটায়ু। 'অভিভূত হয়ে পড়াটাই স্বাভাবিক।'

যেটা সে সীতাকে জানাল না তা হল মলয়পুত্রদের মধ্যেও এমন কয়েকজন ছিল যাদের পরবর্তী বিষ্ণু রূপে সীতার মনোনয়ন সম্পর্কে সন্দেহ ছিল, কিন্তু তাদের দোর্দণ্ডপ্রতাপ প্রধানের বিরোধীতা করার দুঃসাহস ছিল না।

সীতা নিঃশব্দে মাথা নেড়ে সায় দিল।

'মলয় পুত্র ছাড়া আর কারও সঙ্গে কথা বলতে না পারায় আরও মুশকিল হয়ে পড়েছে, তাই না?'

'হ্যাঁ।' সীতা মৃদু হাসল।

'তোমার যদি কখনো কোন পরামর্শ প্রয়োজন হয়, এমন কি শুধু কথা বলার জন্যেও কাউকে লাগে, আমি সর্বদা প্রস্তুত থাকবো। এখন থেকে তোমার সুরক্ষা আমার দায়িত্ব। আমি ও আমার সেনাদল সব সময় কাছাকাছি থাকব।' পেছন দিকে ইঙ্গিত করে বলল জটায়ু।

একটু দূরে জনা পনের লোক নিঃশব্দে দাঁড়িয়েছিল।

'মিথিলা বা অন্য কোথাও সর্বসমক্ষে নিজেকে এনে তোমাকে বিব্রত করব না। ' বলল জটায়ু। 'আমি জানি আমি একজন নাগ। কিন্তু আমি সর্বদাই কয়েক ঘন্টার অশ্বারোহন দূরত্বের মধ্যেই থাকব। আমি এবং আমার লোকজন এখন থেকে সব সময় তোমার ছায়া হয়ে থাকবে।'

'আপনি আমাকে কখনই বিব্রত করতে পারবেন না, জটায়ু জি।' বলল সীতা।

'সীতা!'

মিথিলার রাজকুমারী বাঁ দিকে তাকিয়ে দেখল, অরিষ্টনেমী।

'সীতা।' বলল অরিষ্টনেমী 'গুরুজি আপনার সঙ্গে কথা বলতে চান।'

'আমি আসছি জটায়ু জি।' হাত জোড় করে বিনম্র নমস্কারের জানিয়ে বলল সীতা।

জটায়ু প্রতি নমস্কার জানালো। অরিষ্টনেমীকে অনুসরণ করে সীতা চলে গেলো। সীতা দূরে মিলিয়ে যাবার পর জটায়ু নিচু হয়ে তার পদচিহ্নের ওপর থেকে একটু ধুলো তুলে নিয়ে ভক্তিভরে কপালে লাগালও, তারপর সীতা যেদিকে গেছে সেদিকে ঘুরে দাঁড়াল।

উনি এত মহান আত্মা...

গুরু বিশ্বামিত্র এবং গুরু বশিষ্ঠের যুদ্ধে দেবী সীতা যেন চালের গুটি মাত্র হয়ে না যান।

— ১৪ —

দু মাস কেটে গেছে। মলয় পুত্ররা তাদের রাজধানী অগস্ত্যকুটমের উদ্দেশ্যে রওয়ানা হয়ে গেছে। নির্দেশ অনুসারে সীতা তার অধিকাংশ অবসর সময় কাটায় মলয়পুত্র প্রধানের দেয়া পাঠ্যবস্তু অধ্যয়নে। পুর্ববর্তী কয়েকজন বিষ্ণুর জীবনীর ধারাবিবরণী লিপিবদ্ধ করা আছে এতেঃ প্রভু নরসিংহ, প্রভু বামন, প্রভু পরশুরাম এবং আরও অনেক। এঁদের জীবনী, এঁদের জীবনের বাধাবিঘ্ন ও প্রতিবন্ধকতা এবং কি করে সেগুলিকে অতিক্রম করে এক নতুন পথ খুঁজে নেয়া যা ভগবানের প্রচারের পথ সুগম করবে।

সে গভীর গুরুত্ব এবং গোপনীয়তার সঙ্গে কাজটা আরম্ভ করেছে। আজ সে একটা ছোট পুকুরের পাশে বসে ছিল যেখানে অন্য ছাত্ররা বিশেষ আসে না। আর তাই কাজে বাধা পড়ায় তার বিরক্তি প্রকাশ পেলো।

'ভূমি, তোমাকে এখুনি গুরুকুলের প্রধান প্রাঙ্গণে আসতে হবে। ' সীতার গুরুকুলের নাম ধরে ডেকে বলল রাধিকা। 'তোমার বাড়ি থেকে কেউ এসেছেন।'

সীতা বিরক্ত ভঙ্গীতে হাত নাড়ল। 'আসছি আমি। একটু পরে।'

'সীতা!' রাধিকা চেঁচিয়ে ডাকল।

সীতা ঘুরে তাকাল। তার বন্ধুকে দেখে এবং শুনে বিচলিত মনে হচ্ছিল।

'তোমার মা এসেছেন। তোমাকে যেতে হবে। এক্ষুনি।'

—ⅹⅹ—

সীতা ধীর পায়ে গুরুকুলের প্রধান ফাঁকা জায়গাটার দিকে এগিয়ে গেল। তার হৃদস্পন্দন বেড়ে গেছে। গুরুকুলের জাহাজঘাটায় যাবার পথের কাছে দুটো হাতি বাঁধা আছে চোখে পড়ল তার। তার মা নিজের হাতি নিয়ে আসা পছন্দ করে এটা সে জানত। সুনয়না এলে সে আর সীতা হাতির পিঠে চেপে বনের গভীরে চলে যায়। সুনয়না তার মেয়েকে পশুপাখিদের বিষয়ে তাদের প্রাকৃতিক পরিবেশে শিক্ষা দিতে ভালবাসে।

পশুপাখিদের বিষয়ে সুনয়নার চেয়ে বেশী জ্ঞানী কাউকে দেখেনি সীতা। বনের ভেতর যাত্রাগুলি সীতার সযত্নে লালিত প্রিয়তম স্মৃতিগুলির অন্যতম। কারণ এতে তার জীবনের দুটি সবচেয়ে গুরুত্বপূর্ণ সত্ত্বা জড়িত, মাতা ধরিত্রী এবং তার নিজের মা।

বুকের ভেতর শেল বিঁধল সীতার।

সীতার কারণে, কুশধ্বজ মিথিলার বাণিজ্যের ওপর কঠোর বিধিনিষেধ আরোপ করে দিয়েছে। তার কাকার রাজ্য সঙ্কাশ্য তার পিতৃরাজ্য মিথিলার বাণিজ্যের প্রধান নির্গমপথ, এবং অধিকাংশ পণ্যের এমন কি অত্যাবশ্যক সামগ্রীর মূল্যও গগন চুম্বী হয়ে গেছে। মিথিলার অধিকাংশ লোকেরাই এর জন্য সীতাকে দায়ী করে। সে যে কুশধ্বজের রাজকীয় নামমুদ্রা ভেঙ্গে দিয়েছে এবং তার প্রতিফল অবশ্যম্ভাবী সেটা সবাই জানে। প্রাচীন ঐতিহ্য অনুসারে রাজকীয় নামমুদ্রা রাজার প্রতিনিধি। সেটা ভাঙ্গা রাজহত্যার সমতুল্য।

দোষারোপ অঙ্গাঙ্গী ভাবে বর্তেছে তার মা সুনয়নার উপরেও। কারণ সবাই জানে তাকে দত্তক নেবার সিদ্ধান্ত সুনয়নার ছিল।

আমি সমস্যা ছাড়া মাকে কিছুই দিতে পারি নি। সারা জীবন ধরে যা তিনি গড়ে তুলেছেন তার কতটা আমি ধ্বংস করে দিয়েছি।

মায়ের আমাকে ভুলে যাওয়া উচিৎ।

ফাঁকা জায়গাটায় পৌঁছুতে পৌঁছুতে সীতার সিদ্ধান্ত আরও দৃঢ় হয়ে গেল।

জায়গাটিতে অস্বাভাবিক রকম ভিড়, এমন কি রাজকীয় আগমনের পক্ষেও। একটি ভারী শূন্য পাল্কির চারদিকে আট জন লোক দাঁড়িয়ে ছিল। এই লম্বা চওড়া পাল্কিটি সে আগে দেখেনি। দেখে মনে হচ্ছে এর ভেতরের যাত্রী যাতে শুতে পারে এটি সেই ভাবে প্রস্তুত করা হয়েছে। বাঁ দিকে তাকিয়ে সে দেখতে পেল একটি অশোক গাছকে বেষ্টন করে প্রস্তুত নিচু বেদীর চারপাশে আটজন মহিলা ভিড় করে আছে। চারদিকে তাকিয়ে মাকে খুঁজতে গিয়ে কোথাও দেখতে পেল না।

মহিলাদের দিকে এগিয়ে গিয়ে তার মা কোথায় প্রশ্ন করতে যাবে ঠিক সেই মুহূর্তে তাদের কয়েকজন সরে দাঁড়ালো, রানী সুনয়নাকে দেখা গেলো।

সীতার মনে হল তার নিঃশ্বাস বন্ধ হয়ে যাচ্ছে।

তার মা নিজের পুরাতন সত্তার কেবল হাড় চামড়া সম্বলিত ছায়াতে পরিণত হয়ে গেছে। তার সুগোল চাঁদের মত মুখশ্রী অস্থিচর্মসার হয়ে গেছে। গাল ঢুকে গেছে। সে সবসময় ছোটখাট ছিল কিন্তু কখনই অসুস্থ দেখতে ছিল না। এখন তার পেশীগুলি নষ্ট হয়ে গেছে। আর শরীরে এক সময় যে সামান্য মেদ ছিল তাও ঝরে গেছে। চোখ কোটরাগত। তার চিকন ঘন কালো চুল কমে গিয়ে এক ভৌতিক সাদা রঙে বদলে গেছে। নিজের শক্তিতে সোজা হয়ে দাঁড়াতে প্রায় অপারগ সে এখন। পরিচারিকাদের সাহায্য প্রয়োজন হয়।

আদরের মেয়েকে দেখতে পাবার সঙ্গে সঙ্গে সুনয়নার মুখমণ্ডল উজ্জ্বল হয়ে উঠলো। এ সেই আন্তরিক হাসি যার মধ্যে সীতা চিরকাল স্বাচ্ছন্দ্য ও আশ্রয় খুঁজে পেয়েছে।

'আমার সোনা' প্রায় শোনা না যাওয়া স্বরে বলল সুনয়না।

মিথিলার রানী হাত বাড়িয়ে দিল, স্নেহ ভরা মাতৃ হৃদয়ের প্রাচুর্যে কিছুক্ষণের জন্যে তার মৃত্যুপাণ্ডুর চেহারায় রঙ ফিরে এসেছে।

সীতা স্থাণু হয়ে দাঁড়িয়ে ছিল। চাইছিল ধরণী দ্বিধা হয়ে তাকে গ্রাস করে নিক।

'এদিকে এস সোনা' বলল সুনয়না। তার দুর্বল হাত আর উঁচু করে রাখার শক্তি না থাকায় পাশে এলিয়ে পড়ল।

সুনয়না কাশলও। এক পরিচারিকা তাড়াতাড়ি এগিয়ে এসে রুমাল দিয়ে তার মুখ মুছিয়ে দিল। সাদা কাপড়ে লালের ছিটে ফুটে উঠলো।

হতভম্ব সীতা স্খলিত পায়ে মার দিকে এগিয়ে গেলো। হাঁটু গেড়ে বসে সুনয়নার কোলে মাথা রাখল। বৃষ্টির ঠিক পর মাতা ধরিত্রীর মত সর্বদা কোমল এই কোল এখন শক্ত অস্থিময় যেন একই ধরিত্রী বিধ্বংসী খরার শিকার।

সুনয়না সীতার চুলে আঙ্গুল বোলাচ্ছিল।

সীতা ভয় এবং দুঃখে কাঁপতে লাগল। যেন একটা ছোট্ট চড়ুইপাখি সেই বিরাট অশ্বত্থ গাছটিকে পড়তে দেখছে যে এতদিন তার শরীর কেবল নয়, আত্মাকেও আগলে রেখেছিলো।

সীতার চুলে হাত বোলাতে বোলাতে সুনয়না নিচু হয়ে তার মাথায় চুমু খেয়ে ফিসফিস করে বলল। 'আমার সোনা...'

সীতা ঝর ঝর করে কেঁদে ফেলল।

মিথিলার উপস্থিত চিকিৎসক এতে প্রবল ভাবে আপত্তি জানালেন। গভীর দুর্বলতার শিকার হওয়া সত্ত্যেও সুনয়না এখনো অদম্য। তাকে মেয়ের সঙ্গে হাতির পিঠে করে বনভ্রমণ থেকে বঞ্চিত করা যাবে না।

চিকিৎসক তাঁর চূড়ান্ত চাল চাললেন। তিনি রানির কানে কানে বললেন। 'হাতির পিঠে এটা আপনার শেষবারের মত যাত্রা হয়ে যেতে পারে মহারানি।'

তাতে সুনয়নার উত্তর ছিল, 'ঠিক সেই কারণেই আমাকে অবশ্যই যেতে হবে।'

দুটি হাতিকে প্রস্তুত করা হচ্ছিল, ততক্ষণ সুনয়না পাল্কিতে বিশ্রাম নিল। একটিতে যাবে চিকিৎসক এবং কয়েকজন সহকারী। অন্যটিতে সুনয়না এবং সীতা।

সময় হলে পর সুনয়নাকে বসে থাকা হাতির হাওদার কাছে বয়ে নিয়ে যাওয়া হল। একজন পরিচারিকা রানির পাশে চড়ে বসতে চেষ্টা করছিল।

'না!' কঠিন স্বরে ঘোষণা করল সুনয়না।

'কিন্তু, মহা রানী...' একটা রুমাল ও ছোট একটি বোতল তুলে ধরে আর্জি জানাল পরিচারিকাটি। ভেষজ ওষধির মেশান তরল থেকে যে বাষ্প নির্গত হয় তা সুনয়নাকে কিছুক্ষণের জন্য শক্তি যোগায়।

'আমার সঙ্গে আমার মেয়ে আছে।' বলল সুনয়না। 'আমার আর কাউকে প্রয়োজন নেই।'

সীতা তৎক্ষণাৎ পরিচারিকার হাত থেকে রুমাল এবং বোতলটি নিয়ে হাওদায় চড়ে বসলো।

সুনয়না মাহুতকে ইশারা করায় মাহুত হাতির কানের পেছনে পা দিয়ে কোমল ঘর্ষণ শুরু করল। হাতিটি খুব ধীরে উঠে দাঁড়াল যাতে সুনয়নার কোন কষ্ট না হয়।

'চল,' আদেশ দিল সে।

হাতিদুটি হেলতে দুলতে বনে প্রবেশ করল। পেছনে মিথিলার পঞ্চাশজন সশস্ত্র পুলিশ পদব্রজে তাদের সঙ্গী হল।

অধ্যায় ১০

হাতির দুলকি চালে হাওদা দোলনার মত দুলছিল। সীতা মায়ের হাতধরে গা ঘেঁসে বসে ছিল। মাহুত হাতিগুলিকে গাছের নীচে নীচে ছায়ার মধ্যে দিয়ে চালিয়ে নিয়ে যাচ্ছিলো কিন্তু তবু শুষ্কতা এবং উত্তাপ দুইই ছিল।

সীতা কিন্তু কাঁপছিল। অপরাধ বোধ এবং ভয়ে।

সুনয়না নিজের হাতটা একটু তুলল। মা কি চাইছে সীতা বুঝে গেল সহজাত ভাবে। মার হাতটা ধরে আরেকটু উঁচু করে নিয়ে আরও কাছে ঘেঁসে এলো এবং মার হাতটা নিজের কাঁধের চারদিকে জড়িয়ে নিল। সুনয়না তৃপ্ত হাসি হেসে সীতার কপালে চুমু দিল।

'তোমার বাবা আসতে পারেন নি বলে কিছু মনে কোরো না সীতা।' বলল সুনয়না। 'উনি কিছু কাজে আটকা পড়ে গেছেন।'

সীতা জানত তার মা মিথ্যে বলছে। মেয়েকে আরও ব্যাথা দিতে চাইছিল না সুনয়না।

হয়তো এই ভাল।

সীতা আগের বার মিথিলায় থাকার সময় ক্রোধান্ধ অবস্থায় জনককে বলেছিল আধ্যাত্মিকতা নিয়ে সময় নষ্ট না করে সুনয়নাকে রাজ্য শাসনে সাহায্য করতে। এটা তার কর্তব্য। এই ফেটে পড়ায় তার পিতার চেয়ে সুনয়না বেশী রাগ করেছিল।

এছাড়াও সীতার চারবৎসরের ছোট বোন উর্মিলা এক রুগ্ন শিশু। জনক সম্ভবত তার সঙ্গে থেকে গেছে। আর তাদের মাকে নিস্তেজ করে দেয়া

অসুস্থতা নিয়ে শ্বেতকেতু গুরুকুলে যাত্রা করতে হয়েছে। তার অস্থির বড় মেয়ের সঙ্গে দেখা করতে, তাকে বাড়ি ফিরিয়ে নিয়ে যেতে।

সীতা চোখ বন্ধ করল। তার চোখ দিয়ে অপরাধ বোধের অশ্রু বিন্দু গড়িয়ে পড়ছে।

সুনয়না কাশলো। সীতা সঙ্গে সঙ্গে তার মায়ের মুখ মুছিয়ে দিল কাপড়টা দিয়ে। রক্তের লাল দাগগুলি দেখল সে, তার মার প্রাণ যে ধীরে ধীরে শেষ হয়ে যাচ্ছে এ তারই চিহ্ন।

চোখের জল বাঁধ মানছে না।

'সবাই কে একদিন মরতে হয় সোনা।' বলল সুনয়না।

সীতার কান্না থামল না।

'কিন্তু সৌভাগ্যশালীদের মৃত্যু হয় তাদের প্রিয়জনদের সান্নিধ্যে।'

—১৮—

হাতিদুটি এক স্থানে দাঁড়িয়ে ছিল। তাদের মাহুতদের দক্ষ চালনায় নিশ্চল হয়ে। মিথিলার পঞ্চাশজন রক্ষীও স্থির, এবং নিশ্চুপ। সামান্যতম শব্দও বিপদজনক হতে পারে।

দশ মিনিট আগে, সুনয়না এক দৃশ্য দেখেছে যা মানবচক্ষুর কাছে বিরলঃ একটি বিরাট হস্তীযুথের দলনেতৃর মৃত্যু।

সীতার মনে আছে হাতির বিষয়ে তার মার শেখান পাঠ।

এরা মাতৃ তান্ত্রিক, জ্যেষ্ঠার দ্বারা পরিচালিত হয়ে থাকে। অধিকাংশ যূথেই স্ত্রীহাতিরা থাকে তাদের বাচ্চাদের সঙ্গে। পুরুষ এবং স্ত্রী একই ভাবে লালিত হয়। পুরুষ হাতিদের বয়ঃপ্রাপ্তির পর সাধারণত যূথ থেকে বহিষ্কৃত করা হয়।

দলনেতৃ যূথের কেবল মাত্র নেত্রী নয়, সে সকলের মা।

ফলে তার মৃত্যু যূথের জন্য এক বিধ্বংসী ঘটনা। অন্তত সেটাই মনে হয়।

'আমার মনে হয় এটা আমাদের কয়েক বছর আগে দেখা যূথটিই। ' ফিস ফিস করে বলল সুনয়না।

সীতা মাথা নেড়ে সায় দিল।

নিরাপদ দূরত্বে গাছের আড়াল থেকে তারা পর্যবেক্ষন করতে লাগল।

হাতিগুলি দলনেত্রীর শবের চারপাশে বৃত্তাকারে দাঁড়িয়ে ছিল। বিষণ্ন। নিশ্চুপ। সুর্যের রুক্ষ কিরণের হাত থেকে বিকেলের মৃদু বাতাস জমায়েতটাকে কোনরকম রেহাই দিতে পারছিল না। দুটি শাবক বৃত্তের মধ্যে শবটির কাছে দাঁড়িয়ে ছিল। একটি ছোট্ট অন্যটি একটু বয়স্ক।

'সীতা, ছোটটাকে আমরা জন্মাতে দেখেছিলাম।' বলল সুনয়না।

সীতা মাথা নেড়ে সম্মতি জানালো।

তার নেত্রীর শাবকের জন্ম মনে আছে। কয়েক বৎসর আগে আরেক হাতির সওয়ারির সময় সে এবং তার মা দেখেছিল সেই ঘটনাটা।

আজ, শিশু হাতিটা, পুরুষ শাবক, তার মৃত মায়ের পাশে হাঁটু গেঁড়ে বসে আছে। মায়ের শুঁড় জড়িয়ে আছে নিজের শুঁড় দিয়ে, শরীর কাঁপছে। কয়েক মিনিট পর পরই মার শবের শুঁড় ধরে টানছে যেন তাকে জাগিয়ে তুলতে চেষ্টা করছে।

বয়স্ক হস্তিশাবকটি, তার বোন, বাচ্চাটার পাশে দাঁড়িয়ে আছে। শান্ত, স্থির। দলের অন্যান্য সদস্যদের মত।

'এবার দেখ।' ফিসফিস করে বলল সুনয়না।

এক প্রাপ্তবয়স্ক হস্তিনী, সম্ভবত নতুন দলনেত্রী, ধীর পদক্ষেপে মৃতদেহের কাছে গিয়ে দাঁড়াল। নিজের শুঁড় বাড়িয়ে গভীর শ্রদ্ধার সঙ্গে মৃতদেহের ললাট স্পর্শ করল। তারপর বিষণ্ন ভাবে মৃতদেহের চারদিকে প্রদক্ষিণ করে ঘুরে দাঁড়িয়ে হেঁটে চলে গেল।

অন্য হাতিগুলি তাকে একে একে অনুকরণ করতে লাগল। ঠিক একই রকমভাবে – শুঁড় দিয়ে প্রয়াত প্রাক্তন দলনেত্রীর ললাট স্পর্শ এবং প্রদক্ষিণ করে চলে যেতে লাগল।

সগৌরবে, সসম্মানে।

কেউ ফিরে তাকাল না। একবারও নয়।

কিন্তু ছোট্ট শিশু হাতিটি কিন্তু চলে আসতে রাজী নয়। সে মার সঙ্গে লেপটে রইলো। মরিয়া হয়ে। অসহায় বন্যতা দিয়ে সে মাকে টানাটানি করছিল। তার বোন চুপ করে তার পাশে দাঁড়িয়ে রইল।

যূথের বাকিরা একটু দূরত্বে এসে থেমে রয়েছে। একবারও পেছনে ঘুরছে না। ধৈর্য ধরে অপেক্ষা করছে।

কিছুক্ষণ পর বোনটি ছোট ভাইকে শুঁড় দিয়ে ছুঁলো।

শিশু ছেলে হাতিটি তাকে ঠেলে সরিয়ে নব উদ্যমে উঠে দাঁড়িয়ে মাকে শুঁড় দিয়ে জড়িয়ে ধরে সজোরে টান দিল। পিছলে পড়ল। উঠে দাঁড়াল। মার শুঁড় ধরে আবার টানল। আরও জোরে। আকুতি ভরা দৃষ্টিতে সাহায্য ভিক্ষা করে বোনের দিকে তাকাল। মর্ম বিদারক চিৎকার করে মায়ের উঠে দাঁড়ানর প্রবল ইচ্ছে নিয়ে তার দিকে ফিরল।

কিন্তু তার মা এখন অন্তিম নিদ্রায় ঢলে পড়েছে। আর সে জাগবে তার পরবর্তী জীবনে।

বাচ্চাটি হাল ছাড়তে রাজী নয়। এপাশ থেকে ওপাশ করতে করতে মার শুঁড় ধরে টানাটানি করতে লাগল সে। বারংবার।

বোনটি অবশেষে তার মার শবের কাছে এগিয়ে গেল, শুঁড় দিয়ে ললাট স্পর্শ করল, যেমন অন্যেরা করেছিল। তারপর মায়ের চারদিকে প্রদক্ষিণ করে সে বাহিয়ের কাছে গিয়ে তার শুঁড় ধরে তাকে টানতে লাগল।

শিশু হাতিটি মর্মান্তিক আর্তনাদ করতে আরম্ভ করল এবার। সে বোনকে অনুসরণ করল কিন্তু বার বার পেছনে ফিরে তাকাতে লাগল। কিন্তু সে তার বোনকে বাধা দিল না।

বোনটি, যূথের অন্য সকলের মত, সোজা হাঁটতে থাকল। পেছনে তাকাল না। একবার ও নয়।

সীতা মায়ের দিকে তাকাল। গাল বেয়ে অশ্রু বইছে তার।

‘সমাজ এগিয়ে চলে সোনা।’ ফিস ফিস করে বলল সুনয়না। ‘দেশ এগিয়ে চলে, জীবন এগিয়ে চলে, যেমনটা হওয়া উচিৎ।’

সীতা কথা বলতে পারছিল না। মায়ের দিকে তাকাতে পারছিল না। মাকে জড়িয়ে ধরে তার বুকে মাথা গুঁজে দিল সে।

'বেদনাদায়ক স্মৃতি আঁকড়ে থাকা অর্থহীন, সীতা।' বলল সুনয়না। 'এগিয়ে যেতে হবে, বাঁচতে হবে...'

সীতা শুনলও, কিন্তু চোখের জল থামল না।

'সমস্যা বা বাধা বিপত্তি থেকে কোন নিস্তার নেই। এসবই জীবনের অঙ্গ। মিথিলাকে এড়িয়ে চলার অর্থ এই নয় যে তোমার সমস্যা মিটে যাবে। এর অর্থ হল অন্য সমস্যার উদয় হবে।'

সীতা মাকে আরও জোরে জড়িয়ে ধরলও।

'পালানটা কোন সমাধান নয়। সমস্যার সামনা কর। তাদের সামলাও। সেটাই যোদ্ধার পথ।' সীতার চিবুক ধরে তুলে তার চোখে চোখ রাখল সুনয়না। আর তুমি একজন যোদ্ধা। সেটা সব সময় মনে রাখবে ।'

সীতা মাথা নেড়ে সায় দিল।

'তুমি তো জানো তোমার বোন জন্ম রুগ্ন। উর্মিলা যোদ্ধা একেবারেই নয়। তোমাকে তার খেয়াল রাখতে হবে সীতা। আর তোমাকে মিথিলার খেয়ালও রাখতেই হবে।'

সীতা নিজের মনের ভেতরে নিজেকে প্রতিশ্রুতি দিল, *হ্যাঁ, আমি করব।*

সুনয়না সীতার মুখে আদর করে হাত বুলিয়ে মৃদু হাসল। 'মনে রেখো তোমার বাবা তোমাকে সব সময় ভালবেসেছেন। তোমার ছোট বোনও তাই। '

আমি জানি।

'আমার নিজের কথা বলতে গেলে, আমি শুধু তোমাকে ভালবাসি তা নয় সীতা। তোমার কাছ থেকে আমার অনেক আশা আছে। তোমার নিয়তি আমাদের বংশের নাম বহু সহস্র বৎসরের জন্য উজ্জ্বল করে রাখবে। তুমি ইতিহাসের পাতায় স্থান পাবে।'

গুরুকুলে মায়ের সঙ্গে দেখা হবার পর এই প্রথম সীতা কথা বলল। 'আমাকে ক্ষমা কর মা, আমাকে ক্ষমা কর। আমি...'

সুনয়না মৃদু হেসে সীতাকে জড়িয়ে ধরল।

'দুঃখিত মা...' ফুঁপিয়ে বলল সীতা।

'আমার তোমার ওপরে ভরসা আছে। তোমার জীবন আমার গর্বের বিষয় হবে।'

'কিন্তু আমি তোমাকে ছেড়ে বাঁচতে পারব না মা।'

সুনয়না সরে এসে সীতার মুখ তুলে ধরলও। 'পারতে হবে,পারবে।'

'না... আমি তোমাকে ছাড়া থাকব না...।'

সুনয়নার মুখভাব একটু কঠিন হল। 'শোন সীতা। আমার শোকে জীবন নষ্ট করবে না। তুমি সুবিবেচনার সঙ্গে জীবন কাটাবে এবং আমার মুখ উজ্জ্বল করবে।'

সীতা কাঁদতে থাকল।

'পেছনে তাকিও না। ভবিষ্যতের দিকে দেখো। নিজের ভবিষ্যৎ তৈরি কর, অতীতের জন্য হা হুতাশ করো না।'

সীতার কথা বলার শক্তি ছিল না।

'কথা দাও আমাকে।'

সীতা মার দিকে তাকিয়ে ছিল, তার দুচোখে শোক উপচে পড়ছে।

'কথা দাও আমাকে।'

'কথা দিলাম মা। আমি কথা দিলাম।'

— ১৮ —

শ্বেতকেতুর গুরুকুলে সুনয়নার আগমনের পর চার সপ্তাহ কেটে গেছে। সীতা মায়ের সঙ্গে বাড়ি ফিরে এসেছে। রাজ্য শাসনের সব রকম কার্যকরী ক্ষমতা সহ সীতাকে সুনয়না কৌশলে প্রধানমন্ত্রীর পদে নিয়োগ করতে সফল হয়েছে।

সীতা বেশীর ভাগ সময় এখন সুনয়নার সঙ্গে কাটায়, তার অসুস্থতার সেবা করে। সুনয়না নিজের ব্যাক্তিগত প্রকোষ্ঠে বিছানার পাশে সীতাকে মন্ত্রীদের সঙ্গে বৈঠকে পরামর্শ দেয়।

সীতা জানে তার সঙ্গে ছোট বোনের সম্পর্ক নিয়ে সুনয়না খুবই চিন্তিত। সে জন্য উর্মিলার সঙ্গে নৈকট্য আনার সে এক মিলিত চেষ্টা চালিয়ে যাচ্ছিল। মিথিলার রানী তার দুই কন্যার মধ্যে এক শক্তিশালী সম্পর্ক গড়ে তুলতে চাইছিল যা তাদের ভবিষ্যতের কঠিন বৎসরগুলিকে অতিক্রম করতে সাহায্য করবে। তাদের একে অন্যের পাশে থাকার গুরুত্ব এবং নিজেদের মধ্যেকার ভালবাসা ও বিশ্বস্ততা সম্পর্কে দুজনের সঙ্গে কথা বলেছে সে।

এক সন্ধ্যায় সুনয়নার ঘরে এক দীর্ঘ বৈঠকের পর, সীতা তাদের মার ঘরের পাশে উর্মিলার ঘরে প্রবেশ করল। এক পরিচারককে এক থালা কালো আঙ্গুর এনে দিতে বলেছিল সে। উর্মিলা কালো আঙ্গুর ভালবাসে। পরিচারককে যেতে বলে সে থালাটি নিয়ে ঘরে গিয়ে ঢুকল।

ঘরটায় আলো কম। সূর্যাস্ত হয়ে গেছে কিন্তু কেবল কয়েকটা দীপ জ্বলছে।

'উর্মিলা!'

বিছানায় কেউ নেই। সীতা বোনকে খুঁজতে লাগল। প্রাসাদের বাগিচার ওপরের বড় ঝুলবারান্দায় বেরিয়ে এলো সীতা।

কোথায় সে?

ঘরে ফিরে এসে এত কম আলোয় বিরক্ত হয়ে আরও আলো জ্বালাতে আদেশ করতে যাবে এমন সময় এক কোণে জড়সড় হয়ে থাকা এক কম্পমান অবয়ব চোখে পড়ল তার।

'উর্মিলা?'

সীতা এগিয়ে গেল।

উর্মিলা কোণায় বসে আছে। দুটো হাঁটু বুকের কাছে জড় করা। মাথা দু হাঁটুর মধ্যে গোঁজা।

সীতা তাড়াতাড়ি থালাটা পাশে রেখে উর্মিলার পাশে মেঝেতে বসে পড়ল। ছোট বোনকে দুহাতে জড়িয়ে ধরল।

আদর করে ডাকল। 'উর্মিলা...'

উর্মিলা চোখ তুলে বড় বোনের দিকে চাইল। তার চোখের জলে ভেজা চেহারায় গভীর দুঃখের ছাপ।

'দিদি...'

'কথা বল সোনা।' বলল সীতা।

'মা কি...?'

সীতা ঊর্মিলার কাঁধে আলতো চাপ দিল। 'হ্যাঁ...'

'মা কি আমাদের ছেড়ে স্বর্গে চলে যাচ্ছেন?'

সীতা জোরে ঢোঁক গিলল। তার মনে হল উত্তরটা দেবার জন্য মা এখানে থাকলে ভাল ছিল। প্রায় সঙ্গে সঙ্গে সে এটাও বুঝল যে, শিগগিরি সুনয়না এখানে আর থাকবেই না। উর্মিলা এখন তার দায়িত্ব। উত্তরটা তাকেই দিতে হবে।

'না ঊর্মিলা। মা সব সময় এখানেই থাকবেন।'

উর্মিলা মুখ তুলে চাইল। বিভ্রান্ত। আশান্বিত। 'কিন্তু সবাই যে বলছে মা চলে যাচ্ছেন। আমাকে শিখতে হবে...'

'তুমি আর আমি যেটা জানি সবাই তো সেটা জানে না, উর্মিলা। মা একটা অন্য জায়গায় থাকবেন। তার শরীরের ভেতর থাকবেন না আর।' নিজের আর ঊর্মিলার হৃদয়ের দিকে দেখিয়ে সীতা বলল। 'মা এই দুই জায়গায় থাকবেন। আমাদের হৃদয়ে সব সময় থাকবেন মা। আর যখনই তুমি আর আমি একসঙ্গে হব উনি সম্পুর্ণ হবেন।'

উর্মিলা নীচে তার বুকের দিকে তাকাল। নিজের বেড়ে যাওয়া হৃদস্পন্দন অনুভব করল। তারপর সীতার দিকে চাইল। 'উনি আমাদের কখনো ছেড়ে যাবেন না তো?'

'চোখ বন্ধ কর ঊর্মিলা।'

উর্মিলা বোনের কথা মত চোখ মুজল।

'কি দেখতে পাচ্ছ?'

সে মৃদু হাসল। 'মাকে দেখতে পাচ্ছি। আমার মুখে হাত বোলাচ্ছেন।'

সীতা ঊর্মিলার মুখের ওপর আঙ্গুল বোলাল। সে চোখ খুলল। তার হাসি আরও উজ্জ্বল হয়েছে।

'উনি সব সময় আমাদের সঙ্গে থাকবেন।'

উর্মিলা সীতাকে শক্ত করে জড়িয়ে ধরল। 'দিদি...'

'আমরা দুজনে একসঙ্গে এখন আমাদের মা।'

— ১৫ —

'আমার এই জীবনের যাত্রা শেষ হতে চলেছে।' বলল সুনয়না।

সীতা ও সুনয়না রানীর ঘরে একা ছিল। সুনয়না শয্যায় শয়ান। সীতা তার হাত ধরে পাশে বসে আছে।

'মা··· '

'আমি জানি মিথিলার লোকেরা আমার ব্যাপারে কি বলে।'

'মা। কিছু মুর্খের কথায় কান দিও না···'

'আমাকে বলতে দাও বাছা।' সীতার হাতে চাপ দিয়ে বলল সুনয়না। 'আমি জানি তারা মনে করে গত কয়েক বছরে আমার অতীতের সব সফলতা উবে গেছে। যখন থেকে কুশধ্বজ আমাদের রাজ্যকে নিংড়ে নিতে শুরু করেছে।'

সীতা অনুভব করল, ভেতরে পরিচিত অপরাধ বোধটা মাথা চাড়া দিচ্ছে।

'এটা তোমার দোষ নয়।' জোর দিয়ে বলল সুনয়না। 'আমাদের ব্যথা দেবার জন্য কুশধ্বজ যে কোন অজুহাত ব্যবহার করতো। ও মিথিলাকে নিজের আয়ত্বে নিতে চায়।'

'আমাকে কি করতে হবে মা?'

সুনয়না তার মেয়ের আক্রমণাত্মক স্বভাব জানে। 'কুশধ্বজকে কিছু করবে না··· সে তোমার বাবার ভাই। কিন্তু আমি চাই তুমি আমার সুনাম ফিরিয়ে আনবে।'

সীতা চুপ করে রইল।

'বলা হয় আমরা পৃথিবীতে কিছুই নিয়ে আসিনা এবং কিছু নিয়ে যাই না। কিন্তু সেটা সত্য নয়। আমরা আমাদের কর্মফল সঙ্গে নিয়ে যাই। এবং আমাদের নাম আমাদের খ্যাতি পেছনে রেখে যাই। আমি আমার সুনাম ফিরে পেতে চাই।

আর আমি চাই সেটা তুমি করবে সীতা। আমি চাই তুমি মিথিলার সমৃদ্ধি ফিরিয়ে আনবে।'

'আনব মা।'

'আর সেটা একবার করে ফেলার পর ··· তোমাকে মিথিলা ছেড়ে যাবার অনুমতি দিলাম আমি।'

'মা?'

'মিথিলা তোমার মত কারোর জন্য খুব ছোট জায়গা, সীতা। তোমার জীবনের লক্ষ্য আরও বড় কিছু। তোমার আরও বড় মঞ্চ প্রয়োজন। হয়তো ভারতবর্ষের মত বড় মঞ্চ। অথবা হয়তো ইতিহাসের পাতা···'

সীতা সুনয়নাকে মলয়পুত্রদের তাকে পরবর্তী বিষ্ণু বলে মেনে নেয়ার কথা বলবে কিনা ভাবল।

কয়েক মুহূর্ত লাগল তার সিদ্ধান্ত নিতে।

— ॐ —

প্রধান পণ্ডিত সীতার কাছে এগিয়ে এলেন। তার ডান হাতে এক জ্বলন্ত মশাল। অন্য পণ্ডিতেরা সারি বেঁধে পেছনে দাঁড়িয়ে গড়ুর পুরাণ থেকে স্তোত্র আবৃত্তি করছেন। 'সময় হয়ে গেছে হে দেবী।'

সীতা মাথা নেড়ে নিজের বাঁ দিকে দেখল। সুনয়নার মৃত্যুর পর থেকে উর্মিলার কান্না থামে নি। দুহাতে সীতার হাত ধরে আছে সে। সীতা ছাড়াতে চেষ্টা করায় তার বোন আরও শক্ত করে ধরল। সীতা তার পিতার দিকে চাইল। এগিয়ে এসে উর্মিলাকে কোলে তুলে নিয়ে বড় মেয়ের পাশে দাঁড়াল জনক। তাকে বাচ্চা উর্মিলার মতই বিধ্বস্ত এবং দিশেহারা দেখাচ্ছিল। দার্শনিক জ্ঞানের তুঙ্গে পৌঁছুবার পথে তাকে নিয়ত যে মানব ঢাল রক্ষা করতো তা আজ হারিয়ে গেছে। বাস্তব নিষ্ঠুর ভাবে তার জীবনে ঢুকে পড়েছে।

সীতা পণ্ডিতের দিকে ফিরে মশালটা হাতে নিল।

গুরুকুলে সুনয়নার যাত্রার পর মাত্র তিন মাস কেটেছে।

সীতা ভেবেছিল সুনয়নার সঙ্গে আরও কিছু সময় পাবে। শিক্ষা নেবার। বাঁচবার। ভালবাসবার।

কিন্তু তা হবার নয়।

পণ্ডিতদের ঈশ ব্যাস উপনিষদের স্তোত্র আবৃত্তি শুনতে শুনতে সীতা এগিয়ে গেল।

বায়ুর অনিলম অমৃতম্; অথেদম ভস্মান্তম শরীরম্।

এই অস্থায়ী শরীর ভস্ম হয়ে যাক। কিন্তু জীবনের বায়ু সর্বত্র বিরাজমান। এ অবিনশ্বর প্রশ্বাসে ফিরে যাক।

চন্দন কাঠের স্তূপে ঢাকা মার দিকে এগিয়ে গেল সীতা। চোখ বন্ধ করা মায়ের মুখটা মনে করল। তাকে কাঁদলে চলবে না। এখানে নয়। সর্বসমক্ষে নয়। সে জানত মিথিলার অনেকেই গোপনে তাকে শ্বেতকেতুর গুরুকুলের যাত্রা করিয়ে তার মাকে দুর্বল করে দেওয়ার জন্য দায়ী করে। সে আরও জানে যে তারা কুশধ্বজের দেয়া সমস্যার জন্যেও তাকেই দোষ দেয়।

তাকে শক্ত হতে হবে। মায়ের জন্য। একটু দূরে দাঁড়ান বন্ধু সমিচির দিকে দেখল সে। তার পাশে তার গুরুকুলের বন্ধু রাধিকা দাঁড়িয়ে আছে। এদের সহায়তা তাকে শক্তি যোগায়।

জ্বলন্ত কাঠটা বেদীতে গুঁজে দিল সে। ঘিয়ে ভেজা কাঠ তৎক্ষণাৎ জ্বলে উঠল। বেদীতে আগুন উজ্জ্বল এবং জোরাল হয়ে জ্বলছিল, যেন এমন মহান একজনের পবিত্রকরণের মাধ্যম হতে পেরে গর্বিত।

বিদায়, মা।

সীতা পিছিয়ে এসে আকাশের দিকে তাকাল, ব্রহ্মা – একমাত্র ঈশ্বরের, দিকে।

যদি কেউ মোক্ষ লাভের যোগ্য হয়ে থাকে তবে সে এই, আমার মা।

হস্তিনী নেত্রীর শোকসভা দেখতে দেখতে বলা মার কথাগুলি মনে পড়ল সীতার।

পেছনে তাকিও না। ভবিষ্যতের দিকে তাকাও।

শবদাহের বেদীটাকে ফিসফিস করে বলল সে। 'আমি তাকাব পেছন ফিরে। কি করে না তাকিয়ে থাকব মা, তুমি যে আমার প্রাণ।'

মার সঙ্গে তার শেষ সামঞ্জস্যপূর্ণ আলোচনা মনে পড়ল সীতার। সুনয়না সীতাকে সাবধান করে দিয়েছে যে, তার বিষ্ণুর নিয়তি পুর্ণ করতে হলে সে যেন মলয়পুত্র বা বায়ুপুত্র কোন গোষ্ঠীকেই সম্পূর্ণ বিশ্বাস না করে। দুই গোষ্ঠীর নিজস্ব উদ্দেশ্য থাকবে। তার নিজের সঙ্গী প্রয়োজন।

মার কণ্ঠস্বর ধ্বনিত হচ্ছিল তার মনের ভেতর। *এমন সঙ্গী খোঁজ যাদের বিশ্বাস করতে পারবে, যারা তোমার লক্ষ্যের প্রতি বিশ্বস্ত থাকবে। ব্যক্তিগত বিশ্বস্ততা জরুরি নয়। কিন্তু তোমার লক্ষ্যের প্রতি তাদের বিশ্বস্ততা অপরিহার্য।*

মার শেষ কথাটা মনে পড়ল তার।

আমি সব সময় তোমাকে দেখব। আমার মুখ উজ্জ্বল করবে।

একটা গভীর নিঃশ্বাস নিয়ে হাত মুঠি করে সঙ্কল্প করল।

'আমি করব মা। করবই।'

অধ্যায় ১১

সীতা ও সমিচি দুর্গের বাইরের দেয়ালের ওপর বসেছিল। সীতা এগিয়ে শহরের চারদিকে ঘিরে থাকা পরিখাটি দেখল। অনেকখানি নীচে সেটি। এই প্রথমবার নয় যখন সীতার মনে প্রশ্ন জাগল, অত নীচের মাটিতে পড়তে কেমন লাগবে। ব্যথা হবে? দেহ থেকে কি তৎক্ষণাৎ মুক্তি পাওয়া যাবে? অবশেষে স্বাধীনতা পাওয়া যাবে? কি হয় মৃত্যুর পর?

কেন এই বোকার মত প্রশ্ন গুলি মনে জাগে আমার?

'সীতা...' সমিচির মৃদু স্বরে ডাক নিস্তব্ধতা ভেঙ্গে দিল।

দুজনে অনেকক্ষণ ধরে বসে ছিল এখানে। বিশেষ কোন কথাবার্তা না বলে। বিক্ষিপ্তচিত্ত সীতা বারং বার দেয়ালের ওদিকে উঁকি মারছিল। সীতার যন্ত্রণা সমিচি বুঝতে পারছে। মাত্র একদিন আগেই রাজকুমারী তার মায়ের দেহের সৎকার করেছে। কমে আসা জনপ্রিয়তা সত্ত্বেও সমস্ত রাজ্য তাদের রানি সুনয়নার শোক পালন করছে। কেবল সীতা নয় সমগ্র মিথিলা তার মাকে হারিয়েছে।

সীতা কোন উত্তর দিল না।

'সীতা...'

সহজাত প্রবৃত্তি জেগে উঠলো। সমিচি নিজের হাত বাড়িয়ে সীতাকে আগলে দিল। কোন না বলা আশঙ্কা যাতে সত্যি না হয়ে যায় সেই চেষ্টায়। অশুভ চিন্তার ক্ষমতা সমিচি বোঝে, খুব ভালই বোঝে।

সীতা মাথা নেড়ে অপ্রয়োজনীয় চিন্তাগুলিকে মাথা থেকে ঠেলে বার করে দিল।

সমিচি আবার ফিসফিস করে ডাকল। 'সীতা...'

সীতা অন্যমনস্ক ভাবে বলল। নিজেকে। 'মা, সর্বদার মতই ঠিক বলেছেন... আমার সহযোগী চাই... আমি আমার নিয়তি সম্পুর্ণ করব... কিন্তু সেটা আমি একা করতে পারব না। আমার একজন সঙ্গী প্রয়োজন...'

সমিচি শ্বাস বন্ধ করে শুনছিল, ভাবল সীতা তার বিষয়ে ভাবছে। ভাবল সীতা মিথিলার বিষয়ে যা চেয়েছে সেই বিষয়ে কথা বলছে। মৃত্যু পথযাত্রী রানী যে নিয়তির কথা বলে গেছেন। কিন্তু সীতা প্রকৃতপক্ষে তাকে মলয়পুত্রদের প্রধান যে দায়িত্ব দিয়েছেন তার কথা ভাবছিল।

বাঁ হাতের দাগটা ছুঁল সীতা। বিশ্বামিত্রের সঙ্গে নেয়া রক্তশপথের কথা মনে পড়ল তার। মৃদু স্বরে নিজেকে বলল। 'মহান প্রভু রুদ্র এবং মহান প্রভু পরশুরামের নামে শপথ নিলাম।'

সমিচি খেয়াল করল না, সীতা এই প্রথমবার, প্রভু পরশুরামের নামেও শপথ নিল। সাধারণত রাজকুমারী কেবল প্রভু রুদ্রের নাম নেয়। কিন্তু কি করেই বা পরিবর্তনটা খেয়াল করবে সে? তার নিজের চিন্তাও যে অন্য বিষয়ে সরে গিয়েছিল। তার নিজস্ব প্রভুর প্রতি, প্রভু ইরৈব।

সীতা কি তাকে মিথিলার দ্বিতীয় অধ্যক্ষ রূপে প্রস্তুত করবে? ইরৈবের জয় হোক... ইরৈব তৃপ্ত হবেন।

— ১৫ —

সুনয়নার মৃত্যুর পর এক বৎসর কেটে গেছে। ষোড়শী সীতা মোটামুটি ভালভাবেই রাজ্য চালনা করছিল। সুনয়নার পরামর্শদাতাদেরকেই বহাল রেখে নিজের শাসনকে মজবুত করেছে। মায়ের জারি করা ব্যবস্থাকেই সাবধানে চালিয়ে যাচ্ছে। একমাত্র মুখ্য পরিবর্তন যা সে করেছে তা হল তার বিশ্বস্ত সহকারী সমিচিকে পুলিশ প্রধান রূপে নিযুক্ত করা। পুর্ববর্তী পুলিশ প্রধান এক অপ্রত্যাশিত এবং প্রাণঘাতী হৃদরোগের শিকার হওয়ার ফলে এই নিযুক্তি প্রয়োজন হয়ে পড়েছিল।

জটায়ু , মলয়পুত্র সেনাধ্যক্ষ, তার কথার নড়চড় করেনি। সৈন্যদের সঙ্গে করে সীতার ওপর নজর রেখে যাচ্ছে। তাদেরকে সীতার দেহরক্ষীর দায়িত্ব অর্পণ করা হয়েছে। সীতা অতিরিক্ত সুরক্ষার প্রয়োজন বোধ করে না কিন্তু ছায়াকে পরিত্যাগ কে করতে পারে? এমনকি তাকে জটায়ুর অনুরোধ রাখতে মিথিলা পুলিশ বাহিনীতে কিছু মলয়পুত্র সেনাকে ভরতি করতে হয়েছে। তাদের প্রকৃত পরিচয় সবার কাছ থেকে গোপন রাখা হয়েছে, সমিচি সহ। তারা সব সময় সীতাকে অনুসরণ করে।

গত বছর থেকে সীতা জটায়ুকে বিশ্বাস করতে আরম্ভ করেছে। প্রায় নিজের ভাই –এর মত। সে বরিষ্ঠতম মলয়পুত্র কর্মকর্তা যার সঙ্গে সীতার নিয়মিত যোগাযোগ আছে। এবং একমাত্র ব্যাক্তি যার সঙ্গে সে নিজের বিষ্ণু-দায়িত্ব নিয়ে আলোচনা করতে পারে।

'আমি নিশ্চিত আপনি বুঝতে পারছেন জটায়ু জি, তাই না?' প্রশ্ন করল সীতা।

মিথিলা থেকে অশ্বপৃষ্ঠে এক ঘন্টার দূরত্বে এক পরিত্যক্ত চুড়ির কারখানার কাছে সীতা ও জটায়ু দেখা করেছে। সীতার সঙ্গে আছে মিথিলার পুলিশের ছদ্মবেশে তার মলয়পুত্র দেহরক্ষীরা। জটায়ু এইমাত্র সীতাকে বলেছে যে, বিশ্বামিত্র চান সীতা সুদূর দক্ষিণে এক গুপ্ত নগর, মলয়পুত্রদের রাজধানী, অগস্ত্যকুটমে আসুক। সেখানে কয়েক মাস তার বিষ্ণুর ভূমিকা পালনের প্রস্তুতির জন্য প্রশিক্ষণ দেয়া হবে তাকে। তার পরের কয়েক বৎসর সে মিথিলায় থাকবে অর্ধেক সময়, বৎসরের বাকি অর্ধেকটা সময় সপ্ত সিন্ধুর নানা জায়গায় ঘুরে বেড়াবে, যাকে তার রক্ষা করার কথা সেই দেশটাকে ভাল করে বুঝবার জন্য।

কিন্তু সীতা জটায়ু কে এই মাত্র জানিয়েছে যে, সে এখনো মিথিলা ছাড়বার জন্য প্রস্তুত নয়। অনেক কিছু করা বাকী আছে। মিথিলাকে প্রতিষ্ঠিত এবং সুরক্ষিত করে তুলতে হবে। কুশধ্বজের কাছ থেকেও।

'হ্যাঁ, বোন' বলল জটায়ু। 'আমি বুঝতে পারছি। তোমার মিথিলাতে আরও কয়েক বছর থাকা প্রয়োজন। আমি তা গুরুজিকে জানিয়ে দেব। উনিও বুঝবেন

আমি নিশ্চিত। দেখতে গেলে এখানে তোমার কাজটাও তো তোমার লক্ষ্য পুরণের পথে এক ধরনের শিক্ষাই ।'

'ধন্যবাদ,' বলল সীতা। কিছুদিন ধরে যে কথাটা জিজ্ঞাসা করবে ভাবছিল সেটা করল। 'আচ্ছা, আমি শুনেছি অগস্ত্যকুটম রাবণের লঙ্কার কাছে। এটা কি সত্যি?'

'হ্যাঁ সত্যি। কিন্তু ভয়ের কিছু নেই। ওখানে তুমি একদম নিরাপদ। ওটা একটা গুপ্ত নগর। আর সেটা কোথায় আছে জানতে পারলেও রাবণের অগস্ত্যকুটম আক্রমণ করার দুঃসাহস হবে না।'

সীতা অগস্ত্যকুটমের নিরাপত্তা নিয়ে চিন্তিত ছিল না। তার মাথায় অন্য কিছু ঘুরছিল। কিন্তু আর কথা না বাড়ানোর সিদ্ধান্ত নিল সে। অন্তত এখনকার মত।

'টাকাটা দিয়ে কি করবে কিছু ঠিক করেছ?' প্রশ্ন করল জটায়ু।

সীতা যাতে তাড়াতাড়ি রাজ্যে নিজের কর্তৃত্ব কায়েম করতে পারে সেই উদ্দেশ্যে মলয়পুত্ররা মিথিলাকে এক সহস্র স্বর্ণমুদ্রা দান করেছে। এই গোষ্ঠীর জন্য এই অর্থের পরিমাণটা খুব বেশী নয়, কিন্তু মিথিলার পক্ষে এ ছিল মেঘ না চাইতে জল।মলয়পুত্ররা আধিকারিক রূপে এই অনুদানকে এক বৃত্তি বলে অভিহিত করেছে, যা কিনা ঋষিদের প্রিয় এমন এক নগরকে দেয়া হয়েছে যা জ্ঞানের প্রতি উতসর্গীকৃত।

অভুতপুর্ব এই বদান্যতায় কেউ আশ্চর্য হয় নি। রাজর্ষি জনকের জ্ঞানের নগরীকে মহান ঋষিরা লালন না করার কিছু নেই। সত্যি বলতে কি, মিথিলার লোকেরা বহু মলয়পুত্রদেরকে, এমনকি মহর্ষি বিশ্বামিত্রের নগরে প্রায়শঃ আসতে দেখতে অভ্যস্ত হয়ে গেছে।

দুটি সম্ভাব্য উদ্যোগে অর্থবিনিয়োগ প্রয়োজন ছিল। একটি হল মিথিলা ও সঙ্কাশ্য যোগাযোগকারী রাস্তাটি। অন্যটি হল, বস্তির বাসিন্দাদের জন্য সস্তায়, স্থায়ী, বাসযোগ্য বাড়ির সংস্থান করা।

'রাস্তাটা বাণিজ্য কে অনেকটা পুনর্জীবিত করবে।' বলল জটায়ু। 'যা নগরে আরও সম্পদ আনবে। সেটা একটা বড় লাভ।'

'হ্যাঁ, কিন্তু সেই সম্পদ প্রধানত যাবে কিছু অল্পসংখ্যক লোকেদের হাতে যারা এমনিতেই অর্থবান। তাদের মধ্যে কিছু হয়তো টাকা পয়সা নিয়ে চলে যাবে অন্য শহরে যেখানে ব্যবসা করা এখান থেকে সহজ। রাস্তাটা সঙ্কাশ্যের বন্দরের ওপর আমাদের নির্ভরতা কমাতে পারবে না। না আমার কাকার মিথিলায় রসদ আসা যখন ইচ্ছা বন্ধ করে দেবার ক্ষমতা খর্ব হবে। আমাদের স্বনির্ভর এবং স্বাধীন হতে হবে।'

'ঠিক। বস্তি পুনর্বাসনের উদ্যোগটি, অন্যদিকে, গরীবদের স্থায়ী বাসস্থানের ব্যবস্থা করে দেবে। এতে নগরের সিংহদরজায় দৃষ্টিকটু দৃশ্যটাও সরিয়ে দেবে, লোক চলাচলের সুবিধা করে দেবে।'

'হুঁম্'

'সেই সঙ্গে তুমি দরিদ্রদের বিশ্বস্ততা অর্জন করবে। মিথিলাতে তাদের সংখ্যা বিশাল। তাদের আনুগত্য কাজে আসবে বোন।'

সীতা মৃদু হাসল। 'দরিদ্ররা সবসময় বিশ্বস্ত হয় বলে আমার মনে হয় না। যাদের বিশ্বস্ত থাকার ক্ষমতা আছে তারা হবে। যাঁদের নেই তারা হবে না, আমি তাদের জন্য যাই করি না কেন। কিন্তু তা সে যাই হোক না কেন আমাদের দরিদ্রদের সাহায্য করতেই হবে। আর এই উদ্যোগের ফলে আমরা অনেক কাজের সংস্থান ও করতে পারব। অনেক বেশী সংখ্যায় স্থানীয় লোকেদের উৎপাদনক্ষম করে তোলা যাবে। সেটা একটা ভাল ব্যাপার।'

'ঠিক।'

এই উদ্যোগের সঙ্গে যুক্ত আরও পরিকল্পনা আছে আমার, যাতে আমাদের স্বনির্ভরতা বাড়বে, নিদেন পক্ষে খাদ্য ও অন্যান্য অত্যাবশ্যকীয় সামগ্রীর সম্পর্কে।'

'আমার মনে হচ্ছে তুমি মনস্থির করেই নিয়েছ।'

'হ্যাঁ কিন্তু চূড়ান্ত সিদ্ধান্ত নেবার আগে অন্য মতামত শোনা ভাল। আমার মা হলেও ঠিক এটাই করতেন।'

'তিনি একজন অসামান্য মহিলা ছিলেন।'

'হ্যাঁ তা ছিলেন।' মৃদু হাসল সীতা। একটু দ্বিধা করে জটায়ুর দিকে আবার তাকাল সে। তারপর আরেকটি স্পর্শকাতর বিষয় পাড়লো। 'জটায়ু জি। একটা প্রশ্ন করব কিছু মনে করবেন না তো?'

'যখন ইচ্ছে হে মহান বিষ্ণু।' বলল জটায়ু। 'আমি কি করে উত্তর দেব না?'

'মহাঋষি বিশ্বামিত্র এবং মহাঋষি বশিষ্ঠের মধ্যে সমস্যাটা কি?'

জটায়ু ম্লান হাসল 'যা জানার কথা নয় সে কথা জেনে যাবার এক বিরল গুণ আছে তোমার। যে সব বিষয় গুপ্ত থাকার কথা।'

সীতা আপন করা সরলতা নিয়ে হাসল। 'এটা আমার প্রশ্নের উত্তর হল না জটায়ু জি'

'না হল না বোন।' হাসল জটায়ু। 'সত্যি কথা বলতে কি, আমি এ ব্যাপারে বেশী কিছু জানিনা। তবে এটুকু জানি যে, তাঁরা একে অন্যকে অন্তর থেকে ঘৃণা করেন। মহাঋষি বিশ্বামিত্রের সামনে মহাঋষি বশিষ্ঠের নাম নেয়াও বোকামো।'

— ৫১ —

'ভাল এগোচ্ছে কাজ।' ফিস ফিস করে বলল সীতা। মিথিলার প্রভু রুদ্রের মন্দিরের বাগানে দাঁড়িয়ে সে নগরীর বস্তি পুনর্নির্মাণের কাজ দেখছিল।

কয়েকমাস আগে, সীতা মিথিলার দক্ষিণের প্রবেশ দ্বারের নিকটবর্তী বস্তি ভেঙ্গে ফেলে দরিদ্রদের জন্য সে জায়গায় নতুন স্থায়ী বাসস্থান নির্মাণের আদেশ দিয়েছে। মলয় পুত্রদের দেওয়া অর্থে প্রস্তুত এই বাড়ি গুলি গরীবদের বিনা মূল্যে দিয়ে দেওয়া হবে।

সমিচি তার প্রধানমন্ত্রীর প্রশংসায় আত্মশ্লাঘা অনুভব করল। এক প্রথা বিরুদ্ধ চালে সীতা নগরের স্থপতির পরিবর্তে তাকে উদ্যোগটি দ্রুত এবং নির্ধারিত ব্যায়ের মধ্যে থেকে সম্পূর্ণ করার দায়িত্ব সঁপেছে। সীতা জানতো যে তার পুলিশ প্রধান খুঁটিনাটির বিষয়ে অত্যধিক মনযোগী, সেই সঙ্গে অধস্তনদের কঠোর ভাবে কাজ শেষ করতে তাগাদা দিতে সক্ষম। এছাড়াও নিজের

জীবনের প্রথম বৎসরগুলি বস্তিতে কাটানোর ফলে সমিচির সেখানে বসবাসকারী লোকেদের সমস্যাগুলি বুঝতে পারার এক অনন্য যোগ্যতা ছিল।

যদিও কাজটা সম্পন্ন করার ভার সমিচিকে দেয়া হয়েছিল কিন্তু সীতা নিজে বস্তির বাসিন্দাদের কয়েকজন প্রতিনিধির সঙ্গে আলোচনা করে উদ্যোগটির পরিকল্পনা এবং নকশাঙ্কনের কাজে নিজেকে সামিল রেখেছিল। ক্রমে সে যে কেবল তাদের বাসস্থানের এক নতুন ধরনের সমাধান উদ্ভাবন করেছে তাই নয়, তাদের স্থায়ী উপার্জনের ব্যবস্থাও করেছে।

বস্তির বাসিন্দারা কয়েক মাসের জন্যেও তাদের জমি ছাড়তে রাজী হচ্ছিল না। প্রশাসনের ওপর তাদের ভরসা খুব একটা নেই। এক তো তাদের ধারণা ছিল যে উদ্যোগটা অনেক বছর ধরে চলতে থাকবে ফলে তারা বহুদিন ঘর ছাড়া হয়ে যাবে। এছাড়াও অনেকের কুসংস্কারবশত দাবী করছিল যে তাদের বাসস্থান হতে হবে ঠিক আগের জায়গাতেই। তার ফলে পরিচ্ছন্ন চলার পথের কোন সংস্থান করা অসম্ভব। আসল বস্তিতে কেবল মাত্র এলোমেলো গলি ছাড়া রাস্তা বলে কিছু ছিল না বললেই চলে।

সীতা এক দারুণ সমাধান ভেবে বের করেছে। মৌচাকের আকৃতিতে বাড়ি তৈরি করা হবে। একই দেয়াল একাধিক বাড়ি ব্যবহার করবে সব পাশে। বাসিন্দারা ওপর থেকে সিঁড়ি বেয়ে বাড়িতে প্রবেশ করবে। সবকটা বাড়ির ছাদ বাইরে থেকে একটা একক সমতল মঞ্চ; বাড়িগুলির ওপরে এক নতুন ‘ভূতল’, আসল জমি থেকে চারতলা উঁচুতে এক কৃত্রিম ‘মেঝে’। বস্তির বাসিন্দাদের জন্য এক খোলা আকাশের নীচের উন্মুক্ত জায়গা হবে যার মধ্যে রঙ দিয়ে আঁকা থাকবে ‘পথ’-এর ছক। ‘পথ’ গুলিতে বাড়িতে প্রবেশএর জন্য থাকবে ডালার মত প্রবেশদ্বার। এতে তাদের অন্ধবিশ্বাসে আঘাত লাগবে না। প্রত্যেকে ঠিক তার আগের খুপড়ির জায়গাতেই বাড়ি পেয়ে যাবে। এবং যেহেতু মৌচাকের ধাঁচাটি চারতলা জুড়ে প্রস্তুত , প্রত্যেক বাসিন্দা কার্যতঃ চারটি ঘর পাবে। তাদের আগের চেয়ে অনেকটাই বড় বাড়ি হবে এখন ।

মৌচাক সদৃশ গড়নের জন্য, সমিচি বাড়িগুলিকে অনৌপচারিক ভাবে মৌমাছির বাসা নাম দিয়েছিল। সীতার সেটি এত পছন্দ হয়ে গেল যে সেই নামই সরকারি নাম হয়ে গেছে!

নতুন বাসস্থান নির্মাণের সময়টুকুর জন্য বস্তির বাসিন্দাদের থাকার অস্থায়ী বন্দোবস্তের সমস্যাটার তখনো সমাধান হয় নি। সীতার আরেকটি নতুন ধরনের সমাধান ছিল। দুর্গপ্রাচীরের বাইরের দিকের পরিখাটিকে সে হ্রদে পরিবর্তিত করে দিল। কৃষির সুবিধার্থে সেখানে বৃষ্টির জল জমিয়ে রাখা হবে। দুর্গের বাইরের প্রাচীর এবং ভেতরের প্রাচীরের মধ্যবর্তী অনাবাসী জমির কিছু অংশ বস্তির লোকেদের হাতে ছেড়ে দেয়া হল। সেখানে তারা নিজেদের থাকার জন্য বাঁশ ও কাপড় দিয়ে অস্থায়ী বাসা বানিয়ে নিল। বাকি জমিটুকু ব্যবহার করে তারা খাদ্যশস্য, তুলা ও ভেষজ ওষুধ ফলাতে আরম্ভ করল। এই নতুন বরাদ্দ করা জমিতে তাদেরই মালিকানা থাকবে, কয়েক মাস পর তারা মৌমাছি আবাসে ফিরে যাবার পরও।

এতে একাধিক লাভ হল। প্রথমত দুর্গের বাইরের এবং ভেতরকার প্রাচীরের মধ্যেখানে খালি জমি যা সুরক্ষার উদ্দেশ্যে মুক্ত রাখা হয়েছিল তার সদ্ব্যবহার হল। কৃষি জনিত উৎপাদন বৃদ্ধি পেলো। এতে বস্তির লোকেদের উপার্জন বাড়ল। নগর প্রাচীরের ভেতরে কৃষি নিয়ে আসায় অবরোধের সময় খাদ্যের নিরাপত্তা বাড়ল, যদিও দরিদ্র মিথিলাকে কেউ কখনো আক্রমণ করবে তার সম্ভাবনা কম।

সবচেয়ে গুরুত্বপূর্ণ হচ্ছে, খাদ্য, ওষুধপত্র এবং অন্য অত্যাবশ্যক সামগ্রীর বিষয়ে মিথিলা বাসীরা স্বনির্ভর হয়ে গেল। এতে সঙ্কাশ্য নৌবন্দরের ওপর তাদের নির্ভরতা কমল।

সমিচি সীতাকে সাবধান করেছিল যে, এতে কুশধ্বজ মিথিলার ওপর সামরিক আক্রমণে উদ্যত হয়ে পড়তে পারে। কিন্তু সীতার তা মনে হয় নি। সাধুসুলভ মিথিলার ওপর সেনাদের আক্রমণ তার কাকার পক্ষে রাজনৈতিক ভাবে ন্যায্য প্রমাণ করা কঠিন হবে। এতে সম্ভবত সঙ্কাশ্যের নাগরিকদের

মধ্যেই বিদ্রোহের আগুন জ্বলে উঠতে পারে। তা সত্ত্বেও, অসম্ভাব্য ঘটনার জন্য প্রস্তুত থাকাও বুদ্ধিমানের কাজ।

বাইরের দিকের পরিখাটির নগরের প্রধান জলের উৎস হওয়ার বিষয়টি নিয়ে সীতার সব সময়ই অস্বাচ্ছন্দ্য ছিল। অসম্ভাব্য অবরোধের সময়, শত্রুপক্ষ বাইরের জলটুকুতে বিষ মিশিয়ে দিলে তার ফলাফল হবে ভয়ানক। নিরাপত্তার জন্য নগরের ভেতরে এক গভীর হ্রদ নির্মাণের ঘোষণা করল সীতা। এ ছাড়াও মিথিলার দুটি সুরক্ষা প্রাচীরকে আরও শক্ত করল সে।

নগরের কেন্দ্রীয় বাজারটিকে নতুন করে গোছাল সে। বিক্রেতাদের স্থায়ী, একধরনের দোকান বরাদ্দ করা হল। যাতে পরিষ্কারপরিচ্ছন্নতা এবং সুশৃঙ্খলতা দুইই বৃদ্ধি পেলো। বিক্রি বাড়ল, অপচয় ও চুরিচামারি কমে গেল। যার ফলে স্বভাবতই দাম কমতে আরম্ভ হল, যাতে ব্যাবসা আরও বাড়তে লাগল।

এই সমস্ত সিদ্ধান্তে সীতার জনপ্রিয়তা নাটকীয় ভাবে বৃদ্ধি পাচ্ছিল। অন্তত দরিদ্রদের কাছে। তাদের জীবনযাত্রার বেশ উন্নতি হয়েছে আর তার দায়িত্ব তরুণী রাজকুমারীর।

‘আমি স্বীকার করতে বাধ্য যে আশ্চর্য হয়েছি। ’ বলল জটায়ু। ‘একজন পুলিশ প্রধানকে এত দক্ষতার সঙ্গে তোমার মৌমাছিবাসার নির্মাণের কাজ তদারক করবার আশা করিনি।’

সীতা নগরসীমার বাইরে জটায়ুর সঙ্গে বসে ছিল। দিনের তৃতীয় প্রহর আরম্ভ হয়ে গেছে। সূর্য এখনো মাথার ওপর।

সীতা মৃদু হাসল। ‘সমিচির প্রতিভা আছে এতে সন্দেহ নেই।’

‘হ্যাঁ, কিন্তু...’

সীতা তার দিকে চেয়ে ভুরু কোঁচকাল। ‘কিন্তু কি, জটায়ু জি?’

'আমাকে ভুল বুঝো না, মহান বিষ্ণু। এটা তোমার রাজ্য। তুমি এর প্রধানমন্ত্রী। আর আমাদের, মলয়পুত্রদের চিন্তা সমগ্র দেশ নিয়ে। শুধু মিথিলা নয়...'

'কি ব্যাপার জটায়ু জি। আপনি জানেন আমি আপনাকে সম্পূর্ণ বিশ্বাস করি। অনুগ্রহ করে খোলাখুলি বলুন।'

'তোমার পুলিশ বাহিনীতে আমার যে লোকেরা আছে তারা অন্যান্য কর্মকর্তাদের সঙ্গে আলোচনা করে। ব্যাপারটা সমিচিকে নিয়ে। ওর...'

সীতা দীর্ঘ নিঃশ্বাস ফেলল। 'আমি জানি... ওর পুরুষদের ব্যাপারে স্পষ্টতই সমস্যা আছে।'

'সমস্যার থেকে বেশী পুরুষদের প্রতি ঘৃণা বললে ঠিক বলা হবে।'

'এর কিছু একটা কারণ নিশ্চয় আছে। কোনো পুরুষ নিশ্চয়...'

'কিন্তু একজন পুরুষের কাজের ফলে সকল পুরুষদেরকে ঘৃণা করা এক ভারসাম্যহীন ব্যক্তিত্বের পরিচয়। প্রতি-পক্ষপাতও এক ধরনের পক্ষপাতই। বিপরীত-জাতিভেদ ও জাতিভেদ। কোন লিঙ্গের বিরুদ্ধে পক্ষপাতও একধরনের পক্ষপাতই।'

'আমি মানছি।'

'সে যদি তার মানসিকতা নিজের ভেতরে রাখত তবে ঠিক ছিল। কিন্তু তার এই পক্ষপাত কাজে প্রভাব ফেলছে। পুরুষেরা অন্যায়ের শিকার হচ্ছে। বিদ্রোহ ঘটুক অবশ্যই চাও না।'

'ব্যক্তিগত ব্যাপারে ও আমাকে সাহায্য করতে দেয় না। কিন্তু ওর এই ঘৃণা যাতে তার কাজে প্রভাব না ফেলে সেটা আমি নিশ্চিত করব। কিছু একটা করব।'

'আমার কেবল বৃহত্তর স্বার্থের বিষয়ে চিন্তা হে মহান বিষ্ণু। সে যে ব্যক্তিগত ভাবে তোমার প্রতি খুবই বিশ্বস্ত এ ব্যাপারে আমার মনে কোন সন্দেহ নেই।'

'মনে হয় আমার পুরুষ না হওয়া এতে সাহায্য করেছে!'

জটায়ু জোরে হেসে উঠলো।

—১৫—

'কেমন আছ নারদ?' প্রশ্ন করল হনুমান।

হনুমান সবে মাত্র পরিহা থেকে ফিরেছে। তার পুর্বদিকের যাত্রায়, ভারতবর্ষের মধ্যে আরও অভ্যন্তরে, সে গুজরাতের লোথাল বন্দরে জাহাজে করে এসেছে। বন্দরে তার সঙ্গে দেখা করতে এসেছে তার বন্ধু নারদ। লোথালের বিশিষ্ট ব্যবসায়ী যার আগ্রহের বিষয় হল, শিল্প, কাব্য এবং নতুন গুজব! নারদ তক্ষুনি বন্ধু এবং তার সঙ্গীদের নিয়ে নিজের দোকানের পেছনের কার্যালয়ে চলে এসেছে।

'আমি ভাল আছি।' উৎফুল্ল স্বরে বলল নারদ। 'এর চেয়ে বেশী ভাল থাকলে পাপ হবে।'

হনুমান মৃদু হেসে বলল। 'তুমি পাপ থেকে দূরে থাকার বিষয়ে খুব সচেষ্ট বলে আমার মনে হয় না!'

নারদ হেসে বিষয় পরিবর্তন করল 'তোমার এবং তোমার সাঙ্গপাঙ্গদের জন্য, চিরাচরিত বস্তুগুলিই তো। বন্ধু?'

হনুমানের যাত্রার সময় পরিহার ছোট একদল সেনা তার সঙ্গে থাকে।

'হ্যাঁ, ধন্যবাদ।'

নারদ মাথা নেড়ে তার সহকারীকে নিচু স্বরে কিছু নির্দেশ দিল।

'আর আমি কোথায় যাচ্ছি সেই প্রশ্ন না করার জন্য তোমাকে আরও ধন্যবাদ।' যোগ দিল হনুমান।

বক্তব্যটা নারদের জন্য পরিষ্কার টোপ, আর সেটা সে গিলেও নিল।

'আমি জিজ্ঞাসা করতে যাবো কেন? আমি তো জানিই তুমি গুরু বশিষ্টর সঙ্গে দেখা করতে যাচ্ছ।'

বশিষ্ঠ অযোদ্ধা রাজ্যের রাজগুরু। একথা সবাই জানে যে, তিনি অযোধ্যার চার রাজপুত্র – রাম, ভরত, লক্ষ্মণ এবং শত্রুঘ্নকে শিক্ষা এবং জ্ঞান দানের জন্য

তাঁর গুরুকুলে নিয়ে গেছেন। গুরুকুলের অবস্থানটা অবশ্য এক সযত্নে গোপন রাখা তথ্য।

হনুমান কিছু না বলে নারদের দিকে চেয়ে রইল।

'ভেবো না বন্ধু।' নারদ হাসিমুখে বলল । 'প্রায় কারোর, অবশ্য আমাকে বাদ দিয়ে, এটা জানা নেই তুমি কার সঙ্গে দেখা করতে যাচ্ছ। আর গুরুকুল কোথায় সেটা কেউ জানেনা, আমিও না।'

হনুমান হাসল। উত্তরে কিছু বলতে যাবে এমন সময় এক মহিলার উঁচু কণ্ঠস্বর শোনা গেল।

'হন্স!'

হনুমান এক মুহূর্তের জন্য চোখ বুঁজে সিঁটিয়ে গেল। তারপর ঘুরে দাঁড়াল। নারদের এক কর্মচারিনি, সুর্সা, যে হনুমানের ব্যাপারে একেবারে পাগল।

হনুমান হাতজোড় করে নমস্কার করে অতিশয় বিনয়ের সঙ্গে বলল। 'ঠাকরুন, আমার নাম হনুমান। হন্স নয়।'

'আমি জানি,' উৎফুল্ল পদক্ষেপে হনুমানের দিকে এগিয়ে যেতে যেতে বলল সুর্সা। 'কিন্তু আমার মনে হয় হন্স অনেক বেশী ভাল শোনায়। আর তোমার কি মনে হয় না ঠাকরুনএর চেয়ে সুর বেশী ভাল?'

সুর্সা হনুমানের অস্বস্তিকর নৈকট্যে চলে আসায় নারদ মজা পেয়ে হেসে উঠলো। বন্ধুর দিকে কটমট করে চেয়ে কয়েক পা পিছিয়ে গিয়ে তার প্রশংসকের সঙ্গে দূরত্ব বাড়িয়ে নিল হনুমান।

'ঠাকরুন, আমি নারদের সঙ্গে জরুরী আলোচনা করছিলাম এবং..'

'এবং আমি তাতে বাধা দিলাম। বেশ করেছি।'

'ঠাকরুন...'

সুর্সা ভ্রু বাঁকিয়ে প্রলুব্ধ করার ভঙ্গীতে কোমর দোলাল।

'হন্স আমার তোমার বিষয়ে কি অনুভূতি তুমি কি বোঝো না? তোমার জন্য আমি কি করতে পারি... তোমাকে কি কি করতে পারি...'

'ঠাকরুণ,' লজ্জায় রক্তিম হয়ে আরও পিছিয়ে গিয়ে বাধা দিয়ে বলল হনুমান। 'আমি অনেকবার বলেছি আপনাকে। আমি ব্রহ্মচর্যের শপথ নিয়েছি।

এটা ঠিক নয়। আমি আপনাকে অপমান করছি না। দয়া করে বুঝতে চেষ্টা করুন। আমার পক্ষে সম্ভব নয়...'

নারদ দেয়ালে হেলান দিয়ে মুখ ঢেকে নিঃশব্দে হাসছিল। হাসির দমকে তার কাঁধ কাঁপছিল। চেষ্টা করছিল যাতে কোন শব্দ না হয়।

'কারোর জানার প্রয়োজন নেই, হন্স? তুমি তোমার শপথের ভান চালিয়ে যেতে পার। আমাকে বিয়ে করতে হবে না। আমি কেবল তোমাকে চাই। তোমার নাম নয়।' সুর্সা এগিয়ে গিয়ে হনুমানের হাত ধরতে গেল।

এত বিশালকায় হয়েও বিস্ময়কর ক্ষিপ্রতায় হনুমান পাশ কাটিয়ে কুশলতার সঙ্গে সুর্সার স্পর্শ এড়িয়ে গেল। ভয়ে চেঁচাল সে। 'ঠাকরুন। দয়া করে থামুন। আপনার পায়ে পড়ছি। থামুন!'

সুর্সা ঠোঁট ফুলিয়ে নিজের দেহের ওপর আঙ্গুল বোলাতে বোলাতে বলল। 'কেন আমি কি যথেষ্ট আকর্ষণীয়া নই?'

হনুমান নারদের দিকে ফিরে বলল। 'প্রভু ইন্দ্রের দোহাই, নারদ, কিছু একটা কর।'

নারদ কোন রকমে হাসি চাপছিল। হনুমানের সামনে এসে দাঁড়িয়ে সুর্সার মুখোমুখি হল। 'শোন সুর্সা। যথেষ্ট হয়েছে। তুমি তো জান...'

সুর্সা হঠাৎ আক্রমণাত্মক হয়ে তেলে বেগুনে জ্বলে উঠলো। 'তোমার উপদেশের আমার কোন প্রয়োজন নেই নারদ। তুমি জান আমি হন্স কে ভালবাসি। তুমি বলেছিলে আমাকে সাহায্য করবে।'

'আমি দুঃখিত কিন্তু আমি মিথ্যে বলেছিলাম।' বলল নারদ। 'শুধু মজা করছিলাম।'

'এটা তোমার মজার বিষয়। তোমার কি হয়েছে?'

নারদ তার একজোড়া কর্মচারী কে ইশারা করল। দুজন মহিলা এগিয়ে এসে ক্রুদ্ধ সুর্সাকে টেনে নিয়ে গেল।

'তোমার অর্ধেক সম্পদ যাতে পরের ব্যবসায় ক্ষতি হয়ে যায় সেটা আমি দেখবো। নির্বোধ গন্ডমুর্খ কোথাকার।' মহিলা দুটি তাকে টেনে নিয়ে যাবার সময় চেঁচিয়ে বলল সুর্সা।

তারা একা হবার সঙ্গে সঙ্গে হনুমান বন্ধুর দিকে কটমট করে তাকাল। ‘তোমার কি মাথা খারাপ হয়ে গেছে নারদ?’

‘আমি শুধু মজা করছিলাম, বন্ধু। দুঃখিত।’

বিশালকায় হনুমান ছোট খাট নারদের ঘাড়ে ধরল। ‘এটা মজার ব্যপার নয়। তুমি সুর্সাকে অপমান করছ আর আমাকে উত্যক্ত করছ। পিটিয়ে তোমার হাড়গোড় ভেঙ্গে দেয়া উচিৎ।’

দুষ্টুমি ভরা চোখে নারদ ছদ্ম দুঃখে হনুমানের হাত ধরল। ‘মলয়পুত্ররা কাকে বিষ্ণু মনোনয়ন করেছেন সেটা যখন আমি বলব আমাকে পেটানর ইচ্ছেটা তোমার উবে যাবে।’

চমকে উঠে হনুমান নারদকে ছেড়ে দিল। ‘নিযুক্ত করেছেন?’

গুরু বিশ্বামিত্র এটা কি করে করলেন? বায়ুপুত্রদের সমর্থন ছাড়া!

নারদ মৃদু হাসল। ‘আমার দেয়া খবর ছাড়া তোমার তো একদিন ও চলবে না। আর সে কারণেই তুমি আমাকে মারবে না।’

শুকনো হেসে মাথা নাড়ল হনুমান। খেলাচ্ছলে নারদের কাঁধে আঘাত করে বলল। ‘মাথামোটা পাগল কোথাকার। বলে ফেল চটপট।’

অধ্যায় ১২

'রাধিকা!' সীতার মুখ হাসিতে ভরে গেল।

সীতার গুরুকুলের বন্ধুর অপ্রত্যাশিত আগমন ঘটেছে। সীতার চেয়ে এক বৎসরের ছোট, ষোড়শী রাধিকাকে সমিচি, মিথিলার নতুন বিধিপ্রধান, রাজকুমারীর নিজস্ব প্রকোষ্ঠে নিয়ে এসেছে। বিধিপ্রধানের কাজ, সমিচির দায়িত্বে নতুন সংযোজন, তাকে আজকাল পুলিশের কাজের বাইরে ব্যস্ত করে রাখে। সীতা তাই সমিচিকে সাহায্য করার জন্য এক সহকারী পুলিশ প্রধান নিয়োগ করেছে। সহকর্মীটি পুরুষ। একজন শক্তিশালী কিন্তু ন্যায়পরায়ণ কর্মী। সমিচির পক্ষপাতে প্রকৃত পুলিশের কাজে যাতে প্রভাব না পড়ে সেটা সে নিশ্চিত করেছে।

রাধিকা এবার একা আসে নি। তার সঙ্গে এসেছে তার পিতা, বরুণ রত্নাকর, এবং তার কাকা বায়ু কেসরী।

সীতার সঙ্গে বরুণ রত্নাকরের অতীতে দেখা হয়েছে কিন্তু রাধিকার কাকা, রত্নাকরের খুড়তুতো ভাই, বায়ু কেসরীর সঙ্গে এই তার প্রথম সাক্ষাতকার। আত্মীয়দের সঙ্গে কাকার কোনও পারিবারিক সাদৃশ্য নেই। বেশ বেঁটে, ফরসা গায়ের রঙ, তার গাঁট্টাগোট্টা পেশীবহুল শরীর অত্যধিক রকম লোমশ।

হয়তো ইনি একজন বানর, ভাবল সীতা।

সীতা জানত, রাধিকার উপজাতি বাল্মীকিরা মাতৃকুলভিত্তিক। তাদের মেয়েরা গোষ্ঠীর বাইরে বিবাহ করে না। পুরুষেরা অবশ্য বাল্মীকি নয় এমন মহিলাকে বিবাহ করতে পারে। কিন্তু শর্ত হল সেক্ষেত্রে তাদের কে গোষ্ঠী ত্যাগ

করতে হবে। হয়তো বায়ু কেসরী তেমনি সমাজচ্যুত বাল্মীকি পুরুষ এবং বানর স্ত্রীর সন্তান।

সীতা নিচু হয়ে বয়োজ্যেষ্ঠ দুই ব্যক্তির চরণ স্পর্শ করল।

দুজনেই সীতাকে দীর্ঘায়ু হবার আশীর্বাদ করলেন। বরুণ রত্নাকর এক সম্মানিত বুদ্ধিজীবী ও চিন্তানায়ক। যাদের কাছে জ্ঞানের মূল্য আছে তাদের কাছে শ্রদ্ধেয় ব্যাক্তি সীতা জানত তার পিতা, যিনি সম্ভবত সপ্ত সিন্ধুর সবচেয়ে বড় বুদ্ধিজীবী রাজা, তার সঙ্গে কিছু সময় কাটাতে বরুণ রত্নাকর নিশ্চয় আগ্রহী হবেন। প্রধান গুরু, অষ্টাবক্রের হিমালয় প্রস্থানের পর জনক দার্শনিক আলোচনা করার সুযোগ পাচ্ছিল না। সতীর্থ বুদ্ধিজীবীদের সঙ্গে কিছু উৎকৃষ্ট সময় কাটানো তার জন্য আনন্দের বিষয়।

তারা দুজনেই জনকের ঘরের উদ্দেশ্য চলে গেল। সমিচিও বিদায় নিল। তার কাজের ব্যস্ততার ফলে লৌকিকতার জন্য বেশী সময় পায় না সে। সীতা ও রাধিকা মিথিলার রাজকুমারীর ব্যক্তিগত পাঠাগারে নিরিবিলিতে চলে এলো।

'কেমন চলছে জীবন, রাধিকা?' বন্ধুর হাত ধরে প্রশ্ন করল সীতা।

'উত্তেজনা পুর্ণ জীবন আমি কাটাচ্ছি না সীতা। তুমি কাটাচ্ছ।'

'আমি?!' খেলাচ্ছলে চোখের তারা ঘুরিয়ে হাসল সীতা। 'কোথায় আর, আমি তো শুধু ছোট্ট একটা রাজ্য শাসন করি, কর আদায় করি আর বস্তির পুনর্বাসন করি।'

'সে তো শুধু এখন। তোমার কত কিছু করবার আছে···'

সীতা তৎক্ষণাৎ সতর্ক হয়ে গেল। ওপর থেকে যা বোঝা যাচ্ছে, আলোচনাটায় তার চেয়ে বেশী কিছু আছে মনে হয়।

সাবধানে বলল সে। 'হ্যাঁ, মিথিলার প্রধান মন্ত্রী হিসেবে আমার অনেক কিছু করার আছে। তবে কি জান, এসব সামলানো কঠিন নয়। আমরা সত্যিই একটা ছোট্ট নগণ্য রাজ্য।'

'কিন্তু ভারতবর্ষ অনেক বড় দেশ।'

সীতা আরও সতর্কতার সঙ্গে বলল। 'এই প্রত্যন্ত কোণ ভারতবর্ষের জন্য কি করতে পারে, রাধিকা? মিথিলা এক ক্ষমতাহীন রাজ্য যাকে সবাই তাচ্ছিল্য করে।'

'সেটা হতে পারে।' মৃদু হাসল রাধিকা। 'কিন্তু কোন ভারতীয় মাথা খারাপ না হলে অগস্ত্যকুটমকে তাচ্ছিল্য করবে না।'

সীতা মুহূর্তের জন্য রুদ্ধশ্বাস হয়ে গেল। চেহারায় শান্ত ভাব বজায় রাখলেও তার হৃদস্পন্দন যেন বুকের ভেতর দামামা বাজাচ্ছে।

রাধিকা জানল কি করে? আর কে জানে? আমি তো কাউকে বলি নি। মা ছাড়া।

'আমি তোমাকে সাহায্য করতে চাই, সীতা। বিশ্বাস কর। তুমি আমার বন্ধু এবং আমি তোমাকে ভালবাসি। আর আমি ভারতবর্ষকে আরও বেশী ভালবাসি ভারতবর্ষের জন্য তুমি গুরুত্বপুর্ণ। জয় পরশুরাম।'

'জয় পরশুরাম।' ফিসফিস করে বলল সীতা। একটু চুপ করে থেকে জিজ্ঞাসা করল 'তুমি আর তোমার বাবা কি...'

রাধিকা হাসল 'আমি কেউ না। কিন্তু আমার বাবা... এইটুকু বলা যায়, উনি বিশেষ কেউ, আর উনি তোমাকে সাহায্য করতে চান। আমি শুধু মাত্র একটি নির্গমন পথ, কারণ জগত আমাকে তোমার বন্ধু করে দেবার ফন্দি এঁটেছিল।'

'তোমার বাবা কি মলয়পুত্র?'

'না।'

'বায়ুপুত্র?'

'বায়ুপুত্ররা ভারতবর্ষে থাকে না। মহাদেবের উপজাতিরা, তুমি তো জান, পবিত্র দেশ ভারতে যখন ইচ্ছা আসতে পারে কিন্তু এখানে বাস করতে পারে না। তাহলে আমার বাবা বায়ু পুত্র কি করে হতে পারেন?'

'তবে কে তিনি?'

'সময়মত সব জানতে পারবে...' মৃদু হাসল রাধিকা। 'আমাকে দায়িত্ব দেয়া হয়েছে তোমার কাছ থেকে কয়েকটা বিষয় জানার।'

— ১৫ —

বশিষ্ঠ চুপচাপ গাছে হেলান দিয়ে মাটিতে বসে ছিলেন। দূর থেকে তাঁর আশ্রমকে দেখছিলেন তিনি। ভোরবেলার শান্ত পরিবেশে নির্জনতার খোঁজ করছিলেন। তিনি ধীরে বয়ে যাওয়া জলের ধারার দিকে তাকালেন। জলের ওপর গাছের পাতা ভেসে যাচ্ছিলো। অদ্ভুত ভাবে সমদূরত্বে, যেন নিঃশব্দ শোভাযাত্রা চলছে। এই গাছ, জল, পাতা... প্রকৃতি যেন তাঁর গভীর তৃপ্তির প্রতিচ্ছবি।

তাঁর ছাত্ররা, আযোধ্যার চার রাজপুত্র – রাম, ভরত, লক্ষ্মণ ও শত্রুঘ্ন - ভালভাবে বেড়ে উঠছে। তাঁর পরিকল্পনার সঙ্গে মানানসই ভাবে। লঙ্কার রাক্ষসরাজ রাবণের হাতে সম্রাট দশরথের সর্বনাশা পরাজয়ের পর বারো বৎসর কেটে গেছে। এক ভয়ঙ্কর আঘাতে সে সপ্তসিন্ধুর সৌভাগ্য পরিবর্তন করে দিয়েছে।

আর তার ফলে বশিষ্ঠ নিশ্চিত হয়ে গেছেন, যে বিষ্ণুর আবির্ভাবের সময় এসে পড়েছে।

বশিষ্ঠ আবার অনাড়ম্বর গুরুকুলটির দিকে তাকালেন। এই সেই স্থান যেখানে মহান ঋষি শুক্রাচার্য একদল অবহেলিত ভারতীয় রাজপুরুষকে গড়েপিটে প্রস্তুত করেছিলেন বিশ্বের অন্যতম মহান সাম্রাজ্য, অসুরসাবিত্রের নেতা রূপে।

এই পবিত্র ভূমি হতেই এক নতুন মহান সাম্রাজ্য জেগে উঠবে। এক নতুন বিষ্ণুর উত্থান হবে এখান থেকে।

বশিষ্ঠ এখনো মনস্থির করে উঠতে পারেন নি। দুজনের মধ্যে – রাম না ভরত – কাকে তিনি পরবর্তী বিষ্ণুর জায়গায় বসাবেন। একটা বিষয় নিশ্চিত; বায়ুপুত্ররা তাঁকে সমর্থন করে। কিন্তু প্রভু রুদ্রের উপজাতিদের ক্ষমতা সীমিত। বায়ুপুত্র ও মলয়পুত্র দু'য়েরই নিজের নিজের দায়িত্বের ক্ষেত্র আছে; হাজার হোক, বিষ্ণুর প্রথাগত মনোনয়ন মলয়পুত্রদের করার কথা। আর মলয়পুত্রদের প্রধান... তাঁর প্রাক্তন বন্ধু...

যাই হোক...

আমি সামলে নেব।

'গুরুজি।'

বশিষ্ঠ ঘুরে তাকালেন। রাম ও ভরত নিঃশব্দে তাঁর কাছে এসে দাঁড়িয়েছে।

'হ্যাঁ বল।' বললেন বশিষ্ঠ 'কি জানতে পেরেছ?'

'ওরা ওখানে নেই গুরুজি।' বলল রাম।

'ওরা?'

'কেবল প্রধান বরুণ নয়, তার অনেক পরামর্শদাতারাও গ্রামে নেই।'

শোণ নদের গতিপথের পশ্চিমতম প্রান্তের কাছে অবস্থিত এই আশ্রমটিকে যে উপজাতি দেখাশোনা এবং চালনা করে বরুণ তাদের প্রধান। তার গোষ্ঠী, বাল্মীকিরা, বিভিন্ন সময়ে এই চত্বরটি গুরুদের ভাড়া দিয়ে থাকে। অযোধ্যার চার রাজপুত্র যতদিন তাঁর সঙ্গে থাকবে ততদিনের জন্য বশিষ্ঠ এই আশ্রমটি তাঁর গুরুকুল রূপে ভাড়া নিয়েছেন।

বশিষ্ঠ তার ছেলেদের প্রকৃত পরিচয় বাল্মীকিদের কাছ থেকে গোপন রেখেছিলেন। কিন্তু অধুনা তাঁর সন্দেহ হচ্ছিল যে গোষ্ঠীর লোকেরা জানে তাঁর ছাত্ররা কারা। তাঁর আরও মনে হচ্ছিল যে বাল্মীকিদেরও কিছু সযত্ন রক্ষিত গোপন কথা আছে।

নেতা বরুণ গ্রামে আছে কিনা দেখার জন্য তিনি রাম ও ভরতকে পাঠিয়েছিলেন। তার সঙ্গে এবার কথা বলবার সময় হয়ে গেছে। বশিষ্ঠ তারপর সিদ্ধান্ত নেবেন গুরুকুল স্থানান্তরিত করবেন কিনা।

কিন্তু বরুণ চলে গেছে। বশিষ্ঠকে না জানিয়ে। যা স্বাভাবিক নয়।

'ওরা কোথায় গেছে।' প্রশ্ন করলেন বশিষ্ঠ।

'শুনেছি মিথিলা।'

বশিষ্ঠ মাথা নাড়লেন। জ্ঞানের প্রতি বিশেষ করে আধ্যাত্মিকতার প্রতি বরুণের তৃষ্ণা এবং ভালবাসা বশিষ্ঠের জানা ছিল। এমন কারোর জন্য মিথিলা যাওয়া স্বাভাবিক।

'ঠিক আছে, ছেলেরা' বললেন বশিষ্ঠ। 'তোমরা পড়াশোনা কর যাও।'

— ১৩ —

'আমরা শুনেছি বিষ্ণুর রক্ত শপথ গ্রহণ হয়েছে। ' বলল রাধিকা।

'হ্যাঁ।' উত্তর দিল সীতা। 'গুরু শ্বেতকেতুর গুরুকুলে, কয়েক বৎসর আগে।'

রাধিকা দীর্ঘ নিঃশ্বাস ফেলল।

সীতা ভুরু কোঁচকাল। 'কোনও সমস্যা?'

'আসলে মহাঋষি বিশ্বামিত্র একটু ... প্রথা বহির্ভুত।'

'প্রথা বহির্ভুত? কি বলতে চাইছ তুমি?'

'প্রথম কথা বায়ুপুত্রদের উপস্থিতি প্রয়োজন ছিল।'

সীতা ভুরু ওপরে তুলে বলল। 'আমি সেটা জানতাম না...'

'বিষ্ণু এবং মহাদেবের গোষ্ঠীর একসঙ্গে মিলে কাজ করার কথা।'

একটা বিষয় বুঝতে পেরে সীতা মুখ তুলে তাকাল। 'গুরু বশিষ্ঠ?'

রাধিকা অল্প হাসল। 'প্রশিক্ষণই শুরু হয়নি এমন একজনের পক্ষে তুমি অনেক কিছুই বুঝে গেছ।'

কাঁধ ঝাঁকিয়ে মৃদু হাসল সীতা।

রাধিকা বন্ধুর হাত ধরে বলল। 'বায়ুপুত্ররা মহর্ষি বিশ্বামিত্রকে বিশ্বাস বা পছন্দ করে না। ধরে নিচ্ছি তাদের নিজস্ব কারণ আছে। কিন্তু তারা মলয়পুত্র প্রধানের প্রকাশ্যে বিরোধিতা করতে পারে না। আর হ্যাঁ। তুমি ঠিক ধরেছ। বায়ুপুত্ররা মহর্ষি বশিষ্ঠকে সমর্থন করে।'

'তুমি কি এটা বলছ যে, পরবর্তী বিষ্ণু কে হবে সে সম্পর্কে গুরু বশিষ্ঠর নিজস্ব মতামত আছে?'

রাধিকা মাথা নেড়ে সায় দিল। 'হ্যাঁ।'

'ওরা একে অন্যকে এত ঘৃণা করেন কেন?'

'খুব কম লোকে ঠিক কারণটা জানে। কিন্তু গুরু বিশ্বামিত্র ও গুরু বশিষ্ঠর শত্রুতা অনেক পুরনো এবং খুবই উগ্র।'

সীতা বিষণ্ন হাসি হাসল। 'আমার নিজেকে দুই যুদ্ধরত হাতির মাঝখানে আটকা পড়া ঘাসের মত মনে হচ্ছে।'

'সেক্ষেত্রে চাপা পরবার সময় পাশে আরেক জাতির ঘাসের উপস্থিতিতে তোমার মনে করার কিছু নেই ধরে নিচ্ছি!!'

সীতা খেলাচ্ছলে রাধিকার কাঁধে আঘাত করল। 'এই অন্য ঘাসের পাতাটা আবার কে?'

রাধিকা একটি গভীর নিঃশ্বাস নিয়ে বলল। 'আসলে দু'জন আছে।'

'দু' জন?'

'গুরু বশিষ্ঠ তাদের প্রশিক্ষণ দিচ্ছেন।'

'উনি কি দুজন বিষ্ণু সৃষ্টির পরিকল্পনা করছেন?'

'না বাবার বিশ্বাস গুরু বশিষ্ঠ এদের মধ্যেথেকে একজনকে বেছে নেবেন।'

'কারা এঁরা?'

'অযোধ্যার রাজকুমার। রাম ও ভরত।'

সীতা ভ্রু কপালে তুলে বলল। 'গুরু বশিষ্ঠ উঁচুতে নিশানা করেছেন। একেবারে সম্রাটের পরিবার।'

রাধিকা হাসল।

'দুজনের মধ্যে কে বেশী ভাল?'

'আমার বাবার পছন্দ রাম।'

'আর তোমার মতে কে?'

'আমার মতামতে কিছু আসে যায় না। সত্যি বলতে কি, বাবার মতামতের ও দাম নেই। গুরু বশিষ্ঠ যাকে মনোনয়ন করবেন বায়ুপুত্ররা তাকেই সমর্থন করবে।'

'গুরু বশিষ্ঠ এবং গুরু বিশ্বামিত্রকে কি এক সঙ্গে মিলে কাজ করাবার কোন উপায় নেই? হাজার হোক তাঁরা দুজনেই তো ভারতবর্ষের বৃহত্তর মঙ্গলের জন্য কাজ করছেন। তাই না? আমি তো গুরু বশিষ্ঠের মনোনীত বিষ্ণুর সঙ্গে একযোগে কাজ করতে রাজী আছি। তাঁরা কেন একসঙ্গে কাজ করতে পারবেন না?'

রাধিকা মাথা নাড়লও। 'মানুষের সবচেয়ে বড় শত্রু সেই হয় যে একসময় তার নিকটতম বন্ধু ছিল।'

সীতা অবাক হয়ে গেল। 'সত্যি? ওঁরা কি এক সময় বন্ধু ছিলেন?'

'মহর্ষি বশিষ্ঠ ও মহর্ষি বিশ্বামিত্র ছোটবেলার বন্ধু। প্রায় ভ্রাতৃ সম। কিছু একটা ঘটেছে যাতে তাঁরা একে অন্যের শত্রু হয়ে গেছেন।'

'কি?'

'খুব কম লোকে এটা জানে। খুব ঘনিষ্ঠজনেদের সঙ্গেও তাঁরা এ নিয়ে কথা বলেন না।'

'কৌতূহলজনক...'

রাধিকা চুপ করে রইল।

সীতা জানালা দিয়ে বাইরে দেখল তারপর বন্ধুর দিকে দেখল। 'গুরু বশিষ্ঠর সম্পর্কে তুমি এত কিছু জানলে কি করে?'

'আমাদের গ্রামের কাছে আমাদের একটা গুরুকুল ছিল, সেটা তো তুমি জান। ওটা গুরু বশিষ্ঠের গুরুকুল। আমাদের ভাড়া দেয়া আশ্রমে তিনি চারজন রাজপুত্রকে শিক্ষা দিচ্ছেন।'

'আমি কি রাম ও ভরতের সঙ্গে গিয়ে দেখা করতে পারি? গুরু বশিষ্ঠ যেমন মনে করেন তাঁরা সেরকমই মহান কিনা জানতে কৌতূহল হচ্ছে আমার।'

'ওরা এখনো ছোট সীতা। রাম তোমার চেয়ে পাঁচ বৎসরের ছোট। আর মনে রেখো মলয়পুত্ররা তোমার গতিবিধির খেয়াল রাখে। সব জায়গায় তোমাকে অনুসরণ করে। গুরু বশিষ্ঠের গুরুকুলের সন্ধান তাদের কাছে পৌঁছে যাবার ঝুঁকি আমরা নিতে পারি না...'

সীতাকে বাধ্য হয়ে মেনে নিতে হল। 'হুম্'

'ওরা কি করছে আমি তোমাকে জানাতে থাকব। আমার মনে হয় বাবা গুরু বশিষ্ঠর সঙ্গে খোলাখুলি আলোচনা করবেন। হয়তো সাহায্য করার প্রস্তাবও করবেন।'

'গুরু বশিষ্ঠকে সাহায্য? আমার বিরুদ্ধে?'

রাধিকা মৃদু হেসে বলল, 'বাবা একই সহযোগীতার আশা করছেন যা তুমি ভাবছ।'

সীতা সামনে নুয়ে প্রশ্ন করল। 'আমি যা জানি তোমাকে অনেকটা বলে দিয়েছি। আমার মনে হয় আমার জানার অধিকার আছে... তোমার বাবা কে?'

রাধিকাকে দ্বিধাগ্রস্ত মনে হল।

'তোমার বাবার অনুমতি ছাড়া তুমি অযোধ্যার রাজকুমারদের ব্যাপারে কথা বলতে না,' বলল সীতা। 'আর আমি নিশ্চিত আমি যে এই প্রশ্নটা করব সেটা উনি আশা করেছেন। সুতরাং নিজের আসল পরিচয় প্রকাশ করতে প্রস্তুত না হলে উনি তোমাকে আমার কাছে পাঠাতেন না। এবার বল, কে উনি?'

রাধিকা কয়েক মুহূর্ত চুপ করে থেকে বলল। 'তুমি কি দেবী মোহিনীর কথা শুনেছ?'

'কি যে বল! তার কথা কে না শুনেছে। এক মহান বিষ্ণু,' বলল সীতা।

রাধিকা মৃদু হাসল। 'সকলে তাকে বিষ্ণু বলে মানে না। তবে অধিকাংশ ভারতীয়রা মানে। আমি জানি মলয়পুত্ররা তাকে বিষ্ণু বলে শ্রদ্ধা করে।'

'আমিও করি'

'আমরাও করি। আমার বাবার উপজাতি হচ্ছে যেটা দেবী মোহিনীর রেখে গিয়েছিলেন। আমরা হলাম বাল্মীকি।'

সীতা চমকে উঠে বসল। 'ওহ!' ঠিক সেই সময় তার আরেকটা চিন্তা মাথায় এলো 'তোমার কাকা বায়ু কেসরী কি হনু ভাই এর বাবা?'

রাধিকা মাথা নেড়ে সায় দিল। 'হ্যাঁ।'

সীতা মৃদু হাসল। 'সেই জন্যেই...'

রাধিকা তাকে থামিয়ে দিয়ে বলল। 'ঠিক বলেছ। সেটা একটা কারণ কিন্তু ওটাই একমাত্র কারণ নয়।'

অধ্যায় ১৩

'দলপতি বরুণ,' দুহাত জোড় করে সশ্রদ্ধ নমস্কার করতে করতে উঠে দাঁড়াতে দাঁড়াতে বললেন বশিষ্ঠ।

বরুণ সবে মাত্র মিথিলা থেকে ফিরেছে। এবং গুরু বশিষ্ঠ তার সাক্ষাতের জন্য আগমনের আশা করছিলেন।

বশিষ্ঠ বরুণের চেয়ে অনেক লম্বা কিন্তু পেশীবহুল শক্তপোক্ত গোষ্ঠীপতির চাইতে অনেক বেশী রোগা।

'গুরু বশিষ্ঠ।' বশিষ্ঠের অভিবাদনের বিনীত প্রত্যুত্তর দিয়ে বলল বরুণ। 'আমাদের নিরিবিলিতে কথা বলা প্রয়োজন।'

বশিষ্ঠ তৎক্ষণাৎ সাবধান হয়ে গেলেন। প্রধানকে নিয়ে একটু নির্জনে চলে এলেন তিনি।

কয়েক মিনিট পর তাঁরা আশ্রমের পাশ দিয়ে বয়ে যাওয়া জলধারার পাশে বসলেন, চার ছাত্র এবং অন্য কেউ যারা তাদের কথা শুনে ফেলতে পারে, এমন সবার কাছে থেকে দূরে।

'কি ব্যাপার দলপতি বরুণ?' বিনীত ভাবে প্রশ্ন করলেন বশিষ্ঠ।

বরুণ সহৃদয় হাসি হাসল। 'আপনি আর আপনার ছাত্র বেশ কয়েক বৎসর ধরে এখানে আছেন। আমার মনে হয় এবার আমাদের একে অন্যের সঙ্গে ভাল করে পরিচয় করার সময় হয়ে গেছে।'

বশিষ্ঠ তাঁর বরফসাদা লুটিয়ে পড়া দাড়িতে হাত বোলাতে বোলাতে বুঝতে না পারার ভান করে বললেন। 'কি বলতে চাইছ তুমি?'

'আমি বলতে চাইছি... যেমন ধরুন অযোধ্যার রাজপুত্রদের কোন অভিজাত বা ধনী ব্যবসায়ীর সন্তান হবার ভান আর করতে হবে না।'

কোথায় তারা? বরুণের যোদ্ধারা কি তাদের কে ধরছে? রীতি অনুসারে দলপতি বরুণের উপজাতির অযোধ্যার রাজপরিবারের কাউকে সাহায্য করা নিষিদ্ধ।

আমি বোধহয় খুব একটা বুদ্ধিমান ছিলাম না। আমি ভেবেছিলাম লঙ্কা বা মলয়পুত্রদের প্রভাবশালী জায়গা গুলি এড়িয়ে চললেই আমরা নিরাপদ থাকব।

বশিষ্ঠ সামনে ঝুঁকলেন। 'তোমার যদি আইন নিয়ে চিন্তা হয়ে থাকে তবে অতিথিদের ক্ষতি করা নিষিদ্ধ এই আইনটাও মনে রেখো'

বরুণ মৃদু হাসল। 'আমার আপনার বা আপনার ছাত্রদের ক্ষতি করার কোনও উদ্দেশ্য নেই গুরুজি।'

বশিষ্ঠ স্বস্তির নিঃশ্বাস ফেললেন। 'তোমাকে অপমান করে থাকলে আমি ক্ষমা চাইছি। কিন্তু আমার একটা জায়গার প্রয়োজন ছিল যা... নিরাপদ। আমরা এখুনি চলে যাচ্ছি।'

'সেটারও কোন প্রয়োজন নেই' শান্ত স্বরে বলল বরুণ। 'আমি আপনাকে বহিষ্কার করতে চাই না। আমি আপনাকে সাহায্য করতে চাই গুরুজি।'

বশিষ্ঠ অবাক হলেন। 'তোমার জন্য অযোধ্যার রাজপরিবারের সাহায্য করা বেয়াইনি নয় কি?'

'হ্যাঁ। কিন্তু আমাদের উপজাতির এক সর্বোচ্চ আইন আছে, যা অন্য সব আইনকে নাকচ করে দেয়। সেটাই আমাদের অস্তিত্বের মুল উদ্দেশ্য।'

বশিষ্ঠ বোঝার ভান করে মাথা নাড়লেন যদিও আসলে তিনি বিভ্রান্ত।

'আপনি আমাদের রণহুংকার জানেন তো? যে কোন মূল্যে জয় ...যখন শিয়রে যুদ্ধ এসে পড়ে আমরা সব আইন অগ্রাহ্য করি। এবং বন্ধু, যুদ্ধ আসছে...'

বশিষ্ঠ সম্পূর্ণ হতবুদ্ধি হয়ে তার দিকে চেয়ে রইলেন।

বরুণ মৃদু হাসল। 'দয়া করে ভাববেন না আমার বায়ুপুত্র ভাইপো যে নিয়মিত আপনার আশ্রমে গভীর রাতে চুপিচুপি আসে, আমি দেখতে পাব না

ভেবে সেটা আমার অজানা। ওর ধারণা নিজের কাকাকে বোকা বানাতে পারবে।'

বশিষ্ঠর মনে হল চোখের সামনে থেকে একটা পর্দা সরে গেল। পেছনে হেলান দিয়ে বসে বললেন। 'হনুমান?'

'হ্যাঁ। ওর বাবা আমার খুড়তুতো ভাই।'

বশিষ্ঠ চমকে গিয়েছিলেন কিন্তু স্বাভাবিক স্বরে প্রশ্ন করলেন। 'বায়ু কেসরী তোমার ভাই?'

'হ্যাঁ'

হনুমান এবং বশিষ্ঠর মধ্যে যে বিশেষ ব্যক্তিগত সম্পর্ক আছে সেটা বরুণ জানে। অনেক বৎসর আগে গুরুদেব তার ভাইপোকে সাহায্য করেছিলেন। সেই প্রসঙ্গ ইচ্ছে করেই আনল না সে। বিষয়টা যে জটিল তা তার জানা ছিল।

'তুমি কে?' অবশেষে বশিষ্ঠ প্রশ্ন করলেন।

'আমার সম্পূর্ণ নাম হল বরুণ রত্নাকর।'

সহসা সব মিলে গেল। বশিষ্ঠ নামের দ্বিতীয় অংশটার মাহাত্ম্য জানেন। তিনি সহযোগী খুঁজে পেয়ে গেছেন। শক্তিশালী সহযোগী। পুরোপুরি ভাগ্যের ফেরে।

এবার শুধু একটি কাজ করার ছিল। বরুণের উপজাতির চিরাচরিত অভিবাদনের ভঙ্গীতে ডান হাতের কনুই বাঁ হাতে ধরে মুঠি করা ডান হাত কপালে ঠেকালেন বশিষ্ঠ। ভক্তি ভরে প্রাচীন সম্বোধনটি উচ্চারণ করলেন। 'জয় দেবী মোহিনী।'

বরুণ ভ্রাতৃসুলভ ভঙ্গীতে তাঁর বাহু ধরে উত্তর দিল। 'জয় দেবী মোহিনী!'

— ১৮ —

সপ্ত সিন্ধুর ভারতীয়দের সূর্যদেবের সঙ্গে এক অদ্ভুত সম্পর্ক। তারা কখনো তাকে চায় আবার অন্য সময় চায় না। গ্রীষ্মকালে, তারা তাঁর তেজ সহ্য করে, প্রার্থনার মাধ্যমে মিনতি জানায় শান্ত হবার জন্য, আর সম্ভব হলে মেঘের

পেছনে লুকিয়ে পড়তে। শীতের দিনে তারা আবার সমস্ত তেজ নিয়ে তাঁকে আহ্বান জানায় বাইরে এসে শীতের আক্রমণ থেকে রক্ষা করতে।

এমনি এক সতেজ করা সূর্যের আলোয় ঝলমল করা শীতের দিনে, প্রাসাদের মুখ্য উদ্যানে রথে চড়ে দুজনে পৌঁছুল। এটিকে সীতার আদেশে পুনর্নির্মাণ করা হয়েছে। দুজনে এক ব্যাক্তিগত প্রতিযোগীতার সিদ্ধান্ত নিয়েছে – এক রথের দৌড়। সীতার এই খেলাটা খুব পছন্দ। বাগানের সরু পথ ধরে হবে প্রতিযোগীতা। দুজনে অনেকদিন একসঙ্গে ছোটেনি। আর রাজকীয় উদ্যানে কখনই নয়।

বাগানের রাস্তাটি সরু। চারধারে গাছগাছালি ও ঝোপঝাড়। এই রাস্তায় রথ চালাতে হলে যথেষ্ট দক্ষতার প্রয়োজন। সামান্যতম ভুল করার অর্থ মারাত্মক গতিতে গাছের গায়ে আছড়ে পড়া। বিপদজনক... এবং উদ্দীপক।

এর সঙ্গে জড়িয়ে থাকা ঝুঁকি আর শিহরণ প্রতিযোগিতাটাকে সার্থক করে তোলে। সহজাত প্রবৃত্তি আর দৃষ্টি এবং অঙ্গ প্রত্যঙ্গের নিখুঁত সমন্বয়ের এ এক চূড়ান্ত পরীক্ষা।

কোন অনুষ্ঠান ছাড়াই দৌড় শুরু হল।

'হাইয়াঃ!' চেঁচিয়ে উঠে চাবুক চালাল সীতা, ঘোড়াগুলিকে ছুটিয়ে দিল।

জোরে। আরও জোরে।

ঠিক পেছনে সমিচি লেগে আছে। এক মুহূর্তের জন্য সীতা পেছন ফিরে তাকাল। সমিচিকে রথটিকে ডানদিকে ঘোরাতে দেখল। সীতা সামনে তাকিয়ে নিজের ঘোড়াগুলিকে সামান্য ডান দিকে টেনে আনল, প্রথম বাঁকটায় সীতাকে পাশ কাটিয়ে বেরিয়ে যাবার সমিচির চেষ্টা বিফল করে দিল।

'দুচ্ছাই!' চেঁচাল সমিচি।

সীতা হেসে ঘোড়াকে চাবুক মারল। 'চল!।

লাগাম না টেনে পরের বাঁকটায় মোড় নিল সীতা। রথটা বাঁ দিকে মুড়ে গতি বাড়াল। বগীটা ডান দিকে হেলল। দক্ষ ভাবে সীতা বাঁ দিকে ঝুঁকে পায়ের ভারসাম্য দিয়ে এই তীব্র গতির রথের কেন্দ্রাতিগ শক্তিকে নিয়ন্ত্রণ করে নিল।

ঘোড়া গুলি গতি না কমিয়ে ছুটে চলল। বগীটা ভারসাম্য ঠিক রেখেই ছুটে যাচ্ছে।

'হাইয়াঃ' চাবুকতা হাওয়ায় ঘুরিয়ে সীতা আবার চীৎকার করল।

এবার খানিকটা দূরত্ব সোজা সরু পথ। পাশ কাটিয়ে এগিয়ে যাওয়া প্রায় অসম্ভব। গতি বাড়ানর জন্য এই সবচেয়ে ভাল সময়। সামনে ছুটে যেতে যেতে ঘোড়াগুলিকে আরও জোরে চাবুক মারল সীতা। সমিচি তার ঠিক পেছনেই।

অনেকটা দূরে আরেকটা বাঁক। মোড়ের আগে পথটা চওড়া হয়েছে। সমিচির এগিয়ে যাবার এই সুযোগ। সীতা মসৃণ ভাবে ডানদিকে লাগাম টেনে আনল, ঘোড়াগুলিকে মাঝখানে নিয়ে এসে দু পাশে যতটুকু সম্ভব কম জায়গা ছেড়ে রাখল। সমিচির আর পাশ কাটান হল না।

'হাইয়াঃ!'

সীতা সমিচির জোর গলায় চীৎকার শুনতে পেলো। তার পেছনে বাঁ দিকে। তার গলার স্বর স্বাভাবিক থেকে অনেক বেশী জোরে। যেন নিজের উপস্থিতি জানান দিচ্ছে।

সীতা বন্ধুর উদ্দেশ্য বুঝে গেল।

কয়েক মুহূর্ত পর। সীতা দ্রুত বাঁক নিল। কিন্তু আশাতীত ভাবে ডানদিকে। সেদিকের পথটুকু আগলে দিয়ে। সমিচি বাঁ দিকে যাবার ভান করেছিল। তার আসল উদ্দেশ্য ছিল ডানদিকে পাশ কাটানোর। সীতা পথ আগলে দেয়ায় তার সুযোগ রইল না।

সীতা সমিচির অভিসম্পাত শুনতে পেল।

হাসতে হাসতে সীতা আবার চাবুক চালাল। পুর্ণগতিতে মোড় নিল। বাঁকের পর পথটা আবার সোজা হয়ে যাবে। এবং সরু। আবার।

'হাইয়াঃ!'

'সীতা!' সমিচি সজোরে চেঁচাল।

তার কণ্ঠস্বরে কিছু একটা ছিল।

ভীতি।

যেন সেটা অনুসরণ করেই সীতার রথ ছিটকে গেল।

গতির প্রভাবে সীতা শূন্যে উড়ে গেল। অনেকটা উঁচুতে। ঘোড়াগুলি না থেমে ছুটতেই লাগল।

সহজাত প্রবৃত্তিতে সীতা মাথা গুঁজে পা তুলে নিল, বুকের কাছে হাঁটু চেপে ধরে। দু হাতে মাথা চেপে ধরে ধাক্কার জন্য প্রস্তুত হল।

সমস্ত জগত যেন ধীর গতিতে চলছে মনে হল সীতার।

তার বোধশক্তি সতর্ক। সব কিছু ঝাপ্‌সা হয়ে যাচ্ছিল।

মাটিতে পড়তে এত সময় লাগছে কেন?

ধড়াম!

কাঁধের ওপর ভর করে সজোরে আছড়ে পড়ায় তীক্ষ্ণ যন্ত্রণা বিদ্ধ করল তাকে। তার দেহ মাটিতে ধাক্কা খেয়ে আবার শূন্যে উঠে সামনে ছিটকে গেল। যন্ত্রণাদায়ক ভাবে।

'রাজকুমারী!'

সীতা মাথা গুঁজে রেখেছে। তাকে মাথাটা বাঁচাতে হবে।

পিঠের ওপর পড়ল সে। তারপর সামনে হিঁচড়ে গড়িয়ে গেল। কঠিন জমিতে গড়াতে গড়াতে শরীর থেঁতলে যাচ্ছিল।

একটা সবুজ ঝাপসা কিছু তার মুখের সামনে দিয়ে তীরবেগে চলে গেল।

দুম্‌!

একটা গাছের গায়ে সজোরে ধাক্কা খেল সে। পিঠে একটা তীব্র যন্ত্রণা। হঠাৎ সব শান্ত।

কিন্তু তার চোখে পৃথিবী তখনো ঘুরছে।

আহত অসাড় সীতা পরিস্থিতিটা বুঝতে চেষ্টা করল।

সমিচি রথ থামিয়ে দ্রুত নেমে পড়ে সীতার কাছে দৌড়ে এসেছে। সীতার নিজের রথ মাটিতে ঘষটাচ্ছে। এবড়ো খেবড়ো পথের সঙ্গে রথের ধাতব অংশের তীব্র ঘর্ষণে আগুনের স্ফুলিঙ্গ হাওয়ায় ঠিকরে উঠছে। দিশেহারা ঘোড়াগুলি অনিয়ন্ত্রিত ভাবে সামনের দিকে ছুটে যাচ্ছে।

সীতা সমিচির দিকে চাইল। 'আমার ...রথটা... আনো'

তারপর জ্ঞান হারাল।

—১৪—

সীতার জ্ঞান যখন ফিরল তখন অন্ধকার হয়ে গেছে। চোখের পাতাগুলো ভারী মনে হচ্ছিল। মুখ দিয়ে মৃদু কোঁকানর শব্দ বেরোল তার।

'দিদি... তুমি কি ঠিক আছ...? কথা বল...'

উর্মিলা।

'আমি ঠিক আছি, উর্মিলা...'

তার পিতা ছোট মেয়েকে হাল্কা তিরস্কার করলেন, 'উর্মিলা দিদিকে বিশ্রাম নিতে দাও।'

চোখ মিটমিট করতে করতে খুলল সীতা। তার চোখ ধাঁধিয়ে দিয়ে ঘরের ভেতরকার বিভিন্ন মশালের আলো এসে পড়ল চোখে। চোখ মুজে নিল সে। 'আমি... কতক্ষণ...'

'সারাদিন, দিদি।

কেবল একদিন? মনে হচ্ছিল আরও বেশীক্ষণ।

সারা দেহে কেবল ব্যথা ছাড়া কিছু নেই। শুধু বাঁ কাঁধ এবং পিঠ। সেগুলো অবশ।

বেদনানাশক। চিকিৎসকদের অশ্বিনীকুমাররা আশীর্বাদ করুন।

সীতা আবার চোখ খুলল। ধীরে। আলোটাকে ধীরে ধীরে প্রবেশ করতে দিল। চোখের মনিকে সয়ে যেতে সুযোগ করে দিয়ে।

উর্মিলা দুহাতে বিছানার চাদর আঁকড়ে ধরে বিছানার পাশে দাঁড়িয়ে ছিল। তার সুগোল চোখ জলে ভরা। গাল বেয়ে জলের ধারা। তার বাবা জনক ছোট মেয়ের পাশে দাঁড়িয়ে ছিল। তার সচরাচর শান্ত মুখ এখন ম্লান, তাতে চিন্তার ছাপ। সে সবে মাত্র এক গুরুতর অসুস্থতা থেকে সেরে উঠেছে। এই অতিরিক্ত উদ্বেগ তার জন্যে একেবারেই ঠিক নয়।

'বাবা... তোমার বিশ্রাম করা উচিৎ... তুমি এখনো দুর্বল...'

জনক ঘাড় নাড়ল। 'তুমি আমার শক্তি। তাড়াতাড়ি ভাল হয়ে যাও।'

'তুমি নিজের ঘরে যাও বাবা...'

'যাচ্ছি। তুমি বিশ্রাম নাও। কথা বলো না।'

সীতা পরিবারের ওপাশে তাকাল। সমিচি দাঁড়িয়ে ছিল। ছিল অরিষ্টনেমীও। একমাত্র তাকেই শান্ত দেখাচ্ছিল। নির্বিকার।

সীতা একটা গভীর নিঃশ্বাস নিল। সে ভেতরের রাগটা বাড়ছে অনুভব করছিল। 'সমিচি...'

'হ্যাঁ। রাজকুমারী,' দ্রুত পায়ে বিছানার পাশে এগিয়ে গিয়ে বলল সমিচি।

'আমার রথটা...'

'হ্যাঁ রাজকুমারী।'

'আমি... ওটা দেখতে চাই...'

'হ্যাঁ রাজকুমারী।'

সীতা অরিষ্টনেমীর থেকে যাওয়াটা লক্ষ্য করল। এখন তার মুখে সামান্য হাসি। শ্রদ্ধার হাসি।

—১৮—

'আপনাকে কে হত্যার চেষ্টা করেছে বলে মনে হয়?' প্রশ্ন করল অরিষ্টনেমী।

রথের দুর্ঘটনার পর পাঁচ দিন কেটে গেছে। সীতা বিছানায় উঠে বসার মত সেরে উঠেছে। অল্প স্বল্প হাঁটাচলা করার মতও। একজন যোদ্ধার মত খাওয়া দাওয়া করে নিজের শক্তি ও সতর্কতা খুব তাড়াতাড়ি বাড়িয়ে নিয়েছে। সম্পূর্ণ সুস্থ হয়ে উঠতে কয়েক সপ্তাহ লাগবে।

সীতার বাঁ হাতটা গলা থেকে কাপড়ে বেঁধে ঝোলান। নিমের ঘন নির্যাস পেশী নিরাময়কারী আয়ুর্বেদিক ঔষধির সঙ্গে মিশিয়ে তাঁর পিঠে লেপে দেয়া হয়েছে। ছোট ছোট পট্টিতে তার প্রায় সারা শরীর ঢাকা, কাঁটা ছেঁড়াগুলোকে রক্ষা করছে যাতে তাড়াতাড়ি সেরে যায়।

'সেটা বোঝার জন্য ব্যোমকেশ হবার প্রয়োজন নেই।' প্রচলিত উপকথার এক জনপ্রিয় গোয়েন্দার নাম উল্লেখ করে বলল সীতা।

অরিষ্টনেমী চাপা গলায় হাসল।

রথটাকে আয়ুরালয়ে সীতার বড় ঘরে আনা হয়েছিল। সীতা খুঁটিয়ে পরীক্ষা করেছে সেটা। খুব চালাকির সঙ্গে করা হয়েছে কাজটা।

নিলম্বন কড়িকাঠ দুটিকে বদলে দেয়া হয়েছে অন্য জাতের কাঠ দিয়ে। বাকী রথের কাঠের মতই দেখতে সেটা। দেখতে শক্ত। কিন্তু আসলে দুর্বল। প্রধান অক্ষদণ্ডে কড়ি দুটিকে আটকানর জন্য যদিও পুরনো পেরেক ব্যাবহার করা হয়েছে কিন্তু পেরেকের দাগ গুলো নতুন। এবড়ো খেবড়ো জমি আর তীব্র বাঁকের পথে দুরন্ত গতির প্রভাবে একটি কড়িকাঠ পাটকাঠির মত ভেঙ্গে গেছে। কড়িটা ভেঙ্গে গিয়ে জমিতে আটকে গেছে, অক্ষদণ্ডকে অচল করে দিয়েছে। যার ফলে চাকা গুলি তীব্র গতির মধ্যে হঠাৎ থেমে গেছে। রথটা ভাঙ্গা কড়িকাঠে ভর দিয়ে শূন্যে উঠেছে আর সামনেটা ধাক্কা খেয়েছে মাটিতে।

খুব চতুর ভাবে করা।

যেই এটা করেছে তার ধৈর্য অপরিসীম। এটা অনেক মাস আগেই এমন কি হয়তো একাধিক বৎসর আগেই করে রাখা হয়েছে। একটা পুরনো নির্মাণের ত্রুটির রূপ দেয়া হয়েছে, প্রকৃত ভুল। মৃত্যুটাকে যাতে দুর্ঘটনার বলে মনে হয়। হত্যা নয়। পেরেকের দাগ গুলিকে খুব ভাল করে খুঁটিয়ে দেখার পরই সীতা ষড়যন্ত্রটা উন্মোচন করতে পেরেছে।

রথটা সীতার। লক্ষ্য তাই পরিষ্কার। মিথিলা এবং তার সম্প্রসারণের শত্রুদের মধ্যেখানে একটি মাত্র বাধা, সীতা। উর্মিলাকে বিয়ে দিয়ে দেয়া যাবে। এবং জনক... সে তো সীতার পর কেবল সময়ের অপেক্ষা।

সীতার ভাগ্য খুবই ভাল ছিল। শেষ মোড়টা পার হবার মুখে দুর্ঘটনাটা ঘটায় রথটা সীতার দেহ যে দিকে ছিটকে গিয়েছিল তার উলটো দিকে ছেঁচড়ে যায়। অন্যথা রথের চাকা এবং ধাতুর নীচে পিষ্ট হয়ে যেত সে। নির্ঘাত মৃত্যু।

'কি করতে চান আপনি?'

তার এই তথা কথিত দুর্ঘটনার জন্য কে দায়ী সে বিষয়ে সীতার মনে কোন সন্দেহ ছিল না। 'আমি সহযোগীতায় ইচ্ছুক ছিলাম। সত্যি বলতে কি সে রাজপরিবারের মাথাও হতে পারত। হাজার হোক আমার তো আরও বড়

পরিকল্পনা আছে। আমি তো কেবল এইটুকুই চেয়ে ছিলাম যে আমার বাবা এবং বোন যেন নিরাপদ থাকে এবং তাদের সঙ্গে ভাল ব্যাবহার করা হয়। আর নাগরিকদের খেয়াল রাখা হয়। এইটুকুই। ও এটা করল কেন?'

'মানুষরা লোভী হয়। বোকা হয়। পরিস্থিতি বুঝতে ভুল করে। সেই সঙ্গে মনে রাখবেন। মলয়পুত্ররা ছাড়া আর কেউ আপনার বিশেষ নিয়তির কথা জানে না। হয়তো সে আপনাকে ভবিষ্যৎ শাসক এবং বিপদ রূপে দেখছে।'

'গুরু বিশ্বামিত্র কখন ফিরবেন?'

অরিষ্টনেমী কাঁধ ঝাঁকাল। 'জানি না।'

তবে এটা আমাদের নিজেদেরকেই করতে হবে।

'আপনি কি করতে চান?' আবার বলল অরিষ্টনেমী।

'গুরু বিশ্বামিত্র ঠিক বলেছিলেন। উনি আমাকে একবার বলেছিলেন... অপেক্ষা কোরো না। নিজের প্রতিশোধ তাড়াতাড়ি নিয়ে নেবে।'

অরিষ্টনেমী হাসল। 'অতর্কিত আক্রমণ?'

'আমি প্রকাশ্যে এটা করতে পারব না। সরাসরি যুদ্ধ মিথিলার জন্যে ক্ষতিকর হবে।'

'কি ভাবছেন আপনি?'

'এটা দুর্ঘটনার মতই মনে হতে হবে।ঠিক যেমন আমার ক্ষেত্রে হত।'

'হ্যাঁ। তাই হওয়া উচিৎ।'

'আর এটা প্রধান ব্যাক্তিটি হলে চলবে না।'

অরিষ্টনেমী ভুরু কোঁচকাল।

'প্রধান লোকটি কেবল মাত্র কৌশল উদ্ভাবক। ···এমনিতেও আমি সরাসরি ওকে আক্রমণ করতে পারব না...মায়ের নিষেধ আছে... ওর ডানহাত কেটে দিতে হবে। যাতে এই ধরনের পরিকল্পনা কার্যকরী করার ক্ষমতা ওর আর না থাকে।'

'সুলোচন।'

সুলোচন সঙ্কাশ্যের প্রধান মন্ত্রী। সীতার কাকা কুশধ্বজের ডান হাত। তার রাজার জন্য সব কিছু সেই চালায়। সুলোচনের অবর্তমানে কুশধ্বজ ঠুঁটো জগন্নাথ। সুলোচনকে ছাড়া কুশধ্বজ অচল হয়ে পড়বে।

সীতা মাথা নেড়ে সায় দিল।

অরিষ্টনেমীর মুখ পাথরের মত শক্ত। 'কাজ হয়ে যাবে।'

সীতা নির্বিকার।

এখন তুমি সত্যি বিষ্ণু হবার যোগ্য, ভাবল অরিষ্টনেমী। *যে বিষ্ণু নিজের জন্য লড়তে পারে না সে তার লোকেদের জন্য ও লড়তে অক্ষম হবে।*

—১৯—

মারা দিন ক্ষণ ঠিক বেছে নিয়েছে।

সুর্যের উত্তর দিকে চলা প্রারম্ভের দিন,উত্তরায়ণ সব সময়ই শীতের নবরাত্রির নয়দিন ব্যাপী মহোৎসবের অংশ হয়ে থাকে। উত্তর গোলার্ধ থেকে এই দিনটায় পৃথিবীর লালন কর্তা, সুর্য, সবচেয়ে দূরে থাকে। এবার তার উত্তরে ফিরে যাবার ছ মাস ব্যাপী যাত্রা আরম্ভ হবে। উত্তরায়ণ এক অর্থে নবীকরণের অগ্রদূত। পুরাতনের মৃত্যু। নতুনের জন্ম।

প্রথম প্রহরের প্রথম ঘন্টা। মাঝরাতের ঠিক পরে। নৌবন্দর এলাকা ছাড়া সঙ্কাশ্য নগর ঘুমিয়ে আছে। পরিশ্রান্ত সুখীদের নিশ্চিন্ত ঘুম। উৎসবের প্রভাব। নগরের রক্ষীরা অবশ্য জেগে থাকা মুষ্টিমেয়দের অন্যতম। সারা শহর জুড়ে ঘন্টার ঘোষণা শোনা যায়, প্রতি ঘন্টায়। সব ঠিক আছে।

কিন্তু হায়। সব রক্ষী কর্তব্য পরায়ন নয়।

তেমনি কুড়িজন লোক প্রধান মন্ত্রী সুলোচনের প্রাসাদের রক্ষীদের ঘরে একত্র হয়েছে; এটা তাদের মধ্যরাত্রির জলখাবার খাওয়ার সময়। তাদের নিজের জায়গা ছেড়ে আসবার কথা নয়। কিন্তু এবার শীত খুব তীব্র। এবং খাওয়াটা একটা অজুহাত। তারা আসলে উষ্ণ অগ্নিকুণ্ডের কাছে পতঙ্গের মত জড়

হয়েছে। ওরা জানে এটা সাময়িক বিরতি। শিগগিরি তারা আবার পাহারা দিতে ফিরে যাবে।

সুলোচনের প্রাসাদের অবস্থান এক পাহাড়ের ওপর। একদিকে সঙ্কাশ্যের রাজোদ্যান। অন্যদিকে বিশাল গণ্ডকী নদী। প্রকৃতপক্ষেই এক সুরম্য জায়গা, নগরের দ্বিতীয় শক্তিশালী ব্যাক্তির বাড়ির জন্য মানানসই। কিন্তু রক্ষীদের পক্ষে খুব আরামপ্রদ নয়। প্রাসাদের উচ্চতার ফলে হিমেল বাতাসের তীব্রতা এখানে অনেক বেড়ে যায়। নির্দিষ্ট জায়গায় দাঁড়িয়ে থাকা প্রকৃতির সঙ্গে সংগ্রামে পরিণত হয়। তার ফলে রক্ষীদের প্রকোষ্ঠের এই উষ্ণতা লোকেদের এক কাঙ্ক্ষিত বস্তু।

প্রাসাদের ছাদে, রাজোদ্যানের দিকটায় দুজন রক্ষী শুয়ে আছে। তাদের শ্বাস প্রশ্বাস নিয়মিত এবং সুসম। গভীর ঘুমে তারা। তাদের কিছুই মনে থাকবে না। আসলে মনে করার কিছু নেই। গন্ধহীন এক বাষ্প ভেসে এসে তাদের গভীর ঘুমের কোলে ঠেলে দিয়েছে। তারা পরদিন জেগে উঠবে। পাহারা দেবার সময় ঘুমিয়ে পড়ার অপরাধ বোধ নিয়ে। কোন অনুসন্ধানকারীর কাছে সে কথা তারা স্বীকার করবে না। পাহারা দিতে গিয়ে ঘুমিয়ে পরার শাস্তি হল মৃত্যুদণ্ড।

মারা কোনও নিরেট আততায়ী নয়। মুগুর হাতে যে কোন বর্বর ই হত্যা করতে পারে। মারা কে তখনি ভাড়া করা হয় যখন কেউ এক ছায়াকে নিয়োগ করতে চায়। এমন ছায়া যা অন্ধকার থেকে অল্প একটু সময়ের জন্য বাইরে বেরুবে আর তারপর দ্রুত ফিরে যাবে অন্ধকারে। কোন চিহ্ন রেখে যাবে না। পরে থাকবে কেবল একটা দেহ। ঠিক দেহ, সর্বদা ঠিক দেহ। কোন সাক্ষী নেই। কোন আলগা খেই নেই। কোন 'ভুল' দেহ নেই। চতুর কোন অনুসন্ধানকারীর মনের খোরাক হবার মত কোন অপ্রয়োজনীয় সূত্র নেই।

শিল্পী মারা তার উৎকৃষ্টতম সৃষ্টি নির্মানে ব্যাস্ত ছিল।

সুলোচনের স্ত্রী বাচ্চাদেরকে নিয়ে বাপের বাড়ি গেছে। শীতকালের নবরাত্রি তার পরিবারের সঙ্গে ছুটি কাটানর সময়। সুলোচন সাধারণত কয়েকদিন পর তাদের সঙ্গে যোগ দেয় কিন্তু এবার রাজ্যের কিছু জরুরী কাজে আটকা পড়ে

গেছে। প্রধান মন্ত্রী বাড়িতে একা ছিল। মারা সত্যি দিন ক্ষণ ভাল বেছেছে। কারণ তার ওপর যথাযথ নির্দেশ আছেঃ কোন রকম অতিরিক্ত ক্ষতি যেন না হয়।

প্রধান মন্ত্রী সুলোচনের স্থূলকায় অবয়বের দিকে তাকাল সে। বিছানায় শোয়া। হাত দুপাশে রাখা পা বাইরের দিকে ছড়ানো। যেমন ভাবে সাধারণত ঘুমোয় সে। পরনে ধুসর ধুতি। আদুল গা। তার অঙ্গবস্ত্রম বিছানার পাশে ছোট আলমারিতে রাখা। নিপাট ভাঁজ করা। যেমন ঘুমোতে যাবার আগে সাধারণত রাখে। তার আংটি ও অলঙ্কার খুলে অলঙ্কারের বাক্সের ভেতরে রাখা, অঙ্গবস্ত্রমের পাশে, সেও যেমনটি সাধারণত রাখে।

কিন্তু সে যেমনটি সাধারণত নিঃশ্বাস নেয় তেমন নিচ্ছিল না। সে মৃত। এক ভেষজ বিষ চতুর ভাবে তার নাকের ভেতর ঢুকিয়ে দেয়া হয়েছে। কোন সূত্র থাকবে না। বিষটি প্রায় সঙ্গে সঙ্গে তার শরীরের মাংসপেশীগুলিকে অবশ করে দিয়েছে।

হৃৎপিণ্ডও একটি পেশী। ফুসফুসের নীচের ঝিল্লিও তাই। শিকার মিনিট কয়েকের মধ্যেই শ্বাসরুদ্ধ হয়ে মারা গেছে।

হয়তো সুলোচন সেই সময় সজ্ঞানে ছিল। হয়তো নয়। কেউ জানবে না আর।

এবং মারার জানার আগ্রহও নেই।

হত্যা সম্পূর্ণ হয়েছে।

মারা এখন দৃশ্যটি নির্মান করছে।

সে তাক থেকে একটি পাণ্ডুলিপি তুলে নিল। এতে এক নগরনন্দিনী এবং এক ভবঘুরে বনিকের বিয়োগান্তক প্রেমকাহিনী লিপিবদ্ধ আছে। এই কাহিনী সপ্ত সিন্ধু জুড়ে এক জনপ্রিয় নাটক। সুলোচন পড়তে ভালবাসতো সেটা সবার জানা। এবং প্রেমকাহিনী তার বিশেষ প্রিয়। মারা সুলোচনের মৃতদেহের কাছে এগিয়ে গিয়ে বিছানার ওপর কোণ ভাঁজকরা পাণ্ডুলিপিটা রেখে দিল, বুকের পাশে।

পড়তে পড়তে ঘুমিয়ে পড়েছিল সুলোচন।

কাঁচে মোড়া প্রদীপটা তুলে নিয়ে, সলতে টা জ্বালিয়ে বিছানার পাশের টেবিলে রাখল সে।

বই পড়ার জন্য আলো...।

ঘরের অন্যপ্রান্তে টেবিলের ওপর রাখা একটা মদের পাত্র তুলে এনে বিছানার পাশের ছোট আলমারিটায় রাখল সে। সঙ্গে রাখল একটা গ্লাস। খালি গ্লাসে খানিকটা মদ ঢালল।

প্রধান মন্ত্রী সুলোচন এক কর্মব্যস্ত দিনের শেষে প্রেমোপন্যাস পড়তে পড়তে মদ্যপান করছিল।

এক পাত্র ভরতি আয়ুর্বেদিক মলম বিছানার পাশের ছোট আলমারিতে রেখে দিল। একটা কাঠের সন্না মলমে ডুবিয়ে সুলোচনের মুখ খুলে সমান করে ভেতরটায় মাখিয়ে দিল, বিশেষ করে গলার পেছন দিকটায়। চিকিৎসক পেটব্যাথা এবং পেটফাঁপার ওষুধ বলে একে সনাক্ত করবে।

প্রধান মন্ত্রী বেশ মোটা। পেটের উপদ্রব নিশ্চয় ছিলই। আর ছোটখাট রোগের নিরাময় গৃহজাত ওষুধে করার মত আয়ুর্বেদের জ্ঞান তার ছিল বলে সবার জানা।

সে জানালার দিকে এগিয়ে গেল।

খোলা জানালা। ঝোড়ো হাওয়ার রাত।

ফিরে গিয়ে গায় দেবার চাদরটা সুলোচনের গলা পর্যন্ত ঢেকে দিল সে।

সুলোচন গায়ে চাদর ঢাকা দিয়েছে। তার শীত করছিল।

মারা চাদর আর অঙ্গবস্ত্রম টা ধরে ঘরের চারদিকে ভাল করে নজর বোলাল।

সব যেমন থাকা উচিৎ তেমনই আছে।

সুলোচন হৃদরোগের আক্রমণকে পেটফাঁপার লক্ষণ বলে ভুল করেছে বলে প্রতিপন্ন হবে। এক শোচনীয় স্বাভাবিক ভুল। ওষুধটা তার অস্বস্তি কমিয়েছিল। কিছুটা। সে তারপর একটা বই পড়তে নিয়েছিল এবং একটু মদ ঢেলেছিল নিজের জন্য। তার শীত করছিল, ঠিক যেমন হয় হৃদরোগের

আক্রমণের আগে। চাদর টেনে নিয়ে নিজেকে ঢেকেছে সে। আর তারপর পরিপুর্ণ হিংস্রতায় হৃদরোগের আক্রমণ তাকে গ্রাস করেছে।

দুর্ভাগ্য।

নিখুঁত দুর্ভাগ্য।

মারা মৃদু হাসল। দৃশ্যটার চারদিকে দেখল শেষ বারের মত মনে ছবিটা এঁকে নেবার জন্য। যেমন সর্বদা করে থাকে।

সে ভুরু কোঁচকাল।

কিছু একটা ভুল হচ্ছে।

জান্তব সতর্কতায় চারদিকে নজর বোলাল সে।

দুচ্ছাই! হতচ্ছাড়া নির্বোধ!

মারা সুলোচনের কাছে এগিয়ে গিয়ে তার বাঁ হাতটা তুলে ধরল। মৃত্যুজনিত আড়ষ্টতা শুরু হয়ে গেছে এবং দেহ শক্ত হতে আরম্ভ হয়েছে। একটু চেষ্টার পর সুলোচনের বাঁ হাতটা বুকের ওপর রাখল মারা। চাপ দিয়ে আঙ্গুল গুলিকে ছড়িয়ে দিল। যেন মানুষটি ব্যথায় বুকে হাত দিয়ে মারা গেছে।

আমার এটা আগেই করা উচিৎ ছিল। নির্বোধ! নির্বোধ!

নিজের কাজে তৃপ্ত হয়ে এবার আরেকবার মারা ঘরের চারদিকে নজর বোলাল। নিখুঁত।

দেখে মনে হচ্ছিল সাধারণ হৃদযন্ত্রের আক্রমণ।

নিজের হাতের কাজকে নিঃশব্দে দাঁড়িয়ে মনে মনে বাহবা দিল সে। নিজের ডান হাতের আঙ্গুলে চুমু খেল।

না সে শুধু মাত্র খুনি নয়। সে একজন শিল্পী।

আমার এখানের কাজ শেষ।

দ্রুত ঘুরে দাঁড়িয়ে জানালার কাছে পৌছুলো সে। লাফিয়ে উঠে ছাতের দেয়ালটা ধরে নিল। একই গতিতে ডিগবাজি খেয়ে দেয়ালের ওপর উঠে দাঁড়ালো। সেখান থেকে নিমেষে ছাতের ওপর।

মারা অদৃশ্য মানুষ। সারা গায়ে মাখা কালো রঙ এবং পরনের কালো ধুতি ফলে রাতের অন্ধকারে তাকে দেখা যাবার কোন সম্ভাবনা নেই।

ওস্তাদ তৃপ্তির নিঃশ্বাস নিল। সে রাতের শব্দ শুনতে পাচ্ছিল। ঝিঁঝির ডাক। রক্ষীদের ঘরের আগুনের চড়চড় শব্দ। বাতাসের খস খস। ছাতের ওপরে ঘুমিয়ে থাকা রক্ষীদের মৃদু নাকডাকার শব্দ... সবকিছু ঠিক যেমনটি হওয়া উচিৎ। কোন ভুল নেই।

সে রাজোদ্যানের দিকে দৌড়ুল। বিনা দ্বিধায়। ছুটতে ছুটতে গতি বাড়াল। ছাতের ধারে পৌঁছে বেড়ালের মত লাফ দিয়ে মাটির ওপর দিয়ে ভেসে গেল। তার প্রসারিত হাত একটা গাছের বেরিয়ে থাকা ডাল চেপে ধরল। দোল খেয়ে ডালের ওপর উঠে এসে গাছের গুঁড়ি বেয়ে মসৃণ ভাবে পিছলে মাটিতে নেমে এল।

ছুটতে শুরু করল এবার সে। নরম পদক্ষেপ। নিঃশব্দ নিঃশ্বাস। কোন অপ্রয়োজনীয় শব্দ নেই।

ছায়ামূর্তি, মারা, অন্ধকারে মিশে গেল। আলো থেকে হারিয়ে গেল, আবার।

অধ্যায় ১৪

মিথিলা এখনকার মত এতটা স্থিতিশীল অনেক বৎসরের মধ্যে হয় নি। পুনর্নির্মিত বস্তি এবং তার আনুষঙ্গিক সুযোগ সুবিধা গরীব লোকেদের জীবনযাত্রার নাটকীয় উন্নতি স্বাধীন করেছে। দুর্গের দুটি প্রাচীরের মধ্যেকার জায়গার চাষের ফলে কৃষির উৎপাদনে বৃদ্ধি হয়েছে। মূল্যস্ফীতি হ্রাস পেয়েছে। এবং সঙ্কাশ্যর করিতকর্মা প্রধানমন্ত্রীর দুর্ভাগ্যজনক মৃত্যু কুশধ্বজকে অনেকটাই অশক্ত করে ফেলেছে। বর্তমানে জনপ্রিয় সীতার দেশ জুড়ে কূটনৈতিক পর্যটনের সিদ্ধান্ত নিয়ে কারোর কোন অভিযোগ নেই।

অবশ্য, খুব কম লোকে এটা জানত যে, তার প্রথম যাত্রার লক্ষ্য ছিল মলয়পুত্রদের আপাত অলীক রাজধানী, অগস্ত্যকুটম।

এই যাত্রা যেমন দীর্ঘ তেমনি প্যাঁচাল ছিল। জটায়ু, সীতা এবং এক বড় মলয়পুত্রদের দল, প্রথমে মাটির রাস্তাটি ধরে সঙ্কাশ্য পৌঁছুল। তারপর গণ্ডকী নদীপথে নৌকো করে মহান গঙ্গার মিলনবিন্দু পর্যন্ত গিয়ে গঙ্গাবক্ষে নৌকো করে যমুনার নিকটতম স্থানে নেমে হাঁটা পথে যমুনার তীরে এসে আবার নদী পথে গেল যমুনা ও সতলুজের মিলন বিন্দুতে পৌঁছুল। যেখানে সরস্বতী নদীর উদ্ভব। সেখান থেকে, সরস্বতীর গতিপথ বেয়ে ভেসে চলল তার পশ্চিম সমুদ্রে মিলনের স্থান পর্যন্ত। তারপর এক সমুদ্রযাত্রার উপযোগী জাহাজে চড়ে ভারতবর্ষের পশ্চিম উপকুল ধরে ভারতীয় উপমহাদেশের দক্ষিণ পশ্চিম কোণার দিকে এগোতে লাগল। লক্ষ্য: কেরালা। যাকে অনেকে দেবতাদের দেশ বলে থাকে। বলবে নাই বা কেন। এই সেই দেশ যাকে পুর্ববর্তী বিষ্ণু প্রভু পরশুরাম তাঁর নিজের বলে অভিহিত করেছেন।

গ্রীষ্মের এক ভোরে পালে হাল্কা হাওয়া নিয়ে, জাহাজটি শান্ত জলরাশির ওপর দিয়ে মসৃণ ভাবে ভেসে যাচ্ছিল।

'প্রভু পরশুরাম কি অগস্ত্যকুটমে জন্মেছিলেন?' সীতা জিজ্ঞাসা করল।

সীতা ও জটায়ু জাহাজের প্রধান পাটাতনের রেলিং এ আলতো করে হাত রেখে দাঁড়িয়ে ছিল। গরাদে হেলান দিয়ে জটায়ু তার দিকে ফিরল। 'আমাদের তাই বিশ্বাস। যদিও আমি তোমাকে প্রমাণ দিতে পারব না। কিন্তু আমরা অবশ্যই বলে থাকি যে, পরশুরাম কেরালার এবং কেরালা পরশুরামের।'

সীতা মৃদু হাসল।

জটায়ু সীতা কি বলতে পারে আগে থাকতে ধরে ফেলে নিজে থেকেই বলল, 'অবশ্যই আমি এটা অস্বীকার করছি না ভারতের অন্য অনেকেই প্রভু পরশুরামকে ততটাই ভক্তি করে যতটা আমরা করি।'

সীতা কিছু একটা বলতে যাচ্ছিল কিন্তু তার আগের দূরে দুটি জাহাজের ওপর চোখ পড়ায় তার মনোযোগ সেদিকে ঘুরে গেল। লঙ্কার জাহাজ। মসৃণ গতিতে ভেসে যাচ্ছিল তারা, কিন্তু আশ্চর্য রকম দ্রুত বেগে।

সীতা ভুরু কোঁচকাল। 'ঐ জাহাজ গুলি দেখতে আমাদেরটার মতই। পালও আমাদের যে কটা ওদেরও ততটাই। ওরা এত জোরে কি করে যাচ্ছে?'

জটায়ু দীর্ঘশ্বাস ফেলে বলল। 'জানি না। এ এক রহস্য। কিন্তু সমুদ্রোপকুলে ওদের জন্য এটা এক বিরাট সুবিধা। ওদের সেনা এবং ব্যবসায়ীরা দূর দূরান্তে অন্য সকলের চেয়ে দ্রুত পৌঁছে যেতে পারে।'

রাবণের কাছে এমন কোন প্রযুক্তি নিশ্চয় আছে যা অন্যদের নেই।

দুটি জাহাজের মাস্তুলের ডগায় তাকাল সীতা। জ্বলন্ত অগ্নি শিখার মধ্য থেকে বেরিয়ে আসা গর্জন রত সিংহের মাথার ছবি আঁকা কৃষ্ণবর্ণ লঙ্কার পতাকা সদর্পে বাতাসে উড়ছে।

মলয়পুত্র ও লঙ্কার লোকেদের মধ্যে সম্পর্ক নিয়ে ভাবনা এল সীতার মনে। এই প্রথমবার নয়।

— ১৫ —

কেরালার উপকুলের কাছে পৌঁছোনর পর যাত্রীদের একটি কম শক্তির জাহাজে স্থানান্তরিত করা হল। এটি তাদের যাত্রার পরবর্তী অংশ, যা হবে সমুদ্রের জমে থাকা অপেক্ষাকৃত অগভীর স্থির জলের ওপর দিয়ে, তার জন্য মানানসই।

সীতাকে জটায়ু আগেই জানিয়ে রেখেছিল ভূমিখণ্ডের কাছে পৌঁছে কি আশা করা উচিৎ। উপকুল থেকেই শুরু হওয়া গোলকধাঁধা সদৃশ জলাশয়ের মধ্যে দিয়ে ভেসে যাচ্ছিল তারা। ছড়া, নদী, হ্রদ আর বন্যার জল ভরা বিলের সমন্বয়, ঈশ্বরের আপন দেশের বুকের ওপর এরা এক নাব্য জলপথ প্রস্তুত করেছে। প্রথম দেখায় আকর্ষণীয় লাগলেও এই জলরাশি বিশ্বাসঘাতক হতে পারে, অগাধ জলে ধন্য এই ভূখন্ডে এর গতিপথ নিয়ত বদলাতে থাকে। যার ফলে পুরনো হ্রদগুলি কয়েক দশকে শুকিয়ে গিয়ে নতুন হ্রদের জন্ম হয়। দৈবাৎ, এই শান্ত সমুদ্রজলের অবশিষ্ট গুলির অধিকাংশই একে অন্যের সঙ্গে যুক্ত। পদ্ধতি যার জানা সে এই জলের গোলকধাঁধা পার হয়ে পশ্চাদভূমিতে পৌঁছে যেতে পারে। কিন্তু সঠিক নির্দেশ না পেলে সহজেই হারিয়ে যাওয়া যায় বা মাটিতে আটকে যেতে হতে পারে। আর বিভিন্ন রকমের হিংস্র জন্তু জানোয়ার সম্বলিত অপেক্ষাকৃত জনহীন এই অঞ্চলে সেটি মৃত্যুদণ্ডসম হয়ে যেতে পারে।

জলপথের বিভ্রান্তিকর জালের মধ্যে দিয়ে সীতার জাহাজ সপ্তাহাধিক কাল ধরে চলতে চলতে এসে পৌছুলো এক বিশেষত্বহীন খাড়িতে। প্রথমে খাড়ির প্রবেশপথে তিনটি উঁচু নারকেল গাছ সীতা লক্ষ্য করে নি। তিনটে গুঁড়িতে ছড়িয়ে থাকা লতা গুলো কুঠারের টুকরো টুকরো অংশ বিশেষের নকশা সৃষ্টি করেছে।

খাড়িটার একপ্রান্ত গাছে ভরা এক উপবনে গিয়ে শেষ হয়ে গেছে। জাহাজটার নোঙ্গর করার মত কোন জাহাজঘাটা দেখা যাচ্ছিল না। সীতা ভ্রু কোঁচকাল। অনুমান করল তারা মাঝ দরিয়ায় নোঙ্গর ফেলবে এবং শিগগিরি নৌকা আসবে তাদেরকে নিতে। আশ্চর্যভাবে জাহাজের গতি কমার কোন লক্ষণ দেখা যাচ্ছিল না। সত্যি বলতে কি, গতি নিয়ন্ত্রক দামামার তাল এক ধাপ

বেড়ে গেল। দাঁড়িরা দ্রুততর তালে দাঁড় টানায় যানটির গতি আরও বেড়ে গেল, সরাসরি উপবন লক্ষ্য করে এগিয়ে যাচ্ছিল!

ওপরের পাটাতনে সীতা একা ছিল। উদ্বিগ্ন ভাবে রেলিং ধরে চেঁচিয়ে বলল। 'গতি কমাও। আমরা অতিরিক্ত কাছে এসে গেছি।'

কিন্তু তার কণ্ঠস্বর জটায়ুর কাছে পৌঁছুল না। সে দ্বিতীয় পাটাতনে কর্মচারীদের সঙ্গে কিছু জটিল কাজকর্ম তদারক করছিল।

ও দেখতে পাচ্ছে না কেন ! উপবনটা তো আমাদের একেবারে চোখের সামনে।

'জটায়ু জি!' জাহাজ এখুনি মাটীতে ধাক্কা খাবে সে ব্যাপারে নিশ্চিত হয়ে ঘাবড়ে গিয়ে সীতা চেঁচাল। রেলিংটা শক্ত করে ধরে নিচু হয়ে ধাক্কার জন্য প্রস্তুত হল। কোন ধাক্কা লাগল না।

মৃদু ঝাঁকুনি, সামান্য গতি কমল, কিন্তু জাহাজটা এগিয়ে গেল।

বিভ্রান্ত সীতা মাথা তুলল।

গাছগুলি সরে গেছে, জাহাজটা অনায়াসে তাদের ঠেলে রাস্তা করে ঢুকে পড়েছে যেখানে উপবনটা থাকার কথা। সীতা নিচু হয়ে জলের দিকে তাকাল।

বিস্ময়ে হাঁ হয়ে গেল সে।

হে মহান বরুণ দেব।

জলে ভাসমান গাছ পাশে ঠেলে জাহাজটি এক লুকোন উপহ্রদের ভেতর ঢুকে পড়েছে। পেছনে তাকিয়ে দেখল জাহাজ এগিয়ে যাবার পর ভাসমান গাছ গুলো আবার নিজের জায়গায় ফিরে এসে গোপন উপহ্রদটাকে আবার লুকিয়ে ফেলেছে। পরে জটায়ু জানিয়েছিল যে ওগুলো সুন্দরি গাছের এক বিশেষ প্রজাতি।

সীতা হেসে মাথা নাড়ল। 'প্রভু পরশুরামের দেশে কত রহস্য।'

উজ্জ্বল দৃষ্টিতে সামনে তাকাল আবার সামনের দিকে তাকাল সে।

আর এবার আতঙ্কে নিশ্চল হয়ে গেল।

রক্তের নদী!

তার ঠিক সম্মুখে, দূরে, যেখানে উপহ্রদটা শেষ হয়ে পাহাড় আরম্ভ হয়েছে, তিনটি রক্তের ধারা তিন দিক থেকে বয়ে এসে খাড়িতে মিলেছে।

বলা হয়, বহুদিন আগে, প্রভু পরশুরাম ভারতের সমস্ত প্রজাদের শোষণকারী অসৎ রাজাদের হত্যা করেছিলেন। কিংবদন্তী মতে তাঁর রক্তস্নাত কুঠার নিজের শুদ্ধিকরণের জন্য সমস্ত দুষ্ট রাজাদের কলঙ্কিত রক্ত উগরে দিয়েছিল। যার ফলে মলপ্রভা নদীর লাল রঙ হয়ে যায়।

কিন্তু এত কিংবদন্তী মাত্র!

তবু সে নিজে জাহাজে দাঁড়িয়ে একটি নয় তিন তিনটি রক্তের স্রোত উপহ্রদে এসে মিশতে দেখছে।

সীতা ভয়ে বেড়ে যাওয়া হৃদস্পন্দন নিয়ে তার গলায় ঝোলান রুদ্রাক্ষটিকে আঁকড়ে ধরল। *রক্ষা কর, হে প্রভু রুদ্র।*

‘সীতা আসছে। গুরুজি।’ শত স্তম্ভের হলঘরে প্রবেশ করে বলল অরিষ্টনেমী। ‘দু কিংবা খুব বেশী হলে তিন সপ্তাহের মধ্যে সে অগস্ত্যকুটমে পৌঁছে যাবে।’

বিশ্বামিত্র অগস্ত্যকুটমের প্রধান পরশুরামেশ্বর মন্দিরে বসে ছিলেন। এই মন্দির পরশুরামের আরাধ্য দেবতা প্রভু রুদ্রকে উৎসর্গীকৃত। যেটা পড়ছিলেন সেই পাণ্ডুলিপিটা থেকে চোখ তুললেন তিনি।

‘ভাল খবর। সব রকম প্রস্তুতি হয়ে গেছে?’

‘হ্যাঁ, গুরুজি।’ বলল অরিষ্টনেমী। তারপর হাত বাড়িয়ে একটা পাকান কাগজ এগিয়ে ধরল। তাতে নামমুদ্রাটি ভাঙ্গা। কিন্তু এখনও চেনা যাচ্ছে। অনুর বংশধরদের রাজকীয় নামমুদ্রা। ‘আর রাজা অশ্বপতি বার্তা পাঠিয়েছেন।’

বিশ্বামত্র তৃপ্তির হাসি হাসলেন। কেকয়ের রাজা অশ্বপতি কৈকেয়ীর বাবা এবং সম্রাট দশরথের শ্বশুর। তার অর্থ তিনি দশরথের দ্বিতীয় পুত্র ভরতের দাদুও। ‘তার হুশ হয়েছে তাহলে। নতুন সম্পর্ক গড়তে চান।’

'উচ্চাকাংখ্যা কাজে লাগে গুরুজি। ' বলল অরিষ্টনেমী। 'সে নিজের জন্য হোক বা বংশধরের জন্য। আমার মনে হয় সেনাপতি মৃগাশ্ব নামে অযোধ্যার এক অভিজাত ব্যাক্তি দেখিয়ে দিয়েছে...'

'গুরুজি!' একজন শিক্ষানবিস ক্লান্তিতে হাঁপাতে হাঁপাতে হলঘরে এসে ঢুকল।

বিরক্ত চোখে মুখ তুলে চাইলেন বিশ্বামিত্র।

'গুরুজি! উনি অভ্যাস করছেন।'

বিশ্বামিত্র তৎক্ষণাৎ উঠে দাঁড়িয়ে তাড়াতাড়ি প্রভু রুদ্র এবং প্রভু পরশুরামের মুর্তিকে হাত জোর করে প্রণাম করলেন। তারপর অরিষ্টনেমী এবং শিক্ষানবিসটিকে নিয়ে দ্রুত মন্দির থেকে বেরিয়ে গেলেন।

তাড়াতাড়ি ঘোড়ায় চড়ে বসে ছুটতে আরম্ভ করলেন তাঁরা। নষ্ট করার মত সময় নেই।

যেখানে পৌঁছুনোর কথা সেখানে খুব অল্প সময়ের মধ্যেই পৌঁছে গেলেন তাঁরা।

এক ছোটখাটো ভিড় জমা হয়ে গেছে সেখানে। পবিত্র ভূমিতে। পাথরের তৈরি একটি প্রায় তিরিশ মিটার উঁচু স্তম্ভের নীচে। কেউ কেউ মাথা উঁচু করে স্তম্ভের চুড়ায় ছোট্ট একটা কাঠের বাড়ির দিকে তাকিয়ে ছিল। বাকিরা নিশ্চিন্ত মনে চোখ মুজে মাটিতে বসে ছিল। কিছু লোকেরা তাদের সত্ত্বার মধ্যে দিয়ে বয়ে যাওয়া আবেগে দুলতে দুলতে মৃদু কাঁদছিল।

সঙ্গীতের এক লহর বাতাসে ভেসে আসছে। স্বর্গীয় আঙ্গুল এক এমন বাদ্যযন্ত্রের তারে ঝঙ্কার তুলছে যা বুঝিবা ভগবানের নিজের হাতে তৈরি। একজন মহিলা, যিনি বাড়ির বাইরে বহু বৎসর পা রাখেন নি, রুদ্র বীণা বাজাচ্ছেন। পুর্ববর্তী মহাদেবের নামে নাম এই বাদ্যযন্ত্রের। যে রাগটি বাজান হচ্ছিল ভারতের অধিকাংশ সঙ্গীত বোদ্ধাদেরই পরিচিত। কেউ একে বলে হিন্দোল রাগ। অন্যেরা বলে মালকোষ রাগ। মহান মহাদেবকে উৎসর্গীকৃত রাগ। প্রভু রুদ্রকে।

সকলে সরে গিয়ে শশব্যস্ত বিশ্বামিত্রকে পথ করে দিল। তিনি মিনারের প্রবেশদ্বারের সামনের সিঁড়ির নীচে এসে দাঁড়ালেন। বাড়ির কাঠের দেয়ালের মধ্যে দিয়ে ভেসে আসা শব্দটা মৃদু, স্বর্গীয়। বিশ্বামিত্র ঐকতানের তালে নিজের হৃদয়কে তাল মেলাতে অনুভব করলেন। তার চোখ জলে ভরে গেল।

'বাঃ, অন্নপূর্ণা দেবী, বাঃ,' নিঃশব্দে উচ্চারণ করলেন বিশ্বামিত্র, যেন কোনরকম অতিরিক্ত শব্দ করে এমন কি নিজের কণ্ঠস্বরেও এই মায়াজাল ছিন্ন করতে চান না।

বিশ্বামিত্রের মতে তারের বাদ্যযন্ত্র বাদক রূপে জীবিতদের মধ্যে অন্নপূর্ণা সর্বশ্রেষ্ঠ। কিন্তু এ ধরনের কোন প্রশংসা তিনি শুনতে পেলে অনুশীলন বন্ধ করে দিতে পারেন।

শত শত লোক হাজির হয়েছে, যেন মাটি ফুঁড়ে উঠে এসেছে। অরিষ্টনেমী অস্বস্তি ভরে তাদের দেখল। এই ব্যপারটা তার কখনই পছন্দ হয় নি।

লঙ্কার রাজসভার প্রধান সঙ্গীতকারের বিচ্ছেদ হয়ে যাওয়া পত্নীকে আশ্রয় দেয়া? স্বয়ং রাবণের প্রাক্তন প্রিয় পাত্রী?

অরিষ্টনেমীর সামরিক মন রণকৌশলটা ভাল বোঝে। সঙ্গীতের গভীর অনুরাগীদের ভাবাবেগ তার জন্য নয়।

কিন্তু সে জানত তার গুরু এ বিষয়ে তার সঙ্গে একমত নন। তাই সে ধৈর্য ধরে অপেক্ষা করছিল।

সঙ্গীতের রাগ তার স্বর্গীয় যাদু বুনে যাচ্ছিল।

— ১৫ —

'এটা রক্ত নয় বোন।' সীতার দিকে তাকিয়ে বলল জটায়ু।

যদিও সীতা 'রক্তের নদী' র বিষয়ে কোন প্রশ্ন করে নি, তবু তার মুখচোখের আতঙ্ক দেখে জটায়ু তাকে একটু আশ্বস্ত করতে চাইল। সে রুদ্রাক্ষটি হাত থেকে ছাড়ল না কিন্তু তার মুখের ভাব একটু সহজ হল।

মলয়পুত্ররা ইতিমধ্যে জাহাজটিকে ভাসমান জাহাজঘাটায় নঙ্গর করছিল।

'নয়?' জিজ্ঞাসা করল সীতা।

'না। এটা নদীর এক বিশেষ প্রকারের শৈবাল যা কেবল এখানেই জন্মায় সেটার প্রভাব। লালচে বেগুনী রঙের শৈবালে অগভীর জলের তলাটা ঢেকে যায়, ফলে দূর থেকে লাল রঙের দেখায় যেন জলধারাটায় রক্ত মিশে আছে। কিন্তু 'রক্ত' উপহ্রদের রঙ বদলায় না দেখেছ তো? কারণ নদীতে শৈবালগুলি হ্রদের অনেক গভীরে হওয়ায় দেখা যায় না।'

সীতা অপ্রস্তুতের হাসি হাসল।

'কেউ এটা প্রথম বার দেখলে ভয়ানক লাগতেই পারে। আমদের কাছে এটা প্রভু পরশুরামের এলাকা চিহ্নিত করে। কিংবদন্তী রক্তের নদী। '

সীতা মাথা নেড়ে সায় দিল।

'কিন্তু এই অঞ্চলে রক্তপাত অন্যভাবে হতে পারে। এখান থেকে অগস্ত্যকুটমের মধ্যেকার ঘন জঙ্গলে বিপদজনক সব বন্যজন্তু আছে। আর আমাদের দু সপ্তাহের পায়ে হাঁটা পথ অতিক্রম করতে হবে। খুব সাবধানে একজোটে এগোতে হবে আমাদের ।'

'ঠিক আছে।'

ভাসমান জাহাজঘাটায় জাহাজ থেকে নামার জন্য তক্তা ফেলার জোরাল শব্দে তাদের আলোচনাতে বাধা পড়ল।

— ১৬ —

দু সপ্তাহের একটু কম সময় পর, পাঁচটি পলটনের দলটি তাদের গন্তব্যের কাছা কাছি পৌঁছেছে। আসার পথে তাদেরকে ঘন জঙ্গল কেটে আসতে হয়েছে, যেখানে কোন স্পষ্ট রাস্তা নেই। সীতা বুঝতে পেরেছিল, মলয়পুত্ররা পথ দেখিয়ে নিয়ে না গেলে এই বনে হারিয়ে যাওয়া ছাড়া গত্যন্তর নেই।

শেষ পাহাড়টার ওপর চড়ে প্রভু পরশুরামের শহর যার কোলে অবস্থিত সেই উপত্যকার দিকে তাকিয়ে উত্তেজনা তার শিরায় শিরায় বয়ে গেল।

'বাঃ …' ফিসফিস করে বলল সীতা

উপত্যকার কানায় দাঁড়িয়ে মুগ্ধ হয়ে নীচের ছড়িয়ে থাকা সুবিশাল সৌন্দর্য দেখছিল সে। কল্পনাতীত।

তমিরাবরুণী নদী পশ্চিমে আরম্ভ হয়ে ক্রমান্বয়ে অনেকগুলি জলপ্রপাতের রূপে ডিম্বাকৃতি উপত্যকাটিতে আছড়ে পড়েছে। উপত্যকাটি ঘন উদ্ভিদ এবং অভেদ্য বৃক্ষের আবরণে ঢাকা। নদীটি সর্পিল গতিতে এঁকেবেঁকে পুর্বদিকের অপেক্ষাকৃত সঙ্কীর্ণ প্রান্তে গিয়ে বেরিয়েছে, সেখান থেকে বয়ে গেছে তামিল দের বাসস্থানের দিকে।

উপত্যকাটা গভীর, যেখান থেকে তমিরাবরুণী আছড়ে পড়েছে সেই পশ্চিমের শিখর থেকে প্রায় আটশ' মিটার নীচে। উপত্যকার ধারগুলি খাড়া নেমে এসেছে চুড়া থেকে তলা অবধি। উপত্যকার ওপরের কিনারা গুলি লাল রঙের, বোধহয় কোন ধাতব আকরের প্রভাব। জলপ্রপাতের নিম্নগতির পথে নদী এই আকরের কিছুটা সঙ্গে নিয়ে যাচ্ছে। যার ফলে জলে এক হাল্কা লাল রঙের আভা দেখা দেয়। জলপ্রপাতটা অস্বস্তিকর রকমের রক্তাভ। নদীটা উপত্যকা ধরে হালকা লাল রঙের সাপের মত বয়ে যাচ্ছে। এঁকেবেঁকে এগিয়ে যাচ্ছে এক উন্মুক্ত, উচ্ছল শ্যামল সবুজের মধ্যে দিয়ে।

উপত্যকার অধিকাংশ জায়গা বছরের পর বছর ধরে নদীর জল, ঘন বর্ষা এবং প্রবল বাতাসের ফলে ক্ষয়ে গেছে। ব্যতিক্রম কেবল এক বিশাল এককপ্রস্তরের স্তম্ভ সদৃশ পাহাড়। উপত্যকার মেঝে থেকে সদর্পে সাড়ে আটশ' মিটার উঁচু এই প্রস্তরস্তম্ভ উপত্যকার কানা থেকে আরও অনেক উঁচু হয়ে দণ্ডায়মান। প্রস্থেও এ সুবিশাল, প্রায় ছয় বর্গ কিলোমিটার। ধুসর রঙ থেকে বোঝা যায় প্রস্তরস্তম্ভটি গ্রানাইটের তৈরি। গ্রানাইট কঠিনতম পাথরের অন্যতম। আর সেই কারণেই এটি সময়ের হামলা প্রতিহত করে প্রহরীর মত দাঁড়িয়ে রয়েছে, প্রকৃতি এর চারপাশের সমস্তকিছু প্রতিনিয়ত বদলে দিচ্ছে কিন্তু একে পারেনি।

প্রাক সায়াহ্নের মেঘে দৃষ্টি ব্যাহত হওয়ার সত্ত্বেও এর মহানতা সীতাকে অভিভুত করে দিল।

প্রস্তরস্তম্ভের শিখর থেকে উপত্যকার তলা পর্যন্ত প্রায় সমকোণে নেমে এসেছে ধারগুলি। কার্যত উল্লম্ব হলেও ধারগুলি এবড়ো খেবড়ো এবং খাঁজে ভরা। খাঁজের মধ্যে থেকে মাথা চাড়া দিয়েছে ঝোপঝাড়। কিছু লতাপাতা প্রস্তরস্তম্ভের গায়ে সাহসে ভর করে লেপ্টে আছে। ছয় বর্গ কিলোমিটার বড়ো বিরাট চুড়ায় গাছপালা গজিয়েছে। প্রস্তরস্তম্ভের ধারে মরিয়া কিছু উদ্ভিদের কথা বাদ দিলে মূলত এটি এক নগ্ন পাথর। নীচের উপত্যকার আনাচে কানাচে ভিড় করে থাকা সবুজ গাছগাছালির আধিক্যের মধ্যে নিজের অনাড়ম্বর গৌরবে দণ্ডায়মান।

পরশুরামেশ্বর মন্দিরটি প্রস্তরস্তম্ভের মাথায় অবস্থিত। সেটা মেঘের আড়ালে লুকিয়ে থাকার ফলে সীতা পরিষ্কার দেখতে পাচ্ছিল না।

প্রস্তর স্তম্ভটি অগস্ত্যকুটম; আক্ষরিক অর্থে অগস্ত্যের পাহাড়।

অগস্ত্যকূটম প্রবেশের অসম্ভাব্যতাকে সহজ করেছে উপত্যকার ধার থেকে প্রস্তরস্তম্ভ পর্যন্ত মলয়পুত্রদের একটি দড়ি ও ধাতুর তৈরি সাঁকো

'অন্যদিকে যাওয়া যাক?' জিজ্ঞাসা করল জটায়ু।

'হ্যাঁ।' দৈত্যকায় পাথরটা থেকে চোখ সরিয়ে উত্তর দিল সীতা।

'জয় পরশুরাম।'

'জয় পরশুরাম।'

—১৮—

জটায়ু সাবধানে দড়ি ও ধাতুর তৈরি সেতুটার ওপর ঘোড়া নিয়ে এগোল। সীতা নিজের ঘোড়া নিয়ে তাকে অনুসরণ করল। বাকী সবাই একজনের পেছনে আরেকজন সারি বেঁধে এগোল।

দড়ির সেতুর স্থিতিশীলতা দেখে সীতা আশ্চর্য হয়ে গিয়েছিল। জটায়ু ব্যাখ্যা করল যে এর কারণ হচ্ছে সেতুর তলার দিকটায় আড়াআড়ি করে লাগান ধাতুর তক্তাগুলো। এই পরস্পর যুক্ত তক্তাগুলির ভিত্তি দুই দিকেই গভীর ভাবে প্রোথিত, একদিক উপত্যকার কানায় অন্য দিক প্রস্তরস্তম্ভে।

সেতুর নির্মাণ প্রণালী যতই কৌতূহল জনক হোক সীতার মনযোগ বেশীক্ষণ সে দিকে রইল না। দড়ির বেড়ার ওপর দিয়ে উঁকি দিয়ে সীতা প্রায় আটশত মিটার নীচে বয়ে যাওয়া তমিরাবরুণীকে দেখতে পেল। নিজেকে সামলে নিল সে, অনেকটা লম্বা খাড়াই নীচে অবধি। যে প্রস্তরস্তম্ভের দিকে সীতারা চলেছে তমিরাবরুণী সোজা এসে আছড়ে পড়েছে তার গায়ে। সেখান থেকে দুটি ধারায় বিভক্ত হয়ে যেন স্নেহভরা দুহাতের মত করে পাথরটিকে জড়িয়ে আছে। প্রস্তরস্তম্ভের অন্য পাশে ধারা দুটি আবার মিলিত হয়ে তমিরাবরুণী পূর্বদিকের উপত্যকার বাইরে বেড়িয়ে গেছে। ফলতঃ গ্রানাইট পাথরের স্তম্ভটি কার্যত একটি নদীর দ্বীপ।

'তমিরাবরুণী নামএর অর্থ কি, জটায়ু জি?' জিজ্ঞাসা করল সীতা।

জটায়ু পেছন না ফিরে উত্তর দিল। 'বরুণী মানে যা জল এবং সমুদ্রের দেবতা প্রভু বরুণের কাছ থেকে আসে। এই অঞ্চলে এটা কেবল নদীর আরেক নাম। আর আঞ্চলিক ভাষায় তমিরা কথার দুটি অর্থ হয়। একটা হল লাল।'

সীতা হেসে বলল 'আচ্ছা তবে তো খুব সোজা। লাল নদী!'

জটায়ু হাসল 'কিন্তু তমিরার আরেকটা অর্থও আছে। '

'কি?

'তাম্র।'

সীতা অন্য ধারে পৌঁছতে মেঘ সরে গেল এবং সীতা হঠাৎ থেমে যাওয়ায় তার ঘোড়া বেসামাল হয়ে গেল। অকৃত্রিম বিস্ময় এবং মুগ্ধতায় সে হতবাক।

'হে প্রভু রুদ্র, এরা এটা কি করে বানিয়েছে ?!'

সীতার দিকে ঘুরে তাকিয়ে মৃদু হাসল জটায়ু তারপর চলতে থাকার ইশারা করল। অবিলম্বে ঘুরে দাঁড়িয়ে আবার হাঁটতে শুরু করল সে। এই সেতুর ওপরে সতর্ক থাকতে শেখান হয়েছে তাকে।

এক অতিকায় বক্ররেখা বেষ্টিত গুহা প্রস্তরস্তম্ভের ভেতর খোদাই করে বানান হয়েছে। উচ্চতায় প্রায় পনের মিটার এবং সম্ভবত প্রায় পঞ্চাশ মিটার গভীর। গুহাটি প্রস্তরস্তম্ভের বাইরের চারদিক ঘিরে তৈরি, এর মেঝে এবং ছাত ঢালু হয়ে ক্রমশ ওপরে চুড়ার দিকে উঠে গেছে। এটি তার ফলে প্রস্তরস্তম্ভের ভেতরেই একটি পথে পরিণত হয়েছে। এই 'পথ' পাক খেয়ে নীচের দিকেও নেমেছে, উপত্যকা থেকে দুশ মিটার উচ্চতার এক বিন্দু পর্যন্ত। প্রস্তরস্তম্ভের গায়ে পাক খেয়ে উঠে যাওয়া এই দীর্ঘ একটানা গুহা যে কেবল রাস্তার কাজ করে তা নয়। গুহাটির ভেতরের দেয়াল কেটে প্রস্তরস্তম্ভের ভেতরেই আবাসন প্রস্তুত করা হয়েছে। সভ্য জীবন যাত্রার জন্য প্রয়োজনীয় বাসস্থান, কার্যালয়, দোকানপাট, এবং অন্যান্য বাড়ি ঘর হিসেবে ব্যবহৃত হয় এগুলি। অগস্ত্যকুটমের দশ হাজার মলয়পুত্রদের সিংহ ভাগ প্রস্তরস্তম্ভের ভেতরের অংশের গভীরে নির্মিত এই নতুন ধরনের আবাসনে বাস করে। এছাড়া আরও নব্বই হাজার মলয়পুত্র বাস করে সারা ভারতবর্ষ জুড়ে বিভিন্ন শিবিরে।

'গ্রানাইটের মত শক্ত পাথরে কেউ এত বিশাল কিছু কি কিরে খোদাই করতে পারে?' প্রশ্ন করল সীতা। 'তাও আবার যে পাথরের পাশটা প্রায় সম্পূর্ণ খাড়াই। এত দেবতাদের কাজ!'

'মলয়পুত্ররা ভগবানের প্রতিনিধি, প্রভু পরশুরামের, আমাদের অসাধ্য কিছু নেই।'

সেতু থেকে নেমে প্রস্তরস্তম্ভের ভেতর খোদাই করা অবতরণস্থলে পৌঁছে জটায়ু আবার ঘোড়ায় চড়ে বসল। গুহার ছাতের উচ্চতা একজন ঘোড়সওয়ার স্বচ্ছন্দে যাবার জন্য যথেষ্ট। সে ঘুরে সীতাকে ঘোড়ায় চড়ে বসতে দেখতে পেল। কিন্তু সীতা এগোচ্ছিল না। সে মুগ্ধ হয়ে 'পথ' –টির ডানদিকে গুহার কিনারা খনন করে প্রস্তুত জটিল কারুকার্য করা বেড়া দেখছিল। এতটা উচ্চতা থেকে উপত্যকায় পতন আটকানর জন্য প্রস্তুত বেড়াটির উদ্দেশ্য এর শৈল্পিক উৎকৃষ্টতা সহজেই ভুলিয়ে দেয়। বেড়াটি প্রায় দু মিটার উঁচু। এর মাঝে কেটে কেটে থাম বানান হয়েছে যার ফলে আলো আসার খালি জায়গা র ব্যাবস্থা হয়েছে। 'মাছ'এর চিহ্ন সূক্ষ্ম ভাবে প্রত্যেক স্তম্ভের কেন্দ্রে খোদাই করা।

'বোন,' ফিস ফিস করে বলল জটায়ু।

সীতা ঘোড়া নিয়ে বাঁ পাশে গুহার ভেতরের দেয়ালে খনন করে বানান চারতলা বাড়িগুলির কাছে চলে গিয়েছিল। জটায়ুর দিকে আবার তার মনযোগ ফিরল।

'আমাকে কথা দাও বোন।' বলল জটায়ু, 'সামনে যাই থাকুক না কেন, তুমি পিছিয়ে যাবে না বা ফিরে যাবে না।'

'কি?' ভ্রু কোঁচকাল সীতা

আমার মনে হয় আমি তোমাকে এখন বুঝি। তুমি যাতে প্রবেশ করতে চলেছ সেটা তোমাকে বিহ্বল করে দিতে পারে। কিন্তু তোমার ধারণা নেই মলয়পুত্রদের জন্য এই দিনটা কতটা গুরুত্বপুর্ণ। অনুগ্রহ করে কারো কাছ থেকে পিছু হটবে না।'

তা কিছু জিজ্ঞাসা করার আগেই জটায়ু এগিয়ে গেল। জটায়ু ঘোড়াকে ডানদিকে নিয়ে গেল, যেদিকে রাস্তাটা ধীরে ধীরে পাক খেয়ে উঠে গেছে ওপরের দিকে।

সীতাও তার ঘোড়াকে পায়ের আঘাতে সচল করল।

এবং তারপর আরম্ভ হল ঢাকের শব্দ।

রাস্তার সামনেটা দৃশ্যমান হতে সীতা দেখতে পেল বিরাট সংখ্যক লোক দুধারে সারি দিয়ে দাঁড়িয়ে আছে। কারও গায়ে অঙ্গবস্ত্র নেই। কেরালার লোকেরা যখন মন্দিরে দেব দেবীকে পূজা করতে যায় তখন এই পোশাকে যায়। অঙ্গবস্ত্র না থাকা র অর্থ তারা তাদের দেবতা বা দেবীর সেবক। এবং আজ তাদের এই সাজের কারণ, আজ তাদের জীবন্ত দেবী বাড়ি ফিরে এসেছেন।

নিয়মিত দূরত্বে কাঁধ থেকে কাপড় বেঁধে ঝোলান বড় বড় ঢোল নিয়ে ঢূলিরা দাঁড়িয়ে আছে। সীতা সামনে আসতেই তারা আমন্ত্রণ জানিয়ে বাজনা শুরু করল। প্রত্যেক ধূলির পাশে একজন করে বীণাবাদক ঢোলের তালে তাল মিলিয়ে বীণার তারে সুর তুলছে। বাকী ভিড় নতজানু হয়ে মাথা নিচু করে আছে। আর তারা স্তব করছে।

বাতাসে শব্দগুলি ভাসছিল। স্পষ্ট এবং যথাযথ।

ওঁম নমো ভগবতে বিষ্ণুদেবায়

তস্মই সাক্ষীণে নমো নমহ্

মহান ভগবান বিষ্ণুকে প্রণাম

প্রণাম, সাক্ষীকে প্রণাম।

সীতা পলকহীন চোখে চেয়ে রইল, কি করা উচিৎ বুঝতে না পেরে। তার ঘোড়া ও দাঁড়িয়ে পড়েছে।

জটায়ু নিজের ঘোড়া নিয়ে সীতার পেছনে এসে দাঁড়াল। তার করা একটা খুট খুট শব্দে, সীতার ঘোড়া আবার চলতে আরম্ভ করল। সামনে, চুড়ার দিকে ধীরে ঢাল বেয়ে।

এভাবে সীতার পেছন পেছন শোভা যাত্রা এগিয়ে গেল।

ওঁম নমো ভগবতে বিষ্ণুদেবায়

তস্মই মৎস্যয়ৈ নমো নমহ্

মহান ভগবান বিষ্ণুকে প্রণাম

প্রণাম, মৎস্যদেবকে প্রণাম।

সীতার ঘোড়া ধীরে ধীরে কিন্তু বিনা দ্বিধায় এগিয়ে যাচ্ছিল। ভিড়ের মধ্যেকার অধিকাংশ চেহারা ভক্তিতে ভরে আছে। কিছু চোখ থেকে জল বেয়ে পড়ছে।

কিছু লোক ঝুড়িতে করে গোলাপের পাপড়ি নিয়ে সামনে এগিয়ে এলো। হাওয়ায় সেগুলো ছুঁড়ে দিল তারা। তাদের দেবীর ওপর গোলাপ বর্ষণ করল।

ওঁম নমো ভগবতে বিষ্ণুদেবায়

তস্মই কুর্মায় নমো নমহ্

মহান ভগবান বিষ্ণুকে প্রণাম

প্রণাম, কুর্মদেবকে প্রণাম।

বাচ্চা কোলে একজন মহিলা ছুটে এল। শিশুটিকে ঘোড়ার রেকাবের কাছে নিয়ে এসে তার কপাল সীতার পায়ে ছোঁয়াল।

বিভ্রান্ত এবং বিচলিত সীতা যথাসম্ভব চেষ্টা করছিল সঙ্কুচিত হয়ে সরে না যেতে।

দলটা সীতার পেছন পেছন রাস্তা ধরে ওপরে উঠছিল, প্রস্তর স্তম্ভের চুড়ার অভিমুখে।

ঢাকের শব্দ। বীণা, স্তব, চলছিল... অবিরাম।

ওঁম নমো ভগবতে বিষ্ণুদেবায়
তস্মই বরাহয়াই নমো নমহ্
মহান ভগবান বিষ্ণুকে প্রণাম
প্রণাম, দেবী বরাহীকে প্রণাম।

তাদের সম্মুখে, কিছু লোক নতজানু হয়ে মাটিতে মাথা ঠেকিয়ে আছে তাদের হাত সামনে বিস্তৃত। আবেশের ঘোরে তাদের দেহ কম্পমান।

ওঁম নমো ভগবতে বিষ্ণুদেবায়
তস্মই নরসিংহায় নমো নমহ্
মহান ভগবান বিষ্ণুকে প্রণাম
প্রণাম, নরসিংহদেবকে প্রণাম।

ধীরে ধীরে ঢালু হয়ে ওঠা গুহাটি প্রস্তরস্তম্ভের চুড়ায় এসে শেষ হয়েছে। বিশাল শিখরের চারদিকেও বেড়া দেয়া। প্যাঁচালো গুহাপথ ধরে লোকেরা শোভাযাত্রা করে সীতার অনুসরণ করছিল।

প্রস্তরস্তম্ভের উপরকার বিস্তৃত জায়গাটিতে সুবিন্যস্ত অনেকগুলি নিচু ঘরবাড়ি এবং চৌকো জাফরি নকশার মত রাস্তা ঘাট।

রাস্তাগুলির দুধারে গর্ত করে, নীচের উপত্যকা থেকে অনেক কষ্ট করে নিয়ে আসা মাটি ফেলে ফুলের গাছ লাগানোর ব্যবস্থা করা হয়েছে। নিয়মিত ব্যাবধানে গভীর গর্তগুলি একটু বেশী গভীর কারণ সেগুলিতে বড় গাছের শিকর পোঁতা হয়েছে। পাথুরে, সীমিত পারিপার্শিকতার সযত্নে লালিত স্বাভাবিকতার প্রমাণ।

শিখরের মধ্যেখানে দুটি সুবিশাল মন্দির, মুখোমুখি দণ্ডায়মান। দুটি মন্দির একত্রে পরশুরামেশ্বর মন্দিরের চত্বর। একটি মন্দির লাল, প্রভু রুদ্রকে সমর্পিত, অন্যটি ধবধবে সাদা, ষষ্ঠ বিষ্ণু প্রভু পরশুরামের।

এলাকার অন্যান্য বাড়িগুলি একধরনের স্বল্প উচ্চতার, পরশুরামেশ্বর মন্দিরের চেয়ে কম উচ্চতায় নির্মিত। এর কিছু কার্যালয় হিসাবে ব্যবহৃত হয় অন্যগুলি বাসস্থান। মহর্ষি বিশ্বামিত্রের বাড়িটি শিখরের একেবারে কিনারায়, যেখান থেকে নীচের শ্যামল উপত্যকা দৃশ্যমান।

ওঁম নমো ভগবতে বিষ্ণুদেবায়

তস্মৈ বামনায় নমো নমহ্

মহান ভগবান বিষ্ণুকে প্রণাম

প্রণাম, বামনদেবকে প্রণাম।

স্তব চলছিল।

একজন কৃশকায় বৃদ্ধা মহিলার ওপর চোখ পড়ায় জটায়ু থমকে গেল। তার সাদা এলো চুল বাতাসে উড়ছিল। দূরে একটি বেদের ওপর বসে ছিলেন তিনি। তাঁর গর্বিত ভৌতিক দৃষ্টি সীতার ওপর নিবদ্ধ। তাঁর মনোরম আঙ্গুল রুদ্রবীণার তারে ঝঙ্কার তুলছিল। অন্নপুর্ণা দেবী। তাঁকে শেষ বার দেখা গিয়েছিল বহু বৎসর পুর্বে, যে দিন তিনি   অগস্ত্যকুটমে এসেছিলেন। আজ আবার তিনি বাড়ির বাইরে পা রেখেছেন। সজ্ঞানে তার শপথ ভঙ্গ করে জনসমক্ষে আজ তিনি বীণা বাজাচ্ছেন। তিনি যাকে ভালবাসতেন সেই স্বামীর দেয়া এক ভয়ানক শপথ। কিন্তু এই শপথভঙ্গের উপযুক্ত কারণ আছে। মহান বিষ্ণুর গৃহে প্রত্যবর্তন তো দৈনন্দিন বিষয় নয়।

ওঁম নমো ভগবতে বিষ্ণুদেবায়

তস্মৈ মোহিন্যায়ই নমো নমহ্

মহান ভগবান বিষ্ণুকে প্রণাম

প্রণাম, দেবী মোহিনীকে প্রণাম।

কিছু নীতিবাগীশদের লোকেদের বিশ্বাস যে একজন মহাদেব এবং একজন বিষ্ণু একসঙ্গে বর্তমান থাকতে পারেন না। একই সময়কালে হয় মহাদেব পুর্ববর্তী বিষ্ণুর উপজাতির সঙ্গে বিদ্যমান থাকতে পারেন, বা বিষ্ণু বিদ্যমান থাকতে পারেন পুর্ববর্তী মহাদেবের উপজাতির সঙ্গে। কারণ অশুভের ধ্বংসের প্রয়োজনের একই সঙ্গে শুভের বিস্তার কি ভাবে সম্ভব? সুতরাং কিছু লোকে

দেবী মোহিনীকে বিষ্ণু বলে স্বীকার করে না। স্পষ্টতই মলয়পুত্ররা সেই অধিকাংশের দলে যারা মহান দেবী মোহিনীকে বিষ্ণু বলে বিশ্বাস করে।

স্তব চলছিল।

ওঁম নমো ভগবতে বিষ্ণুদেবায়

তস্মই পরশুরামায় নমো নমহ্

মহান ভগবান বিষ্ণুকে প্রণাম

প্রণাম, প্রভু পরশুরামকে প্রণাম।

সীতা বিশ্বামিত্রের কাছে পৌঁছে ঘোড়ার লাগাম টেনে ধরে থামল। তাঁর গায়ে অঙ্গবস্ত্রম, অন্যদের মত আদুল নয়। অগস্ত্যকুটমের সব মলয়পুত্র রা এখন প্রস্তরস্তম্ভের ওপর উপস্থিত।

সীতা ঘোড়া থেকে নেমে নিচু হয়ে ভক্তিভরে বিশ্বামিত্রের চরণ স্পর্শ করল। তারপর সোজা হয়ে হাত জোর করে নমস্কার করে দাঁড়াল। বিশ্বামিত্র তার ডানহাত তুললেন।

সঙ্গীত, স্তব, নড়াচড়া সব একমুহূর্তে থেমে গেল।

পাহাড়ের চূড়ার ওপর দিয়ে মৃদু মন্দ বাতাস বয়ে গেল। শুধু তারই মৃদু শব্দ শোনা যাচ্ছিল। কিন্তু কেউ যদি অন্তরাত্মা দিয়ে শোনে তবে হয়তো দশ হাজার হৃদয়ের এক হয়ে স্পন্দিত হবার শব্দ শোনা যাবে। আর দৈব শক্তির অধিকারী হলে এক মন্ত্রমুগ্ধ মেয়ের হৃদয়ের চীৎকারও শোনা যাবে, যে নিঃশব্দে তার হারিয়ে ফেলা মাকে ডাকছে।

একজন মলয়পুত্র পণ্ডিত দু হাতে দুটি বাটি নিয়ে বিশ্বামিত্রের দিকে এগিয়ে এল। একটিতে ঘন, লাল, আঠাল তরল। অন্যটিতে একই পরিমাণ ঘন, সাদা তরল।

বিশ্বামিত্র তাঁর তর্জনী এবং অনামিকা শ্বেত তরল এবং মধ্যমা লাল তরলে ডোবালেন।

তারপর নিজের বুকের ওপর কবজি ছুঁইয়ে ফিসফিস করে বললেন। 'হে মহাদেব প্রভু রুদ্র, এবং বিষ্ণু প্রভু পরশুরামের আশীর্বাদে।'

তিনি তাঁর রঙ মাখা তিনটে আঙ্গুল সীতার দুই ভুরুর মধ্যে খানে রাখলেন, তারপর তার ওপর দিকে বাইরের আঙ্গুলদুটি ধীরে ধীরে ছড়িয়ে দিয়ে চুলের প্রান্ত পর্যন্ত ঘষে নিয়ে গেলেন। সীতার মাথায় ত্রিশূলের মত তিলক ফুটে উঠল। তার বাইরের বাহু দুটি সাদা এবং মধ্যেরটি লাল।

হাতের ইশারায় বিশ্বামিত্র আবার মন্ত্রোচ্চারণ আরম্ভ করলেন। দশ হাজার কণ্ঠস্বর একই তালে সুর মেলাল। এবারের স্তবটা কিন্তু অন্য।

ওঁম নমো ভগবতে বিষ্ণুদেবায়
তস্যাই সীতাদেব্যাই নমহ্।
মহান ভগবান বিষ্ণুকে প্রণাম
প্রণাম, দেবী সীতাকে প্রণাম

অধ্যায় ১৫

সন্ধ্যার শেষভাগে সীতা প্রভু পরশুরামের মন্দিরে চুপ করে বসে ছিল। তাকে একা ছেড়ে দেয়া হয়েছে, তারই অনুরোধে।

গ্রানাইট প্রস্তরস্তম্ভের শিখরে মহান পরশুরামেশ্বর মন্দিরের জমি প্রায় দেড়শ একর জুড়ে বিস্তৃত । এর কেন্দ্রে একটি চৌকো কৃত্রিম হ্রদ যার তলায় সেই লালচে বেগুনী আগাছা বিছানো। এটি সীতাকে গোপন উপহ্রদে দেখা দৃশ্যত 'রক্তপুর্ণ' জলধারার কথা মনে করিয়ে দিল। নদীর আগাছাগুলি এখানে কলম করে লাগানো। যাতে হ্রদের স্থির জলে সে গুলি মরে না যায়। হ্রদটি পাথরের গায়ে প্রস্তুত করা সমগ্র শহরের জল জমিয়ে রাখার জায়গা। গুহার মধ্যে প্যাঁচালো রাস্তার সমান্তরাল করে বিছানো নল দিয়ে জল সরবরাহের ব্যাবস্থা করা হয়েছে।

পরশুরামেশ্বর মন্দির চত্বরের দুটি মন্দির হ্রদের দুপাশে নির্মান করা হয়েছে। একটি প্রভু রুদ্রের নামে অন্যটি প্রভু পরশুরামের।

প্রভু রুদ্রের মন্দিরের গ্রানাইটে তৈরি ভেতরের অংশ বহুদূর থেকে আনা লাল বেলেপাথর দিয়ে মোড়া। এর শক্ত নিরেট ভিত্তি প্রায় দশ মিটার উঁচু এক পাদবেদীর মত যার ওপর প্রধান মন্দিরটি নির্মিত। ভিত্তির বহির্মুখে ঋষি এবং ঋষিকাদের অবয়বের প্রতিকৃতি খোদাই করা। মধ্যেখানে এক চওড়া সিঁড়ি উঠে গেছে এক বিশাল বারান্দায়। প্রধান মন্দিরের চারদিক ঘিরে আছে পাতলা তামার পাত দিয়ে তৈরি সূক্ষ্ম ঝাঁঝরি। যা বাদামী রঙের, ধাতুটির সাধারণ লালচে কমলা রঙএর নয়। তলায় ধাতব দীপের গড়নে ছোট্ট ছোট্ট চৌকো ছিদ্র দিয়ে গড়া

ঝাঁঝরিটি। উৎসবের সময় যখন এই হাজার হাজার দীপ জ্বালান হয়, প্রধান মন্দির এক নক্ষত্র খচিত আকাশে ঢাকা দেখায়।

গগনচারী।

হাজার প্রদীপের এই ধাতব পরদার ওপারে শত স্তম্ভের হলঘর। প্রতিটি স্তম্ভ হাতিতে টানা কুঁদকলের সাহায্যে প্রায় নিখুঁত বৃত্তাকার প্রস্থচ্ছেদে পরিণত করা হয়েছে। এই মনোরম স্তম্ভ গুলি মন্দিরের পঞ্চাশ মিটার উচ্চতার বিশাল মূল স্তম্ভকে ধরে রেখেছে। এই অতিকায় মন্দির স্তম্ভের চারদিকে প্রাচীন অতীতের মহান পুরুষ এবং মহিলাদের প্রতিকৃতি কোদাই করা আছে। নানা গোষ্ঠীর যেমন সঙ্গমতামিল, দ্বারকা, মানসকুল, আদিত্য, দৈত্য, বসু, দেবতা, রাক্ষস, গন্ধর্ব, যক্ষ, সুর্যবংশী, চন্দ্রবংশী, নাগ এবং আরও অনেক। এই মহান বৈদিক দেশ ভারতবর্ষের পুর্বসূরী পুরুষ এবং মহিলারা।

হলঘরের কেন্দ্রে হচ্ছে প্রধান পবিত্র প্রার্থনাস্থল। এতে রয়েছে প্রভু রুদ্র এবং তার প্রেয়সী দেবী মোহিনীর প্রমাণ মাপের বিগ্রহ। তাঁদের সচরাচর মুর্তি থেকে আলাদা, এই বিগ্রহের হাতে কোন অস্ত্র নেই। তাঁদের মুখের ভাব, শান্ত, নম্র এবং ভালবাসাপুর্ণ। সবচেয়ে মনমুগ্ধকর হল, প্রভু পরশুরাম এবং দেবী মোহিনী হাত ধরাধরি করে আছেন।

হ্রদের অন্য পারের দিকে, প্রভু রুদ্রের মন্দিরের মুখোমুখি দাঁড়িয়ে আছে প্রভু পরশুরামের মন্দির। প্রভু পরশুরামের মন্দিরের প্রায় একই রকম, একটা দর্শনীয় অমিল ছাড়া। প্রভু পরশুরামের মন্দিরের ভেতরের অংশের গ্রানাইট সাদা মর্মরের স্তরে মোড়া। মন্দিরের একশত স্তম্ভের হলের মাঝখানে পবিত্র প্রার্থনাস্থলে আছে মহান ষষ্ঠ বিষ্ণু এবং তাঁর পত্নী দেবী ধরণীর বিগ্রহ। এবং এই বিগ্রহদুটি সশস্ত্র। প্রভু পরশুরামের হাতে ধরা তাঁর ভয়ঙ্কর কুঠার এবং দেবী ধরণী বাঁ হাতে একটি দীর্ঘ ধনুক আর অন্য হাতে একটি তীর নিয়ে বসা।

ভাল করে মনোযোগ দিয়ে দেখলে সীতা দেবী ধরণীর হাতে ধরা ধনুকের গায়ে খোদাই করা চিহ্নগুলি চিনতে পারত। কিন্তু সে নিজস্ব ভাবনায় ডুবে ছিল। একটা থামে ঠেস দিয়ে প্রভু পরশুরাম ও দেবী ধরণীর বিগ্রহের দিকে তাকিয়ে ছিল।

তার মনে পড়ল, আজ কিছুক্ষণ আগে তাকে অগস্ত্যকূটমে স্বাগত জানাবার সময় মহর্ষি বিশ্বামিত্রের বলা কথা। যে, তারা নয় বৎসর অপেক্ষা করবেন। যতক্ষণ না মলয়পুত্র জ্যোতিষীদের গণনা অনুসারে নক্ষত্রদের অবস্থান সঠিক হচ্ছে। আর তারপর বিশ্বের কাছে তার বিষ্ণুত্ব ঘোষণা করা হবে। তাকে বলা হয়েছে যে তার কাছে ততদিন পর্যন্ত সময় আছে প্রস্তুতির, প্রশিক্ষণের। তার কর্তব্য বুঝবার , এবং মলয়পুত্ররা তাকে এই সবকিছুতে পথ দেখাবে।

বলা বাহুল্য সেই পবিত্র মুহূর্তের আগে পর্যন্ত প্রতিটি মলয়পুত্রের প্রতিজ্ঞাবদ্ধ দায়িত্ব হচ্ছে তার পরিচিত গোপন রাখা। ঝুঁকি খুবই বেশী।

সে ঘুরে তাকাল। প্রবেশ পথের দিকে। কেউ মন্দিরে ঢোকে নি। তাকে একা থাকতে দেয়া হয়েছে।

সে প্রভু পরশুরামের বিগ্রহের দিকে তাকাল।

বিষ্ণু হবার তার যোগ্যতা প্রত্যেক মলয়পুত্রই যে মেনে নিয়েছে তা নয় এটা সে জানত। কিন্তু দুর্দান্ত বিশ্বামিত্রের বিরোধীতা করার দুঃসাহস কেউ করবে না।

গুরু বিশ্বামিত্র আমার সম্পর্কে এত নিশ্চিত কেন? উনি কি জানেন যা আমি জানি না?

— ১৯ —

সীতা অগ্যাস্তকুটম আসার পর একমাস কেটে গেছে। বিশ্বামিত্রের সঙ্গে তার অনেক বিস্তারিত আলোচনা হয়েছে।

এর কিছু ছিল নির্ভেজাল পড়াশোনা, বিজ্ঞান, জ্যোতির্বিদ্যা ও চিকিৎসা। বাকিগুলি তাকেপৌরুষ ও নারীত্বও, সাম্য ও শ্রেণীবিভাগ, ন্যায় ও স্বাধীনতা, উদারনীতি ও বিধিবদ্ধতা এবং অন্যান্য বিভিন্ন বিষয়গুলি স্পষ্ট ভাবে বুঝতে, প্রশ্ন করতে, নিজের দৃষ্টি ভঙ্গী সুনিশ্চিত বা বিরোধীতা করতে সাহায্য করার উদ্দেশ্যে পরিকল্পিত সূক্ষ্ম পাঠ্যক্রম। এই তর্কগুলি প্রধানত সীতার জন্যে

জ্ঞানোন্মেষ্কারী ছিল। কিন্তু জাতিভেদ নিয়ে আলোচনা গুলি হতো সবচেয়ে প্রাণবন্ত।

শিক্ষক এবং ছাত্রী দুজনেই একমত যে জাতিপ্রথা বর্তমানে যে রূপে চলছে সেটা সম্পুর্ণভাবে নির্মূল হওয়া উচিৎ। ভারতবর্ষের জীবনীশক্তির অবক্ষয় হচ্ছে এর ফলে। অতীতে জাতি নির্ধারিত হত লক্ষণ, গুণবত্তা, কাজ দিয়ে। নমনীয় ভাবে। কিন্তু সময়ের সঙ্গে সঙ্গে, পারিবারিক ভালবাসা এই ধারনাটির ভিত্তিকে বিকৃত করে দিয়েছে। মা বাবারা এটা সুনিশ্চিত করতে আরম্ভ করেছে যে, তাঁদের ছেলেমেয়েরা একই জাতে যেন থেকে যায়। এছাড়াও জাতির মধ্যে এক যদৃচ্ছ শ্রেণীবিভাগ করে দেয়া হয়েছে, যার ভিত্তি হল কোন শ্রেণীর অর্থনৈতিক এবং রাজনৈতিক প্রভাব। কোন জাতি 'উঁচু' এবং কোন জাতি 'নীচু' বলে পরিচিত হয়েছে। ক্রমশ জাতিপ্রথা অনমনীয় এবং জন্ম ভিত্তিক হয়ে গেছে। এমন কি বিশ্বামিত্র যখন ক্ষত্রিয় হয়ে জন্মে ব্রাহ্মণ, বস্তুতঃ ঋষি হবার সিদ্ধান্ত নেন তাঁকেও অনেক বাধার সম্মুখীন হতে হয়েছিল। এই অনমনীয়তা সমাজে বিভাজন সৃষ্টি করেছে। রাবণ এই বিভাজনের সুযোগ নিয়ে অবশেষে সপ্ত সিন্ধুকে পরাভূত করেছে।

কিন্তু এর সমাধান কি হতে পারে? মহর্ষির বিশ্বাস যে এমন সমাজ সৃষ্টি করা সম্ভব নয় যেখানে সকলে সম্পুর্ণভাবে এবং হুবহু সমান হবে। সেটা কাম্য হতে পারে কিন্তু চিরকাল এক কাল্পনিক আদর্শ হয়ে থেকে যাবে। লোকেদের কর্মদক্ষতা এক হয় না, মাত্রা এবং প্রকার দুই ক্ষেত্রেই। সুতরাং তাদের কর্মক্ষেত্র এবং সাফল্যও ভিন্ন হতে বাধ্য। সম্পুর্ণ সাম্য স্থাপনের চেষ্টা বারং বার অনিবার্য ভাবে হিংসা ও বিশৃঙ্খলার কারণ হয়েছে।

বিশ্বামিত্র স্বাধীনতার ওপর জোর দিয়েছেন। কোন ব্যক্তিকে তার নিজেকে জানার এবং নিজস্ব স্বপ্ন সফল করার সামর্থ্য দিতে হবে। তাঁর প্রণালীতে, যদি কোন শিশু শূদ্র মা বাবার কাছে জন্মায় কিন্তু তার ব্রাহ্মণ হবার গুণাবলী থাকে তবে তাকে ব্রাহ্মণ হতে দেয়া উচিৎ। যদি কোন ক্ষত্রিয় পিতার পুত্রের বাণিজ্যে দক্ষতা থাকে তবে তাকে বৈশ্য হবার প্রশিক্ষণ দেয়া উচিৎ।

তাঁর বিশ্বাস কৃত্রিম সাম্য জোর করে চাপিয়ে দেওয়ার চেয়ে জন্মের ভিত্তিতে জীবনের সম্ভাবনা নির্ধারণের অভিশাপটিকে সরিয়ে দেয়া প্রয়োজন। সমাজে শ্রেণীবিভাগ চিরকাল থাকবে, প্রকৃতিতেও তা উপস্থিত। কিন্তু তা পরিবর্তনশীল হওয়া প্রয়োজন। এমন সময় আসবে যখন ক্ষত্রিয় যোদ্ধারা সমাজে অভিজাত বলে মান্য হবে এবং এমন সময়ও আসবে যখন দক্ষ শূদ্র স্রষ্টারা অভিজাত বলে অভিহিত হবে। সমাজের শ্রেণীভাগের ভিত্তি হবে যোগ্যতা, এইটুকুই। জন্ম নয়।

এটিকে বলবৎ করার জন্য বিশ্বামিত্রের মতে পরিবারের কাঠামো পালটানো প্রয়োজন। কারণ যোগ্যতা এবং সমাজের মুক্ত গতিশীলতার বিরুদ্ধে সবচেয়ে শক্তিশালী বাধা হল উত্তরাধিকার।

তাঁর পরামর্শ অনুযায়ী শিশুরা জন্মের সময় থেকেই বাধ্যতামূলক ভাবে রাজ্যের দায়িত্ব হয়ে যাবে। জন্মদাতা বাবামায়েদের রাজ্যের হাতে বাচ্চাকে সমর্পণ করে দিতে হবে। রাজ্য এই শিশুদের খাদ্য, শিক্ষা এবং সহজাত প্রতিভার লালন পালন করবে। তারপর পনের বৎসর বয়েসে, তাদের শারীরিক, মানসিক এবং যোগ্যতার মূল্যায়নের জন্য পরীক্ষা নেয়া হবে। তার ফলাফলের ওপর ভিত্তি করে তাদের উপযুক্ত জাতি বরাদ্দ করা হবে। পরের প্রশিক্ষণ তাদের সহজাত কর্মদক্ষতাকে পরিমার্জিত করবে। পরিশেষে যে জাতি কৈশোরে পরীক্ষার মাধ্যমে নির্ধারিত করা হয়েছে সেই একই জাতির নাগরিক তাদেরকে দত্তক নেবে। শিশুরা তাদের পালক মাবাবা ব্যতীত জন্মদাতা মা বাবাকে জানবে না। জন্মদাতা বাবামায়েরাও তাদের বাচ্চাদের অদৃষ্ট জানতে পারবে না।

সীতা স্বীকার করেছিল যে এটি একটি যথাযথ পদ্ধতি হতে পারে। কিন্তু তার এও মনে হয়েছে যে এটি কঠোর এবং অবাস্তব। বাবামায়েরা স্বেচ্ছায় নিজের জন্মদেয়া শিশুকে রাজ্যের হাতে তুলে দেবে, স্থায়ীরূপে, এটা সীতা ভাবতেও পারে না। এটা অস্বাভাবিক। সত্যি বলতে কি, যা সময় চলছে তাতে বৃহত্তর মঙ্গলের জন্য ভারতবাসীদের বুনিয়াদী আইন মেনে চালানো অসম্ভব হয়ে

পড়েছে। সমাজের বৃহত্তর স্বার্থে তারা এতবড় স্বার্থত্যাগ করবে এটা ভাবা একেবারেই কষ্টকল্পিত।

বিশ্বামিত্র মনে করালেন যে বিষ্ণুর কর্তব্যই হল সমাজের আমূল পরিবর্তন আনা, সমাজকে মানানো। সীতার জবাব ছিল আগে বিষ্ণুর মেনে নেয়া প্রয়োজন। গুরুবর আশ্বাস দিয়েছিলেন যে, তিনি সেটা করবেন। তিনি বাজি রেখে বলেছেন যে সময়ের সঙ্গে সঙ্গে সীতা এতটাই মেনে নেবে যে সে নিজেই এই বিস্ময়কর যথাযথ ও ন্যায্য সমাজব্যবস্থার সমর্থক হয়ে যাবে।

জাতিভেদ প্রথার বিষয়ে তাদের আরেকটি আলোচনা শেষ হলে পর সে নিয়ে আরও ভাবতে ভাবতে সীতা উঠে বাগানের এক ধারে চলে এলো। বাগানটি প্রস্তরস্তম্ভের শিখরের এক ধারে। গভীর শ্বাস নিয়ে তার গুরুর প্রস্তাবিত পদ্ধতির বিরুদ্ধে উপস্থিত করার মত আরও কিছু যুক্তি ভেবে বের করতে চেষ্টা করতে করতে সাড়ে আটশত মিটার নীচের উপত্যকার দিকে তাকাল সে। তমিরাবরুণীর একটা বিষয় চমকে দিল তাকে। চিন্তা থেমে গেল তার। চেয়ে রইল একদৃষ্টে।

এটা আমি আগে খেয়াল করিনি কেন?

নদীটি উপত্যকার বাইরে বের হয় নি একেবারেই। ডিম্বাকৃতি উপত্যকাটির পুর্ব প্রান্তে তমিরাবরুণী ভুগর্ভে অদৃশ্য হয়ে গেছে।

এ কি? হে প্রভু রুদ্র...

'নদীটা একটা গুহায় প্রবেশ করেছে সীতা।' বিশ্বামিত্র নিঃশব্দে তাঁর ছাত্রীর কাছে এগিয়ে এসে দাঁড়িয়েছেন।

— ৫১ —

বিশ্বমিত্র এবং সীতা পাথরের গায়ে উল্লম্ব ভাবে কাটা প্রাকৃতিক গুহাটির মুখে দাঁড়িয়েছিলেন।

তমিরাবরুণীর গতিপ্রবাহে কৌতূহলী সীতা উপত্যকার পুর্ব প্রান্তে যেখানে নদীটি ভোজবাজির মত অদৃশ্য হয়ে গেছে সেই জায়গাটা দেখবার ইচ্ছা প্রকাশ

করেছিল। দূর থেকে মনে হচ্ছিল, নদীটি মাটিতে গর্তের ভেতর ঢুকে পড়েছে। কিন্তু কাছে এসে গুহার সরু মুখটা দেখতে পেল সীতা। এক উল্লম্ব গুহা। একটা নদী পুরোপুরি এই ছোট ফাটলে ঢুকে গেছে সেটা অবিশ্বাস্য ব্যাপার। গুহার ভেতরে নদীর বজ্রনির্ঘোষ থেকে বোঝা যায়, যে খাদটির ভূগর্ভেও বিস্তার আছে।

'কিন্তু এই জল কোথায় যায়!?' প্রশ্ন করল সীতা।

এক দল মলয়পুত্র যোদ্ধা সীতা ও বিশ্বামিত্রের পেছনে দাঁড়িয়ে ছিল। শুনতে পাওয়া দূরত্বের বাইরে, কিন্তু প্রয়োজনে দ্রুত চলে আসা যায় ততটা কাছে।

'নদীটা পূর্বে বয়ে গিয়ে মান্নার উপসাগরে পড়েছে।' বললেন বিশ্বামিত্র। 'যা ভারতবর্ষ আর লঙ্কাকে পৃথক করেছে।'

'কিন্তু যে গর্তে এসে ঢুকেছে সেখান থেকে এটা বার হয় কি করে?'

'এই ভুগর্ভস্ত কন্দর থেকে দশ কিলোমিটার উজানে গিয়ে মাটি ফুঁড়ে বেরিয়েছে এটি।'

বিস্ময়ে সীতা বড় বড় চোখ করে বলল। 'এই গুহা এতটা লম্বা?'

বিশ্বামিত্র মৃদু হাসলেন। 'এস। তোমাকে দেখাই।'

বিশ্বামিত্র সীতাকে গুহার মুখের কিনারায় নিয়ে গেলেন। সীতা ইতস্তত করছিল। ঢুকবার মুখে এটি মাত্র পঁচিশ মিটার চওড়া। এই আরোপিত সঙ্কোচন নদীর গতি নাটকীয় ভাবে বাড়িয়ে দিয়েছে। এ এক অস্বাভাবিক রকম তীব্রতা নিয়ে ভুগর্ভস্ত বাঁধটিকে আক্রমণ করেছে।

গুহামুখের বাঁয়ে সিঁড়ির দিকে ইশারা করলেন বিশ্বামিত্র। স্পষ্টতই সেটি মানুষের তৈরি। পাশের ঢালু দেয়ালে সিঁড়ির ধাপ কাটা হয়েছে। বুদ্ধি করে ডান দিকটায় একটি রেলিং ও দেয়া হয়েছে, নীচে পড়া আটকানর উদ্দেশ্যে।

দ্রুত নেমে আসা নদী থেকে তীব্রবেগের জলের ঝাপটা এবং ফেনার ফলে দৃষ্টি ঝাপ্সা হয়ে এর ফলে সিঁড়িটাকেও বিপজ্জনক রকম পিচ্ছিল হয়ে গিয়েছিল।

ছাত থেকে পড়া জলের ফোঁটা থেকে নিজেকে বাঁচতে বিশ্বামিত্র তাঁর অঙ্গবস্ত্রটা মাথায় টেনে নিলেন। সীতাও দেখাদেখি তাই করল।

'সাবধান' বললেন বিশ্বামিত্র। 'সিঁড়িগুলি পিচ্ছিল।'

সীতা মাথা নেড়ে তার গুরুকে অনুসরণ করল। মলয়পুত্র যোদ্ধারা নিকট দূরত্বে পেছনে আসছিল।

তারা নিঃশব্দে পথ অতিক্রম করছিল। সাবধানে নেমে যাচ্ছিল, ক্রমশ গুহার আরও ভেতরে। সীতা নিজের অঙ্গবস্ত্রের ভেতর সেঁধিয়ে গেল। দিনের আলো ফাঁক ফোকর দিয়ে ঢুকে পরছিল কিন্তু সীতা আরও নীচে গেলে নিশ্ছিদ্র অন্ধকারের আশা করছিল। অবিরাম জলের ঝাপটার ফলে মশাল জ্বালান অসম্ভব।

সীতা সবসময় অন্ধকার ভয় পেয়ে এসেছে। তাঁর সঙ্গে যোগ হয়েছে এই বদ্ধ পিচ্ছিল জায়গা। চারদিকের অতিকায় পাথর আর অধোগামী নদীর বিরাট গর্জন সব মিলিয়ে এক ভয়ঙ্কর অভিজ্ঞতার সৃষ্টি করেছে।

তার মায়ের কণ্ঠস্বর বেজে উঠল কানে। তার মননের অন্তঃস্থলে প্রোথিত এক স্মৃতি।

অন্ধকারকে ভয় পেওনা বাছা। আলোর একটা উৎস থাকে। সেটা বুজিয়ে দেয়া যায়। কিন্তু অন্ধকারের কোন উৎস নেই। তাঁর কেবল অস্তিত্ব আছে। এই অন্ধকার তাঁর কাছে যাবার পথ যাঁর কোন উৎস নেইঃ ঈশ্বর।

জ্ঞানপুর্ণ কথা। কিন্তু এই মুহূর্তে কথা গুলি সীতাকে খুব স্বস্তি দিতে পারছিল না। শীতল আতঙ্ক ধীরে ধীরে তার হৃদয়কে চেপে ধরছিল। শৈশবের এক স্মৃতি জোর করে তাঁর চেতনায় উঠে আসছিল। মাটির নীচের অন্ধকার কোন প্রকোষ্ঠে আটকে থাকা, ইঁদুরের ছুটোছুটি করে বেড়ানর শব্দ, তার নিজের হৃদপিণ্ডের তীব্র ধুকপুকুনি। নিঃশ্বাস প্রায় বন্ধ হয়ে আসা। নিজের চেতনাকে বর্তমানে টেনে ফেরাল সীতা। যে শূন্যতার মধ্যে তারা এসে পড়েছে বিশ্বামিত্রের সাদা আলখাল্লার হঠাৎ হঠাৎ দৃশ্যমান হওয়া সেটার ধারাবাহিকতা ভঙ্গ করছিল। সহসা সে তাঁকে বাঁ দিকে মোড় নিতে দেখল। রেলিং থেকে হাত না সরিয়ে সেও অনুসরণ করল।

হঠাৎ চোখ ধাঁধান আলোয় প্রথমে হকচকিয়ে গিয়ে তারপর ধীরে ধীরে সামনে দাঁড়ানো বিশ্বামিত্রের বিশালকায় অবয়ব নজরে এলো সীতার। উঁচু করে একটা মশাল ধরে আছেন তিনি। সেটা সীতার হাতে দিলেন। সীতা দেখতে পেল তাঁকে একজন মলয়পুত্র যোদ্ধা আরেকটি মশাল এগিয়ে দিয়েছে।

বিশ্বামিত্র আবার সামনে এগিয়ে নীচে নামতে লাগলেন। সিঁড়িগুলি এখন অনেক চওড়া হয়ে গেছে। যদিও নদীর শব্দ দেয়ালে ধাক্কা খেয়ে চারদিকে প্রতিধ্বনিত হচ্ছিল।

এই ছোট্ট গুহার পক্ষে অত্যধিক জোরে।

কিন্তু সীতা বেশীকিছু দেখতে পাচ্ছিল না কারণ মশাল কেবল মাত্র দুটি ছিল। অচিরেই মলয়পুত্রদের প্রত্যেকের হাতে মশাল জ্বলে উঠে জায়গাটা আলোয় আলো হয়ে গেল।

সীতা রুদ্ধশ্বাসে চেয়ে রইল।

হে প্রভু রুদ্র!

ছোট্ট গুহটি এসে এক কন্দরে এসে মিলেছে। এবং সেটি বিশাল। সীতার দেখা যে কোন গুহার চেয়ে বড়। সম্ভবত ছয় শত মিটার চওড়া। ছাতের উচ্চতা মোটামুটি একই থাকলেও সিঁড়ির ধাপ গুলো আরও অনেক নীচে নেমে গেছে। তারা যখন গুহা কন্দরের তলায় পৌঁছুল, ছাত তখন স্বচ্ছন্দে দুশ মিটার উঁচুতে। ভুগর্ভের এই স্থানে একটা বড় রাজপ্রাসাদ নির্মাণ করে ফেলা সম্ভব। এবং তার পর ও জায়গা উদ্বৃত্ত থাকবে। তমিরাবরুণী কন্দরের ডান দিকে বইছে, সজোরে তীব্রবেগে নেমে আসছে।

'দেখতেই পাচ্ছ, বহুকাল ধরে নদী এই গুহাটিকে ক্ষয় করেছে।' বিশ্বামিত্র বোঝালেন 'বিশাল, তাই না?'

'আমার দেখা সবচেয়ে বড়।' মুগ্ধ বিস্ময়ে বলল সীতা।

বাঁপাশে একটা অতিকায় সাদা পাহাড় ছিল। ভেতরটা এত ভালভাবে আলোকিত হওয়ার পেছনে ওটাই কারণ। বহু সংখ্যক মশাল থেকে আসা আলো প্রতিফলিত করে এটি গুহার আনাচে কানাচে ছড়িয়ে দিচ্ছিল।

'গুরুজি, আমি ভাবছি ঐ পাহাড়টা কি দিয়ে তৈরি।'

বিশ্বামিত্র মৃদু হাসলেন। 'এখানে প্রচুর বাদুর বাস করে।'

সীতা সহজাত ভাবে ওপরে তাকাল।

'তারা সবাই ঘুমিয়ে আছে। ' বললেন বিশ্বামিত্র। 'এখন দিনের বেলা। ওরা রাতে জাগবে। হাজার হাজার বৎসর ধরে কোটি কোটি বাদুরের ত্যাগ করা মলে ঐ পাহাড়টা বনেছে।'

সীতা মুখবিকৃত করল 'ওয়াক্!'

বিশাল কন্দরে প্রতিধ্বনিত হল বিশ্বামিত্রের হাসি।

এমন সময় বিশ্বামিত্রের পেছনে কিছুর ওপর দৃষ্টি পড়ল সীতার। দেয়াল থেকে বহু সংখ্যক দড়ির মই ঝুলছে; এত গুলি যে সে গোনবার চেষ্টা ছেড়ে দিল। ছাতে জায়গামত পুঁতে দেয়া মইগুলি একেবারে মেঝে পর্যন্ত নেমে গেছে।

সীতা সেগুলোকে দেখিয়ে প্রশ্ন করল। 'ওটা কি গুরুজি?'

'এই দেয়ালের ফাটল ও কোটর গুলিতে কিছু সাদা অর্ধবৃত্তাকার পাখির বাসা আছে। এই নীড় গুলি মূল্যবান। যে পদার্থ দিয়ে সেগুলি তৈরি হয় সেটি মূল্যবান। এই মই দিয়ে আমরা সেগুলির নাগাল পাই।'

সীতা আশ্চর্য হয়ে গেল। 'এত মূল্যবান কি জিনিষ হতে পারে যা দিয়ে পাখির নীড় তৈরি হয়? এই মইগুলি সত্যি অনেক উঁচু। ঐ উচ্চতা থেকে পড়ার অর্থ তৎক্ষণাৎ মৃত্যু।'

'ঠিক, অনেকে মারাও গেছে। কিন্তু সেই আত্মত্যাগ সার্থক। '

সীতা ভুরু কোঁচকাল।

'রাবণের ওপর আমাদের কোন একটা নিয়ন্ত্রণ চাই। পাখির বাসার ঐ বস্তুটা আমাদের সেইটা দেয়।'

সীতা থমকে গেল। যে চিন্তাটা বেশ কিছু সময় ধরে তাকে উত্যক্ত করছিল সেটা আবার হাজির হল: *মলয়পুত্রদের সঙ্গে লঙ্কার লোকেদের সম্পর্কটা কি?*

'তোমাকে আমি এটা একদিন বুঝিয়ে দেব,' সব সময়ের মতই তার চিন্তা বুঝে নিয়ে বিশ্বামিত্র বললেন। 'এখন কার মত, আমার ওপর ভরসা রাখ।'

সীতা চুপ করে রইল। কিন্তু তার মুখ দেখে বোঝা যাচ্ছিল তার অস্থিরতা যায় নি।

'আমাদের এই দেশ এক পবিত্র ভূমি ' বিশ্বামিত্র বলে চললেন। 'উত্তরে হিমালয়ের প্রাচীর, পায়ের কাছে ভারত মহাসাগরের জলের উচ্ছ্বাস এবং দুই বাহুতে পুর্ব ও পশ্চিম সাগর, এই মহান দেশের মাটির এক শুদ্ধতা আছে। এই দেশে জন্মগ্রহণ করা প্রত্যেকের দেহে ভারতমাতার পুতঃ মৃত্তিকা আছে। এই দেশকে এই রকম হতশ্রী অবস্থায় থাকতে দেয়া চলে না। আমাদের মহান পুর্বপুরুষদের জন্য এ অপমানজনক। ভারতবর্ষকে আবার মহান করে তুলতেই হবে। এই দেশকে এর মহান পুর্ব পুরুষদের যোগ্য করে তোলার জন্য যা করতে হবে, যাই করতে হোক, আমি করবই। এবং বিষ্ণু ও করবে।

— ১৮ —

সীতা, জটায়ু এবং মলয়পুত্রসেনাদের এক পলটন পশ্চিম উপকুল ধরে সপ্ত সিন্ধুর দিকে ফিরে যাচ্ছিল। সীতা মিথিলায় ফিরছে। রাজ্যশাসন, দর্শন, যুদ্ধবিদ্যা এবং পুর্ববর্তী বিষ্ণুদের ব্যক্তিগত ইতিহাস সম্পর্কে জ্ঞানার্জন করে পাঁচমাসের বেশী অগস্ত্যকুটমে কাটিয়েছে সীতা। অন্যান্য বিষয়ের ওপরও উচ্চতর শিক্ষা অর্জন করেছে। এ তার বিষ্ণুত্বর প্রস্তুতি। তার প্রশিক্ষণে বিশ্বামিত্র ব্যাক্তিগত ভাবে যুক্ত ছিলেন।

সে আর জটায়ু জাহাজের প্রধান পাটাতনে বসে গরম আদ্রকের আরকে চুমুক দিচ্ছিল।

সীতা হাতের পাত্রটা নীচে রেখে মলয়পুত্রের দিকে তাকাল। 'জটায়ু জি। আশা করি আপনি আমার প্রশ্নের উত্তর দেবেন।'

জটায়ু সীতার দিকে ফিরে মাথা নুইয়ে বলল। 'আমি অস্বীকার করব কি করে, মহান বিষ্ণু?'

'মলয়পুত্রদের সঙ্গে লঙ্কার লোকেদের সম্পর্কটা কি।'

'আমরা ওদের সঙ্গে বাণিজ্য করি। যেমন সপ্ত সিন্ধুর সব রাজ্য করে। আমরা তমিরাবরুণীর কন্দর থেকে খনন করে আনা এক অতি মূল্যবান পদার্থ লঙ্কায় রপ্তানি করে থাকি। আর তারা আমাদের যা যা প্রয়োজন তা দেয়।'

'সে আমি জানি। কিন্তু রাবণ সাধারণত ছোট ছোট ব্যবসায়ী নিযুক্ত করে যাদেরকে লঙ্কার সঙ্গে বাণিজ্য করার অনুমতি পত্র দেয়া হয়। অন্য কেউ তার সঙ্গে কোন রকমের ব্যবসা করতে পারে না। কিন্তু অগস্ত্যকুটমে সে রকম কোন উপ-বণিক নেই। আপনারা সরাসরি তার সঙ্গে বাণিজ্য করেন। আশ্চর্য। আমি এও জানি সে পুর্ব এবং পশ্চিমের সমুদ্র কঠিন হাতে নিয়ন্ত্রণ করে। তাঁকে শুল্ক না দিয়ে ঐ জলে কোন জাহাজ ভাসতে পারে না। এভাবেই সে বাণিজ্যকে করায়ত্ত করে রেখেছে। কিন্তু মলয়পুত্রদের জাহাজ তাকে কিছুই দেয় না, তবু নিরাপদে আনাগোনা করে। কি করে?'

'যেমন আমি বলেছি, হে মহান বিষ্ণু, আমরা তাকে অতিশয় মূল্যবান কিছু বিক্রি করি।'

'ঐ পাখির নীড়ের বস্তুটার কথা বলছেন?' সীতা অবিশ্বাসের স্বরে প্রশ্ন করল, 'আমি নিশ্চিত সে সপ্ত সিন্ধুর অন্যান্য স্থান থেকেও একই রকমের মূল্যবান বস্তু পেয়ে থাকে।'

'এই পদার্থটি খুবই মূল্যবান। সপ্ত সিন্ধু থেকে পাওয়া অন্য যে কোন কিছুর চেয়ে অনেক বেশী।'

'তাহলে অগস্ত্যকুটম আক্রমণ করে এসব কব্জা করে নিচ্ছে না কেন? এতো তার রাজ্য থেকে বেশী দূরে নয়।'

কতটুকু প্রকাশ করা উচিৎ ঠিক করতে না পেরে জটায়ু চুপ করে রইল।

'আমি আরও শুনেছি,' সতর্কতার সঙ্গে শব্দচয়ন করে সীতা বলতে লাগল, 'যে একটা যুগ্ম ঐতিহ্যও নাকি আছে।'

'থাকতে পারে। কিন্তু প্রত্যেক মলয়পুত্রের প্রধান আনুগাত্য আপনার প্রতি, হে দেবী বিষ্ণু।'

'তাতে আমার সন্দেহ নেই। কিন্তু আমাকে, এই যুগ্ম ঐতিহ্যের ব্যাপারটা কি বলুন তো।'

জটায়ু লম্বা শ্বাস নিল। প্রথম প্রশ্নটার সে পাশ কাটাতে পেরেছিল, কিন্তু এটাকে এড়াতে পারবে বলে মনে হচ্ছিল না।

'মহর্ষি বিশ্বামিত্র ব্রাহ্মণ ঋষি হবার আগে একজন রাজপুত্র ছিলেন।'

'সেটা আমি জানি।'

'তাঁর পিতা, রাজা গাধি, কনৌজ রাজ্যের রাজা ছিলেন। গুরু বিশ্বামিত্র নিজেও খুব অল্প সময়ের জন্য সেখানে রাজা হয়েছিলেন।'

'হ্যাঁ, আমিও তাই শুনেছি।'

'তারপর তিনি সিংহাসন ত্যাগ করে ব্রাহ্মণ হবার সিদ্ধান্ত নেন। সিদ্ধান্তটা সহজ ছিল না। কিন্তু আমাদের মহান গুরদেবের অসাধ্য কিছুই নেই।'

উনি যে কেবল ব্রাহ্মণ হয়েছেন তা নয়, মহর্ষির পদবীও অর্জন করেছেন। এবং উন্নতির চরম শিখরে পদার্পণ করে অবশেষে মলয়পুত্রদের প্রধান হয়েছেন।

সীতা মাথা নেড়ে সায় দিল। 'গুরু বিশ্বামিত্রের অসাধ্য কিছুই নেই। তিনি সর্বকালের মহাত্তমদের একজন।'

'সত্যি।' বলল জটায়ু। তারপর দ্বিধাভরে যোগ করল। 'গুরু বিশ্বামিত্রের আদিবাড়ি হচ্ছে কনৌজ।'

'কিন্তু তার সঙ্গে রাবণের সম্পর্ক কি?'

জটায়ু দীর্ঘশ্বাস ফেলল। 'বেশীর ভাগ লোকেরা জানে না। এটা একটা সযত্নে গোপন রাখা তথ্য। কিন্তু রাবণও কনৌজের। তার পরিবার সেখানেরই বাসিন্দা ছিলেন।'

অধ্যায় ১৬

কুড়ি বৎসর বয়েসে সীতার শক্তি এবং উদ্দীপনা এক তরুণীসুলভ হলেও ভারতবর্ষের বিভিন্ন জায়গায় ঘুরে বেড়ানো এবং অগস্ত্যকুটমের প্রশিক্ষণের ফলে তার জ্ঞান বয়েসের অনুপাতে অনেক বেশী হয়ে দাঁড়িয়েছিল।

সমিচি শুরুতে বার বার দেশের জায়গায় জায়গায় সীতার ঘুরে বেড়ানো নিয়ে কৌতূহলী প্রকাশ করেছিল। তাকে বলা হল এ সব বাণিজ্য এবং কূটনৈতিক কারণে হচ্ছে। আর সে তা বিশ্বাস করেছিল। কিংবা বিশ্বাস করার ভান করেছিল। কারণ, রাজকুমারীর অনুপস্থিতিতে স্বাধীনভাবে মিথিলা শাসন করতো সে। কিন্তু সীতা এখন মিথিলায় ফিরে এসেছে, এবং শাসনের লাগাম আবার প্রধানমন্ত্রীর হাতে ফিরে গেছে।

রাধিকা এখন ঘন ঘন মিথিলায় আসে। এ এমনি এক সময়।

'কেমন চলছে সমিচি?' প্রশ্ন করল রাধিকা।

সীতা, রাধিকা ও সমিচি মিথিলার প্রধান মন্ত্রীর ব্যাক্তিগত প্রকোষ্ঠে উপস্থিত ছিল।

'খুব ভাল,' হাসল সমিচি। 'খবর নেয়ার জন্যে ধন্যবাদ।'

'দক্ষিণদ্বারের বস্তি গুলির বিষয়ে যা করেছ সেটা আমার খুব ভাল লেগেছে। একটা আস্তাকুঁড় বদলে গিয়ে সুপরিচালিত স্থায়ী সংস্থান হয়ে গেছে।'

'প্রধান মন্ত্রীর নেতৃত্ব ছাড়া এটা সম্ভব হতো না।' অকৃত্রিম নম্রতার সঙ্গে বলল সমিচি। 'পরিকল্পনা এবং ধারণা দুইই তার। আমি শুধু বাস্তবায়িত করেছি।'

'প্রধান মন্ত্রী নয়। সীতা।'

'আজ্ঞে?'

'তোমাকে বহুবার বলেছি সমিচি আমরা একা থাকলে আমাকে নাম ধরে ডাকতে পার।'

সমিচি রাধিকার দিকে একবার তাকাল তারপর আবার সীতার দিকে।

সীতা চোখ কপালে তুলে বলল। 'রাধিকা আমার বন্ধু, সমিচি!'

সমিচি হাসল। 'দুঃখিত।আমার ঐ অর্থ ছিল না'

'সে ঠিক আছে, আমি কিছু মনে করিনি সমিচি।' বলল রাধিকা। 'তুমি আমার বন্ধুর ডান হাত। তোমার কথায় খারাপ ভাবব কি করে।'

সমিচি উঠে দাঁড়াল। 'অনুমতি দাও সীতা। আমাকে ভেতরের নগরে যেতে হবে। সেখানে অভিজাতদের একটা জমায়েত হচ্ছে যেটাতে আমার উপস্থিত থাকা প্রয়োজন।'

'আমি শুনেছি' সমিচিকে অপেক্ষা করতে ইঙ্গিত করে বলল সীতা। 'বড়লোকেরা খুব একটা খুশী নয়।'

'হ্যাঁ।' বলল সমিচি। 'মিথিলা উন্নতি করায় তারা এখন আগের চেয়ে বেশী ধনী। কিন্তু দরিদ্রেরা আরও বেশী দ্রুত নিজেদের উন্নতি করে নিয়েছে। ধনীদের জন্য সস্তা কর্মী বা বাড়ির কাজের লোক পাওয়া এখন সহজ নয়। কিন্তু কেবল ধনীরাই অসুখী তা নয়। গরীব লোকেরাও এখন আর আগের মত খুশী নেই। তারা এখন আরও বেশী অভিযোগ করে। আরও দ্রুত আরও বড়লোক হতে চায়। চাহিদা বেড়ে যাওয়ায় অতৃপ্তিও বেড়ে গেছে।

'পরিবর্তন ভাঙ্গন আনে...' চিন্তিত ভাবে বলল সীতা।

'হ্যাঁ।'

'গণ্ডগোলের পুর্বলক্ষণ দেখতে পেলেই আমাকে জানিও।'

'হ্যাঁ' সীতা বলে অভিবাদন করে ঘর থেকে বেরিয়ে গেল সমিচি।

দুজনে একা হবার সঙ্গে সঙ্গে সীতা রাধিকাকে প্রশ্ন করল। 'অন্য বিষ্ণু প্রার্থীদের সঙ্গে আর কি হচ্ছে?'

'রাম খুব ভাল এগোচ্ছে। ভরত একটু গোঁয়ার। এখনো সমান সমান।'

— ১৮ —

মহর্ষি কাশ্যপের গুরুকুলে সন্ধ্যার শেষ ভাগ। পাঁচ বন্ধু, সবার বয়েস আট বৎসর, এক খেলা খেলছিল। মহান এই শিক্ষা কেন্দ্রের নিবাসী উজ্জ্বল ছাত্রদের উপযোগী খেলা। বুদ্ধির খেলা।

একজন ছাত্র প্রশ্ন করছিল, অন্যদের উত্তর দিতে হবে। প্রশ্নকর্তার হাতে একটা পাথরের টুকরো। সে মাটিতে সেটা একবার ঠুকল। তারপর একটু বিরতি। তারপর আবার একবার ঠুকল। বিরতি। তারপর দ্রুত দুবার। বিরতি। তিনবার। বিরতি। পাঁচ বার। বিরতি। আটবার। বিরতি। এবার সে বন্ধুদের দিকে চেয়ে প্রশ্ন করল, 'কে আমি?'

তার বিভ্রান্ত বন্ধুরা একে অন্যের মুখ দেখাদেখি করছে।

একটি সাত বৎসর বয়েসী ছেলে সতর্ক ভাবে পেছনে থেকে উঠে দাঁড়াল। ছিন্ন বস্ত্রাচ্ছাদিত ছেলেটি স্পষ্টতই এখানে বেমানান। 'আমার মনে হয় পাথরের টোকা ১, ১, ২, ৩, ৫, ৮ বোঝাচ্ছে। ঠিক? ওটা পিঙ্গলের ক্রম। সুতরাং আমি ঋষি পিঙ্গল।'

বন্ধুরা সবাই মিলে ছেলেটার দিকে তাকাল। ছেলেটি অনাথ। স্থানীয় দেবী মাতার মন্দিরের চৌকিদারের ছোট্ট ঘরে থাকে। ছেলেটা দুর্বল, অপুষ্টি এবং স্বাস্থ্যহীনতার শিকার। কিন্তু খুবই তুখোড়। বিশ্বামিত্র নামে গুরুকুলের এক ছাত্র প্রধান শিক্ষককে বুঝিয়ে দরিদ্র অনাথ ছেলেটিকে বিদ্যালয়ে ভরতি করে নিতে রাজি করিয়েছে। বিশ্বামিত্র নিজের পিতা কনৌজের রাজার গুরুকুলকে প্রদত্ত বিরাট অঙ্কের অনুদানের প্রভাবকে কাজে লাগিয়ে এটা করেছে।

ছেলেগুলি মুখ ফিরিয়ে নিল, যদিও অনাথ বালকটির উত্তর সঠিক ছিল।

'তুমি কি বলছ তাতে আমাদের কোন আগ্রহ নেই বশিষ্ঠ।' যে ছেলেটা প্রশ্ন করেছিল সে অবজ্ঞার হাসি হেসে বলল। 'চৌকিদারের ঘরটা পরিষ্কার কর গিয়ে।'

ছেলে গুলি হোহো করে এসে ওঠায়, বশিষ্ঠর শরীর লজ্জায় কুঁকড়ে গেল। কিন্তু সে পিছু হটল না। দাঁড়িয়ে রইল।

প্রশ্নকর্তা আবার তার বন্ধুদের দিকে ফিরে একবার মাটি ঠুকল। তারপর ঠোকার জায়গাটার চারদিকে একটা বৃত্ত আঁকলো। তারপর ব্যাস আঁকলো।

তারপর বৃত্তের বাইরে একবার সজোরে টোকা দিল। তারপর পাথরটা মাটিতে পেতে বিরতি দিল। এরপর পাথরটা আবার সজোরে ঠুকল। দ্রুত আটবার। 'কে আমি?'

বশিষ্ঠ তৎক্ষণাৎ চেঁচিয়ে উঠল, 'আমি জানি। তুমি মাটিতে টোকা মেরে বৃত্ত এঁকেছ। তার মানে মাতা ধরিত্রী। তারপর তুমি ব্যাস এঁকেছ। তারপর বাইরে ঠুকেছ ১-০-৮। পৃথিবীর ১০৮ গুণ ব্যাস কার? আমি সুর্যদেব।'

কেউ বশিষ্ঠর দিকে ফিরেও তাকাল না। কেউ তার উত্তরকে পাত্তা দিল না।

কিন্তু বশিষ্ঠ স্বীকৃতি আদায় না করে ছাড়তে রাজী নয় 'এটা সুর্য সিদ্ধান্ত থেকে নেয়... এটাই সঠিক উত্তর...'

প্রশ্নকর্তা রেগে তার দিকে ঘুরে দাঁড়াল। 'বশিষ্ঠ। কেটে পড় এখান থেকে।'

একটা জোরগলার আওয়াজ শোনা গেল। 'এই!'

বিশ্বামিত্র। মাত্র আট বৎসর বয়েস হলেও এখনি সে বিশালকায়। ছেলে পাঁচটার ভয় পাবার পক্ষে যথেষ্ট।

'কৌশিক...' প্রশ্নকর্তা ছেলেটি বিশ্বামিত্রের গুরুকুলের নামে ডেকে ভয়ে ভয়ে বলল, 'তোমার সঙ্গে এর কোন সম্পর্ক নেই...।'

বিশ্বামিত্র বশিষ্ঠের কাছে এগিয়ে গিয়ে তার হাত ধরল। তারপর ঘুরে দাঁড়িয়ে ছেলে পাঁচটির দিকে জ্বলন্ত চোখে তাকিয়ে বলল। 'ও এখন গুরুকুলের ছাত্র। ওকে গুরুকুলের নামে ডাকবে তোমরা। সম্মানের সঙ্গে।'

প্রশ্নকর্তা ঢোঁক গিলল। ভয়ে কাঁপতে কাঁপতে।

'ওর গুরুকুলের নাম দিবোদাস।' আরও শক্ত করে বশিষ্ঠের হাত ধরে বলল বিশ্বামিত্র। দিবোদাস এক প্রাচীন মহান রাজার নাম।

বশিষ্ঠের গুরুকুলের এই নাম বিশ্বামিত্রই স্থির করেছে, আর তারপর প্রধান শিক্ষককে রাজী করিয়ে সেটির অনুমোদন করিয়ে নিয়েছে।

'বল।'

পাঁচবন্ধু নিশ্চল হয়ে রইল।

বিশ্বামিত্র আরেকটু কাছে এগিয়ে গেল, সমস্ত অবয়ব ভীতির উদ্রেক করা রূপ ধারণ করেছে তার। তার উগ্র মেজাজের কথা সবার জানা হয়ে গিয়েছিলো এতদিনে। 'আমার বন্ধুর গুরুকুলের নামটা বল। বল, দিবোদাস।'

প্রশ্নকর্তা তোতলাতে লাগল, তারপর মৃদু স্বরে বলল। দিবো... দাস।'

'আরও জোরে। সম্মানের সঙ্গে। দিবোদাস।'

পাঁচটা ছেলে একসঙ্গে বলল। 'দিবোদাস।'

বিশ্বামিত্র দিবোদাসকে নিজের দিকে টেনে এনে বলল।

'দিবোদাস আমার বন্ধু। ওর সঙ্গে ঝামেলার করার অর্থ আমার সঙ্গে ঝামেলা করা।'

'গুরুজি!'

একশ' চল্লিশ বৎসরের ও বেশী পুরনো এক প্রাচীন স্মৃতি থেকে ফিরে এলেন বশিষ্ঠ। দ্রুত চোখ মুছে নিলেন। অশ্রু গোপন থাকা উচিৎ।

ফিরে তাকাতে তিনি দেখলেন শত্রুঘ্ন, হাতে সুর্য সিদ্ধান্তের পাণ্ডুলিপি নিয়ে দাঁড়িয়ে আছে।

পৃথিবীতে এত বই থাকতে ... কি অদ্ভুত সংযোগ।

বশিষ্ঠ নিয়তির এই পরিহাসে হয়তো হাসতেন, কিন্তু তিনি জানেন সুদীর্ঘ আলোচনা হতে চলেছে এখন। অযোধ্যার কনিষ্ঠ রাজকুমার নিঃসন্দেহে চার ভাইয়ের মধ্যে সবচেয়ে বেশী বুদ্ধিমান। সুতরাং, তিনি গম্ভীর মুখে শত্রুঘ্নর দিকে তাকিয়ে বললেন। 'হ্যাঁ বৎস। কি জানতে চাও বল।'

—ৼ—

সীতা এবং রাধিকার দুই বৎসর পর দেখা হচ্ছে।

এই সময়কালে সীতা ভারতের পশ্চিম অংশে ঘুরে বেরিয়েছে। হিন্দুকুশ পর্বতের পাদদেশে স্থিত সুদূর গান্ধার পর্যন্ত। যদিও ভারতীয় সংস্কৃতির পদাঙ্ক এই পর্বতমালার ওপাশেও দেখা যায়, তবু এটাই মেনে চলা হতো যে হিন্দুশাহি

পাশুন এবং বীর বালোচ দের জায়গা হিন্দুকুশ হচ্ছে ভারতবর্ষের পশ্চিম সীমান্ত। এর ওপারে ম্লেচ্ছদের দেশ। বিদেশীদের।

'তোমার অনুদের রাজ্য কেমন লাগল?' রাধিকা প্রশ্ন করল।

প্রাচীন যোদ্ধা নৃপতি অনুর উত্তরসূরি অনুন্নাকিদের রাজ্যগুলির প্রধান হচ্ছে অশ্বপতি শাসিত কেকয়। আনুন্নাকি গোষ্ঠীর বন্ধনে আবদ্ধ, চারদিকের বহু রাজ্য অশ্বপতির প্রতি আনুগত্যের শপথ নিয়েছে। এবং অশ্বপতি দশরথের বিশ্বস্ত, অন্তত সেটাই জনসাধারণের বিশ্বাস। হাজার হোক, অশ্বপতির কন্যা কৈকেয়ী দশরথের প্রিয়তমা পত্নী।

'উগ্রস্বভাবের লোকেরা।' বলল সীতা 'অনুন্নাকিরা মৃদুভাবে কিছু করে না। তাদের ভেতরকার আগুন ঠিক করে কাজে লাগাতে পারলে মহান দেশ এই ভারতবর্ষকে উন্নতির শিখরে নিয়ে যাওয়া যেতে পারে। কিন্তু নিয়ন্ত্রনহীন হয়ে পড়লে বিশৃঙ্খলাও আনতে পারে।'

'ঠিক বলেছ,' বলল রাধিকা। 'রাজগৃহ কি সুন্দর, তাই না?'

ঝিলম নদীর সঙ্গে চেনাব যেখানে এসে মিশেছে তার কাছেই ঝিলমের তীরে অবস্থিত কেকয়ের রাজধানী, রাজগৃহ। রাজগৃহ নদীর দুই তীর জুড়ে বিস্তৃত। এর রাজার বিশাল এবং অলৌকিক সৌন্দর্য মণ্ডিত প্রাসাদ ঝিলমের পুর্বতীরে।

'সত্যিই তাই।' বলল সীতা 'ওরা প্রতিভাশালী স্থপতি।'

'এবং হিংস্র যোদ্ধা। বেশ পাগলও!' রাধিকা হাসল।

সীতা জোরে হেসে উঠে বলল। 'ঠিক ··· পাগলামি আর হিংস্রতার মধ্যে একটা সূক্ষ্ম সীমা রেখা আছে।'

সীতা খেয়াল করল রাধিকাকে সচরাচর থেকে একটু বেশী খুশী লাগছে। 'অযোধ্যার রাজপুত্রদের কথা বল।'

'রাম ভাল করছে। আমার বাবা মোটামুটি নিশ্চিত যে গুরু বশিষ্ঠ তাকেই বেছে নেবেন।'

'আর ভরত?'

রাধিকার মুখের একটু রাঙ্গা হওয়া সীতার সন্দেহ মিটিয়ে দিল।

'সেও ভালভাবে বড় হচ্ছে,' মৃদু স্বরে বলল রাধিকা। মুখে তার স্বপ্নালু ভাব।

'এত ভাল?' কৌতুকের স্বরে বলল সীতা।

মুখের রক্তাভা থেকে ধরা পড়ে গেল রাধিকা। সীতার কব্জিতে চাপড় মেরে বলল। 'চুপ কর।'

'মহান দেবী মোহিনীর দোহাই, রাধিকা প্রেমে পড়েছে!'

রাধিকা কট্ মট করে সীতার দিকে তাকাল কিন্তু প্রতিবাদ করল না।

'কিন্তু আইনের কি হবে...'

রাধিকার উপজাতি মাতৃতান্ত্রিক। গোষ্ঠীর বাইরের কাউকে বিবাহ করা মেয়েদের জন্যে কঠোর ভাবে নিষিদ্ধ। পুরুষেরা এক শর্তে সেটি করতে পারে, তা হল তাদের কে সমাজ থেকে বহিষ্কৃত করা হবে।

রাধিকা হাত নেড়ে কথাটা উড়িয়ে দিল। 'সে সব ভবিষ্যতের ব্যাপার। এই মুহুর্তে আমাকে ভরতের সান্নিধ্য উপভোগ করতে দাও। প্রকৃতির তৈরি সবচেয়ে আবেগপুর্ণ এবং প্রণয়শীল পুরুষদের একজন।'

সীতা হেসে প্রসঙ্গ বদলাল। 'আর রাম কেমন?'

'খুব নির্বিকার। ভীষণ ভীষণ গম্ভীর।'

'গম্ভীর, তাই নাকি?'

'গম্ভীর আর লক্ষ্যপুর্ণ। অদম্যভাবে লক্ষ্যে অবিচল। প্রায় সবসময়। খুব কঠোর ভাবে দায়বদ্ধ এবং নীতিপরায়ন। নিজের এবং সবার প্রতি কঠোর। প্রচণ্ড দেশপ্রেমিক। ভারতবর্ষের সব জায়গাই তার প্রিয়। নিয়মানুগামী। সর্বদা! আর প্রেমিক সুলভ আবেগের ছিটেফোঁটা নেই শরীরে। ও ভাল স্বামী হবে বলে মনে হয় না।'

আসনে ঠেস দিয়ে উপাধানে হাত রাখল সীতা।

চোখ সরু করে চাপা গলায় স্বগতোক্তি করল।

কিন্তু সম্ভবত ভাল বিষ্ণু হবে।

—১৮—

দুই বন্ধুর দেখা হবার পর এক বৎসর কেটে গেছে। কাজের ব্যাস্ততার ফলে সীতা মিথিলার বাইরে যায় নি। ফলে রাধিকা জানান না দিয়ে চলে আশায় সে খুব উৎফুল্ল।

সীতা ওকে আন্তরিকতার সঙ্গে জড়িয়ে ধরল। কিন্তু বন্ধুর চোখের দিকে নজর পড়ায় একটু থমকে গেল।

'কি হয়েছে?'

'কিছু না।' মাথা নেড়ে বলল রাধিকা। অন্যমনস্ক ভাবে।

সীতা তৎক্ষণাৎ অনুমান করে নিল কি হতে পারে। বন্ধুর হাত ধরে বলল, 'ও কি তোমাকে ছেড়ে চলে গেছে?'

রাধিকা ভ্রু কোঁচকাল। 'অবশ্যই না। তুমি ভরতকে চেন না। ও একজন ন্যায়পরায়ণ মানুষ। আসলে ও আমাকে মিনতি করেছে ওকে ছেড়ে না যাওয়ার জন্য।'

ভরতকে ও ত্যাগ করেছে?!

'দেবী মোহিনীর দোহাই, কেন? তোমার উপজাতির বোকা বোকা নিয়মটা ভুলে যাও। তুমি যদি ওকে চাও তবে ওর জন্য তোমাকে লড়তে হবে...'

'না এটা নিয়মের জন্য নয়... আমি গোষ্ঠী ছেড়ে দিতাম... যদি ওকে বিয়ে করতে চাইতাম।'

'তাহলে, সমস্যা কোথায়?' প্রশ্ন করল সীতা।

'এর পরিণতি ভাল হত না... আমি জানি। আমি এই "মহান হবার পরিকল্পনা" র অংশ হতে চাই না, সীতা। আমি জানি রাম, ভরত ও তুমি ভারতবর্ষের জন্য অনেক কিছু করবে। আমি এও জানি যে মহান হওয়ার মূল্য সাধারণত হয় বিশাল ব্যাক্তিগত দুর্ভোগ। সব সময় সেরকমটাই হয়ে এসেছে। সেরকমই সব সময় হবে। আমি তা চাই না। আমার শুধু একটা সরল জীবন চাই। আমি কেবল সুখী হতে চাই। আমি মহান হতে চাই না।

'তুমি বড় বেশী নিরাশাবাদী হচ্ছো রাধিকা।'

'না হচ্ছি না। তুমি আমাকে স্বার্থপর বলতে পার, কিন্তু...'

সীতা বাধা দিয়ে বলল, 'আমি তোমাকে স্বার্থপর কখনো বলব না। বাস্তববাদী, হতে পারে, কিন্তু স্বার্থপর নয়।'

'তবে বাস্তবটাই বলতে গেলে, আমি জানি আমার বিরুদ্ধে কী আছে। সারা জীবন আমি আমার বাবাকে দেখেছি। তাঁর ভেতর একটা আগুন আছে। আমি তাঁর চোখে সেটা দেখতে পাই, সব সময়। ভারতমাতাকে সেবা করার সঙ্কল্প। আমি শুরুতে এটা আশা করিনি, কিন্তু এখন আমি একই আগুন ভরতের চোখ দেখতে পাই। তোমারা সবাই এক রকম। এমনকি ভরতও। আর ঠিক তোমাদের সবার মতই, সেও ভারতবর্ষের জন্য সবকিছু বিসর্জন দিতে প্রস্তুত। আমি কিছু ত্যাগ করতে চাই না। আমি শুধু সুখী হতে চাই। সাধারণ হতে চাই...'

'কিন্তু তুমি কি ওকে ছাড়া সুখী হতে পারবে?'

রাধিকার বিষণ্ন হাসিতে তার যন্ত্রণা ফুটে উঠল। 'আমি যদি ওকে বিয়ে করি আর ও ভারতবর্ষের আর নিজের জন্য দেখা সব স্বপ্ন ত্যাগ করে আমার সুখের আশায় ঘুরতে থাকে তাহলে তো সেটা আরও খারাপ হবে। আমি শেষপর্যন্ত ওকে অসুখী করে দেব। অসুখী করে ফেলব নিজেকেও।'

'কিন্তু...'

'এখন এটা যন্ত্রণাকর। কিন্তু সময় সবসময় সারিয়ে তোলে সীতা। আজ থেকে কয়েক বৎসর পর থেকে যাবে শুধু কিছু অম্লমধুর স্মৃতি। মধুরই বেশী। প্রেম এবং আবেশের স্মৃতি কেউ কেড়ে নিতে পারবে না। কোনদিনও। সেটাই যথেষ্ট।'

'তুমি খুব ভাল করে ভেবে নিয়েছ এটা নিয়ে।'

'সুখ কোন দুর্ঘটনা নয়। এটা আমাদের মনোনয়ন। সুখী হওয়া আমাদের নিজেদের হাতে থাকে। সব সময় নিজের হাতে। কে বলেছে আদর্শ জীবনসঙ্গী কেবল একজনই হয়। কখনো কখনো জীবনসঙ্গীদের চাওয়া এতটাই বিপরীত হয়ে যায় তারা একে অন্যের দুঃখের কারণ হয়ে দাঁড়ায়। একদিন আমি অন্য আরেকজন জীবন সঙ্গী খুঁজে পাবো, এমন কেউ যে আমি যা চাই সেটাই চায়। সে ভরতের মত দারুণ না হতে পারে, অথবা ভরত যত মহান হতে চলেছে তা না হতে পারে। কিন্তু সে আমাকে আমি যা চাই সেটা এনে দেবে। সাধারণ সুখ।

আমি সেরকম একজন পুরুষ খুঁজে নেবো, আমাদের উপজাতির ভেতর থেকে। বা বাইরে থেকে।'

সীতা আলতো করে বন্ধুর কাঁধে হাত রাখল।

রাধিকা গভীর নিঃশ্বাস নিয়ে মাথা ঝাঁকাল। নিজের বিষণ্নতা ঝেড়ে ফেলল। তাকে মিথিলায় পাঠানো হয়েছে এক বিশেষ উদ্দেশ্যে। 'আরে ভাল কথা। গুরু বশিষ্ঠ সিদ্ধান্ত নিয়ে নিয়েছেন, বায়ুপুত্ররাও।'

'এবং?'

'রাম।'

সীতা এক দীর্ঘ ও তৃপ্ত শ্বাস নিল। তারপর মৃদু হাসল।

— ॐ —

আরও এক বৎসর কেটে গেছে। সীতার বয়স এখন চব্বিশ। আগের বৎসরে সে ভারতবর্ষের সমগ্র পশ্চিম উপকুল ঘুরে এসেছে। বেলুচিস্তানের উপকুল থেকে নীচে কেরালা পর্যন্ত, যেখানে অগ্যস্তকুটম আছে। অবশেষে মিথিলায় ফিরে একরাশ জমে থাকা রাজকীয় দায়িত্ব সামলাতে ব্যাস্ত ছিল সে। যে সামান্য সময় খালি থাকে সেটা সে কাটায় ছোট বোন উর্মিলা আর পিতা জনকের সঙ্গে।

কুশধ্বজ অনেক দিনের মধ্যে মিথিলায় আসে নি। সে সঙ্কাশ্যতেও নেই সেটা একটু অদ্ভুত ব্যাপার। সে কোথায় আছে সেই খোঁজ নেয়ার চেষ্টা করে সীতা বিফল হয়েছে। যেটা সে জানে তা হল সুলোচনের মৃত্যুর পর, যা সকলে এক দুর্ভাগ্যজনক হৃদরোগের আক্রমণের ফল বলে বিশ্বাস করে, সঙ্কাশ্যের প্রশাসন তার কার্যক্ষমতার সিংহভাগ হারিয়ে ফেলেছে।

রাধিকার না জানিয়ে হঠাৎ করে চলে আসা আজকাল সীতার অভ্যেস হয়ে গেছে। তাই কয়েক মাস পর বন্ধুকে দেখে সে খুব খুশী হল।

'তোমার গ্রামের কি খবর? এখন যখন আযোধ্যার রাজপুত্রদের আশ্রয় দেবার উত্তেজনা আর নেই?'

রাধিকা হাসল। 'ঠিক আছে...'

'তুমি ঠিক আছ?'

'হচ্ছি ধীরে ধীরে...'

'আর অযোধ্যায় রাম কেমন করছে...'

'তাকে পুলিশ প্রধান করে দেয়া হয়েছে। আর ভরতকে কূটনৈতিক সম্পর্কের প্রধান।'

'হুঁম... তার মানে রানি কৈকেয়ী এখন অযোধ্যার ওপর তার নিয়ন্ত্রণ বজায় রেখেছেন... ভরতের পদ থেকে যুবরাজের ভূমিকায় পৌঁছে যাওয়া খুব সহজ। পুলিশ প্রধানের কাজ একই সঙ্গে কঠিন ও প্রশংসাহীন।'

'সেটা মনে হচ্ছে। কিন্তু রাম দারুণ কাজ করছে। অপরাধকে সে যে নিয়ন্ত্রণে নিয়ে এসেছে তা স্পষ্ট দেখা যাচ্ছে। এতে সে জনপ্রিয় হয়ে গেছে।'

'এই অসাধ্য সাধন করল কি করে?'

'কেবল আইন মেনে চলে। ব্যস!'

সীতা বিমুঢ় হাসি হাসল। 'রামের আইন মেনে চলায় কি পার্থক্য হতে পারে? লোকেদেরও তো সেটা মানতে হবে। আর ভারতীয়রা সেটা কখনই করবে না। সত্যি বলতে কি, আমার মনে হয়, আমরা নিয়ম ভাঙ্গা উপভোগ করি। বিনা কারণে। ভারতীয়দের প্রতি বাস্তববাদী হতে হবে। আইন লাগু করতেই হবে। সেটা ঠিক। কিন্তু সেটাই একমাত্র লক্ষ্য হলে চলবে না। যা চাও সেটা করার জন্য কোন কোন সময়ও আইনের দুরোপযোগও করতে হবে।'

'আমি একমত নই। রাম এক নতুন পথ দেখিয়েছে। কেবলমাত্র এটা নিশ্চিত করে যে, সে নিজেও দায়বদ্ধ এবং আইনের আওতায়।অযোধ্যার অভিজাতদের জন্য এখন আর কোন ছুট নেই, এতে জনসাধারণ উল্লসিত হয়ে উঠেছে। আইন যদি রাজকুমারের চেয়েও উঁচুতে হয় তাহলে তাদের চেয়ে নয় কেন?'

সীতা আসনে হেলান দিয়ে বসল। 'কৌতুহলোদ্দীপক...'

'আরে ভাল কথা,' রাধিকা প্রশ্ন করল 'গুরু বিশ্বামিত্র কোথায়?'

সীতা ইতস্তত করল।

‘আমি জানতে চাইলাম কারণ আমাদের বিশ্বাস রামের বিষ্ণু হবার প্রস্তাব নিয়ে গুরু বশিষ্ঠ পরিহা গেছেন।’

সীতা স্তম্ভিত হয়ে গেল। ‘গুরু বিশ্বামিত্রও তো পরিহায়।’

রাধিকা দীর্ঘ নিঃশ্বাস ফেলল ‘খুব শিগগিরি ঝামেলা লাগবে। তোমার কিন্তু গুরু বিশ্বামিত্রকে রাম আর তোমার যুগ্ম বিষ্ণু হবার ব্যাপারে রাজী করানোর একটা উপায় ভেবে রাখা ভাল।’

সীতা গভীর নিঃশ্বাস নিল। ‘তোমার কি ধারণা, বায়ুপুত্ররা কি করবে?’

‘বললামই তো। তাদের সমর্থন গুরু বশিষ্ঠের প্রতি। প্রশ্ন হচ্ছে গুরু বিশ্বামিত্রকে তারা মেনে নেবে কিনা। হাজার হোক তিনি মলয়পুত্রদের প্রধান এবং পুর্ববর্তী বিষ্ণুর প্রতিনিধি।’

‘আমি হনুভাই এর সঙ্গে কথা বলব।’

অধ্যায় ১৭

'কিন্তু দিদি।' ঠোঁট ফুলিয়ে চাপা গলায় বড় বোন সীতাকে বলল উর্মিলা। 'তুমি স্বয়ম্বরে রাজী হলে কেন? আমি চাইনা তুমি চলে যাও। তোমাকে ছাড়া আমি কি করে থাকব?'

গাছের ওপর সযত্নে লুকনো বড় একটা কাঠের মাচার ওপর পা ঝুলিয়ে বসে ছিল উর্মিলা ও সীতা। সীতার ধনুক আর তীর ভরতি তূণীর হাতের কাছে রাখা। উষ্ণ দ্বিপ্রহরে বনের ভেতরটা নিস্তব্ধ, নিদ্রালু। অধিকাংশ পশুপাখি মনে হচ্ছে ঘুমিয়ে আছে।

সীতা মৃদু হেসে উর্মিলাকে কাছে টেনে নিল। 'আমাকে কোন একটা সময় তো বিয়ে করতেই হবে, উর্মিলা। বাবার যদি সেটাই ইচ্ছে হয় তবে আমাকে সেটার সম্মান তো রাখতেই হবে।'

উর্মিলা এটা জানে না যে সীতা নিজেই তার বাবাকে স্বয়ম্বরের আয়োজন করতে রাজী করিয়েছে। স্বয়ম্বর এক প্রাচীন প্রথা যেখানে কনের বাবা সম্ভাব্য বরদের এক জমায়েত আয়োজন করেন; এবং তার কন্যা তাদের মধ্যে থেকে একজনকে বেছে নেয়। অথবা এক প্রতিযোগীতা নির্ধারিত করা হয়। সীতা নিজেই আয়োজন তদারক করছিল। রামকে কোন ভাবে মিথিলায় স্বয়ংবরের জন্য নিয়ে আসবার জন্য সে বিশ্বামিত্রকে রাজী করিয়েছে। মিথিলার সাধারণ ঔপচারিক নিমন্ত্রণের অযোধ্যা থেকে কোনো উত্তর আসতো না। হাজার হোক, মিথিলার মত এক ছোট নগণ্য রাজ্যের সঙ্গে অযোধ্যা কেন মৈত্রীতে আগ্রহী হতে যাবে? কিন্তু ক্ষমতাশালী মলয়পুত্র প্রধানের করা, স্বয়ম্বরে উপস্থিত থাকার অনুরোধ অযোধ্যা প্রত্যাখ্যান করবার প্রশ্নই ওঠে না। এবং তার গুরু মহান

মলয়পুত্র বিশ্বামিত্র দ্বারা পরিচালিত স্বয়ম্বরেই সে রামকে স্বামী রূপে পাবার বন্দোবস্ত করে নিতে পারবে। বিশ্বামিত্রেরও পরিকল্পনাটা পছন্দ হয়েছে। এই ভাবে তিনি বশিষ্ঠকে স্থানচ্যুত করে রামের ওপর সরাসরি প্রভাব অর্জন করতে পারবেন। সীতার যে অন্য পরিকল্পনাও আছে সেটা অবশ্য তাঁর জানা নেই। রামের সঙ্গে একযোগে বিষ্ণুর কর্তব্য পালন করার পরিকল্পনা।

ভগবান হনুভাইয়ের মঙ্গল করুন। কি দুর্দান্ত পরিকল্পনা।

ঊর্মিলা সীতার কাঁধে মাথা রাখল। যদিও এখন সে একজন যুবতী কিন্তু তার বাইরের জগত থেকে আগলে থেকে বেড়ে ওঠা তাকে বড় বোনের ওপর নির্ভরশীল করে রেখেছে। সে সীতার লালন পালন আর সুরক্ষা বাদ দিয়ে জীবন ভাবতে পারে না। 'কিন্তু...'

সীতা ঊর্মিলাকে জড়িয়ে ধরল। 'তোমার ও শিগগিরি বিয়ে হয়ে যাবে।'

ঊর্মিলা লজ্জায় লাল হয়ে মুখ ফিরিয়ে নিল।

একটা মৃদু শব্দ পেয়ে সীতা বনের গভীরে তাকাল।

মিথিলা থেকে অশ্বপৃষ্ঠে এক দিনের দূরত্বে অবস্থিত এই বনে সীতা , সমিচি, এবং এক দল পুলিশ এসেছে। নিকটবর্তী গ্রাম গুলিতে উৎপাতকারী এক নরখাদক বাঘকে হত্যা করতে। ঊর্মিলা জোর করে সীতার সঙ্গে এসেছে। জঙ্গলের মধ্যে ফাঁকা জায়গা দেখে পাঁচটি মাচা প্রস্তুত করা হয়েছে। প্রত্যেক মাচায় মিথিলার পুলিশরা পাহারা দিচ্ছে। একটি ছাগলকে টোপ হিসাবে খোলা জায়গায় বেঁধে রাখা হয়েছে। আবহাওয়ার কথা মাথায় রেখে একটি ছোট গর্ত খনন করে তার ভেতরদিকটা শিলাজতু দিয়ে মুড়ে দেয়া হয়েছে জল ধরে রাখার জন্য। মাংসের লোভে না হোক, হয়তো জলের আকর্ষণ বাঘটিকে নিয়ে আসবে।

'শোনো দিদি।' ফিসফিস করে বলল ঊর্মিলা, 'আমি ভাবছিলাম...'

সীতা ঠোঁটে আঙ্গুল তোলায় ঊর্মিলা চুপ করে গেল। সীতা পেছনে ফিরল। মাচার অন্য প্রান্তে দুজন পুলিশ বসে ছিল। হাতের ভঙ্গীর সাহায্যে সীতা দ্রুত আদেশ দিল। নিঃশব্দে তারা হামাগুড়ি দিয়ে সীতার পাশে চলে এল। ঊর্মিলা পেছনে সরে গেল।

সীতা ধনুকটা তুলে নিয়ে তূণীর থেকে নিঃশব্দে একটা তীর বের করল।

'আপনি কি কিছু দেখেছেন, রাজকুমারী?' চাপা গলায় বলল একজন পুলিশ।

সীতা মাথা নেড়ে না বলল। তারপর বাঁ হাতের তালু কানের পেছনে ধরল।

পুলিশরাও কান খাড়া করল কিন্তু কিছু শুনতে পেল না। তাদের মধ্যে একজন অস্ফুটে বলল। 'আমি কোন শব্দ শুনতে পাচ্ছি না।'

সীতা ছিলায় বাণ যোজনা করে চাপা স্বরে বলল। 'শব্দ না হওয়াটাই আসল। ছাগলটা চেঁচান বন্ধ করে দিয়েছে। ভয়ে আড়ষ্ট হয়ে গেছে। আমি নিশ্চিত ওটা কোন সামান্য আক্রমণকারীর গন্ধ পেয়ে নয়।'

পুলিশরা ধনুক এগিয়ে ধরে তীর যোজনা করল। দ্রুত এবং নিঃশব্দে।

সীতার মনে হল সে গাছপালার পেছনে এক ঝলক ডোরাকাটা কিছু দেখতে পেল। বেশ কিছুক্ষণ ভাল করে দেখার পর গাছের সারির পেছনে অন্ধকার ছায়াঘন জায়গায় ধীরে ধীরে তার ঠাহরে এলো পর্যায়ক্রমে বাদামী-কমলা ও কালো ডোরাকাটা দাগ। আরও তীক্ষ্ণ দৃষ্টিতে তাকাল সে। ডোরাগুলি নড়ল।

সীতা সেই নড়াচড়ার দিকে ইশারা করল।

পুলিশরাও সেটা দেখতে পেয়েছে। 'ভাল মত লুকনো...'

সীতা হাত তুলল। শব্দ না করার ইশারা। ছিলাটা ধরে অল্প টানল সীতা, প্রথম সুযোগেই তীর ছুঁড়তে প্রস্তুত।

কয়েকটি দীর্ঘ যন্ত্রণাকর মুহূর্ত কাটবার পর বাঘটি দৃষ্টিগোচর হল। সন্তর্পণে জলের গর্তের দিকে এগোচ্ছে সে। ছাগলটিকে দেখল সে, মৃদু গর্জন করে আবার জলের দিকে মনোযোগ দিল। ছাগলটি মাটিতে লুটিয়ে পড়ল মর্মান্তিক আতঙ্কে, তার মুত্রাশয় থেকে মূত্র স্খলন হতে আরম্ভ করেছে। চোখ বুজে নিজেকে ভাগ্যের হাতে সমর্পণ করেছে বেচারি। বাঘের অবশ্য প্রস্তরীভূত টোপের প্রতি আগ্রহ ছিল বলে মনে হচ্ছিল না। সে জল খেতে ব্যস্ত।

সীতা ছিলাটা পেছনে টানল, সম্পূর্ণ।

সহসা ডান দিকের একটা মাচা থেকে খুব চাপা একটা শব্দ এলো।

বাঘটা তৎক্ষণাৎ সচকিত হয়ে ওপরে তাকাল।

সীতা চাপা স্বরে অভিসম্পাত করল। লক্ষ্যভেদের পক্ষে দিশাটা ঠিক নয়। কিন্তু সে জানত যে বাঘটা যে কোন মুহূর্তের মধ্যে ঘুরে পালিয়ে যাবে। বাণটিকে যেতে দিল সে।

বাতাস কেটে জন্তুটির কাঁধে গিয়ে বিঁধল সেটি। রাগিয়ে দেবার জন্য যথেষ্ট কিন্তু ধরাশায়ী করার জন্য নয়।

বাঘটি রাগে গর্জন করে উঠল। কিন্তু একটি তীর তার মুখের ভেতর ঢুকে গলার গভীরে বিঁধে গিয়ে তার গর্জন মাঝপথে থামিয়ে দিল। নিমেষের মধ্যে আঠেরোটি তীর বিরাট পশুটির শরীরে এসে বিঁধল। কিছু বিঁধল চোখে কিছু তলপেটে। তিনটি শর তার পেছনের পায়ের মাংসপেশীতে ঢুকে সেটিকে ছিন্ন করে দিল। পেছনের পা অবশ হয়ে গিয়ে বাঘটি মাটিতে লুটিয়ে পড়ল। মিথিলার রক্ষীরা দ্রুত ধনুকে আবার তীর জুড়ে নিয়ে ছুঁড়ল। গুরুতর ভাবে আহত জন্তুটির গায়ে আরও কুড়িটি শর এসে বিঁধল। বাঘটি শেষবারের মত একবার মাথা তুলল। সীতার মনে হল একমাত্র অক্ষত চোখে সে সরাসরি তার দিকেই চেয়ে আছে।

আমায় ক্ষমা কোরো হে মহান পশু। কিন্তু এটা হয় তুমি, নয় আমার সুরক্ষায় থাকা গ্রামবাসীরা।

বাঘের মাথা মাটিতে নুয়ে পড়ল। আর কোনদিন উঠবে না।

তোমার আত্মা আবার লক্ষ্য খুঁজে পাক।

— ১৯ —

সীতা, উর্মিলা ও সমিচি দলের পুরোভাগে ঘোড়ায় করে যাচ্ছিল। পেছনে অল্প দূরত্বে পুলিশেরা। দলটি রাজধানীতে ফিরে যাচ্ছে।

সসম্মানে বাঘটিকে দাহ করা হয়েছে। সীতা সবার কাছে পরিষ্কার করে দিয়েছিল যে তার পশুটির চামড়া রাখবার কোন ইচ্ছা নেই। বাঘের ছাল নেবার সুযোগ যা কিনা সাহসী শিকারির চিহ্ন, পুলিসদের তীর চালানোর সময় সাবধানী করে দেবে। ছালটা তারা অক্ষত রাখার চেষ্টা করবে। তার ফলে এমন হতে পারত যে বাঘটি মরার বদলে কেবল আহত হল।

সীতার উদ্দেশ্য পরিষ্কার ছিল। গ্রামবাসীদের বাঘের হাত থেকে বাঁচানো। আহত পশু মানুষদের জন্য আরও মারাত্মক হয়ে যেত। তার সব রক্ষীরা যাতে হত্যার উদ্দেশ্যে তীর চালায় সেটা নিশ্চিত করা প্রয়োজন ছিল সীতার। ফলে সে পরিষ্কার বলে দিয়েছিল যে বাঘটিকে দাহ করা হবে।

'আমি বুঝতে পারছি কেন আপনি ঐ আদেশ দিয়েছিলেন, প্রধান মন্ত্রী।' বলল সমিচি। 'কিন্তু বাঘ ছালটা আমরা বাড়ি নিয়ে যেতে পারছি না এটা দুঃখজনক। আপনার সাহস এবং দক্ষতার প্রমাণ রূপে এ এক ভাল তকমা হতে পারত।'

সীতা সমিচির দিকে তাকাল। তারপর বোনের দিকে ফিরে বলল। 'উর্মিলা একটু পিছিয়ে যাবে দয়া করে?'

ঊর্মিলা সঙ্গে সঙ্গে ঘোড়ার লাগাম টেনে ধরে তাদের দুজন থেকে পিছিয়ে গেল। শ্রবণযোগ্য দূরত্বের বাইরে।

সমিচি ঘোড়া নিয়ে সীতার কাছে চলে এল। 'আমার ওটা বলা প্রয়োজন ছিল সীতা। এতে ঊর্মিলা বড়াই করার উৎসাহ পাবে তোমার সাহস এবং...'

সীতা ঘাড় নেড়ে সমিচিকে থামিয়ে দিল। 'প্রজ্ঞাপন এবং জনশ্রুতির জন্ম দেয়া শাসনের অবিচ্ছেদ্য অঙ্গ, সেটা আমি বুঝি। কিন্তু এমন কাহিনী প্রচার কোরো না যা অনায়াসে উড়িয়ে দেয়া যায়। আমি এই শিকারে কোনরকম দক্ষতা বা সাহস দেখাই নি।'

'কিন্তু...'

'আমার তীরচালনাটা ভাল ছিল না। ওখানে উপস্থিত সবাই সেটা জানে।'

'কিন্তু সীতা...'

'প্রত্যেকে জানে।' আবার বলল সীতা। 'এর আগেও তুমি পুলিশদের সামনে শিকারের সম্পুর্ণ কৃতিত্ব আমাকে দিচ্ছিলে।'

'কিন্তু তোমার সেটা প্রাপ্য...'

'না প্রাপ্য নয়।'

'কিন্তু...'

'তোমার বিশ্বাস তুমি আমার উপকার করেছ। কর নি, সমিচি। আমার যা প্রাপ্য নয় সেই প্রশংসা নিয়ে ঐ লোকেদের কাছে আমি শ্রদ্ধা হারিয়েছি'

'কিন্তু...'

'আমার প্রতি বিশ্বস্ততাকে নিজেকে অন্ধ করে দিতে দিও না। তার চেয়ে খারাপ কিছু হতে পারে না।'

সমিচি তর্ক করা থামিয়ে বলল। 'আমাকে ক্ষমা কর।'

সীতা মৃদু হাসল। 'ঠিক আছে।' তারপর ছোট বোনের দিকে ফিরে হাতছানি দিল। তিনজনে নিঃশব্দে ঘোড়া চালিয়ে এগিয়ে গেল।

কয়েকদিন আগে শিকার থেকে ফিরেছে সীতা। তার স্বয়ম্বরের আয়োজন পুর্ণমাত্রায় চলছে। সমিচি এবং ছোট বোন উর্মিলার দক্ষ সহযোগীতা সঙ্গে করে সীতা অধিকাংশ কাজ তদারক করেছে।

সীতা নিজের ঘরে বসে কিছু কাগজপত্রে নজর বোলাচ্ছিল, এক দূতের আগমন সংবাদ এল।

'ভেতরে নিয়ে এস ওকে।'

দু'জন রক্ষী দূতকে সঙ্গে করে ভেতরে নিয়ে এল। সীতা তাকে চিনতে পারল। রাধিকার উপজাতির লোক।

সপ্রতিভ অভিবাদন করে দূত তাকে একটি গোল করে পাকানো ভূর্জপত্র এগিয়ে দিল। সীতা মুদ্রাঙ্কনটি পরখ করে দেখল অক্ষত আছে।

দূতকে বিদায় করে, মুদ্রাঙ্কনটা ভেঙ্গে রাধিকার বার্তাটা পড়ল সে।

শেষ পর্যন্ত পড়ার আগেই তার রাগ চড়তে শুরু হয়ে গেল। কিন্তু রাগের মধ্যেও তার কি করা উচিৎ সে ভোলে নি। ভূর্জপত্রটা একটি দীপশিখার ওপর ধরল সীতা, যতক্ষণ না সেটি সম্পূর্ণ ভস্মে পরিণত হয়।

কাজটা সম্পূর্ণ হলে পর মন শান্ত করতে সে অলিন্দে এসে দাঁড়ালো।

রাম... গুরুজির ফাঁদে পা দিও না।

সীতার স্বয়ম্বরের আর কয়েক সপ্তাহ বাকী।

বিশ্বামিত্র মিথিলায় আসছেন এই খবরটি সীতার মনের অবস্থা ভাল করে দিয়েছে। সঙ্গে আছে মলয়পুত্ররা এবং অযোধ্যার রাজপুত্র। সীতা পাগলের মত স্বয়ম্বর বাতিল করার কোন গ্রহণযোগ্য অজুহাত খুঁজছিল। রামের অনুপস্থিতিতে সেটা এক অর্থহীন অনুষ্ঠান হয়ে যেত।

'সীতা,' রাজকুমারীর প্রকোষ্ঠে প্রবেশ করে অভিবাদন করল সমিচি।

সীতা ঘুরল। 'হ্যাঁ, সমিচি?'

'চিন্তাজনক খবর আছে।'

'কি হয়েছে?'

'আমি শুনলাম কুশধ্বজ কাকাও স্বয়ম্বরে আমন্ত্রিত। এমন কি তিনি তার কিছু বন্ধুকেও নিমন্ত্রণ করেছেন। তিনি যুক্ত আয়োজকের মত ব্যবহার করছেন।'

সীতা দীর্ঘ নিশ্বাস ফেলল। তার বাবা যে কুশধ্বজকে নিমন্ত্রণ জানাবেন এটা তার অনুমান করা উচিৎ ছিল।

কি রকম অপাত্রে দান।

অন্য দিকে কুশধ্বজ মিথিলায় আসেনি অনেক বৎসর হয়ে গেছে। হয়তো তার সঙ্কুচিত পরিস্থিতির সঙ্গে সে মানিয়ে নিয়েছে।

'হাজার হোক আমি তো তার ভাইঝি।' কাঁধ ঝাঁকিয়ে বলল সীতা। 'সপ্ত সিন্ধুর রাজন্যবর্গের সামনে হয়তো এটা দেখাতে চাইছে যে এখনো বড় ভাইয়ের পরিবার এবং রাজ্যে তার কিছুটা প্রভাব আছে। আসুক।'

সমিচি মৃদু হাসল। 'তুমি যাকে চাইছ যতক্ষণ সেও এলেই হল, তাই না?'

'রাম আসছে... আসছে ও...'

সমিচি এক বিরল হাসি হাসল। যদিও সীতা হঠাৎ রামের প্রতি এবং অযোধ্যার সঙ্গে মৈত্রীর বিষয়ে এতো আগ্রহী কেন হয়ে পড়েছে সেটা তার বোধগম্য হচ্ছিল না কিন্তু কায়মনোবাক্যে তার রাজকুমারীকে সমর্থন করছিল সে। অযোধ্যার সঙ্গে সহযোগ, এই দুর্বল অবস্থায়ও মিথিলার জন্য শেষমেশ লাভজনকই হবে। আর সীতা অযোধ্যায় চলে গেলে, সমিচির আশা আরও

ক্ষমতাশালী হয়ে ওঠার। হয়তো কার্যত মিথিলার শাসন ভারই তার হাতে এসে পড়বে।

হাজার হোক। আর কেই বা আছে?

অধ্যায় ১৮

উদ্বিগ্ন সমিচি ছোট ফাঁকা জায়গাটায় দাঁড়িয়ে ছিল। অন্ধকার, অমাবস্যার রাতের আতঙ্কের সঙ্গে যোগ হয়েছে বনের অশুভ শব্দগুলি।

অতীতের স্মৃতি বর্তমানে এসে আছড়ে পড়েছে। কত দিন কেটে গেছে। কতগুলি বৎসর। সে ভেবেছিল তাকে ভুলে যাওয়া হয়েছে। তার নিজস্ব পথে ছেড়ে দেয়া হয়েছে। কত দীর্ঘ সময় কেটে গেছে। হাজার হোক, মিথিলা সপ্ত সিন্ধুর এক ক্ষুদ্র, নগণ্য রাজ্য। এটা সে আশা করে নি। এক আত্মতৃপ্তির সঙ্গে মেশা এই মুহুর্তটির অস্বাচ্ছন্দ্য তার মনকে বিহ্বল করে দিচ্ছিল।

তার বাঁ হাত কোষবদ্ধ তলোয়ারের বাঁটে রাখা।

‘সমিচি, আমি কি বলেছি বুঝতে পেরেছ?’ লোকটি প্রশ্ন করল। তার কর্কশ কণ্ঠস্বর একটু অদ্ভুত। দীর্ঘদিনের সুরা এবং তামাকের অত্যাচারের ফল। সেই সঙ্গে বেসামাল চীৎকার।

লোকটি অভিজাত তা স্পষ্ট। পরনে নিখুঁত পাট করা মূল্যবান পোশাক। কোমল, পরিপাটি করে বাঁধা কাঁচা পাকা চুল। আঙ্গুলে আংটির সারি। তার ছুরি এবং তলোয়ারের বাঁটের মাথা মনিমাণিক্যে সজ্জিত। তার কোষটিও স্বর্ণ মণ্ডিত। তার বলীরেখাঙ্কিত কপালের মাঝখানে একটি কালো মোটা তিলক আঁকা।

কুড়িজন সৈন্যের এক পল্টন কালো পোশাক পড়ে অন্ধকার ছায়ায় দাঁড়িয়ে আছে। শ্রবণযোগ্য দূরত্বের বাইরে। তাদের তলোয়ার কোষবদ্ধ। তারা জানে সমিচির কাছ থেকে তাদের ভয়ের কিছু নেই।

পরদিন গুরু বিশ্বামিত্রকে সঙ্কাশ্যে আপ্যায়ন করতে যাবার কথা সমিচির। সে সত্যি এই অপ্রত্যাশিত সাক্ষাতকারের জন্য প্রস্তুত ছিল না। এখন নয়। অকম্পনকে পেছপা করার আশায় সে প্রকৃত প্রভুর নাম নিল।

'কিন্তু হে প্রভু অকম্পন...' অস্বস্তির স্বরে বলল সমিচি। ইরৈবার বার্তা...'

'আগে তোমাকে যা বলা হয়েছে সব ভুলে যাও,' অকম্পন বলল। 'তোমার শপথ মনে রেখো।'

'আমি আমার শপথ কখনো ভুলবো না। প্রভু অকম্পন'

'খেয়াল রেখো যাতে না ভোল।' অকম্পন হাত তুলে উদাসীন ভাবে নিজের সযত্নে পরিচর্যা করা নখের দিকে তাকাল। নিখুঁত ভাবে কেটে, পালিশ করা নখ। তাদের ওপর এক পাতলা ঘি রঙের প্রলেপ। সরু কনিষ্ঠার নখটি অবশ্য কালো রঙ করা। 'তাহলে রাজকুমারী সীতার স্বয়ম্বর...'

'আপনাকে বার বার বলতে হবে না।' সমিচি বাধা দিয়ে বলল। 'কাজ হয়ে যাবে। এতে রাজকুমারী সীতারও উপকার হবে।'

অকম্পন মৃদু হাসল। মনে হছে শেষ পর্যন্ত সমিচির মোটা মাথায় কিছু ঢুকেছে। 'তা তো হবেই।'

— ১৮ —

'আমারই বোকামো।' সীতা দীর্ঘশ্বাস ফেলে নিজের মাথায় টোকা মারল।

নিজের ব্যাক্তিগত পূজার ঘরে গিয়ে ছুরিটা তুলে নিল সে। আজ অস্ত্রপুজার দিন। প্রাচীন প্রথানুসারে যে দিন অস্ত্রের পূজা করা হয়। সে পূজার পর, গর্ভ গৃহে বিগ্রহের পায়ের কাছে ছুরিটা ফেলে চলে গিয়েছিল।

সৌভাগ্য বশতঃ আজ ছুরি ছাড়াই কাজ চালিয়ে নেয়া গেছে। ধনী ব্যবসায়ী বিজয়, মিথিলার চেয়ে সঙ্কাশ্যের প্রতি বেশী বিশ্বস্ত এমন একটা সন্দেহ সব সময় সীতার মনে ছিল। আজ কিছুক্ষণ আগে বাজারে, যখন সীতা এক বালক চোরকে জনতার বিচারের হাত থেকে বাঁচাতে হস্তক্ষেপ করেছিল তখন সে জনতাকে উস্কে দিতে চেষ্টা করছিল সীতাকে আক্রমণ করার জন্য।

সৌভাগ্য বশতঃ সব ভালভাবে মিটে গেছে। কেউ আহত হয় নি। কেবল সেই নির্বোধ বিজয় ছাড়া। বহু সপ্তাহ সে এখন একটা ভাঙ্গা পাঁজর সামলে বেড়াবে। আয়ুরালয়ে গিয়ে তাকে দেখে আসতে হবে, সম্ভবত সন্ধ্যে বেলা কিংবা পরের দিন। বিজয়ের কি হল তাতে আসলে সীতার কিছু যায় আসে না কিন্তু সে যে কেবল দরিদ্রদের নয় বরং সমান ভাবে ধনীদের সুযোগ সুবিধারও খেয়াল রাখে সেটা দেখান প্রয়োজন। এমন কি শোধরান অসম্ভব তেমন বোকা ধনীদেরও।

সমিচি কোথায়?

গুরু বিশ্বামিত্র ও অবশ্যই রাম ও লক্ষ্মণ, এবং তাঁর সঙ্গের মলয়পুত্রদের সঙ্গে করে নিয়ে পুলিস ও বিধি প্রধানের যে কোন সময় মিথিলায় এসে পড়ার কথা।

এমন সময় দ্বারপাল ঘোষণা করল, মলয়পুত্রদের সামরিক প্রধান, অরিষ্টনেমী উপস্থিত।

সীতা উঁচু গলায় উত্তর দিল। 'সসম্মানে ভেতরে নিয়ে এস।'

অরিষ্টনেমী ঘরে ঢুকল। মহর্ষি বিশ্বামিত্রের ডানহাত, মানুষটিকে অভিবাদন জানাতে সীতা মাথা নুইয়ে হাতজোড় করে নমস্কার করল। 'প্রণাম অরিষ্টনেমীজি। আশাকরি মিথিলায় আপনার কোন রকম অসুবিধা হচ্ছে না।'

'যে জায়গাকে নিজের বাড়ি বলে মনে করা হয় সেখানে কখনো অসুবিধা হয় না। ' মৃদু হেসে বলল অরিষ্টনেমী।

সীতা তার সঙ্গে সমিচিকে না দেখে আশ্চর্য হয়েছিল। এমনটা রীতিবহির্ভুত। বরিষ্ঠ কর্মকর্তাটিকে সসম্মানে, সঙ্গে করে তার প্রকোষ্ঠে নিয়ে আসা উচিৎ ছিল সমিচির।

'ক্ষমা করবেন, অরিষ্টনেমীজি। সমিচির উচিৎ ছিল আপনাকে নিয়ে আমার ঘরে আসা। আমি নিশ্চিত সে অসম্মান করতে চায় নি, কিন্তু আমি ওর সঙ্গে কথা বলবো।'

'না, না।' হাত তুলে সীতাকে আশ্বস্ত করে বলল অরিষ্টনেমী। 'আমি ওকে বলেছি তোমার সঙ্গে একা কথা বলতে চাই।'

'অবশ্যই, আশা করি থাকার জায়গাটা পছন্দ হয়েছে আপনাদের। বিশেষ করে গুরু বিশ্বামিত্র আর অযোধ্যার রাজকুমারদের।'

অরিষ্টনেমী হাসল। সীতা দ্রুত কাজের কোথায় এসে গেছে। 'গুরু বিশ্বামিত্র প্রাসাদে তার চিরাচরিত ঘরগুলিতে স্বচ্ছন্দে আছেন। কিন্তু রাজকুমার রাম ও রাজকুমার লক্ষ্মণকে মৌচাক আবাসে রাখা হয়েছে।'

'মৌচাক আবাসে?!' সীতা স্তম্ভিত হয়ে গেল।

সমিচি কি পাগল হয়ে গেছে?

যেন তার চিন্তাটা শুনে নিয়ে অরিষ্টনেমী বলল। 'আসলে, গুরুজি নিজেই চাইছিলেন ওরা ওখানে থাকুক।'

উত্তেজিত সীতা দু' হাত ওপরে করে বলল। 'কেন? ওঁরা অযোধ্যার রাজকুমার। রাম সাম্রাজ্যের যুবরাজ। এটাকে অযোধ্যা চরম অপমান হিসেবে দেখবে। আমি চাই না মিথিলা অযোধ্যার সঙ্গে কোনও ঝামেলায় পড়ুক কারণ...'

'রাজপুত্র রাম এটাকে কোন অপমান বলে মনে করছে না।' বাধা দিয়ে অরিষ্টনেমী বলল। 'সে একজন পরিণতমনস্ক ও খুবই বুঝদার ব্যাক্তি। মিথিলাতে তার উপস্থিতি আমাদের গোপন রাখা প্রয়োজন, এখনকার মত। আর তোমার ওর সঙ্গে দেখা হওয়া কয়েকদিনের জন্য এড়িয়ে চলা উচিৎ।'

সীতার ধৈর্য চ্যুতি ঘটছিল। 'গোপন? তাকে স্বয়ম্বরে অংশ নিতে হবে, অরিষ্টনেমীজি। সেটার জন্যই তো তার এখানে আসা, তাই নয় কি? এটা আমরা গোপন কি করে রাখব?'

'একটা সমস্যা আছে, রাজকুমারী।'

'কি সমস্যা?'

অরিষ্টনেমী দীর্ঘশ্বাস ফেলল। কয়েক মুহূর্ত চুপ করে থেকে মৃদু স্বরে বলল। 'রাবণ।'

'তাঁর সঙ্গে এখন পর্যন্ত দেখা না করে বুদ্ধির কাজ করেছ '

সীতা ও সমিচি রাজ্যের অস্ত্রাগারের রাজকীয় অংশটায় ছিল। এই পাশটায় একটা বিশেষ ঘর রাজপরিবারের সদস্যদের প্রিয় অস্ত্রের জন্য নির্ধারিত করা আছে। সীতা একটি কেদারায় বসে প্রভু রুদ্রের মহান ধনুক পিনাকের গায়ে মনোযোগ দিয়ে তেল মাখাচ্ছিল।

অরিষ্টনেমীর সঙ্গে তার আলোচনা সীতাকে বিচলিত করে দিয়েছে। সত্যি বলতে গেলে, মলয় পুত্ররা কি করতে চলেছে সে বিষয়ে তার মনে সন্দেহ আগেই ছিল। তারা যে সীতার বিরুদ্ধে যাবে না সেটা সে জানে। তাদের পরিকল্পনার জন্য সে খুবই গুরুত্বপুর্ণ। কিন্তু রাম তা নয়।

কেবল যদি আমার কথা বলার কেউ থাকতো। হনুভাই বা রাধিকা এখানে থাকলে ভাল ছিল...

সীতা মুখ তুলে সমিচির দিকে তাকাল। পিনাকে তেল মাখানো থামাল না, সেটা যদিও আগে থেকেই চকচক করছিল।

সমিচিকে উদ্বিগ্ন দেখাচ্ছিল। তাকে দেখে মনে হচ্ছিল তার ভেতরে কোন সংগ্রাম চলছে। 'তোমাকে একটা বিষয় বলার আছে। অন্যেরা যে যাই বলুক কিছু যায় আসে না। কিন্তু সত্যি হল, রাজকুমার রামের জীবন বিপন্ন। তোমার তাঁকে কোনমতে ফেরত পাঠাতে হবে।'

সীতা ধনুকে তেল মাখানো বন্ধ করে মুখ তুলে তাকাল। 'তার তো জন্মের দিন থেকেই জীবন বিপন্ন।'

সমিচি মাথা নাড়ল। 'না, আমি প্রকৃত বিপদের কথা বলছি।'

'অপ্রকৃত বিপদটা ঠিক কি, সমিচি? এমন কিছু হয় না ...'

'দয়া করে আমার কথা শোন ...'

'তুমি কী গোপন করছ, সমিচি?'

সমিচি সোজা হয়ে দাঁড়াল। 'কিছু না রাজকুমারী।'

'গত ক'দিন ধরে তুমি একটু অদ্ভুত ব্যাবহার করছ।'

'আমার কথা বাদ দাও। আমি গুরুত্বহীন। আমি তোমাকে কখনো এমন কিছু কি বলেছি যা তোমার ভালোর জন্য নয়? দয়া করে আমাকে বিশ্বাস কর। যদি পার রাজকুমার রামকে বাড়ি পাঠিয়ে দাও।'

সীতা একদৃষ্টিতে সমিচির দিকে তাকিয়ে বলল। 'সে হয় না।'

'অনেক বড় বড় শক্তি এখানে কাজ করছে সীতা। আর সেগুলো তোমার নিয়ন্ত্রণের বাইরে। বিশ্বাস কর। দোহাই তোমার। কোনরকম বিপদ হবার আগে তাঁকে বাড়ি পাঠিয়ে দাও।'

সীতা নির্বিকার। পিনাকের দিকে তাকিয়ে আবার তেল মাখানো আরম্ভ করল সে।

হে প্রভু রুদ্র আমাকে বলে দাও কি করব।

— ২১ —

'আমার মিথিলার বাসিন্দারা সত্যি হাততালি দিয়েছে?' অবিশ্বাসে চোখ বড় বড় করে প্রশ্ন করল সীতা।

অরিষ্টনেমী সবে মাত্র সীতার ব্যক্তিগত কার্যালয়ে এসে ঢুকেছে। এক বিচলিত করার মত অথচ প্রত্যাশিত সংবাদ নিয়ে। সীতার স্বয়ম্বরে অংশগ্রহণের উদ্দেশ্যে রাবণ মিথিলায় এসে পৌঁছেছে। তার পুষ্পক বিমান, প্রবাদ প্রতিম উড়ন্ত যান, এই মাত্র নগরের বাইরে এসে নেমেছে। তার সঙ্গে আছে তার ভাই কুম্ভকর্ণ এবং কয়েকজন বিশিষ্ট কর্মকর্তা। তার দেহরক্ষীর দল, দশ হাজার লঙ্কার সেনা, পৃথকভাবে হেটে এসে নগরের বাইরে ছাউনি ফেলেছে।

নগর পরিখার ওপারে পুষ্পক বিমানের অবতরণের দৃশ্য দেখে মিথিলাবাসীরা প্রশংসা জ্ঞাপন করেছে এই সংবাদ সীতাকে হতবুদ্ধি করে দিয়েছিল।

'অধিকাংশ মানুষই প্রথম বার পুষ্পক বিমান দেখলে প্রশংসা করে সীতা।' বলল অরিষ্টনেমী। 'কিন্তু সেটা গুরুত্বপুর্ণ নয়। গুরুত্বপুর্ণ হচ্ছে রামকে চলে যাওয়া থেকে আটকান।'

'রাম চলে যাচ্ছে। কেন? আমি তো ভেবেছিলাম তার রাবণের সামনে নিজেকে প্রমাণ করার আছে...'

'সে মনস্থির করেনি এখনো। কিন্তু আমার ভয় হচ্ছে লক্ষ্মণ নিজের অগ্রজকে চলে যেতে রাজী করিয়ে ফেলতে পারে।'

'তারমানে আপনি চান আমি তার সঙ্গে লক্ষ্মণের অনুপস্থিতিতে কথা বলি।'

'হ্যাঁ।'

'আপনি কি...'

'আমি ওর সঙ্গে কথা বলে নিয়েছি। কিন্তু আমার মনে হয় না তাতে খুব পার্থক্য পড়েছে...'

'আপনার কি মনে হয় আর কেউ ওর সঙ্গে কথা বলতে পারে?'

অরিষ্টনেমী ঘাড় নাড়ল। 'আমার মনে হয় না গুরু বিশ্বামিত্রও রামকে রাজী করাতে পারবেন।'

'কিন্তু...'

'এটা তোমার ওপর সীতা।' বলল অরিষ্টনেমী। 'রাম চলে গেলে আমাদের স্বয়ম্বর বাতিল করে দিতে হবে।'

'প্রভু রুদ্রের দোহাই। আমি কি বলব ওকে? ওর সঙ্গে তো আমার দেখাই হয় নি কখনো। আমি কি বলে ওকে রাজী করাবো?'

'আমার কোন ধারণা নেই।'

সীতা হেসে মাথা নাড়ল। 'ধন্যবাদ।'

'সীতা... আমি জানি এটা...'

'ঠিক আছে। আমি করে নেব।'

আমাকে উপায় বের করতেই হবে। কোনও রাস্তা বেরোবে।

অরিষ্টনেমীকে অস্বাভাবিক রকম উদ্বিগ্ন দেখাচ্ছিল। 'আরও আছে সীতা...'

'আরও?'

'পরিস্থিতি বোধহয় আরেকটু বেশী জটিল।'

'সেটা কি রকম?'

'রামকে... বলতে গেলে... এখানে চালাকি করে আনা হয়েছে।'

'কি?'

'ওকে বলা হয়েছিল যে গুরু বিশ্বামিত্রের সঙ্গে মিথিলায় এক জরুরী কাজে যাচ্ছে সে। যেহেতু সম্রাট দশরথ রামকে বিশ্বামিত্রের আদেশানুসারে চলতে আজ্ঞা দিয়েছেন ফলে সে না করতে পারে নি... মিথিলায় পৌঁছনর আগে পর্যন্ত তাকে এটা জানানো হয় নি যে তাকে স্বয়ম্বরে যোগ দিতে হবে।'

সীতা স্তম্ভিত হয়ে গেল। 'একি বলছেন আপনি!'

'কিন্তু অবশেষে কয়েকদিন আগে স্বয়ম্বরে যোগ দিতে রাজী হয়েছে সে। বাজারে বালক চোরটিকে বাঁচাবার জন্য যেদিন তোমার লড়াই হল সেই দিন।'

সীতা মাথায় হাত দিয়ে ছক বুজলো। 'মলয়পুত্ররা এটা করেছেন আমার বিশ্বাস হচ্ছে না।'

'ফলাফল উপায়কে ন্যায্যতা দেয়। সীতা।'

'যখন আমাকে তার পরিণতির সঙ্গে জীবন কাটাতে হবে, তখন নয়!'

'কিন্তু সে স্বয়ম্বরে যোগ দিতে রাজী হয়েছে। শেষমেশ।'

'সেটা রাবণ আসার আগে। তাই না?'

'হ্যাঁ।'

সীতা চোখ কপালে তুলল। *রক্ষা কর হে প্রভু রুদ্র।*

অধ্যায় ১৯

সীতা এবং সমিচি দশ জনের পুলিসদেহরক্ষীর একটি দল সঙ্গে করে মৌচাক আবাসনের দিকে যাচ্ছিল। সমগ্র নগরে ভারতবর্ষের নির্যাতক, নিদেন পক্ষে ভারতীয় রাজাদের নির্যাতক রাবণের আগমন নিয়ে শোরগোল চলছিল। সবচেয়ে উত্তেজিত আলোচনার বিষয় ছিল তার প্রবাদপ্রতিম উড়ন্ত যান, পুষ্পক বিমান। এমন কি সীতার বোন উর্মিলাও লঙ্কার এই প্রযুক্তিগত বিস্ময়ের ব্যাপারে উদাসীন ছিল না। বিমান দেখার জন্য জোর করে সে সীতার সঙ্গে এসেছে।

তারা মৌচাক আবাসনের প্রান্তে দুর্গ প্রাচীরে এসে দাঁড়িয়েছে। পুষ্পক বিমানটি নগর পরিখার ওপারে বনের ঠিক প্রান্তে দাঁড় করান ছিল। এমনকি সীতার মনেও দাগ কাটল দৃশ্যটি।

এক অদ্ভুত অজ্ঞাত ধাতু দিয়ে প্রস্তুত বিমানটি এক অতিকায় শঙ্কু আকৃতির যান। যানের মাথার ছুঁচলো প্রান্তে বিশাল পাখা লাগানো। নীচের দিকটায় চার পাশে লাগানো ছোট ছোট পাখা।

'আমার বিশ্বাস,' বলল সমিচি, 'ওপরের প্রধান পাখাটা বিমানটাকে ওড়ার ক্ষমতা দেয় আর নীচের ছোট ছোট পাখা গুলি ওড়ার দিশা নির্ধারণে সাহায্য করে।'

যানের গায়ে অনেক গুলি বাতায়ন, যার ওপরে গোলাকৃতি ধাতব পরদার আচ্ছাদন।

সমিচি বলে চলেছে। 'বিমানটি যখন শূন্যে থাকে তখন বাতায়নের ধাতব পর্দা গুলি তুলে দেয়া হয়। বাতায়নগুলিতে মোটা কাঁচের আবরণও আছে।

প্রধান দ্বারটি বিমানের একাংশের পেছনে অবস্থিত। সেই অংশটা যখন খুলে যায় তখন দরজাটি পাশে ভেতরের প্রকোষ্ঠে সরে যায়। ফলে বিমানের প্রবেশ দ্বারটি দ্বিগুণ সুরক্ষিত।'

সীতা সমিচির দিকে ফিরল। 'তুমি এই লঙ্কার যান সম্পর্কে অনেক কিছু জান।'

সমিচি মাথা নেড়ে ভীরু হাসি হাসল। 'না, না। আমি কেবল বিমানটাকে নামতে দেখেছি। আর কিছু না...'

বিমানের চারধারে হাজার হাজার লঙ্কার সেনার শিবির। কিছু খেতে ব্যস্ত, কিছু ঘুমন্ত। কিন্তু প্রায় একতৃতীয়াংশ অস্ত্র হাতে শিবিরের গুরুত্বপূর্ণ স্থান গুলিতে পাহারা দিচ্ছে। লক্ষ্য রাখছে। যে কোন সম্ভাব্য বিপদের মোকাবিলা করতে প্রস্তুত।

শিবিরের এই সুরক্ষা পদ্ধতি সীতার জানা: বিভাজিত এক তৃতীয়াংশ পদ্ধতি। এক তৃতীয়ায়ংশ সেনা, যাদের পর্যায়ক্রমে চার ঘন্টা পর পর বদলে দেয়া হয়। সর্বদা সতর্ক হয়ে থাকে। ততক্ষণে বাকীরা বিশ্রাম নিয়ে চাঙ্গা হয়ে যায়।

লঙ্কার লোকেরা তাদের সুরক্ষাকে হালকা ভাবে নেয় না।

'কতজন আছে?' প্রশ্ন করল সীতা।

'সম্ভবত দশ হাজার সৈন্য।' বলল সমিচি।

'প্রভু রুদ্র দয়া করুন...'

সীতা সমিচির দিকে তাকাল। এক বিরল দৃশ্য, কারণ তার বন্ধুকে সত্যি উদ্বিগ্ন দেখাচ্ছিল।

সীতা সমিচির কাঁধে হাত রাখল। 'ভয় পেও না। আমরা সামলে নেব।'

— ১৯ —

সমিচি নিচু হয়ে মৌচাক আবাসনের ঢাকনি দরজায় ঘা দিল। দশজন পুলিস পেছনে দাঁড়ানো। সীতা ঊর্মিলার দিকে তাকাল। দৃষ্টিতে নীরব আশ্বাস নিয়ে।

কেউ দরজা খুলল না।

সমিচি সীতার দিকে তাকাল।

'আবার টোকা দাও।' সীতা আদেশ দিল। 'এবারে একটু জোরে।'

সমিচি আদেশ পালন করল।

দিদির উদ্দেশ্য ঊর্মিলার কাছে এখনো পরিষ্কার হয় নি। 'দিদি, আমরা কেন...'

ঢাকনির মত দরজাটা ওপরদিকে খুলে যাবার সঙ্গে সঙ্গে ঊর্মিলা চুপ করে গেল।

সমিচি নীচের দিকে তাকাল।

লক্ষ্মণ ঘরে নামার সিঁড়ির মাথায় দাঁড়িয়ে ছিল। তার পেশীবহুল, সুদীর্ঘ অবয়ব সমস্ত জায়গাটুকু জুড়ে ফেলেছে বলে মনে হচ্ছিল। ফর্সা রঙ লক্ষণের চেহারায় এক উদ্ধত, আড়ম্বরপুর্ণ আকর্ষণ আছে। এক বিপুল শক্তিধর পুরুষ। তার পরনে সামরিক ধরনের মোটা কাপড়ের ধুতি এবং কাঁধ থেকে নিয়ে কোমর পর্যন্ত বাঁধা এক অঙ্গ বস্ত্র, সাধারণ যোদ্ধারা অবসর সময়ে যেমন পরে থাকে। গলার রুদ্রাক্ষের মালা সগর্বে ঘোষণা করছে তার প্রভু রুদ্রের প্রতি আনুগত্য।

লক্ষ্মণ তলোয়ার হাতে ধরে প্রয়োজনে আঘাত করতে প্রস্তুত হয়ে ছিল। নীচের দিকে চেয়ে থাকা ছোট চুলের কৃষ্ণকায়া ও পেশীবহুল মহিলাটিকে দেখল সে। 'নমস্কার প্রধানা সমিচি। আপনাদের আগমনের কারণ যদি অনুগ্রহ করে জানান।' ঠাণ্ডা স্বরে প্রশ্ন করল লক্ষ্মণ।

সমিচি অমায়িক হাসি হাসল। 'তরুণ যুবা, আপনি আগে তলোয়ার কোষবদ্ধ করুন।'

'আমি কি করব সেটা আমার ওপর ছেড়ে দিন। আপনাদের আসার উদ্দেশ্য বলুন।'

'প্রধানমন্ত্রী আপনার অগ্রজের সঙ্গে দেখা করতে চান।'

লক্ষ্মণ একটু ভ্যাবাচ্যাকা খেয়ে গেল যেন এটা অপ্রত্যাশিত। সে ঘরের পেছনে দণ্ডায়মান রামের দিকে তাকাল। রামের ইঙ্গিত পেয়ে তৎক্ষণাৎ

তলোয়ার কোষবদ্ধ করে দেয়ালের কাছে সরে গিয়ে মিথিলার দুজনকে প্রবেশের জায়গা করে দিল।

সমিচি সিঁড়ি দিয়ে নীচে নামল, তার পেছনে সীতা। দরজার গর্তে ঢুকতে ঢুকতে সীতা পেছনে ইশারা করল। 'তুমি এখানেই থাক, উর্মিলা।'

লক্ষ্মণ স্বয়ংক্রিয়ভাবে ওপরে তাকাল। উর্মিলাকে দেখতে। রাম মিথিলার প্রধানমন্ত্রীকে আপ্যায়ন করতে উঠে দাঁড়িয়েছে। মহিলা দুজন দ্রুত নেমে এল কিন্তু লক্ষ্মণ নিশ্চল হয়ে দাঁড়িয়ে ছিল। ওপরের দৃশ্য তাকে অভিভূত করে ফেলেছে। উর্মিলা বড় হয়ে এক প্রকৃত সুন্দরি তরুণী মহিলা হয়ে গেছে। বড় বোন সীতার চেয়ে উচ্চতায় কম। কিন্তু বেশী ফর্সা, এতো ফর্সা যে তার গায়ের রঙ প্রায় দুধের মত। তার সুগোল শিশুসুলভ মুখ জুড়ে থাকা ডাগর চোখের দৃষ্টিতে এক মিষ্টি শিশুর সারল্য। চুল খোপা করে বাঁধা। প্রতিটা চুল জায়গামত আঁচড়ান। কাজলের টান চোখদুটির তীব্রতা আরও বাড়িয়েছে। এক ধরনের বীটের রসে ঠোঁট রাঙ্গানো। তার পরিধান কেতাদুরস্ত অথচ পরিমিত: উজ্জ্বল গোলাপি বক্ষাবরনীর সঙ্গে গাঢ় লাল ধুতি যা সাধারণের চেয়ে একটু বেশী লম্বা - তার হাঁটুর নীচে অবধি পৌঁছেছে। তার কাঁধ থেকে একটি নিখুঁত পাট করা অঙ্গবস্ত্র ঝুলছে। নূপুর এবং আংটি তার সুন্দর পায়ের দিকে নজর টানে। কমনীয় দুহাত আংটি এবং চুড়িতে সুসজ্জিত। লক্ষ্মণ সম্মোহিত হয়ে গিয়েছিল। উর্মিলা সেটা বুঝতে পেরে অমায়িক হাসি হাসল। তারপর লাজুক বিভ্রান্তি নিয়ে অন্য দিকে মুখ ফেরাল।

সীতা ঘুরে দেখতে পেল লক্ষ্মণ উর্মিলার দিকে তাকিয়ে আছে। তার চোখ সামান্য বিস্ফারিত হল।

উর্মিলা ও লক্ষ্মণ? হুম্‌ম্‌...

'দরজাটা বন্ধ কর লক্ষ্মণ।' বলল রাম।

লক্ষ্মণ অনিচ্ছাসত্ত্বেও আদেশ পালন করল।

'আমি কিভাবে আপনাকে সাহায্য করতে পারি, রাজকুমারি?'

সীতা ঘুরে স্বামী রূপে বেছে নেয়া মানুষটির দিকে তাকাল। এর বিষয়ে সে এতো কিছু শুনে এসেছে, এতো দীর্ঘদিন ধরে যে তার মনে হচ্ছিল কার্যত

একে সে ভাল করেই চেনে। এখন পর্যন্ত এর সম্পর্কে তার সব ভাবনা ছিল যুক্তি ও কারণ নির্ভর। বিষ্ণুর নিয়তির এক সুযোগ্য অংশীদার হিসেবে এতদিন সীতা একে দেখে এসেছে। এমন কেউ যার সঙ্গে মিলে সে তার মাতৃভূমি, তার পরম প্রিয় দেশ, এই অপূর্ব, অতুলনীয় ভারতবর্ষের মঙ্গলের জন্য কাজ করতে পারবে।

কিন্তু এই প্রথমবার সে তাকে রক্ত মাংসে বাস্তব রূপে দেখল। বিনা নিমন্ত্রণে আবেগ উঠে এসে যুক্তির পাশে নিজের আসন করে নিল। তাকে স্বীকার করতেই হল যে প্রথম অনুভূতিটা প্রীতিদায়ক হয়েছে।

অযোধ্যার যুবরাজ ঘরের শেষপ্রান্তে দাঁড়িয়ে ছিল। রামের মোটা কাপড়ের সাদা ধুতি ও অঙ্গবস্ত্র তার কৃষ্ণকায় নিখুঁত গায়ের রঙের ওপর এক চমকপ্রদ বৈপরীত্য এনে দিয়েছে। তার আভিজাত্য পরনের রুক্ষ পোশাকের এক বিশেষ শোভাবর্ধন করেছে। দীর্ঘকায় রাম সীতার চেয়েও উচ্চতায় সামান্য বেশী। চওড়া কাঁধ, শক্তিশালী বাহু ও মেদহীন পেশীবহুল শরীর তার ধনুর্বিদ্যার প্রশিক্ষণের সাক্ষ্য দিচ্ছে। তার দীর্ঘ কেশ রাশি এক সাদামাটা খোঁপা করে গুটিয়ে বাঁধা। তার গলায় এক রুদ্রাক্ষের মালা থেকে বোঝা যাচ্ছে সেও মহান মহাদেব প্রভু রুদ্রের পূজারী। তার দেহে কোন অলঙ্কার নেই। এমন কোন চিহ্ন নেই যাতে বোঝা যায় যে সে ক্ষমতাশালী সুর্যবংশের কুলতিলক, মহান সম্রাট ইক্ষ্বাকুর মহান বংশধর। তার ব্যাক্তিত্ব থেকে প্রকৃত বিনয় এবং ক্ষমতার বিচ্ছুরণ হচ্ছে।

সীতা মৃদু হাসল। মন্দ নয়। একেবারেই মন্দ নয়।

'দয়া করে একটু অপেক্ষা করুন, রাজকুমার।' বলল সীতা। তারপর সমিচির দিকে ফিরল। 'আমি রাজকুমারের সঙ্গে একা কথা বলতে চাই।'

'অবশ্যই।' বলে তৎক্ষণাৎ সিঁড়ি বেয়ে ঘরের বাইরে চলে গেল সমিচি।

রাম লক্ষণের দিকে চেয়ে মাথা নাড়ল। সেও ঘর থেকে বেরিয়ে গেল। ব্যগ্রভাবে।

রাম ও সীতা অবিলম্বে ঘরে একা হয়ে গেল।

সীতা মৃদু হেসে ঘরে রাখা কেদারার দিকে ইশারা করল। 'দয়া করে আসন গ্রহণ করুন, রাজকুমার রাম।'

'আমি ঠিক আছি।'

'আপনিও বসুন না।' নিজে আসন গ্রহণ করে আবার বলল সীতা।

রাম সীতার মুখোমুখি একটা কেদারায় বসল। কয়েক মুহূর্ত কেটে গেল অস্বস্তিকর নীরবতার মধ্যে। তারপর সীতা বলে উঠল। 'আমি শুনেছি আপনাকে এখানে কৌশল করে আনা হয়েছে।'

রাম কিছু বলল না, কিন্তু তার চোখে এর উত্তর ভেসে উঠলো।

'তাহলে আপনি চলে গেলেন না কেন?'

'সেটা আইন ও শাস্ত্র বিরোধী হত।'

তার মানে, ও স্বয়ম্বরে থাকবে। প্রভু রুদ্র ও প্রভু পরশুরামের জয়।

'তাহলে কি আইনই আপনাকে পরশু স্বয়ম্বরে যোগ দিতে বাধ্য করছে?'

রাম আবার চুপ করে থাকল। কিন্তু সীতা বুঝতে পারছিল তার মনে কিছু একটা চলছে।

'আপনি অযোধ্যার রাজপুত্র। সপ্ত সিন্ধুর রাজাধিরাজ। আমি শুধুমাত্র মিথিলা, একটা ছোট্ট রাজ্য, বেশী শক্তিশালী নয়। এই ঐক্যের ফলে কি উদ্দেশ্য সাধন হবে?'

'বিবাহের উচ্চতর তাৎপর্য আছে, এ নিছক রাজনৈতিক ঐক্যের চেয়ে বেশী কিছু হতে পারে।'

সীতা হাসল। 'কিন্তু বিশ্বজুড়ে এটাই বিশ্বাস করা হয় যে রাজকীয় বিবাহের একমাত্র উদ্দেশ্য হল রাজনৈতিক লাভ। আপনি আর কি উদ্দেশ্য এতে পূরণ হয় বলে মনে করেন?'

রাম উত্তর দিল না। সে যেন কোন অন্য জগতে পৌঁছে গেছে বলে মনে হচ্ছিল। তার চোখে এক স্বপ্নালু দৃষ্টি।

মনে হচ্ছে আমার কথা শুনতে পাচ্ছে না।

সীতা দেখল রামের চোখ তার মুখ ভাল করে দেখছে। তার চুল। তার গলা। সীতা রামের ঠোঁটে মৃদু হাসি ফুটে উঠতে দেখল। বিষণ্ন। তার মুখে যেন...

লজ্জারুণ? ব্যাপার কি হচ্ছে? আমাকে তো বলা হয়েছিল রামের শুধু রাজ্যের বিষয়েই আগ্রহ।

'রাজকুমার রাম?' সীতা উঁচু স্বরে প্রশ্ন করল।

'মাফ করবেন।' রাম বলল। তার মনোযোগ সীতার কথায় ফিরে এল।

'আমি জিজ্ঞাসা করছিলাম, বিবাহ যদি রাজনৈতিক ঐক্য না হয় তবে সেটি কি?'

'প্রথমত এটা অপরিহার্য নয়। বিবাহের বিষয়ে কোন বাধ্যবাধকতা থাকা উচিৎ নয়। ভুল ব্যাক্তির সঙ্গে বিবাহ বন্ধনে আবদ্ধ হওয়ার চেয়ে খারাপ কিছু হতে পারে না। বিবাহ শুধুমাত্র তখনি করা উচিৎ যখন এমন কাউকে খুঁজে পাওয় যায় যাকে শ্রদ্ধা করা যায়। যে আপনাকে আপনার জীবনের লক্ষ্য বুঝতে এবং পূরণ করতে সাহায্য করতে পারবে। আর আপনিও নিজের পক্ষ থেকে তার জীবনের লক্ষ্য পুরণে সাহায্য করতে পারবেন। সেই একজনকে যদি খুঁজে পাওয়া যায় তবেই বিবাহ করা উচিৎ।'

সীতা চোখ কপালে তুলে বলল। 'আপনি কি বহুবিবাহের বিপক্ষে? অধিকাংশ লোকে তো অন্যভাবে ভাবে।'

'সব লোকেও যদি বহুবিবাহ ঠিক মনে করে তাহলেও সেটা ঠিক হয়ে যায় না।'

'কিন্তু অধিকাংশ পুরুষই বহু বিবাহ করে। বিশেষ করে অভিজাতরা।'

'আমি করব না। অন্য বিবাহ করার অর্থ নিজের পত্নীকে অপমান করা।'

সীতা চিন্তান্বিত ভাবে মুখ তুলল। তার দৃষ্টি কোমল হয়ে এল। সপ্রশংস। *বাঃ... এ এক অসামান্য পুরুষ।*

ঘরের ভেতর সম্ভাবনাময় নিস্তব্ধতা বিরাজ করছিল। তার দিকে চেয়ে থাকতে থাকতে সহসা চিনতে পেরে সীতার মুখের ভাব বদলে গেল।

'সেদিন বাজারে আপনি ছিলেন। তাই না?' প্রশ্ন করল সে।

'হ্যাঁ।'

সীতা ভাল করে মনে করতে চেষ্টা করল। হ্যাঁ। লক্ষ্মণও সেখানে ছিল। এর পাশে। চোখে পড়ার মত বিশাল। এঁরা অন্য পাশের ভিড়ে দাঁড়িয়ে ছিল। দর্শক।

বেচারা বালক চোরের হত্যার আয়োজনে উৎসাহী নিন্দনীয় জনতার অংশ নয়। বিজয়কে পিটিয়ে, বালকটিকে টেনে নিয়ে যাবার সময় এঁদেরকে দেখেছিলাম আমি। এবং এরপর আরেকটি বিষয় মনে পড়ায় সীতা রুদ্ধশ্বাস হয়ে গেল। *দাঁড়াও তো... রাম..! আমার দিকে মাথা নত করেছিল... কিন্তু কেন? অথবা, আমার কি ভুল মনে পড়ছে?*

'আপনি আমাকে সাহায্য করতে এলেন না কেন?' জিজ্ঞাসা করল সীতা।

'পরিস্থিতি আপনার নিয়ন্ত্রণে ছিল।'

সীতার ঠোঁটে আবার মৃদু হাসি ফুটল। *এ প্রতি মুহূর্তে আরও ভাল হচ্ছে...*

এবার রামের প্রশ্ন করার পালা। 'রাবণ এখানে কি করছে?'

'আমি জানি না। কিন্তু এতে স্বয়ম্বরটা আমার জন্য আরও ব্যক্তিগত হয়ে গেছে।'

রামের পেশী শক্ত হয়ে গেল। সে স্তম্ভিত হয়ে গেছে। কিন্তু তার ভঙ্গী ভাবলেশহীন। 'ও কি স্বয়ম্বরে অংশ নিতে এসেছে?'

'আমাকে তাই বলা হয়েছে।'

'এবং?'

'এবং আমি এখানে চলে এসেছি।' পরের বাক্যটা সে নিজের মনেই রেখে দিল। *আমি তোমার জন্য এসেছি।*

রাম অপেক্ষা করছিল তার আরও কিছু বলার।

'আপনার তীর ধনুকে দক্ষতা কেমন?' প্রশ্ন করল সীতা।

রামের ঠোঁটে খুব সামান্য হাসির আভাস দেখা দিল।

সীতা ভুরু কপালে তুলে বলল। 'অতটা ভাল?'

সে আসন ছেড়ে উঠে দাঁড়াল। রামও। মিথিলার প্রধান মন্ত্রী দু হাত জোড় করে নমস্কার করল। 'প্রভু রুদ্রের আশীর্বাদ আপনার ওপর অবিচ্ছিন্ন থাকুক, রাজকুমার।'

রাম প্রতি নমস্কার করল। 'এবং আপনাকেও আশীর্বাদ করুন তিনি।'

হঠাৎ সীতার মনে একটা বুদ্ধি এলো। 'আগামী কাল আপনার এবং আপনার ভাইয়ের সঙ্গে রাজকীয় উদ্যানে আমার দেখা হতে পারে?'

রামের চোখ আবার ঝাপসা হয়ে গেল। সে সীতার হাতের দিকে প্রায় প্রেমময় দৃষ্টিতে চেয়ে ছিল। শুধু রাম এবং ভগবানই জানেন তার মাথায় কি চিন্তা চলছে। সম্ভবত জীবনে প্রথমবার সীতা নিজের সম্পর্কে সচেতন হয়ে পড়ল। সে নিজের যুদ্ধের ক্ষতচিহ্নে ভরা হাতের দিকে দেখল। বাঁ হাতের ক্ষতচিহ্নটা একটু বেশী দৃশ্যমান। তার হাতদুটি, তার নিজের মতে, খুব সুন্দর নয়।

'রাজকুমার রাম।' বলল সীতা, 'আমি জিজ্ঞাসা করলাম...'

'মাপ করবেন। আরেকবার বলবেন?' বর্তমানে মনোযোগ ফিরিয়ে এনে প্রশ্ন করল রাম।

'আগামী কাল কি আমি আপনাদের দু ভাইয়ের সঙ্গে রাজকীয় উদ্যানে দেখা করতে পারি?'

'হ্যাঁ, অবশ্যই।'

'ভাল।' যাবার জন্যে ফিরে দাঁড়িয়ে বলল সীতা। তারপর কিছু একটা মনে পরায় দাঁড়ালো। তার কোমরবন্ধে বাঁধা থলি থেকে একটা লাল রঙের সূতো বের করল। 'এটা যদি আপনি পড়েন আমি খুশী হব। এটা সৌভাগ্যের প্রতীক। এটা প্রতীক কন্যাকুমারীর আশীর্বাদের। আর আমার ইচ্ছে আপনি...'

রাম আবার অন্যমনস্ক হয়ে গেছে বুঝতে পেরে সীতা চুপ করে গেল। লাল সূত্রটির দিকে এক দৃষ্টে চেয়ে একটা মন্ত্রোচ্চারন করছিল সে। মন্ত্রটি সচরাচর বিবাহের স্ত্রোত্রের অংশ।

সীতা রামের ঠোঁট দেখে শব্দ গুলি বুঝতে পারছিল কারণ স্তোত্রটি সে নিজেও ভাল করে জানে।

মাঙ্গল্যতন্তুনানেনা ভব জীবনাহেতু মে। প্রাচীন সংস্কৃতের একটি পঙক্তি যার অনুবাদ করলে দাঁড়ায়, এই পবিত্র সূত্রের দ্বারা আমার জীবনের উদ্দেশ্য হয়ে ওঠো...

সে অনেক কষ্টে আনন্দের হাসি আটকাল।

'রাজকুমার রাম...' উঁচু স্বরে বলল সীতা।

মনের মধ্যে ধ্বনিত থাকা বিবাহের স্তোত্রটি থেমে যাওয়ায় রাম সোজা হয়ে দাঁড়াল। 'মার্জনা করবেন। কি বলছিলেন বলুন।'

সীতা বিনীত ভাবে হাসল। 'আমি বলছিলাম...' সহসা থেমে গেল সে। 'ছেড়ে দিন কি বলছিলাম। আমি এই সূত্রটা এখানে রেখে যাচ্ছি। যদি আপনার ভাল লাগে তবে অনুগ্রহ করে পরবেন।'

সূত্রটি টেবিলে রেখে, সীতা সিঁড়ি দিয়ে উঠতে শুরু করল। দরজায় পৌঁছে শেষবারের জন্য ঘুরে তাকাল। রাম সূত্রটি ডানহাতে নিয়ে ভক্তিভরে সেদিকে চেয়ে আছে। যেন এ বিশ্বের পবিত্রতম বস্তু।

সীতা আবার মৃদু হাসল। এ সম্পূর্ণ অপ্রত্যাশিত...।

অধ্যায় ২০

সীতা বিস্মিত মনে নিজস্ব প্রকোষ্ঠে একা বসে ছিল। একটা অপ্রত্যাশিত ভালোলাগায় মন ভরে ছিল তার।

সমিচি তাকে লক্ষ্মণ আর উর্মিলার মধ্যে হওয়া আলোচনার বিবরন দিয়েছে। লক্ষ্মণের উর্মিলার প্রতি মুগ্ধতার বিষয়ে কোন সন্দেহের অবকাশ নেই। আর এও পরিষ্কার যে নিজের অগ্রজকে নিয়েও সে খুবই গর্বিত। রামের বিষয়ে কথা বলায় তার কোন ক্লান্তি নেই। লক্ষ্মণ তাদের দুজনকে রামের বিবাহ সম্পর্কে মানসিকতা জানিয়েছে। তাতে মনে হয় রাম কোন সাধারণ নারীকে বিবাহ করতে রাজী নয়। সে চায় এমন একজন নারী যার গুণমুগ্ধতায় আপনা থেকে তার মাথা নত হয়ে যাবে।

কথাটা সীতাকে বলার সময় সমিচি হেসেছিল। 'রাম এক সরল বিবেকবান বালকের মত।' বলেছিল সে। 'যে এখনো বড় হয় নি। তাঁর মধ্যে অসূয়ার ছিটে ফোঁটা নেই। অথবা বাস্তববাদের। আমার কথা মানো সীতা। তাঁর কোনও ক্ষতি হয়ে যাবার আগেই তাঁকে অযোধ্যা ফেরত পাঠিয়ে দাও।'

সীতা প্রতিক্রিয়াহীন ভাবে সমিচির কথা শুনেছে। কিন্তু তার মনে একটি কথাই ধ্বনিত হচ্ছিল – রাম এমন একজন নারীকে বিবাহ করতে চায় যার গুণমুগ্ধতায় আপনা থেকে তার মাথা নত হয়ে যাবে।

সে আমার কাছে মাথা নত করেছিল...

সীতা খিলখিল করে হেসে ফেলল। এমন সাধারণত সে করে না। কেমন অদ্ভুত লাগল তার। এমনকি মেয়েলী...

সীতা নিজের চেহারা নিয়ে কখন মাথা ঘামায় নি। কিন্তু এখন কোন কারণে সে তামার ঝকঝকে আয়নাটির সামনে গিয়ে দাঁড়িয়ে নিজের দিকে তাকালো।

সে লম্বায় প্রায় রামের সমান। মেদহীন, পেশীবহুল। গমের মত গায়ের রঙ। তার সুগোল মুখ বাকী শরীরের তুলনায় সামান্য ফর্সা। উঁচু গালের হাড় এবং তীক্ষ্ণ ছোট নাক। তার ঠোঁট বেশী পাতলা ও নয় বেশী ভারীও নয়; মসৃণ চোখের পাতার ওপরে নিখুঁত বাঁকা ভুরু। তার সোজা, ঘন কালো চুলের বেণী পরিপাটি করে খোঁপা করা। সর্বদার মতই।

তাকে দেখতে হিমালয়ের পার্বত্য মানুষদের মত লাগে।

এই প্রথমবার নয়, সীতার মনে প্রশ্ন জাগল হিমালয় তার আদি বাসস্থান নয় তো?

নিজের বাহুর এক যুদ্ধের ক্ষতচিহ্ন ছুঁয়ে সীতা শিউরে উঠল। তার ক্ষতচিহ্নগুলি তার গর্বের বস্তু ছিল। এক সময়।

এগুলির জন্য কি আমাকে কুৎসিত দেখায়?

মাথা নাড়ল সে।

রামের মত মানুষ আমার ক্ষতচিহ্নকে সম্মান দেবে। এ এক যোদ্ধার দেহ।

আবার খিলখিল করে হেসে ফেলল সে। নিজেকে সব সময় যোদ্ধা বলেই ভেবে এসেছে সে। রাজকুমারী রূপে। শাসক রূপে। কিছুদিন হল মলয়পুত্রদের তাকে বিষ্ণু রূপে মেনে চলাটাও তার অভ্যেস হয়ে গেছে।

কিন্তু এই অনুভূতিটা নতুন। নিজেকে স্বর্গের অপ্সরার মত মনে হচ্ছিল তার। যে নিজের পুরুষকে কেবল চোখের এক চাউনিতে থমকে দিতে পারে। এ এক নেশা ধরান অনুভূতি।

সে চিরকাল এইসব 'রূপসী নারী'-দের তাচ্ছিল্যের চোখে দেখেছে। তাদেরকে চপলমনস্ক ভেবে এসেছে। এখন আর তেমন নয়।

সীতা কোমরে হাত রেখে চোখের কোনা দিয়ে নিজেকে দেখল।

নিজের মনের ভেতর মৌচাক আবাসে রামের সঙ্গে কাটান মুহূর্তগুলির পুনরাবৃত্তি করল সীতা।

রাম...

এ একেবারে নতুন। অসামান্য। আবার হেসে উঠল সে।

চুলটা খুলে দিয়ে নিজের প্রতিবিম্বের দিকে চেয়ে হাসল সে।

এ এক অপূর্ব সম্পর্কের সূত্রপাত হল।

— ৫৮ —

মিথিলার রাজকীয় উদ্যান অযোধ্যার তুলনায় চাকচিক্যহীন। এতে কেবল স্থানীয় গাছ, উদ্ভিদ এবং ফুলের সারি আছে। এর সৌন্দর্যের কৃতিত্ব স্পষ্টতই পর্যাপ্ত তহবিলের চেয়ে সুদক্ষ মালীদের পরিচর্যাকে দেয়া উচিৎ। ঘন সবুজ ঘাসের আস্তারণের মাঝে দৃষ্টিবিনোদন করছে বিভিন্ন মাপের এবং ধরনের ফুল ও গাছের উপস্থিতি। বিন্যাসটি সুষম এবং পরিপাটি। প্রকৃতির অনুমোদিত ছন্দে এক উদযাপন।

উদ্যানের পেছন দিকে এক ফাঁকা জায়গায় সীতা ও উর্মিলা অপেক্ষা করছিলো। উর্মিলা যাতে লক্ষ্মণের সঙ্গে একটু বেশী সময় কাটাতে পারে সে জন্য সীতা ছোট বোনকে সঙ্গে নিয়ে এসেছে। এতে তার পক্ষেও লক্ষণের উপস্থিতির ছায়া এড়িয়ে রামের সঙ্গে একা সময় কাটানো সম্ভব হবে।

সমিচি প্রবেশদ্বারে দাঁড়িয়ে ছিল, তার দায়িত্ব অযোধ্যার দুই তরুণ রাজপুত্রকে নিয়ে আসার। অনতিবিলম্বে সে চলে এলো, পেছনে রাম ও লক্ষ্মণ।

গোধূলির আকাশ তার জ্যোতি আরও বাড়িয়ে দিয়েছে... সীতা দ্রুত নিজের হারিয়ে যাওয়া মন এবং স্পন্দিত হৃদয়কে নিয়ন্ত্রণ করল।

'নমস্কার, রাজকুমারি।' রাম সীতাকে বলল।

'নমস্কার রাজপুত্র।' উত্তর দিল সীতা। তারপর বোনের দিকে ফিরল। 'আমার ছোট বোন উর্মিলার সঙ্গে পরিচয় করাতে পারি কি? রাম ও লক্ষ্মণের দিকে ইঙ্গিত করে সীতা এবার উর্মিলাকে বলল। 'উর্মিলা, এঁরা হলেন অযোধ্যার রাজপুত্র রাম ও রাজপুত্র লক্ষ্মণ'

'আমার গতকাল ওনার সঙ্গে সাক্ষাতের সৌভাগ্য হয়েছে।' আকর্ণবিস্তৃত হাসি হেসে বলল লক্ষ্মণ।

উর্মিলা লক্ষণের দিকে হাত জোর করে তাকিয়ে বিনীত হাসি হাসল, তারপর রামের দিকে ফিরে অভিবাদন করল।

'আমি রাজকুমারের সঙ্গে আরেকবার একা কথা বলতে চাই।' বলল সীতা।

'অবশ্যই। ' সমিচি তৎক্ষণাৎ বলল। 'তার আগে আমি কি একটু একান্তে কথা বলতে পারি?'

সমিচি সীতাকে একপাশে নিয়ে গিয়ে তার কানে কানে বলল। 'সীতা, আমি কি বলেছি মনে রেখো। রাম বড় বেশী সরল। আর তাঁর প্রাণ সংশয়। দয়া করে ওঁকে চলে যেতে বল। এই আমাদের শেষ সুযোগ।'

সীতা নম্রভাবে হাসল। সমিচির কথা রাখার কোন উদ্দেশ্য নেই তার।

উর্মিলার হাত ধরে নিয়ে যাবার আগে সমিচি রামের দিকে একঝলক তাকাল। লক্ষ্মণ উর্মিলাকে অনুসরণ করল।

রাম সীতার দিকে এগিয়ে এল। 'রাজকুমারি, আপনি আমার সঙ্গে দেখা করতে চেয়েছেন কেন জানতে পারি কি?'

সীতা আগে সমিচি ও অন্যেরা শ্রবণ যোগ্য দূরত্বের বাইরে আছে কিনা নিশ্চিত করে নিল। সে কথা আরম্ভ করতে যাবে তখন তার চোখ পড়ল রামের ডান কব্জিতে বাঁধা লাল সূত্রটির দিকে। সে মৃদু হাসল।

ও এটা পড়েছে।

'রাজকুমার, আমাকে একটু সময় দিন।' বলল সীতা।

একটি গাছের পেছনে গিয়ে নিচু হয়ে কাপড়ে জড়ান একটা লম্বা বোঁচকা তুলে নিয়ে রামের কাছে ফিরে এল সে। রাম কৌতূহলী হয়ে ভুরু কোঁচকাল। সীতা কাপড়টা টেনে সরাতে দেখা দিল এক কারুকার্য খচিত অস্বাভাবিক দীর্ঘ ধনুক। বিভিন্ন উপাদানে প্রস্তুত এক অসামান্য অস্ত্র। বিশেষ ভাবে বাঁকান দুই প্রান্ত একে বহুদূর পর্যন্ত লক্ষ্যভেদের ক্ষমতা প্রদান করেছে। ধনুকের হাতলের ওপরে ও নীচে বাহুর ভেতর দিকে খোদাই করা নকশা গুলি রাম মনযোগ সহকারে দেখল। একটি অগ্নিশিখার প্রতিকৃতি, অগ্নিদেবের প্রতীক। ঋগ্বেদের প্রথম অধ্যায়ের প্রথম পংক্তি এই গভীরভাবে পূজনীয় দেবতার উদ্দেশ্যে উৎসর্গীকৃত। অবশ্য এই অগ্নিশিখার গড়ন একটু ভিন্ন।

কাপড়ের থলিটা থেকে সীতা একটা কাঠের পাটাতন বের করে এনে ঔপচারিক ভঙ্গীতে মাটিতে রাখল। সে রামের দিকে তাকাল। 'এই ধনুকটি যেন কখনই ভূমি স্পর্শ না করে।'

রাম স্পষ্টতই মুগ্ধ। তাঁর মনে ভাবনা এল, এই ধনুকের তাৎপর্যটা কি। সীতা পাটাতনের ওপর ধনুকের নীচের প্রান্তটা রেখে পা দিয়ে চেপে সুস্থির করল। অন্য প্রান্তটা ডান হাতে ধরে জোর দিয়ে টেনে নামাল। তার কাঁধের ও বাহুমূলের পেশীর ওপর চাপ লক্ষ্য করে রাম অনুমান করল ধনুকটা গভীর প্রতিরোধক্ষমতা সম্পন্ন এবং খুবই শক্তিশালী। বাঁ হাতে সীতা দ্রুত ছিলাটা টেনে তুলে ধনুকে পড়িয়ে দিল। ধনুকের উপরার্ধটা ছেড়ে দিয়ে সীতা সহজ হল। লম্বা নিঃশ্বাস ফেলল। বিরাট ধনুকটি দৃঢ় ছিলার বাঁধনে নিজেকে মানিয়ে নিল। সীতা বাঁ হাতে ধনুকটা ধরে আঙ্গুল দিয়ে ছিলাটি টেনে পটাং করে শব্দ করে ছেড়ে দিল।

রাম শব্দ শুনেই বুঝতে পারল যে এই ধনুকটি অসাধারণ। 'বাঃ, এটা তো একটা দারুণ ধনুক।'

'এটা সর্বশ্রেষ্ঠ।'

'এটা কি আপনার।'

'আমি এমন ধনুকের মালিক হতে পারি না। আমি এখন কেবল এর রক্ষণাবেক্ষন করি। আমার মৃত্যু হলে অন্য কেউ এর দেখাশোনার দায়িত্ব পাবে।'

রাম চোখ সরু করে ধনুক ধরার জায়গার অগ্নিশিখাটি ভাল করে নিরীক্ষণ করছিল। 'এই শিখাগুলি খানিকটা...'

সীতা তাকে বাধা দিল। রামের এত দ্রুত বুঝতে পারা তাকে আশ্চর্য করে দিয়েছে। 'এই ধনুকটি এক সময় তাঁর ছিল যাকে আমরা দুজনেই পূজা করি। এখনও এটা তাঁরই।'

তার সন্দেহ সত্যি হয়ে যাওয়ায় রাম বিস্ময় এবং সম্ভ্রম মিশ্রিত দৃষ্টিতে ধনুকটির দিকে এক দৃষ্টিতে তাকিয়ে ছিল।

সীতা মৃদু হেসে বলল। 'হ্যাঁ, এটাই সেই পিনাক।'

পিনাক হল পুর্ববর্তী মহাদেব, প্রভু রুদ্রের প্রবাদপ্রতিম ধনুক। একে সর্বকালের সর্বাপেক্ষা শক্তিশালী ধনুক বলে গণ্য করা হয়। বহু উপাদানের মিশ্রণে প্রস্তুত ধনুকটিকে মিশ্র বলে মানা হয়। নানা রকমের বিশেষ ধরনের পরিচর্যার প্রয়োগে এটির ক্ষয় প্রতিরোধ করা হয়েছে। এর রক্ষণাবেক্ষণ করার কাজটিও সহজ নয় বলেই বিশ্বাস করা হয়। হাতল, বাহু এবং বিশেষ করে বাঁকানো প্রান্তে নিয়মিত বিশেষ ধরনের তেলের প্রয়োগ করতে হয়।

'পিনাক কি ভাবে মিথিলার দখলে এল?' রাম প্রশ্ন করল। অপূর্ব অস্ত্রটা থেকে সে চোখ সরাতে পারছিল না।

'সে এক দীর্ঘ কাহিনী।' বলল সীতা। সে জানে আসল কারণটি বলা যাবে না। অন্তত এখনও নয়। 'কিন্তু আমি চাই আপনি এটা দিয়ে অভ্যাস করুন। আগামী কাল স্বয়ম্বর সভায় এটাই ব্যবহার করা হবে।'

রাম নিজের অজান্তেই এক পা পিছিয়ে গেল। স্বয়ম্বর সভার বিভিন্ন পদ্ধতি আছে। কোন কোন সময় পাত্রী সরাসরি পাত্র বেছে নেয়। কিংবা এক প্রতিযোগিতা নির্দিষ্ট করে। বিজেতার সঙ্গে পাত্রীর বিবাহ হয়। কিন্তু আগে ভাগে বিবাহের পাত্রকে সাহায্য এবং তথ্য দিয়ে দেয়াটা প্রথা বিরুদ্ধ। সত্যি বলতে কি, নিয়ম বহির্ভুতও।

রাম মাথা নাড়ল। 'পিনাককে স্পর্শ করাও সম্মানের বিষয়, প্রভু রুদ্রের ছোঁয়ায় ধন্য হওয়া ধনুক হাতে ধরা তো অনেক বড় কথা। কিন্তু আমি সেটা কেবল আগামী কালই করব। আজ নয়।'

সীতা ভুরু কোঁচকাল। *একি? ও কি আমাকে বিবাহ করতে চায় না?*

'আমি ভেবেছিলাম আপনি আমার পাণিগ্রহণে আগ্রহী।'

'হ্যাঁ। কিন্তু সেটা আমি সোজা পথে জিতব। নিয়মানুযায়ী জিতব।'

সীতা হেসে মাথা নাড়ল। এই মানুষটি সত্যি অসামান্য। ইতিহাস একে হয় মনে রাখবে এমন একজন বলে যাকে সবাই শোষণ করেছে নয়তো সর্বকালের শ্রেষ্ঠতমদের মধ্যে স্থান দেবে।

রামকে বিবাহ করার সিদ্ধান্ত নেবার জন্য সীতার আনন্দ হল। যদিও মনের এক ছোট্ট কোণায় তার ভয় ছিল। কারণ সে জানত এই মানুষটি নির্যাতিত হবে।

জগত একে নির্যাতন করবে। এবং তার জীবন সম্পর্কে সে যা জেনেছে, একে অনেক নির্যাতন আগেই সহ্য করতে হয়েছে।

'আপনি কি একমত নন?' প্রশ্ন করল রাম। তাকে একটু নিরাশ লাগছিল।

'তা নয়। আমি শুধু প্রভাবিত হয়েছি। আপনি এক অসাধারণ পুরুষ। রাজপুত্র রাম।'

রাম লজ্জারুণ হয়ে গেল।

ও আবার লজ্জায় লাল হয়ে গেছে।

'আমি কাল সকালে আপনার এই ধনুক থেকে বাণ চালানো দেখার জন্য অপেক্ষা করব।' মৃদু হেসে বলল সীতা।

—৫১—

'ও সাহায্য নিতে অস্বীকার করেছে? সত্যি?' বিস্মিত হয়ে প্রশ্ন করল জটায়ু।

বনের যেখানে এখন তারা সর্বদা দেখা করে জটায়ু এবং সীতা এসেছে সেখানে। স্থানটি রাবণের অস্থায়ী শিবির থেকে যতটা সম্ভব দূরে নগরের উত্তরদিকে অবস্থিত।

'হ্যাঁ।' সীতা উত্তর দিল।

জটায়ু মৃদু হেসে মাথা নাড়ল। 'এ কোন সাধারণ মানুষ নয়।'

'না, নয়। কিন্তু মলয়পুত্ররা এতে একমত বলে আমি নিশ্চিত নই।'

জটায়ুর সহজাত প্রতিক্রিয়া ছিল বনের চতুর্দিকে নজর বোলান, যেন দুর্দম মলয়পুত্র প্রধান তাদের কথা শুনে ফেলছেন। বিশ্বামিত্র যে রামকে পছন্দ করেন না এটা সে জানে। অযোধ্যার রাজপুত্র মহর্ষির কাছে এক কার্যসাধনের উপকরণ মাত্র; লক্ষ্যে পৌঁছনর এক সোপান।

'চিন্তার কিছু নেই। অত দূর পর্যন্ত কথা যাবে না...' কার কাছে যাবে না, সে নামটা উহ্য রাখল সীতা। 'আচ্ছা, আপনার রাম সম্পর্কে মত কি?'

'সে বহু ক্ষেত্রে অসাধারণ, বোন।' চাপা স্বরে বলল জটায়ু, সতর্কতার সঙ্গে। 'হয়তো আমাদের দেশের ঠিক যা প্রয়োজন... তার নিয়ম কানুনএর প্রতি অদম্য বিশ্বস্ততা, এই মহান দেশের প্রতি তাঁর সুগভীর প্রেম, সকলের কাছে উন্নত মানের দাবী, নিজের কাছেও...'

'আগামীকাল রামের বিষয়ে মলয়পুত্রদের কোন পরিকল্পনার কথা কি আমার জানা উচিৎ? স্বয়ম্বর সভায়?'

জটায়ু চুপ করে রইল। পরিষ্কার বোঝা যাচ্ছিল সে উদ্বিগ্ন।

'আপনি আমাকে বোন বলেছেন জটায়ুজি। আর এ আমার ভাবী স্বামীর বিষয়ে। আমার জানার অধিকার আছে।'

জটায়ু চোখ নামালো। তাঁর ভেতরে সীতার প্রতি আনুগত্য এবং মলয়পুত্রদের প্রতি বিশ্বস্ততার মধ্যে দ্বন্দ্ব চলছিল।

'দয়া করে বলুন জটায়ুজি। আমার জানা প্রয়োজন।'

জটায়ু সোজা হয়ে দাঁড়িয়ে দীর্ঘ শ্বাস ফেলল। 'আমাদের গঙ্গা আশ্রমের কাছে অসুরদের আক্রমণের কথা তো তুমি জান, তাই না?'

এক "গুরুতর" সামরিক সমস্যায় পড়ে তার সমাধান করতে বিশ্বামিত্র অযোধ্যায় গিয়ে রাম ও লক্ষ্মণের সাহায্য চেয়েছিলেন। তিনি তাদের গঙ্গার কাছে তাঁর নিজের আশ্রমে নিয়ে গিয়েছিলেন। তিনি এরপর দুজনকে একদল মলয়পুত্র সেনাকে নিয়ে অসুরদের এক ছোট উপজাতির বিরুদ্ধে অভিযানে নেতৃত্ব দিতে বলেন। এরা নাকি বারংবার তাঁর আশ্রম আক্রমণ করছিল। 'অসুর সমস্যা' সমাধান হবার পরই তারা মিথিলা অভিমুখে সীতার স্বয়ম্বরের জন্য রওয়ানা হয়েছিল।

'হ্যাঁ, জানি।' বলল সীতা। 'রামের কোন প্রাণ সংশয় ছিল কি?'

জটায়ু মাথা নেড়ে উড়িয়ে দিল কথাটা। 'ওটা মুষ্টিমেয় কিছু শোচনীয় লোকের একটা উপজাতি ছিল। নির্বোধের দল। অকর্মণ্য যোদ্ধা। রামের কোনরকম ঝুঁকি ছিল না।'

সীতা বিভ্রান্ত হয়ে ভুরু কোঁচকাল। 'বুঝলাম না...'

'উদ্দেশ্যটা রামকে সরিয়ে দেয়া নয়। এ শুধু তার সবচেয়ে শক্তিশালী সমর্থকদের কাছে তার সুনাম ধ্বংস করার জন্য।'

অবশেষে ষড়যন্ত্রের জালটা বুঝে সীতার দুচোখ বিস্ফারিত হয়ে গেল।

'মলয়পুত্ররা রামের মৃত্যু চায়না। তাদের উদ্দেশ্য সম্ভাব্য বিষ্ণুর পদ থেকে তাকে সরিয়ে দিয়ে নিজেদের নিয়ন্ত্রণে নিয়ে আসা।'

'মলয়পুত্ররা কি রাবণের সঙ্গে হাত মেলাতে চায়?'

জটায়ু স্তম্ভিত হয়ে গেল। 'এই প্রশ্নটা কি করে করলে তুমি, মহান বিষ্ণু? তারা কখনই রাবণের সঙ্গে হাত মেলাবে না। সত্যি বলতে কি তারা তাকে ধ্বংস করে দেবে। কিন্তু তখনই, যখন সময় হবে। মনে রেখো মলয়পুত্ররা কেবল একটি উদ্দেশ্যের প্রতি বিশ্বস্ত, ভারতবর্ষের মহানতাকে ফিরিয়ে আনা। অন্য সব কিছু মূল্যহীন। রাবণ তাদের সেই লক্ষ্যে পৌঁছনর উপায় মাত্র।'

'যেমন রাম। যেমন আমি।'

'না, না... তুমি এটা কি করে ভাবতে পারলে মলয়পুত্ররা তোমাকে ব্যবহার করে...'

সীতা নিঃশব্দে জটায়ুর দিকে তাকাল। হয়তো সমিচি ঠিকই বলেছিল। এখানে আমার নিয়ন্ত্রণের বাইরে অনেক বড় শক্তি কাজ করছে। এবং রাম...

জটায়ু সীতার চিন্তার জাল ছিড়ে নিজের অজান্তেই সীতার কি করা উচিৎ তার সূত্র ধরিয়ে দিল। 'মনে রাখবেন, হে মহান বিষ্ণু। আপনি মলয়পুত্রদের পরিকল্পনার জন্য ভীষণ গুরুত্বপুর্ণ। আপনার কোন ক্ষতি তারা হতে দিতে পারে না। আপনার কোনো বিপদ হলে চলবে না।'

সীতা হাসল। জটায়ু তাকে তার উত্তর দিয়ে দিয়েছে। তাঁর কি কর্তব্য সে জেনে গেছে।

অধ্যায় ২১

'অরিষ্টনেমীজি, স্বয়ম্বরের সম্পর্কে মলয়পুত্রদের পরিকল্পনার বিষয়ে আমার যা জানবার সব আমি জানি কি?' সীতা প্রশ্ন করল।

অরিষ্টনেমী প্রশ্নটা শুনে একটু আশ্চর্য হল।

সাবধানে উত্তর দিল সে। 'আমি ঠিক বুঝলাম না , সীতা।'

'রাবণ কি করে নিমন্ত্রণ পেল?'

'আমরাও তোমার মতই অন্ধকারে সীতা। তুমি তো জানই। আমাদের সন্দেহ এটা তোমার কাকার কাজ। কিন্তু কোন প্রমাণ নেই।'

সীতার সন্দেহ কাটল না। 'ঠিক... প্রমাণ নেই।'

অরিষ্টনেমী গভীর শ্বাস নিয়ে বলল। 'তোমার মনে কি আছে বলে ফেল সীতা...।'

সীতা সামনে ঝুঁকে অরিষ্টনেমীর চোখে চোখ রেখে বলল। 'আমি জানি রাবণের পরিবারের আদি বাসস্থান কনৌজ।'

অরিষ্টনেমী সিঁটিয়ে গেল। কিন্তু দ্রুত সামলে নিল। আহত মুখভাব নিয়ে সে মাথা নাড়ল। 'মহান প্রভু পরশুরামের দোহাই, তুমি এটা কি করে ভাবতে পারলে?'

সীতা নির্বিকার।

'তোমার কি সত্যি মনে হয় গুরু বিশ্বামিত্রের আর কোন পরিচয় আছে? মলয়পুত্রদের প্রধান ছাড়া?'

অরিষ্টনেমীকে একটু বিচলিত লাগছিল। এটা তার স্বভাববিরুদ্ধ। সীতা জানত সে ঠিক জায়গায় খোঁচা মেরেছে। এই ধরনের আলোচনা সে বিশ্বামিত্রের

সঙ্গে করতে পারবে না। এই সুযোগ। অরিষ্টনেমী সেই ক'জন মুষ্টিমেয়দের একজন যে বিশ্বামিত্রকে রাজী করাতে পারবে। সে চুপ করে থেকে তাকে আরও উদ্বিগ্ন করে দিল। এখনকার মত।

'আমরা রাবণকে যে কোন সময় ধ্বংস করে দিতে পারি।' অরিষ্টনেমী বলল। 'আমরা ওকে জীবিত রাখছি কারণ ওর মৃত্যুটাকে আমরা তোমার সাহায্যের জন্য ব্যবহার করতে চাই। তোমাকে বিষ্ণু রূপে সারা ভারতবর্ষের কাছে পরিচিত করায় সাহায্য করার জন্য।'

'আমি আপনাকে বিশ্বাস করি।'

এবার অরিষ্টনেমীর চুপ করার পালা, বিভ্রান্তিরও।

'আর আমি এও জানি আপনাদের রামের বিষয়েও পরিকল্পনা আছে।'

'সীতা, শোন...'

সীতা বাধা দিয়ে অরিষ্টনেমীকে থামিয়ে দিল। হুমকি দেবার সময় হয়ে গেছে। 'রামের প্রাণ আমার হাতে নেই। কিন্তু আমার নিজের প্রাণ তো আমার হাতেই আছে।'

স্তম্ভিত অরিষ্টনেমী কি বলবে ভেবে পাচ্ছিল না। সীতাকে ছাড়া মলয়পুত্রদের সমস্ত পরিকল্পনা ধুলিস্যাৎ হয়ে যাবে। তারা সীতার ওপর অনেক বেশী বিনিয়োগ করে ফেলেছে।

'আমি সিদ্ধান্ত নিয়েছি।' সীতা দৃঢ় স্বরে বলল। 'এবার আপনারা কি করবেন স্থির করুন।'

'সীতা...'

'আমার আর কিছু বলবার নেই, অরিষ্টনেমীজি।'

—১৬—

স্বয়ম্বর রাজসভার পরিবর্তে ধর্মসভাগৃহে আয়োজিত হয়েছে। তার কারণ রাজসভা মিথিলার বৃহত্তম সভাকক্ষ নয়। রাজপ্রাসাদ চত্বরের প্রধান ইমারত, যার অভ্যন্তরে ধর্মসভাগৃহটি অবস্থিত, সেটি রাজা জনক মিথিলার

বিশ্ববিদ্যালয়কে দান করে দিয়েছেন। সভাকক্ষে নিয়মিত গুঢ় তাত্ত্বিক বিষয়বস্তু নিয়ে বিতর্ক এবং আলোচনার আয়োজন হয়, যেমন ধর্মের প্রকৃত রূপ, কর্ম এবং ধর্মের পরস্পরের ওপর প্রভাব। দৈবের প্রকৃতি, মানব জীবনযাত্রার লক্ষ্য...

পাথর আর চুণ সুরকি দিয়ে নির্মিত ধর্মসভাগৃহটি বিশাল গম্বুজ যুক্ত, একটি বৃত্তাকার অট্টালিকা। গম্বুজটির কমনীয় লালিত্য নারীত্বের প্রতীক বলে মানা হয় এবং মন্দিরের চিরাচরিত স্তম্ভটিকে বলা হয় পৌরুষের প্রতীক। সভাগৃহটিও বৃত্তাকার। সকল ঋষি সমমর্যাদায় বসেন, কোন নিয়ন্ত্রণকারী "প্রধান" ছাড়াই। সমস্ত বিষয় খোলাখুলি নির্ভয়ে আলোচনা করা হয়। মতপ্রকাশের স্বাধীনতার সর্বোচ্চ শিখর।

অবশ্য আজকের পরিস্থিতি ভিন্ন। ধর্মসভাগৃহে আজ স্বয়ম্বর সভার আয়োজন হয়েছে। প্রবেশ দ্বারের কাছে দর্শকদের জন্য অস্থায়ী তিন ধাপের আসনের বন্দোবস্ত করে হয়েছে। অন্য প্রান্তে একটি কাঠের মঞ্চের ওপর রাজসিংহাসন রাখা হয়েছে। সিংহাসনের পেছনে একটা একটু উঁচু পাদবেদীর ওপর দাঁড়িয়ে আছে মিথিলার প্রতিষ্ঠাতা মহারাজ মিথির প্রতিমুর্তি। আরও দুটি সিংহাসন জাঁকজমকে সামান্যই কম, রাজসিংহাসনের দুপাশে রাখা হয়েছে। বিশাল সভাকক্ষের কেন্দ্রে বৃত্তাকারে আরামদায়ক আসন সাজিয়ে রাখা। যেখানে সম্ভাব্য পাণিপ্রার্থী রাজা এবং রাজপুত্রেরা বসবে।

অরিষ্টনেমী যখন রাম ও লক্ষ্মণকে নিয়ে এসে ঢুকল, দর্শকদের আসন তার আগেই লোকে ভরে গেছে। অধিকাংশ প্রতিযোগী নিজের নিজের আসন গ্রহণ করে নিয়েছে। সামান্য কিছু লোক মুনির বেশধারী অযোধ্যার দুই রাজকুমারকে চিনতে পারল। একজন রক্ষী তাদেরকে তিন ধাপের নীচের ধাপে যেখানে মিথিলার অভিজাত বংশীয়রা এবং ধনী ব্যবসায়ীরা বসেছে, সেদিকে যেতে ইঙ্গিত করল। অরিষ্টনেমী রক্ষীটিকে জানাল যে, সে প্রতিযোগীকে সঙ্গে নিয়ে এসেছে। রক্ষীটি একটু আশ্চর্য হল। মহান বিশ্বামিত্রের সহযোগী অরিষ্টনেমীকে সে চিনতে পেরেছে, কিন্তু রাম ও লক্ষ্মণকে নয়। কিন্তু সে সরে গিয়ে তাদেরকে যেতে দিল। যতই হোক, ধর্মপ্রাণ জনকের পক্ষে ক্ষত্রিয় রাজারাজড়াদের সঙ্গে সঙ্গে বাহ্মণ ঋষিদেরকেও কন্যার স্বয়ম্বরে আমন্ত্রণ জানান অস্বাভাবিক নয়।

রাম অরিষ্টনেমীর পেছন পেছন নির্ধারিত আসনের দিকে এগিয়ে গেল। সে বসল, লক্ষ্মণ এবং অরিষ্টনেমী তার পেছনে দাঁড়িয়ে রইল। সবার চোখ তাদের দিকে ফিরল। অনেক প্রতিযোগী ভাবছিল তাদের সঙ্গে রাজকুমারী সীতার পানিগ্রহণের আশায় পাল্লা দিতে আসা এই সাদামাটা ভিক্ষুকেরা কারা।

কয়েকজন যদিও অযোধ্যার রাজপুত্রদের চিনতে পেরেছিল। প্রতিযোগীদের একাংশ থেকে মন্ত্রণার গুঞ্জন শোনা গেল।

'অযোধ্যা...'

'অযোধ্যা মিথিলার সঙ্গে কেন মৈত্রীবন্ধন চায়?'

রাম অবশ্য সমাবেশের এই চাউনি এবং ফিসফিসানি দুইয়ের কোনটাই খেয়াল করছিল না।

সে সভাগৃহের মাঝখানে তাকিয়ে ছিল, টেবিলের ওপর রাখা পিনাকের দিকে। সুবিখ্যাত ধনুকটিতে ছিলা পরানো ছিল না। এক সারি বাণ তার পাশে রাখা ছিল। টেবিলের পাশে মেঝেতে একটা তাম্রমন্ডিত বড় জলাধার রাখা ছিল।

প্রতিযোগীকে প্রথমে ধনুকটা তুলে নিয়ে তাতে ছিলা পড়াতে হবে। সেটাও খুব সহজ কাজ নয়। তারপর সে তাম্রমন্ডিত জলাধারটির কাছে যাবে। সেটিতে জল ভরা। একটি সরু নল থেকে তাতে ক্রমাগত ফোঁটা ফোঁটা করে জল পড়ছে। অন্যদিকের আরেকটি সরু নল দিয়ে অতিরিক্ত জলটুকু পাত্র থেকে বাইরে বেরিয়ে যাচ্ছে। এর ফলে পাত্রটির জলের কেন্দ্র থেকে কিনারার দিকে এগিয়ে যাওয়া হাল্কা ঢেউয়ের সৃষ্টি হচ্ছে। সমস্যা হল জলের ফোঁটা গুলি অনিয়মিত ভাবে এসে পড়ছে ফলে ঢেউ গুলির বিষয়ে আগে থেকে কোন ধারণা করা সম্ভব নয়।

গম্বুজের মাথা থেকে ঝোলান অক্ষদণ্ডে যুক্ত এক চাকার গায়ে একটা ইলিশ মাছ পেরেক দিয়ে আটকান আছে। মেঝে থেকে একশো মিটার উচ্চতায়। চাক্তিটা অবিরাম সমান গতিতে ঘুরছে।

প্রতিযোগীদের পিনাকে শর সংযোজন করে নীচের অনিয়মিত ভাবে কম্পমান জলে মাছের প্রতিবিম্ব দেখে অনেক ওপরে ঘুর্ণমান চাকায় আটকান

মাছের চোখে তীর বিদ্ধ করতে হবে। সর্বপ্রথম যে এটা করতে সফল হবে সে রাজকন্যার পাণিগ্রহণের অধিকার পাবে।

সীতা ধর্মসভাকক্ষের ওপরে তিনতলায় মিথিলার সিংহাসনের ঠিক ওপরে একটা ঘরের জাল দিয়ে ঢাকা জানালার আড়ালে বসে ছিল। সে রামের প্রতিযোগীদের বৃত্তের ভেতর বসা রামের দিকে তাকাল, অযোধ্যার জ্যেষ্ঠ রাজকুমার চারপাশে তাকাল। সীতার মনে হল রাম তাকেই খুঁজছে। মৃদু হাসল সীতা। 'আমি এখানে রাম। তোমার অপেক্ষায়। তোমার জয়ের প্রতীক্ষায়...'

সে সমিচিকে দেখতে পেল একদল পুলিস নিয়ে প্রবেশদ্বারের একটু দূরে দাঁড়িয়ে আছে। সমিচি রামের দিকে একদৃষ্টে তাকিয়ে ছিল। সে ওপরে জাল দেয়া জানালার দিকে তাকাল। যেখানে সীতা আড়ালে বসে ছিল। তার দৃষ্টিতে নির্ভেজাল আপত্তি।

বিরক্ত ভাবে দীর্ঘশ্বাস ফেলল সীতা। *আমি পরিস্থিতি সামলাতে পারি। রামের জীবন বিপন্ন নয়।*

সে আবার অযোধ্যার রাজপুত্রের দিকে মনোযোগ দিল। তার চোখে পড়ল, লক্ষ্মণ নিচু হয়ে বড় ভাইয়ের কানে ফিসফিস করে কিছু বলল। তার মুখে চোখে দুষ্টুমি। রাম ভাইয়ের দিকে কটমট করে তাকাল। লক্ষ্মণ হেসে আরও কিছু বলল তারপর পিছিয়ে গেল।

সীতা হাসল। *ভাইয়েরা পরস্পরকে সত্যি ভালবাসে। তাদের পারিবারিক রাজনীতির কথা ভাবলে এটা আশ্চর্য ব্যাপার।*

সভা ঘোষকের গলার শব্দ তার মনোযোগ কেড়ে নিল।

'মিথি গোষ্ঠীর প্রভু, জ্ঞানীদের মধ্যে জ্ঞানীশ্রেষ্ঠ, ঋষিদের প্রিয় রাজা জনক!'

সভার সকলে উঠে দাঁড়িয়ে তাদের আমন্ত্রক মিথিলার রাজা জনককে সম্মান জানালো। সে সভাগৃহের অন্য প্রান্ত থেকে ঢুকল। সভার প্রথাভঙ্গ করে সে মহান মলয়পুত্র প্রধান বিশ্বামিত্রকে সামনে রেখে নিজে পেছন পেছন আসছিল। জনক সর্বদা জ্ঞানী মানুষদের সম্মান জানিয়ে এসেছে। এই বিশেষ দিনেও সে তার নিজের ব্যাক্তিগত প্রথাই অনুসরণ করল। জনকের পেছনে ছিল

তার অনুজ কুশধ্বজ, সঙ্কাশ্যের রাজা। যারা জনক ও তার ছোট ভায়ের সম্পর্কের তিক্ততার বিষয়ে জানতো তাদের মনে মিথিলার রাজার বদান্যতা বেশ ছাপ ফেলল। এই অনুষ্ঠানে সে অতীতের কথা ভুলে সমস্ত পরিবারকে নিকট-দূর নির্বিশেষে ডেকে এনেছে। দুর্ভাগ্যবশত: কুশধ্বজের ভাবনা অন্যরকম ছিল। তার মতে তার ভাই সব সময়ের মতই সাদাসিধে কাজ করেছে। তাছাড়া কুশধ্বজ নিজেরও একটা চাল চেলেছে...

জনক বিশ্বামিত্রকে মিথিলার প্রধান সিংহাসনে বসার অনুরোধ করে নিজে ডানদিকের একটু ছোট সিংহাসনের দিকে অগ্রসর হলেন। কুশধ্বজ মহর্ষির বাঁ দিকের সিংহাসনের দিকে গেল।

যে ঘরের জালে ঢাকা জানালার আড়ালে সীতা ছিল এ তার ঠিক দু তলা নীচে। অপ্রত্যাশিত এই বিধিবিরুদ্ধ আচরণে কর্মকর্তাদের এদিক ওদিক ছুটোছুটি আরম্ভ হয়ে গেল। মহারাজ নিজের সিংহাসন অন্যকে ছেড়ে দিয়েছেন। এই প্রথাবিরুদ্ধ আসন ব্যবস্থায় সভাকক্ষে জোর গুঞ্জন উঠল। কিন্তু সীতার মনে অন্য কিছু চলছিল।

রাবণ কোথায়?

সীতা মৃদু হাসল।

মলয়পুত্ররা তাহলে লঙ্কার রাজাকে সামলে নিয়েছে। সে আসছে না। ভাল।

সভাঘোষক তার হাতের লাঠি দিয়ে সভাগৃহের প্রবেশদ্বারের কাছে রাখা বড় ঘন্টায় আঘাত করল, সবাইকে চুপ করার ইশারা।

বিশ্বামিত্র গলা পরিষ্কার করে নিয়ে উঁচু স্বরে কথা বলতে আরম্ভ করলেন। ধর্মসভাকক্ষের ধ্বনিবিজ্ঞান আধারিত অসাধারণ প্রযুক্তির ফলে সভায় উপস্থিত সবার কানে তার কণ্ঠস্বর পরিষ্কার পৌঁছে গেল। 'ভারতবর্ষের শাসকদের মধ্যে সর্বাপেক্ষা জ্ঞানী ও আধ্যাত্মিকতম রাজা জনকের আয়োজিত এই মহান জনসমাবেশে সবাই স্বাগত।'

জনক অমায়িক হাসি হাসল।

বিশ্বামিত্র বলে চলেছেন। 'মিথিলার রাজকুমারী সীতা একে এক গুপ্ত স্বয়ম্বর করার সিদ্ধান্ত নিয়েছে। সে সভাকক্ষে আমাদের সঙ্গে যোগ দেবে না। মহান রাজা ও রাজপুত্রদের প্রতিযোগিতা হবে তার নির্দেশ মত...'

অনেকগুলি শঙ্খের কানফাটান শব্দে মহর্ষির কথায় বাধা পড়ল। অদ্ভুত ব্যাপার, কারণ শঙ্খধ্বনি সাধারণত সুরেলা এবং মধুর হয়। সকলে শব্দের উৎসের দিকে ঘুরে তাকাল। বিরাট সভাকক্ষের প্রবেশদ্বারের দিকে। পনের জন বলিষ্ঠ যোদ্ধা একটি কালো পতাকা হাতে সভাকক্ষে এসে ঢুকল। তাদের হাঁটাচলা অসাধারণ রকমের সুশৃঙ্খল। পতাকার গায়ে আঁকা এক গর্জনরত সিংহের মাথা অনেকখানি অগ্নিশিখার ভেতর থেকে বেরিয়ে আসছে।

তাদের পেছনে ছিল দুই ভীষণ দর্শন মানুষ। একজন দৈত্যাকার, লক্ষ্মণের চেয়েও লম্বা। গোলগাল কিন্তু পেশীবহুল। বিশাল ভুঁড়ি প্রতি পদক্ষেপের সঙ্গে থলথল করছে। তার সারা দেহ অস্বাভবিক রকম লোমশ। তাকে দেখতে মানুষের চেয়ে অতিকায় ভল্লুক বেশী মনে হচ্ছে। উপস্থিত সকলের জন্য সবচেয়ে সমস্যাজনক ছিল তার কান এবং কাঁধের অতিরিক্ত দেহাংশ। এ একজন নাগ, এবং রাবণের অনুজও – কুম্ভকর্ণ।

তার পাশে মাথা উঁচু করে সগর্বে হাঁটছিল রাবণ। হয়তো বেড়ে যাবার ফলে, সে একটু ঝুঁকে চলাফেরা করছিল। ঝুঁকে পড়া সত্ত্বেও রাবণের বিশাল উচ্চতা এবং ঢেউখেলান মাংসপেশী স্পষ্ট দৃশ্যমান। পেশী সামান্য ঝুলে গিয়ে থাকতে পারে এবং চামড়ায় বলীরেখা দেখা দিয়ে থাকতে পারে, কিন্তু তাদের ভেতরের শক্তি নিয়ে সন্দেহের অবকাশ ছিল না। তার যুদ্ধে জীর্ণ কৃষ্ণ গাত্রচর্মে এবড়ো খেবড়ো দাগ, সম্ভবত শৈশবের কোন অসুস্থতার ফল। সমপরিমাণে কাঁচাপাকা মেশান ঘন দাঁড়ি কুৎসিত দাগগুলিকে লুকানোর নির্ভিক চেষ্টা করছে, আর তার ভয়ানক অবয়বের সূত্রপাত হয়েছে তার লম্বা পাকান গোঁফ থেকে। তার পরনে বিশ্বের সবচেয়ে দামী রঙ করা, বেগুনী রঙের ধুতি ও অঙ্গবস্ত্র। তার মাথায় এক ভয়ানক শিরস্ত্রাণ। দুটি ভীতিপ্রদ ছয় ইঞ্চি লম্বা সিং সেটির ওপরে দুদিকে বেরিয়ে আছে।

আরও পনের জন যোদ্ধা তাদের পেছন পেছন এসে ঢুকল।

রাবণের শোভাযাত্রা সভার মাঝখানে প্রভু রুদ্রের ধনুকের কাছে এসে থামল। একেবারে সামনের দেহরক্ষী উচ্চস্বরে ঘোষণা করল। 'রাজাধিরাজ, রাজ চক্রবর্তী সম্রাট, ত্রিভুবনের শাসক, দেবতাদের প্রিয় প্রভু রাবণ!'

পিনাকের সবচেয়ে কাছে বসা এক ছোট রাজ্যের রাজার দিকে ঘুরে চাপা গলায় একটা ছোট্ট গোঙানর মত শব্দ করল রাবণ সেই সঙ্গে মাথা দিয়ে ডানদিকে ইশারা করল। ইঙ্গিতটা নৈমিত্তিক কিন্তু তাতে তার বক্তব্য পরিষ্কার। রাজাটি তৎক্ষণাৎ উঠে দ্রুতপদে অন্য এক প্রতিযোগীর পেছনে গিয়ে দাঁড়িয়ে পড়ল। রাবণ আসনের দিকে এগিয়ে গেল কিন্তু বসল না। ডান পা তুলে আসনে রেখে হাঁটুর ওপর একটা হাত রাখল। তার দেহরক্ষীরা, বিশালকায় ভল্লুক সদৃশ কুম্ভকর্ণ সহ তার পেছনে গিয়ে দাঁড়াল।

অবশেষে রাবণ বিশ্বামিত্রের দিকে এক নৈমিত্তিক দৃষ্টিতে চেয়ে বলল। 'মহান মলয়পুত্র, বলুন কি বলছিলেন।'

প্রধান মলয়পুত্র বিশ্বামিত্র রাগে ফুঁসছিলেন। আজ পর্যন্ত তাকে কেউ এভাবে অসম্মান করে নি। গর্জে উঠলেন তিনি। 'রাবণ...'

রাবণ অলস ঔদ্ধত্যের ভঙ্গীতে তার দিকে তাকাল।

মহর্ষি কোনমতে মেজাজ সামলে নিলেন। তার হাতে এখন একটা গুরুত্বপুর্ণ দায়িত্ব রয়েছে। রাবণকে তিনি পরে বুঝে নেবেন। 'রাজকুমারী সীতা, মহান রাজা ও রাজপুত্রেরা কোন ক্রম অনুসারে প্রতিযোগিতায় অংশ নেবেন সেটা ঘোষণা করে দিয়েছে।'

বিশ্বামিত্রের কথা শেষ হবার আগেই রাবণ পিনাকের দিকে চলতে শুরু করে দিয়েছিল। রাবণ ধনুকটির দিকে হাত বাড়াতে যাবে, ঠিক তখনই মলয়পুত্র প্রধানের ঘোষণা শেষ হল। 'প্রথম প্রতিযোগী তুমি নও রাবণ। প্রথম প্রতিযোগী হচ্ছে অযোধ্যার রাজকুমার রাম।'

রাবণের বাড়ানো হাত ধনুক থেকে কয়েক ইঞ্চি দূরে থেমে গেল। সে বিশ্বামিত্রের দিকে দেখল, তারপর মুনির কথায় কে সাড়া দিল সেটা দেখার জন্য ঘুরল। এক তপস্বীর সাধারণ শ্বেতবস্ত্র পরা তরুণ যুবককে দেখতে পেল সে।

তার ঠিক পেছনে আরেক জন বিশালকায় তরুণ দাঁড়িয়ে আছে। তার পাশে দাঁড়িয়ে অরিষ্টনেমী।

রাবণ প্রথমে অরিষ্টনেমীর দিকে তারপর রামের দিকে কটমট করে তাকাল। চাউনি দিয়ে যদি হত্যা করা যেত তাহলে আজ কয়েকজন রাবণের শিকার হত এতে সন্দেহ নেই। সে বিশ্বামিত্র, জনক ও কুশধ্বজের দিকে ফিরল। তার গলায় ঝোলান আঙ্গুলের হাড় গেঁথে তৈরি করাল কুণ্ডলটা মুঠো করে ধরা। অদম্য ক্রোধে তার সমস্ত শরীর কাঁপছিল। সুউচ্চ গুরুগম্ভীর কণ্ঠস্বরে গর্জে উঠল সে। 'এ আমাকে অপমান করা হল! যদি আনাড়ি ছেলেদেরই আমার আগে সুযোগ দেয়া হবে তাহলে আমাকে আমন্ত্রণই কেন জানান হয়েছে?'

জনক মিনমিন করে সাফাই দেবার আগে কুশধ্বজের দিকে একবার তাকাল। 'হে মহান লঙ্কেশ্বর। এটাই প্রতিযোগতার নিয়ম...'

অবশেষে মেঘগর্জনের মত এক গুরুগম্ভীর কণ্ঠস্বর শোনা গেল। কুম্ভকর্ণের কণ্ঠস্বর। 'যথেষ্ট হয়েছে এই ছেলেখেলার।' তার অগ্রজ রাবণের দিকে ফিরে বলল 'দাদা চল চলে যাই।'

রাবণ সহসা নিচু হয়ে পিনাক তুলে নিল। কেউ কিছু করার আগেই সে তাতে ছিলা পরিয়ে একটা তীর সংযোজন করে ফেলল। সবাই স্থাণু হয়ে বসে দেখল বিশ্বামিত্রের দিকে সেটা তাক করছে সে।

বিশ্বামিত্র উঠে দাঁড়ালেন। অঙ্গবস্ত্রটা সরিয়ে বুকের ওপর মুষ্ট্যাঘাত করলেন। 'চালাও বাণ, রাবণ!' বিশাল সভা কক্ষে মুনির কণ্ঠস্বর গমগম করে উঠল। 'কি হল? সাহস থাকে তো ছোঁড়ো তীর!'

সমবেত জনতা ভয়ে আঁতকে উঠল।

সীতা স্তম্ভিত হয়ে গেল। *গুরুজি!*

রাবণ তীরটা ছুঁড়ল। সেটা বিশ্বামিত্রের পেছনে রাখা মিথিলার প্রতিষ্ঠাতা প্রাচীন রাজা মিথির মুর্তিতে গিয়ে লেগে তার নাকটা ভেঙ্গে দিল। এক অকল্পনীয় অপমান।

সীতা তেড়ে উঠল। *এত বড় দুঃসাহস?*

'রাবণ!' উঠে দাঁড়িয়ে ঘুরে তলোয়ার টেনে নিতে নিতে গর্জে উঠলো সীতা। সিঁড়ির দিকে দৌড়ে যাওয়া থেকে তাকে মিথিলার পরিচারিকারা ধরে আটকাল।

'না, দেবী সীতা!'

'রাবণ একটি দানব...'

'আপনার প্রাণ যাবে...'

'দেখুন, ও চলে যাচ্ছে...' আরেকটি পরিচারিকা বলল।

জালে ঢাকা জানালার কাছে ছুটে গিয়ে সীতা দেখল রাবণ পবিত্র পিনাক টেবিলের ওপর ছুঁড়ে ফেলে দরজার দিকে চলে যাচ্ছে। তার রক্ষীরা তাকে অনুসরণ করছে। এই গোলমালের মধ্যে কুম্ভকর্ণ তাড়াতাড়ি টেবিলের কাছে এগিয়ে গিয়ে পিনাকের ছিলাটা খুলে দিয়ে ভক্তিভরে ধনুকটা মাথায় ছোঁয়াল। তার দুহাতে ধনুকটা যেন ক্ষমা চাইবার ভঙ্গীতে ধরা। এরপর পিনাক টেবিলের ওপর রেখে ঘুরে দ্রুত রাবণের পেছন পেছন সভাকক্ষ থেকে বেরিয়ে গেল সে।

লঙ্কার শেষ লোকটি বেড়িয়ে যাবার পর সভাকক্ষে উপস্থিত লোকেরা একসঙ্গে দরজা থেকে ঘুরে সভার অন্য প্রান্তে বসা বিশ্বামিত্র, জনক ও কুশধ্বজের দিকে তাকাল।

বিশ্বামিত্র যেন কিছুই হয় নি এমন স্বরে বললেন 'প্রতিযোগিতা আরম্ভ হোক।'

উপস্থিত সকলে অনড় হয়ে বসে রইল। সমবেত ভাবে। বিশ্বামিত্র আবার বললেন, এবার আরেকটু উঁচ্চস্বরে। 'প্রতিযোগিতা আরম্ভ হোক। রাজকুমার রাম। অনুগ্রহ করে উঠে দাঁড়াও।'

রাম নিজের আসন থেকে উঠে পিনাকের কাছে এগিয়ে গেল। ভক্তি ভরে নত হয়ে হাত জোড় করে নমস্কার করল। সীতার মনে হল সে স্তোত্র উচ্চারণ করার ফলে রামের ঠোঁট নড়ছে দেখতে পেল। যদিও এতো দূর থেকে নিশ্চিত হতে পারল না।

নিজের ডান হাতটা তুলে এনে মণিবন্ধে বাঁধা লাল সুতোটি নিজের দুই চোখে স্পর্শ করল রাম।

সীতার ঠোঁটে মৃদু হাসি ফুটল। *দেবী কন্যাকুমারী তোমার সহায় হোন রাম। এবং আমাকে বিবাহে তোমার পাণিলাভের আশীর্বাদ করুন।*

রাম ধনুকটি স্পর্শ করে একটু থমকে গেল। তারপর নত হয়ে ধনুকের ওপর মাথা রাখল, যেন মহান অস্ত্রটির কাছে আশীর্বাদ প্রার্থনা করছে। স্বাভাবিক ভাবে শ্বাস প্রশ্বাস নিতে নিতে ধনুকটি তুলে নিল রাম। সীতা রুদ্ধশ্বাসে রামকে দেখছে।

রাম ধনুকের একটা প্রান্ত মাটিতে রাখা কাঠের তক্তার ওপর রাখল। উপরের অংশটা টেনে নামাতে গিয়ে আর একই সঙ্গে ছিলাটিকে টেনে তুলতে গিয়ে তার কাঁধ, পিঠ এবং বাহুর পেশীর ওপর যে চাপ পড়ছিল তা পরিষ্কার দেখা যাচ্ছিল। কাজটা তার শরীরের জন্য কষ্টসাধ্য হলেও মুখের ভাব কিন্তু সমাহিত। চাপটা আরেকটু বাড়িয়ে উপরের অংশটা আরো বাঁকিয়ে নিয়ে তাতে ছিলাটি পড়িয়ে দিল সে। ধরার জায়গাটা হাতে ধরে ওপরের অংশটা ছেড়ে দেয়ায় তার পেশীগুলি স্বাভাবিক অবস্থায় ফিরে এল। ছিলাটিকে কানের কাছে টেনে এনে ছেড়ে দিয়ে তার শব্দটা শুনল। মুখের ভাবে বোঝা যাচ্ছিল শব্দটা সঠিক হয়েছে।

একটি তীর তুলে নিয়ে তাম্র মণ্ডিত জলাধারটির দিকে এগিয়ে গেল সে। ধীর সতর্ক পদক্ষেপ। একপায়ের হাঁটু গেঁড়ে বসে ধনুকটাকে মাথার ওপর আড়াআড়ি ভাবে তুলে ধরল। জলের দিকে তাকাল সে। মাথার ওপর চক্রাকারে ঘুরতে থাকা মাছের প্রতিবিম্বটার দিকে। জলাধারের কম্পমান জল যেন তার মন নিয়ে ছিনিমিনি খেলতে চাইছে। রাম অন্য সবকিছুকে অগ্রাহ্য করে মাছের প্রতিবিম্বতে মনোনিবেশ করল। ধনুকের ছিলায় বাণ জুড়ে ডান হাতে টানল। ঋজু মেরুদণ্ড। প্রধান মাংসপেশিগুলি ঠিক উপযুক্ত চাপে সক্রিয়। নিঃশ্বাস স্থির এবং ছন্দবদ্ধ।

উৎকণ্ঠা বা উদ্বেগের কোন লক্ষণ বিনা, ধীর শান্ত ভঙ্গীতে সে ছিলাটি সম্পুর্ণ পেছনে টেনে এনে তীর ছেড়ে দিল। উপস্থিত সকলের দৃষ্টি তীরের গতিপথের অনুসরণে ওপর দিকে উঠে গেল। বিদ্যুৎ গতিতে ছুটে যাওয়া তীরের কাঠে বিদ্ধ হবার নির্ভুল শব্দ বিরাট সভাকক্ষে প্রতিধ্বনিত হতে লাগল।

মাছের ডান চোখ ভেদ করে কাঠের চাকায় বিদ্ধ হয়েছে তীরটা। চাকাটা নিজের ছন্দে তখনো ঘুরে চলছিল আর তাতে বেঁধা তীরের শলাকাটি পাক খেয়ে বাতাসে বৃত্ত তৈরি করছিল।

সীতার মুখে স্বস্তির হাসি ফুটল। গত কয় দিনের সমস্ত উৎকণ্ঠা মুছে গেল। গত কয় মিনিটের ক্রোধটাও মুছে গেল। তার দৃষ্টি জলাধারের পাশে নতজানু হয়ে মাথানিচু করে বসা রামের ওপর নিবদ্ধ। রামের চোখ কম্পিত জলরাশির দিকে, মুখে শান্ত মৃদু হাসি।

সীতার একটা অংশ যা বহু দিন আগে তার মার মৃত্যুর সঙ্গে সঙ্গে মরে গিয়েছিল, আবার ধীরে ধীরে জীবন ফিরে পেল।

আমি আর একা নই।

সীতার মার কথা মনে পড়ায় এক অম্লমধুর ব্যাথা অনুভব করল। মা আমার নিজের পুরুষকে খুঁজে পাওয়া দেখতে পেলেন না।

মার মৃত্যুর পর এই প্রথমবার সীতা না কেঁদে মাকে মনে করল।

একা হলে দুঃখ নিমজ্জিত করে ফেলে। কিন্তু চিরসাথীর সন্ধান পেয়ে গেলে সব কিছুর মুখোমুখি হওয়া যায়।

যা ছিল এক বেদনা ভরা অসহনীয় স্মৃতি সেটাই এখন এক অম্লমধুর অতীতের অনুভূতি হয়ে গেছে। বেদনার উৎস, হ্যাঁ, কিন্তু একই সঙ্গে শক্তি ও সুখের উৎসও।

সীতা নিজের মাকে সামনে দাঁড়ানো কল্পনা করল। উষ্ণ স্মিত হাসিমুখ, স্নেহময়, মাতৃত্বে ভরা। যেন জগদ্ধাত্রী স্বয়ং।

সীতা আজ আবার পরিপূর্ণ।

তার চেতনার গভীরে লুকিয়ে থাকা ক'টি শব্দ আজ অনেক দিন পর আবার উচ্চারণ করতে ইচ্ছে করছিল তার। সেই শব্দ গুলি যা সে ভেবেছিল মার মৃত্যুর পর তার জীবন থেকে হারিয়ে গেছে।

দূরে রামের দিকে তাকিয়ে চাপা স্বরে উচ্চারণ করল সে। 'আমি তোমাকে ভালবাসি।'

অধ্যায় ২২

'ধন্যবাদ, অরিষ্টনেমীজি, 'সীতা বলল। 'মলয়পুত্ররা আমার পাশে দাঁড়িয়েছে। গুরুজি নিজের জীবন বিপন্ন করেছেন। আমি কৃতজ্ঞ।'

রাম ও সীতার বিবাহ সেদিন বিকেলেই সাদামাটা অনুষ্ঠানের সাহায্যে সম্পন্ন করা হবে বলে ঘোষণা করা হয়েছে। রামকে অবাক করে দিয়ে সীতা প্রস্তাব করেছে যে, লক্ষ্মণ ও ঊর্মিলাও সেই একই পবিত্র লগ্নে বিবাহ বন্ধনে আবদ্ধ হোক। আর রামের কাছে অবিশ্বাস্য লাগল যে লক্ষ্মণও খুব উৎসাহের সঙ্গে রাজী হয়ে গেল। স্থির হয়েছে যে, দুই দম্পতি যদিও মিথিলাতেই বিবাহ করবে – যাতে সীতা ও ঊর্মিলা, রাম ও লক্ষণের সঙ্গে অযোধ্যার পথে যাত্রা করতে পারে – কিন্তু অযোধ্যাতে ধুমধাম করে অনুষ্ঠানের আয়োজন করা হবে। যা মহান ইক্ষ্বাকুর উত্তরসূরিদের মানানসই হবে।

বিবাহ অনুষ্ঠানের প্রস্তুতির মাঝখানে অরিষ্টনেমী সীতার সঙ্গে সাক্ষাতের অনুরোধ জানিয়েছে।

'মলয় পুত্রদের বিশ্বস্ততা সম্পর্কে কোন রকমের সন্দেহটা আমি দূর করতে চাই।' অরিষ্টনেমী বলল। 'আমরা সবসময় বিষ্ণুর সঙ্গে ছিলাম। থাকবোও।'

তোমরা ততক্ষণই বিষ্ণুর সঙ্গে থাকবে যতক্ষণ আমি তোমাদের কথা মত চলব। তোমাদের পরিকল্পনা মত কাজ না হলে নয়।

সীতা হাসল। 'সন্দেহ করার জন্য আমাকে ক্ষমা করবেন, অরিষ্টনেমীজি।'

'ভুল বোঝাবুঝি তো পরিবারের ঘনিষ্ঠতমদের মধ্যেও হয়ে থাকে। সব ভাল যার শেষ ভাল।'

'গুরু বিশ্বামিত্র কোথায়?'

'তোমার কি মনে হয়?'

রাবণ।

'রাক্ষস রাজা কি বলছে?' সীতা প্রশ্ন করল।

রাবণকে আটকানোর জন্য বিশ্বামিত্র নিজেকে বিপন্ন করে এগিয়ে এসেছিলেন। লঙ্কার রাজা অপমানিত বোধ করেছে। এর প্রতিক্রিয়া হতে পারে। রাবণের সুবিশাল অহং তাঁর যোদ্ধার মেজাজ এবং নিষ্ঠুরতার মতই বিখ্যাত। কিন্তু সে কি দুর্দম মলয়পুত্রদের মোকাবিলা করতে প্রস্তুত?

অরিষ্টনেমী চিন্তিত ভাবে নিচের দিকে একটু সময় তাকিয়ে রইল, তারপর সীতার দিকে চোখ তুলল। 'রাবণ একজন ঠাণ্ডা মাথার নির্মম ব্যাক্তি, যে তাঁর সিদ্ধান্ত ভাল করে ভেবে চিন্তে নেয়। কিন্তু তার অহং... তার অহং অনেকসময় বাগড়া দেয়।'

'ঠাণ্ডা মাথায় নির্মম বিবেচনা তাকে বলবে মলয়পুত্রদের না ঘাঁটাতে।' সীতা বলল। 'তমিরাবরুনীর গুহা কন্দর থেকে আমরা যা দেই সেটা ওর প্রয়োজন।'

'সেটা ঠিক, কিন্তু বললাম না? ওর অহং বাগড়া না দিলেই হয়। আশা করছি গুরু বিশ্বামিত্র ওকে সামলাতে পারবেন।'

সীতা যে রাবণকে মলয়পুত্রদের সাহায্য করার গোপন কথাটির সম্পুর্ণ সত্যতা উদঘাটন করতে পারে নি এতে অরিষ্টনেমী আশ্চর্য হয়ে গেল। বোধ করি কিছু বিষয় দুর্ধর্ষ সীতারও ক্ষমতার বাইরে। কিন্তু সে অবাক হওয়াটা মুখের ভাবে প্রকাশ পেতে দিল না।

—ᳵ—

স্বয়ম্বরের দিন বিকেলে দুটি বিবাহ সাদামাটা অনুষ্ঠানের মাধ্যমে দ্রুত সম্পন্ন করা হল।

সীতা ও রাম অবশেষে একা হল। তারা খাবার ঘরে মাটিতে গদির ওপর বসেছে। ছোট জলচৌকির ওপর তাদের খাবার পরিবেশন করা হয়েছে। রাত

হয়ে গেছে। এখন তৃতীয় প্রহরের ষষ্ঠ ঘন্টা। কয়েক ঘন্টা আগে তাদের সম্পর্ক ধর্মানুসারে স্বীকৃতি পাওয়া সত্ত্বেও, একে অন্যের ব্যাক্তিত্বের বিষয়ে তাদের অজ্ঞানতা দুজনের অপ্রস্তুততার মধ্যে প্রকাশ পাচ্ছিল।

'হুম্‌ম্‌' নিজের থালার দিকে চেয়ে রাম বলল।

'কিছু সমস্যা, রাম?'

'কিছু মনে কোরো না, কিন্তু... খাবারটা...'

'তোমার পছন্দ হয় নি?'

'না, না, ভাল, খুবই ভাল। কিন্তু...'

সীতা রামের চোখে চোখ রাখল। *আমি তোমার স্ত্রী। আমাকে সত্যি বলতে পার। এমনিতেও খাবার আমি বানাই নি।*

কিন্তু চিন্তাগুলি নিজের ভেতরেই রেখে সে জিজ্ঞেস করল। 'হ্যাঁ?'

'এতে একটু নুন কম আছে।'

সীতা মিথিলার রাজকীয় পাচক, দয়ার প্রতি বিরক্তি বোধ করল! *আমি বলেছিলাম ওকে মধ্য সপ্তসিন্ধুর লোকেরা পুর্বাঞ্চলের লোকেদের থেকে বেশী নুন খেতে অভ্যস্ত!*

সে নিজের থালাটা সরিয়ে রেখে উঠে দাঁড়িয়ে হাততালি দিল। এক পরিচারক ছুটে এল। 'রাজকুমারের জন্য একটু নুন নিয়ে এসো।' পরিচারক ঘুরে দাঁড়াতে সীতা আদেশ দিল । 'তাড়াতাড়ি!'

পরিচারক ছুট দিল।

রাম তোয়ালেতে হাত মুছে নুনের অপেক্ষা করছিল। 'তোমাকে অসুবিধা দেবার জন্য দুঃখিত।'

সীতা ভুরু কুঁচকে নিজের আসন গ্রহণ করল। 'আমি তোমার পত্নী, রাম। তোমার খেয়াল রাখা আমার কর্তব্য।'

ও এতো অপ্রস্তুত... আর মিষ্টি...

রাম মৃদু হাসল। 'আ... আমি কি একটা কথা জিগ্যেস করতে পারি?'

'অবশ্যই।'

'তোমার ছোটবেলার বিষয়ে বল।'

'অর্থাৎ আমাকে দত্তক নেবার আগের কথা? আমাকে দত্তক নেয়া হয়েছে সেটা তো তুমি জানই তাই না?'

'হ্যাঁ... মানে তোমার অসুবিধা হলে বলতে হবে না।'

সীতা মৃদু হাসল। 'না, আমার কোন অসুবিধে নেই কিন্তু আমার কিছু মনে পড়ে না। আমার পালক মা বাবা আমাকে যখন পেয়েছিলেন আমি তখন একবারেই শিশু।'

রাম মাথা নেড়ে সায় দিল।

তুমিও কি আমাকে আমার জন্ম দিয়ে বিচার করবে?

রামের মনে যে প্রশ্নটা জেগেছে বলে সীতার মনে হল সে সেটির উত্তর দিল।

'তাই তুমি যদি আমার জন্মদাতা বাবা মা কে তা জানতে চাও তবে তাঁর সংক্ষিপ্ত উত্তর হল আমি জানি না। কিন্তু আমি যা মানতে পছন্দ করি তা হল, আমি ধরিত্রীর কন্যা।'

'জন্ম সম্পূর্ণ গুরুত্বহীন। সেটা শুধু কর্মভুমিতে প্রবেশের একটা উপায় মাত্র। কর্মই একমাত্র সারবস্তু, এবং তোমার কর্ম তো স্বর্গীয়।'

সীতার ঠোঁটে হাসি ফুটল। তার স্বামীর তাকে আশ্চর্য করে দেবার ক্ষমতা সীতাকে মন্ত্রমুগ্ধ করে ফেলছে। নিঃসন্দেহে আশ্চর্যজনক । *আমি দেখতে পাচ্ছি মহর্ষি বশিষ্ঠ এর মধ্যে কি দেখেছেন। এ অসামান্য...*

রাম কিছু একটা বলতে যাচ্ছিল এমন সময় পরিচারক নুনের পাত্র নিয়ে হাজির হল। রাম অল্প নুন খাবারে মিশিয়ে আবার খাওয়া আরম্ভ করল। পরিচারক ঘর থেকে চলে গেল।

'তুমি কিছু একটা বলছিলে।' সীতা বলল।

'হ্যাঁ,' বলল রাম। 'আমার মনে হয়...।'

রামের বক্তব্যে আবার বাধা পড়ল। এবার দ্বারপালের উঁচু গলায় ঘোষণার ফলে। 'মলয় পুত্রদের প্রধান, সপ্তর্ষি উত্তরাধিকারী বিষ্ণুর ঐতিহ্যের রীতির রক্ষা কর্তা, মহর্ষি বিশ্বামিত্র।'

সীতা একটু অবাক হল। *গুরুজি এখানে?*

সে রামের দিকে তাকাল। রাম কাঁধ ঝাঁকাল। এ বিষয়ে সেও কিছু জানে না। বিশ্বামিত্র ঘরে প্রবেশ করলেন পেছন পেছন অরিষ্টনেমী। রাম ও সীতা উঠে দাঁড়াল। সীতা পরিচারিকাকে হাত ধোওয়ার জলের পাত্র নিয়ে আসতে ইশারা করল।

'আমাদের সামনে সমস্যা এসে পড়েছে।' কোন সম্ভাষণের অপেক্ষা না রেখে বললেন বিশ্বামিত্র।

সীতা চাপা স্বরে অভিসম্পাত করল। *রাবণ...*

'কি হয়েছে গুরুজি?' রাম প্রশ্ন করল।

'রাবণ আক্রমণের প্রস্তুতি করছে।'

'কিন্তু তাঁর সঙ্গে সৈন্য নেই।' রাম বলল। 'দশ হাজার দেহরক্ষী নিয়ে কি করতে পারবে? ওই ক'জনকে নিয়ে মিথিলার মাপের নগরকেও অবরোধ করতে পারবে না। যুদ্ধে নিজের লোকেদের মৃত্যু ছাড়া ও আর কিছু পাবে না।'

'রাবণ যুক্তি দিয়ে চলে না।' বললেন বিশ্বামিত্র। 'ওর অহং আহত হয়েছে। সে তাঁর দেহরক্ষী বাহিনী হারাতে পারে কিন্তু মিথিলাকে তছনছ করে দেবে।'

রাম নিজের পত্নীর দিকে তাকাল।

সীতা বিরক্ত ভাবে মাথা নেড়ে বিশ্বামিত্রকে উদ্দেশ্য করে বলল। 'ঐ রাক্ষসকে স্বয়ম্বরের জন্য নিমন্ত্রণ কে করেছে? আমি জানি আমার বাবা করেন নি।'

বিশ্বামিত্র দীর্ঘ শ্বাস নিলেন, তাঁর দৃষ্টি নরম হয়ে গেল। 'গতস্য শোচনা নাস্তি সীতা। প্রশ্ন হল, এখন আমরা কি করব?'

'আপনার কি মত গুরুজি?' রাম প্রশ্ন করল।

আমার সঙ্গে কিছু গুরুত্বপুর্ণ সামগ্রী আছে যা গঙ্গার কাছে আমার আশ্রমে খনন করে আনা হয়েছে। অগস্ত্যকুটমে কিছু বৈজ্ঞানিক পরীক্ষা নিরীক্ষার জন্য আমার সে গুলো প্রয়োজন ছিল। আমি এর জন্যেই আমার আশ্রমে গিয়েছিলাম।'

'বৈজ্ঞানিক পরীক্ষা?' রাম প্রশ্ন করল।

'হ্যাঁ, দৈবী অস্ত্রের পরীক্ষা।'

সীতা চমকে উঠল। দৈবী অস্ত্রের বিধ্বংসী ক্ষমতা তার জানা। ‘গুরুজি, আপনি কি বলছেন আমরা দৈবী অস্ত্র ব্যবহার করব?’

বিশ্বামিত্র মাথা নেড়ে সায় দিলেন। রাম বলল। ‘কিন্তু তাতে তো মিথিলাও ধ্বংস হয়ে যাবে।’

‘না, হবে না।’ বললেন বিশ্বামিত্র। ‘এ কোন গতানুগতিক দৈবী অস্ত্র নয়। আমার কাছে যা আছে সেটা অসুরাস্ত্র।’

‘সেটা কি জৈব অস্ত্র নয়?’ রাম প্রশ্ন করল। এখন সে বেশ বিচলিত।

‘হ্যাঁ। বিষাক্ত বাষ্প এবং অসুরাস্ত্রের বিস্ফোরণের তরঙ্গের ধাক্কায় লঙ্কার সেনারা কিছু দিনের জন্য পক্ষাঘাতগ্রস্ত অক্ষম হয়ে পড়বে। আমরা সহজেই তাদেরকে বন্দী করে এই সমস্যার সমাধান করে ফেলতে পারব।’

‘কেবল পক্ষাঘাত, গুরুজি? আমি শুনেছি বেশী পরিমাণে হলে অসুরাস্ত্র মৃত্যুও ঘটাতে পারে।’

বিশ্বামিত্র জানতেন যে, রামকে এই জ্ঞান একটি মাত্র ব্যাক্তি দিতে পারে। তাঁর শত্রুতে-পরিবর্তিত-মিত্র, বশিষ্ঠ। মলয়পুত্র প্রধান মুহুর্তের মধ্যে বিরক্ত হয়ে গেলেন। ‘তোমার এর চেয়ে ভাল কোন পরামর্শ আছে?’

রাম চুপ করে গেল।

সীতা রামের দিকে তাকাল তারপর বিশ্বামিত্রের দিকে। *আমি জানি গুরুজি কি করতে চেষ্টা করছেন।*

‘কিন্তু প্রভু রুদ্রের আইনের কি হবে?’ সীতা প্রশ্ন করল, তার স্বরে অল্প উষ্মা।

এটা সকলের জানা যে বহু শতাব্দী আগে পুর্ববর্তী মহাদেব প্রভু রুদ্র দৈবী অস্ত্রের বিনা অনুমোদনে প্রয়োগ করা নিষিদ্ধ করে গেছেন। যে এই আইন লঙ্ঘন করবে তাকে চোদ্দ বৎসরের জন্য নির্বাসনে যেতে হবে, বলে ঘোষণা করেছেন তিনি। দ্বিতীয়বার আইন ভাঙ্গার শাস্তি মৃত্যু। বায়ুপুত্ররা মহাদেবের বিধান নিয়োগ করতে বাধ্য হবে।

‘আমার মনে হয় না এই আইন অসুরাস্ত্রের ক্ষেত্রে কার্যকরী হবে।’ বিশ্বামিত্র বললেন। ‘এ সামুহিক বিধ্বংসী অস্ত্র নয় । এ হল সামুহিক অক্ষমকারী অস্ত্র।’

সীতা চোখ সরু করল। স্পষ্টতই সে কথাটা মানতে পারছে না। 'আমি একমত নই। দৈবী অস্ত্র দৈবী অস্ত্রই। আমরা প্রভু রুদ্রের উপজাতি, বায়ুপুত্রদের অনুমোদন ছাড়া এটা ব্যবহার করতে পারি না। আমি প্রভু রুদ্রের পূজারী। আমি তাঁর আইন ভাঙব না।'

'তবে কি আত্মসমর্পন করতে চাও?'

'অবশ্যই না। আমরা যুদ্ধ করব!'

বিশ্বামিত্র উপহাসের হাসি হাসলেন। 'যুদ্ধ, তাই নাকি? আর রাবণের বাহিনীর সঙ্গে সেটা করবেটা কে, একটু খুলে বল তো। মিথিলার সব ননীর পুতুল বুদ্ধিজীবীরা? রণকৌশলটা কি হবে? লঙ্কার সেনাবাহিনীকে তর্কে হারাবে?'

'আমাদের নিজস্ব পুলিশ বাহিনী আছে।' তার রক্ষীদলের প্রতি প্রদর্শিত অবজ্ঞায় বিরক্ত হয়ে সীতা বলল।

'রাবণের সৈন্যবাহিনীর সঙ্গে যুদ্ধ করবার মত শিক্ষা বা অস্ত্রশস্ত্র এদের নেই।'

'আমরা ওর সৈন্যবাহিনীর সঙ্গে লড়ছি না। আমরা লড়ছি তার দেহরক্ষীদের পলটনের সঙ্গে। আমার পুলিশ বাহিনী তার জন্যে যথেষ্ট।'

'তুমি নিজেও জান, যথেষ্ট নয়।'

'আমরা দৈবী অস্ত্র ব্যবহার করব না গুরুজি।' সীতা বলল। তার মুখভাব কঠিন হয়ে গেছে।

রাম যোগ দিল আলোচনায় 'সমিচির পুলিশ বাহিনী একা নয়। লক্ষ্মণ এবং আমি এখানে আছি, মলয়পুত্ররাও আছে। আমরা দুর্গের ভেতরে; দুটো প্রাচীরে ঘেরা; নগরের চারদিকে হ্রদ ঘিরে আছে। আমরা মিথিলাকে রক্ষা করতে পারব। যুদ্ধ করতে পারব।'

তাচ্ছিল্যের ভঙ্গীতে বিশ্বামিত্র রামের দিকে ফিরলেন। 'বাজে কথা। ওরা সংখ্যায় অনেক বেশী। প্রাচীর দুটো...' নাসিকাধ্বনি করে তার অশ্রদ্ধা ব্যক্ত করলেন তিনি। 'শুনতে চতুর মনে হচ্ছে। কিন্তু রাবণের মত নিপুণ যোদ্ধার এই

সব বাধা পার করার পথ খুঁজে পেতে কতক্ষণ সময় প্রয়োজন হবে বলে তোমার মনে হয়?'

'আমরা দৈবী অস্ত্র ব্যবহার করব না গুরুজি।' গলার স্বর এক পর্দা উঁচিয়ে বলল সীতা। 'এবার আমাকে আসতে আজ্ঞা দিন, আমাকে যুদ্ধের প্রস্তুতি করতে হবে।'

—৫১—

'সমিচি কোথায়?' মিথিলার পুলিস ও বিধি প্রধানকে তার কার্যালয়ে না পেয়ে আশ্চর্য হয়ে প্রশ্ন করল সীতা।

সূর্যাস্ত হয়ে গেছে। রাবণের আক্রমণের আশঙ্কায় সীতা তার সৈন্য সাজাচ্ছিল। তার মনে হয় না লঙ্কার রাক্ষস রাজ যুদ্ধের রীতিনীতির সম্মান রাখবে। তার রাতেই আক্রমণ করার সম্ভাবনা। সময় এখন খুবই গুরুত্বপুর্ণ।

'তিনি কোথায় গেছেন আমরা জানি না। রাজকুমারী।' একজন পুলিশ কর্মকর্তা জানালো। বিবাহ অনুষ্ঠানের পরই তিনি চলে গেছেন।'

'খুঁজে বের কর। দুর্গ প্রাচীরে আসতে বল। মৌচাক আবাসনে।'

'যে আজ্ঞা রাজকুমারী।'

'এখুনি।' হাততালি দিয়ে বলল সীতা। কর্মকর্তাটি দ্রুত বেরিয়ে গেলে সীতা অন্যদের দিকে ফিরল। 'সব কর্মকর্তাদের একসঙ্গে করে মৌচাক আবাসনে নিয়ে এস। ভেতরের প্রাচীরে।'

পুলিশ কর্মীরা বেরিয়ে গেল। সীতা নিজের কার্যালয় থেকে বেরিয়ে তার ব্যক্তিগত দেহরক্ষী – মিথিলার পুলিস বাহিনীর অন্তর্ভুক্ত মলয়পুত্রদের সঙ্গে দেখা করতে গেল। কেউ শুনতে পাচ্ছে কিনা ভাল করে দেখে নিল সীতা। তারপর সে মক্রন্ত নামে একজন রক্ষী যাকে সে বিশ্বাস করতে আরম্ভ করেছে, তাকে বলল। 'অধিনায়ক জটায়ুকে খুঁজে বের কর। তাকে বলবে যে আমি চাই তোমরা সকলে মিলে আমাদের ভেতরদিকের প্রাচীরের গুপ্ত সুড়ঙ্গটিকে রক্ষা কর। পারলে সেটিকে বন্ধ করবার উপায় খোঁজো।'

'রাজকুমারী আপনি কি আশা করছেন রাবণ ...'

'হ্যাঁ, করছি। ' বাধা দিয়ে বলল সীতা। 'সুড়ঙ্গটা বন্ধ করে দাও। এখনি। '

'যে আজ্ঞা রাজকুমারি।'

—১৮—

'এটা আমি পারব না।' আশে পাশে কেউ আছে কিনা দেখবার জন্য চারদিকে তাকিয়ে রুক্ষ স্বরে বলল সমিচি।

অকম্পন, তার পরিপাটি রূপের বদলে আজ একেবারে আলুথালু বেশে। তার পোশাক, যদিও দামী কিন্তু কোঁচকান। তার হাতের কয়েকটা আংটি গায়েব। ছুরিটা খাপের মধ্যে অযত্নে গোঁজা। রক্তের দাগ লাগা ফলাটা একটু বেড়িয়ে আছে। সমিচি স্তম্ভিত হয়ে গেছে। এই অকম্পন তার অপরিচিত। উন্মত্ত এবং হিংস্র।

'তোমাকে যা আদেশ করা হচ্ছে সেটা করতেই হবে।' নিচু গলায় গর্জে উঠলো অকম্পন।

সমিচি ক্রুদ্ধ দৃষ্টিতে মাটির দিকে চেয়ে রইল। সে জানত তার উপায় নেই। কত বৎসর আগের সেই ঘটনার ফলে...

'রাজকুমারী সীতার কোন ক্ষতি হওয়া চলবে না।'

'তুমি কিছু দাবী করার অবস্থায় নেই।'

'রাজকুমারী সীতার কোন ক্ষতি হওয়া চলবে না।' সমিচি দাঁত খিঁচিয়ে বলল। 'প্রতিশ্রুতি দিন!'

অকম্পনের হাতের মুঠি শক্ত হয়ে উঠল। তার রাগ ফেটে পরার মুখে।

'কথা দিন!'

তার ক্রোধ সত্ত্যেও অকম্পন জানে তাদের সাফল্যের জন্য সমিচির প্রয়োজন আছে। সে মাথা নেড়ে সায় দিল।

সমিচি ঘুরে দ্রুত চলে গেল।

অধ্যায় ২৩

গভীর রাত; চতুর্থ প্রহরের চতুর্থ ঘন্টা। ভেতরের প্রাচীরের কাছে মৌচাক আবাসনের ছাতে লক্ষ্মণ এবং সমিচি এসে রাম ও সীতার সঙ্গে যোগ দিয়েছে। সতর্কতা অবলম্বনের জন্য সম্পূর্ণ চত্বরটা খালি করিয়ে দেওয়া হয়েছে। পরিখা জলাধারের ওপরকার পন্টুন সেতুও ধ্বংস করা হয়েছে।

নারী পুরুষ মিলিয়ে মিথিলার পুলিস বাহিনীতে চার হাজার সদস্য। ছোট্ট রাজ্যের এক লক্ষ জনসংখ্যার আইন শৃঙ্খলা বজায় রাখার জন্য যথেষ্ট। কিন্তু লঙ্কার বাহিনীর তুলনায় তাদের সংখ্যা অনেক কম। অনুপাতে পাঁচজনে দুজন। রাবণের লঙ্কার দেহরক্ষীদের আক্রমণ ঠেকাতে এরা কি পারবে?

সীতার বিশ্বাস পারবে। কোণঠাসা জন্তু প্রাণপণে যুদ্ধ করে। মিথিলার লড়াই রাজ্যজয়ের জন্য নয়, বা সম্পদের জন্য নয়, বা অহংএর জন্য নয়। তাদের লড়াই প্রাণ রক্ষার জন্য। তাদের নগরকে নিশ্চিহ্ন হওয়ার হাত থেকে রক্ষা করার লড়াই। এবং এ কোন গতানুগতিক খোলা মাঠে যুদ্ধ নয়। মিথিলার লোকেরা নিরাপত্তা প্রাচীরের আড়ালে থাকছে; প্রকৃত পক্ষে দুটি প্রাচীর। এক নতুন সামরিক সুরক্ষা ব্যবস্থা যা খুব কম দুর্গে পরীক্ষা করে দেখা হয়েছে। লঙ্কার সেনাপতিরা এই যুদ্ধ ব্যবস্থার জন্য প্রস্তুতি করার সম্ভাবনা কম। এই কারণগুলির ফলে অপেক্ষাকৃত কম সৈন্যের অসুবিধাটুকু খুব বিশাল নয়।

রাম ও সীতা বাইরের প্রাচীরের সুরক্ষার ব্যবস্থা করার প্রচেষ্টা ছেড়ে দিয়েছে। তারা চাইছিল রাবণ ও তার যোদ্ধারা সেটা টপকে ভেতরের প্রাচীর আক্রমণ করুক। তাতে লঙ্কার সৈন্যরা দুই প্রাচীরের মাঝখানে আটকা পড়ে যাবে এবং মিথিলার তীরের বর্ষনের মুখে সেটা মরণফাঁদে পরিণত হবে। প্রতিপক্ষের দিক

থেকেও তীরের ঝাঁক আশা করছে তারা। সেটা থেকে বাঁচবার জন্য পুলিশদের তাদের ভিড় আটকানোর জন্যে ব্যবহার করা কাঠের ঢাল নিয়ে আসতে বলা হয়েছে। লক্ষ্মণ তাদেরকে তীরের হাত থেকে বাঁচবার দ্রুত কিছু প্রাথমিক কৌশল শিখিয়ে দিয়েছে।

'মলয়পুত্ররা কোথায়?' লক্ষ্মণ জিজ্ঞাসা করল।

সীতা উত্তর না দিয়ে চারিদিকে দেখল। সে জানত মলয়পুত্ররা তাকে ছেড়ে যাবেনা। তার আশা তারা শেষ চেষ্টা করতে ব্যস্ত, লঙ্কার লোকেদের ভয় বা লোভ দেখিয়ে কোনভাবে যদি নিরস্ত করা যায়।

রাম চাপা গলায় লক্ষ্মণকে বলল। 'আমার মনে হয় শুধু আমরাই আছি।'

লক্ষ্মণ মাথা নাড়ল, মাটিতে থুতু ফেলে বলল। 'কাপুরুষের দল।'

সীতা কোন প্রতিক্রিয়া দেখাল না। গত কয়েকদিনে সে বুঝে গেছে যে, লক্ষ্মণ খুবই বদ মেজাজি মানুষ। এবং তার এই কোপনতা আসন্ন যুদ্ধে সীতার কাজে লাগবে।

'দেখ!' বলল সমিচি।

সীতা ও লক্ষ্মণ সমিচির নির্দেশিত দিকে ঘুরে তাকাল।

মিথিলার বাইরের দেয়াল ঘিরে থাকা পরিখা – জলাধারের ওপাশে সারি সারি মশাল জ্বলছে। রাবণের দেহরক্ষীরা সারা সন্ধ্যা প্রাণপণে কাজ করেছে। জলাধার পার করার জন্য বন থেকে গাছ কেটে এনে দাঁড় বাওয়া নৌকা তৈরি করেছে তারা।

তাদের চোখের সামনেই লঙ্কার সৈন্যরা তাদের নৌকা পরিখা জলাধারে ভাসিয়ে দিতে আরম্ভ করল। মিথিলার ওপর আক্রমণ আরম্ভ হয়ে গেছে।

'সময় হয়ে গেছে।' সীতা বলল।

'হ্যাঁ,' বলল রাম। 'ওরা বাইরের প্রাচীরে পৌঁছনর আগে আমাদের হাতে আর আধ ঘন্টা মত সময় আছে।'

— ৫১ —

শঙ্খধ্বনি রাতের আকাশ বাতাসে ধ্বনিত হল। এটি এখন রাবণ ও তার লোকেদের প্রতীকী শব্দ বলে সবাই চিনে গেছে। মশালের আলোর নাচনের মধ্যে তারা দেখতে পেল, লঙ্কার সেনারা বিশালকায় মই মিথিলার বহির্প্রাচীরের গায়ে লাগাচ্ছে।

'ওরা এসে গেছে।' রাম বলল।

সীতা তার দূতের দিকে তাকিয়ে মাথা নাড়ল।

মিথিলার পুলিস-যোদ্ধাদের কাছে দ্রুত বার্তা পৌঁছে গেল। সীতা রাবণের তীরন্দাজদের কাছ থেকে তীরের বর্ষা আশা করছিল। সেটা ততক্ষণই চলবে যতক্ষণ তাদের যোদ্ধারা বাইরের প্রাচীরের ওধারে আছে। লঙ্কার সেনারা দেয়াল টপকে এধারে পৌঁছনর সঙ্গে সঙ্গে তীর ছোঁড়া বন্ধ হয়ে যাবে। তীরন্দাজরা তাদের নিজেদের লোককে আঘাত করার ঝুঁকি নেবে না।

হু-উ-শ করে একটা জোরে শব্দ তীর ছোঁড়ার সংবাদ ঘোষণা করল।

'ঢাল!' চেঁচাল সীতা।

লঙ্কার বাণবৃষ্টির জন্যে প্রস্তুত মিথিলার যোদ্ধারা তৎক্ষণাৎ ঢাল উঁচু করে নিল।

সীতার সহজাত অনুভূতি মাথা চাড়া দিল। *ঐ শব্দটাতে কোন সমস্যা আছে। সহস্র তীরের পক্ষেও ওটা অতিরিক্ত জোরে। অনেক বড় কিছু একটা ছোঁড়া হয়েছে।*

ঢালের পেছন থেকে সে রামের দিকে তাকিয়ে বুঝতে পারলো রামেরও অস্বস্তি হচ্ছে।

তাদের সহজাত প্রবৃত্তি ভুল করে নি।

বিশাল ক্ষেপণাস্ত্রগুলি বিরাট শক্তি নিয়ে এসে মিথিলার রক্ষাবলয়ে আঘাত করল। যন্ত্রণার কাতর আর্তনাদের সঙ্গে শোনা যাচ্ছিল ঢাল বিদীর্ন করে দেয়া আঘাতের মর্মান্তিক শব্দ। মিথিলা পক্ষের বহু জন নিমেষে লুটিয়ে পড়ল।

'এটা কি হচ্ছে?' ঢালের আড়াল থেকে লক্ষ্মণ চেঁচাল।

সীতা দেখল মাখনের মধ্যে দিয়ে গরম ছুরি ঢোকার মত উড়ে আসা অস্ত্রটার আঘাতে রামের কাঠের ঢাল দু টুকরো হয়ে ভেঙ্গে গেল। এক চুলের জন্য রামের গায়ে লাগে নি।

বর্শা!

তাদের কাঠের ঢাল তীর থেকে বাঁচার জন্য। বড় বর্শা থেকে নয়।

বর্শা এতো দূরে কি করে ছোঁড়া যাচ্ছে?!

প্রথম ক্ষেপ থেমে গেছে। সীতা জানতো পরেরটার আগে তাদের কাছে মাত্র কয়েক মুহুর্ত আছে। ঢাল নামিয়ে সে চারদিকে চেয়ে দেখল, রামও ঠিক তাই করছিল।

সীতা রামকে আর্তস্বরে বলতে শুনল। 'হে প্রভু রুদ্র, দয়া কর...'

ধ্বংসের পরিমাণ বিশাল ছিল। অন্তত এক চতুর্থাংশ মিথিলার যোদ্ধা হয় মৃত কিংবা গুরুতর ভাবে আহত। তাদের ঢাল ও শরীরকে ছিন্ন বিচ্ছিন্ন করে দেওয়া বিশাল বর্শায় বেঁধা।

রাম সীতার দিকে তাকাল। 'আরেক প্রস্থ যে কোন মুহূর্তে ছোঁড়া হবে! বাড়ির ভেতর!'

'বাড়ির ভেতর!' সীতা চীৎকার করে বলল।

'বাড়ির ভেতরে!' সেনানায়করা পুনরাবৃত্তি করল। সবাই দরজার দিকে ছুটে গিয়ে দরজা খুলে লাফিয়ে ভেতরে ঢুকে পড়ল। এক খুবই বিশৃঙ্খল পশ্চাদপসরণ, কিন্তু কার্যকরী। কয়েক মিনিটের মধ্যে রক্ষা পাওয়া প্রত্যেক মিথিলার পুলিস যোদ্ধা বাড়ির নিরাপত্তার ভেতর লাফিয়ে ঢুকে পড়ল। দরজা বন্ধ হবার সময় আরেক প্রস্থ বর্শা ছুটে এলো মৌচাক আবাসনের ছাতে। কয়েকজন পথভ্রষ্ট তার শিকার হলেও বাকিরা নিরাপদ হয়ে গেল, এখনকার মত।

বাড়ির ভেতর নিরাপদ হবার সঙ্গে সঙ্গে রাম সীতাকে এক পাশে টেনে নিল। লক্ষ্মণ ও সমিচি তাদের অনুসরণ করল। সমিচির মুখ ছাইয়ের মত ফ্যাকাসে হয়ে গেছে তার রাজকুমারীর পেছনে উদ্বিগ্ন হয়ে দাঁড়িয়ে অসহায় ভাবে কপালে হাত ঘষছিল সে।

সীতা সজোরে নিঃশ্বাস নিচ্ছিল, কোণঠাসা বাঘিনীর মত চোখ জ্বলছে তার, ক্রোধে ফেটে পরার মত অবস্থা।

'এখন কি করা?' রাম সীতাকে প্রশ্ন করল। 'রাবণের সৈন্যরা নিশ্চয় বাইরের প্রাচীরে চড়ছে। খুব শিগগির আমাদের এখানে এসে পড়বে। ওদেরকে বাধা দেবার কেউ নেই।'

সীতার বুদ্ধি যোগাচ্ছিল না, অসহায় বোধ করছিল এবং ক্ষিপ্তও। *দুচ্ছাই!*

'সীতা?' রাম বলল।

সহসা সীতার চোখ বড় বড় হয়ে গেল। 'জানালা গুলি!'

'কি?' প্রধান মন্ত্রীর কথায় আশ্চর্য হয়ে জিজ্ঞাসা করল সমিচি।

সীতা তার সেনানায়কদের তক্ষুনি একসঙ্গে জড় করে আদেশ দিল, দুর্গের ভেতরের প্রাচীরের লাগোয়া বাড়িগুলির জানালার কাঠের পাল্লা গুলি ভেঙ্গে দিতে।

মৌচাক আবাসনের জানালা থেকে দুর্গের দুই প্রাচীরের মধ্যের জায়গাটা দেখা যায়। সীতা তার সুবিধা জনক স্থান পেয়ে গেছে। তীর শেষ পর্যন্ত চলবে লঙ্কার আক্রমণকারীদের ওপর।

'দারুণ!' একটা বন্ধ জানালার দিকে ছুটে যেতে যেতে চেঁচাল লক্ষ্মণ। পেশী শক্ত করে হাত পেছনে নিয়ে কাঠের ওপর সজোরে ঘুসি মারল সে। এক আঘাতে পাল্লাটিকে চুরমার করে দিল।

মৌচাক আবাসনের সব কটি বাড়ি একে অন্যের সঙ্গে বারান্দার সাহায্যে যুক্ত। দ্রুত বার্তা ছড়িয়ে পড়ল সব দিকে। কয়েক মুহূর্তের মধ্যে মিথিলার সেনা জানালাগুলির পাল্লা ভেঙ্গে দিয়ে তীর ছুঁড়তে আরম্ভ করে দিল। লঙ্কার যোদ্ধারা দুই দেয়ালের মাঝখানে আটকা পড়ে গিয়েছিল। তারা কোনরকম প্রতিরোধের আসা করে নি। এর জন্য তৈরি ছিল না ফলে তীরের ঝাঁক তাদের সারি ছিন্ন করে দিল। ক্ষতির পরিমান প্রচুর।

যত বেশী পরিমাণে সম্ভব লঙ্কার সেনাদের হত্যা করে, মিথিলার সেনা অবিরাম তীর বর্ষণ করতে লাগল। আক্রমনের গতি নাটকীয় ভাবে হ্রাস পেল। সহসা আবার শোনা গেল শঙ্খধ্বনি; এবার ভিন্ন সুরে। লঙ্কার যোদ্ধারা তৎক্ষণাৎ

পেছন ফিরে ছুটতে লাগল। যত দ্রুত এসেছিল ততটাই দ্রুতবেগে ফিরে গেল তারা।

প্রবল হর্ষধ্বনি শোনা গেল মিথিলার পক্ষ থেকে। প্রথম আক্রমণ তারা প্রতিহত করে দিয়েছে।

— ২৮ —

ভোরের আলো ফোটার সময় রাম, সীতা ও লক্ষ্মণ মৌচাক আবাসনের ছাতের ওপর দাঁড়িয়ে ছিল। লঙ্কার বর্শাগুলির ধ্বংসলীলার ওপর সুর্যের কোমল কিরণ এসে পড়ছিল। ক্ষতির পরিমাণ মর্মান্তিক।

সীতা তার চারধারে ছড়িয়ে থাকা বিকলাঙ্গ শবদেহগুলির দিকে তাকিয়ে ছিল। কারও শরীর থেকে বিচ্ছিন্ন মাথা একটি পেশীতন্তু থেকে ঝুলছে, কারও নাড়িভুঁড়ি বাইরে বেরিয়ে এসেছে। অনেকে বর্শা বিদ্ধ হয়ে কেবল রক্তক্ষরণে মারা গেছে।

'কমপক্ষে আমার এক হাজার যোদ্ধা...'

'আমরাও ওদেরকে ভাল চোট দিয়েছি, বৌদি,' ভ্রাতৃবধূকে বলল লক্ষ্মণ। 'দুর্গের দুই প্রাচীরের মাঝখানে অন্তত হাজারখানেক মৃত লঙ্কার সেনার দেহ পরে আছে।'

সীতা জলভরা চোখে লক্ষণের দিকে তাকাল। 'হ্যাঁ, কিন্তু ওরা আরও নয় হাজার জীবিত আছে। আমাদের আছে কেবল তিন হাজার।'

রাম পরিখা জলাধারের ওপারে লঙ্কার শিবিরটা নিরীক্ষণ করছিল। সীতার চোখ তার দৃষ্টি অনুসরণ করল। চিকিৎসা শিবির লাগানো হয়েছে আহতদের শুশ্রূষার উদ্দেশ্যে। বহু লঙ্কার সেনা অবশ্য ভীষণ ভাবে কাজে ব্যস্ত। গাছ কেটে নিখুঁত ভাবে বনের সীমানাকে আরও দূরে করা হচ্ছে।

স্পষ্টতই তাদের লঙ্কায় ফিরে যাবার কোন উদ্দেশ্য নেই।

'পরের বার ওরা আরও প্রস্তুত হয়ে আসবে।' রাম বলল। 'ওরা যদি ভেতরের প্রাচীর পার করে ফেলে তবে সব শেষ।'

মাটির দিকে চেয়ে সীতা রামের কাঁধে হাত রেখে দীর্ঘ শ্বাস ফেলল। সামান্য ছোঁয়া থেকে মনে হল সে শক্তি সঞ্চয় করছে। যেন এখন তার ভরসা করার মত এক সহযোগী আছে।

ঘুরে দাঁড়িয়ে সীতা নিজের নগরের দিকে চাইল। তার চোখে পড়ল মৌচাক আবাসনের ওধারের বাগানের পরে অবস্থিত প্রভু রুদ্রের মন্দিরের বিশাল গম্বুজটি। কঠিন সঙ্কল্পে তার চোখ উজ্জ্বল হয়ে উঠলো, ধমনীতে বইতে লাগল সংগ্রামের ইস্পাতকঠিন সিদ্ধান্ত।

'এখনও সময় আছে। আমি নাগরিকদের আমার সঙ্গে যোগ দিতে আহ্বান করব। যদি আমার লোকেরা রান্নাঘরের ছুরি নিয়েও আমার পাশে এসে দাঁড়ায়, আমরা লঙ্কার আবর্জনাগুলির চাইতে সংখ্যায় দশগুণ। আমরা লড়তে পারব।'

তার হাতের ছোঁয়াতে সীতা রামের কাঁধের মাংসপেশি শক্ত হওয়া অনুভব করল। সে রামের চোখে চোখ রাখল। সেখানে শুধু বিশ্বাস ও ভরসা দেখতে পেল।

ও আমাকে ভরসা করে। ওর বিশ্বাস এটা আমি সামলে নেব। আমি পারব। ব্যর্থ হব না।

সীতা মাথা নাড়ল যেন সে মনস্থির করে ফেলেছে। তার কিছু সহসেনাপতিদের অনুসরণ করতে ইশারা করে দ্রুত চলে গেল সেখান থেকে।

রাম ও লক্ষ্মণ ও তাকে অনুসরণ করল। সীতা ফিরে দাঁড়াল। 'না তোমরা দয়া করে এখানে থাক। আমি এখানে ভরসা করার মত কাউকে চাই। যে যুদ্ধটা বোঝে। যদি রাবণ হঠাৎ আক্রমণ করে তবে বাহিনীকে জড় করার জন্য কাউকে এখানে চাই।'

লক্ষ্মণ আপত্তি করতে যাচ্ছিল কিন্তু রাম ইশারা করায় চুপ করে গেল।

'আমরা এখানে থাকছি, সীতা।' রাম বলল। 'যতক্ষণ আমরা এখানে দাঁড়িয়ে আছি কোন লঙ্কার সৈন্য নগরে ঢুকতে পারবে না। তুমি বাকি সবাই কে যোগাড় কর।'

সীতা মৃদু হেসে রামের হাতে হাত রাখল।

তারপর ঘুরে ছুটল।

— ২৬ —

দ্বিতীয় প্রহরের তৃতীয় ঘন্টা শেষ হতে চলেছে। মধ্যাহ্নের তিন ঘন্টা বাকী, পরিষ্কার দিনের আলো। কিন্তু এই আলোতে নগরের বাসিন্দাদের কোন জ্ঞানোন্মেষ হয়নি। মৌচাক আবাসনের যুদ্ধে এক হাজারেরও বেশী বীর পুলিসের মৃত্যু বা ধ্বংসের সংবাদ নাগরিকদের ক্রোধ জাগাতে পারে নি। প্রধান মন্ত্রী সীতার অধিনায়কত্বে সংখ্যালঘু এবং পর্যাপ্ত অস্ত্র হীন মিথিলার পুলিস বাহিনীর সাহসী সংগ্রামের আখ্যান তাদের প্রেরণা জাগাতে পারে নি। সত্যি বলতে কি, আত্ম সমর্পণ, আপস এবং বোঝাপড়ার কথা বার্তা ভেসে বেড়াচ্ছে।

লঙ্কার যোদ্ধাদের মোকাবিলা করার জন্য নাগরিকদের নিয়ে সেনাদল তৈরির আশায় সীতা বাজারের মাঝখানে স্থানীয় নেতাদের জড় করেছিল। সে কয়েক ঘন্টা আগের কথা। বড়লোকেরা মাতৃভূমির জন্য প্রাণ বা সম্পত্তি হারানোর ঝুঁকি নিতে চাইবে না এতে আশ্চর্যের কিছু ছিল না। অদ্ভুত ব্যাপার হল, সুনয়না এবং পরে সীতার উন্নয়ন কার্যের ফলে যে গরীব লোকেরা বিশাল লাভবান হয়েছিল তারাও রাজ্য রক্ষার জন্য যুদ্ধ করার প্রয়োজন বোধ করছিল না।

মিথিলার অধিবাসীদের নিজেদের কাপুরুষতাকে নৈতিক সাজে সাজানর প্রচেষ্টায় দেয়া যুক্তি গুলো শুনে সীতার মনে হচ্ছিল রাগে তার মাথার শিরা ফেটে যাবে।

‘আমাদের বাস্তববাদী হওয়া উচিৎ...’

‘আমরা দারিদ্র্য থেকে উঠে এসেছি, এত অর্থ উপার্জন করেছি, আমাদের ছেলেমেয়েদের জন্য ভাল শিক্ষার ব্যবস্থা করেছি, বাড়িঘর বানিয়েছি, এসবই একটা যুদ্ধে বিসর্জন দেবার জন্যে তো আর নয়...’

‘ঠিক বলছ। হিংসা কোন সমস্যার সমাধান করেছে কখনো? আমাদের ভালবাসা বন্টন করা উচিৎ, যুদ্ধ নয়...’

'যুদ্ধ কেবল এক পিতৃ তান্ত্রিক ওপরতলার লোকেদের ষড়যন্ত্র ছাড়া কিছু না...'

'লঙ্কার লোকেরাও তো আমাদের মত মানুষ। আমি নিশ্চিত আমরা ওদের সঙ্গে কথা বললে শুনবে...'

'সত্যি আমাদের নিজেদের বিবেক কি পরিষ্কার? লঙ্কার লোকেদের বিষয়ে আমরা যা খুশী বলতে পারি, কিন্তু সম্রাট রাবণকে স্বয়ম্বর সভায় কি অপমান করি নি...'

'এতজন পুলিস মারা গেছে তো কি হয়েছে? এটা তো তাদের কর্তব্য। আমাদের রক্ষা করা, আমাদের জন্য প্রাণ দেয়া। বিনি পয়সায় তো কিছু করছে না। কর দেই কেন। আর করের কথা বলতে মনে পড়ল, শুনেছি লঙ্কায় নাকি করের হার অনেক কম...'

'আমার মনে হয় আমাদের লঙ্কার লোকেদের সঙ্গে বোঝাপড়া করে নেয়া উচিৎ। এ ব্যাপারে একটা মতদানের ব্যবস্থা করা যাক...'

ধৈর্যের শেষ সীমায় পৌঁছে সীতা এমনকি জনক এবং উর্মিলাকেও নাগরিকদের উদ্বুদ্ধ করতে সাহায্য করতে অনুরোধ করেছিল। জনক, একজন ঋষিতুল্য মানুষ রূপে যার বিরাট সম্মান মিথিলাবাসীদের কাছে, তারও তাদেরকে যুদ্ধে রাজী করানোর চেষ্টা ব্যর্থ হয়েছে। উর্মিলা যে মহিলাদের মধ্যে জনপ্রিয় তারও কোন প্রভাব পড়ে নি।

সীতার হাত শক্ত করে মুঠো করা ছিল। নাগরিকদের কাপুরুষতার বিরুদ্ধে এক ক্রুদ্ধ তিরস্কার আরম্ভ করতে যাবে এমন সময় কেউ তার কাঁধে হাত রাখল। সীতা ঘুরে দেখল সমিচি দাঁড়িয়ে আছে।

সীতা তাড়াতাড়ি তাকে একপাশে টেনে নিয়ে গেল। 'কি হল? ওরা কোথায়?'

সমিচিকে পাঠান হয়ে ছিল বিশ্বামিত্র বা অরিষ্টনেমীকে খুঁজতে। সীতা বিশ্বাস করতে চাইছিল না যে এরকম একটা সময়ে মলয়পুত্ররা তাকে পরিত্যাগ করবে, বিশেষ করে যখন তার নগর নিশ্চিহ্ন হবার ঝুঁকির মোকাবিলা করছে।

সে তার নগরের সঙ্গে মৃত্যুবরণ করবে এটা তারা জানে এ বিষয়ে সীতার সন্দেহ নেই। এবং সে এটাও জানে যে সীতার বেঁচে থাকা তাদের জন্য জরুরি।

'আমি সব জায়গায় খুঁজেছি সীতা,' সমিচি বলল। 'ওদের কোথাও পেলাম না।'

সীতা চোখ নিচু করে চাপা গলায় অভিসম্পাত করল।

সমিচি ঢোঁক গিলল 'সীতা...'

সীতা বন্ধুর দিকে তাকাল।

'আমি জানি তুমি একথা শুনতে চাও না, কিন্তু আমাদের কাছে আর কোন উপায় নেই। আমাদের লঙ্কার লোকেদের সঙ্গে কথাবার্তা বলতে হবে। আমরা যদি প্রভু রাবণকে...'

সীতার চোখ রাগে দপ্ করে উঠল। 'আমার সামনে এরকম কথা আর কখনো...'

মৌচাক আবাসন থেকে আসা সজোরে একটি শব্দ সীতাকে কথার মাঝখানে থামিয়ে দিল।

লঙ্কার সৈন্যদের সঙ্গে কয়েক ঘন্টা আগে হওয়া যুদ্ধের আড়ালে থাকা মৌচাক আবাসনের ছাতের একাংশে কোন বিস্ফোরণ হয়েছে। কয়েক মুহূর্ত পর একটি ক্ষেপণাস্ত্র সে অংশটি থেকে আকাশে উড়ল। দুরন্ত গতিতে এক বিশাল উপবৃত্তাকার পথে উড়ে গেল সেটি। নগর পরিখা অভিমুখে, যেখানে সীতা জানে লঙ্কার সেনারা শিবির ফেলেছে।

বাজারের প্রতিটা লোক স্থাণু হয়ে গেছে, তাদের দৃষ্টি একই দিকে নিবদ্ধ। কিন্তু কি ঘটে গেল তা সবার অজানা। কেবল সীতাকে বাদ দিয়ে।

সে সঙ্গে সঙ্গে বুঝতে পেরেছে সারা রাত্রি মলয়পুত্ররা কি করছিল। কিসের প্রস্তুতি করছিল। তাঁরা কি করেছে।

অসুরাস্ত্র!

ক্ষেপণাস্ত্রটা যখন পরিখার ওপর তখন একটি ছোট বিস্ফোরনের ঝলকানি দেখা গেল। অসুরাস্ত্রটি এক মুহূর্তের জন্য লঙ্কার শিবিরের ওপর ভেসে রইল তারপর নাটকীয় ভাবে বিস্ফোরিত হয়ে গেল।

মিথিলার দর্শকেরা দেখতে পেল এক উজ্জ্বল সবুজ আলোর ঝলক ছিন্ন বিছিন্ন ক্ষেপণাস্ত্রটা থেকে বেরিয়ে এলো। বিদ্যুৎ চমকের মত, প্রচণ্ড তীব্রতায় বিস্ফোরিত হল সেটি। ফেটে যাওয়া ক্ষেপণাস্ত্রের টুকরো গুলিকে নীচে ঝরে পড়তে দেখা গেল।

তারা এই ভয়ানক দৃশ্য দেখার সময় প্রধান বিস্ফোরণের কান ফাটানো শব্দে মিথিলার ঘর বাড়ি কেঁপে উঠল। একেবারে বাজারের মাঝখানে যেখানে মিথিলার নাগরিকেরা কয়েক মুহূর্ত আগেই প্রাণপণে তর্ক করছিল।

মিথিলার বাসিন্দারা ভয়ে কানে হাত চাপা দিল। কেউ কেউ দয়া ভিক্ষা করে প্রার্থনা করতে আরম্ভ করল।

এক অস্বস্তিকর নীরবতা জমায়েতের ওপর নেমে এল। অনেক ভীত মিথিলার লোক বিভ্রান্ত দৃষ্টিতে এদিক ওদিক দেখছিল।

কিন্তু সীতা জানত মিথিলা রক্ষা পেয়ে গেছে। সে এটাও জানত যে এর পর কি হতে চলেছে। রাবণ এবং তার সঙ্গী লঙ্কার বাসিন্দারা বিধ্বংসী শক্তির শিকার হয়েছে। তারা এখন এক মৃতবৎ গভীর অচেতনাবস্থায় চলে গেছে। বেশ কিছু দিনের জন্য এমন কি হয়তো কয়েক সপ্তাহ। তাদের মধ্যে কেউ কেউ মারাও যাবে।

কিন্তু তার নগরী নিরাপদ। একে রক্ষা করা হয়েছে।

মৌচাক আবাসনের যুদ্ধে পাশা উলটে যাবার পর বোধ করি রাবণের দলবলকে থামানর এই একমাত্র উপায় ছিল।

তার ধমনীতে পরিত্রাণের অনুভূতি বয়ে যাবার মধ্যে সে মৃদু স্বরে উচ্চারণ করল। 'হে প্রভু রুদ্র মলয়পুত্র এবং প্রভু বিশ্বামিত্রকে আশীর্বাদ করুন।'

তখনি, বিনামেঘে বজ্রপাতের মত, তার উৎফুল্লতা উবে গেল। হিমশীতল আতঙ্ক ঘিরে ধরল তাকে।

অসুরাস্ত্র ছুঁড়েছে কে?

সীতা জানে অসুরাস্ত্র বেশ খানিকটা দূরত্ব থেকে চালাতে হয়। এবং সেটা সফলভাবে করতে পারে কেবল কোন অতিশয় দক্ষ তীরন্দাজ। এই

মুহূর্তে অসুরাস্ত্র ক্ষেপণের প্রয়োজনীয় দূরত্ব থেকে তীর ছুঁড়তে সক্ষম কেবল মাত্র তিনজন লোক উপস্থিত আছে। বিশ্বামিত্র, অরিষ্টনেমী এবং ...

রাম... না... হে প্রভু রুদ্র দয়া কর।

সীতা মৌচাক আবাসনের দিকে ছুটতে শুরু করল। পেছনে সমিচি এবং তার দেহরক্ষীরা।

অধ্যায় ২৪

একসঙ্গে তিনটে করে মৌচাক আবাসনের সিঁড়ি ডিঙ্গিয়ে ওপরে উঠছিল সীতা। পেছনে বেজার মুখে সমিচি। নিমেষে ছাতে পৌঁছে গেল সে। এতো দূর থেকেও লঙ্কার শিবিরের ধ্বংস দেখতে পাচ্ছিল সীতা। হাজারে হাজারে লোকেরা মাটিতে পরে আছে। মৃত্যুর স্তব্ধতা চারদিকে। সবুজ গাঢ় বাষ্পের দানবিক ধোঁয়া অসাড় লঙ্কার লোকেদের ওপরে শবাচ্ছাদনের মত ছড়িয়ে আছে।

বাতাসে কোন মৃদু শব্দও ছিল না। মানুষজন চুপ করে গেছে। পশুরাও। পাখিরা কিচিরমিচির বন্ধ করে দিয়েছে। গাছপালা নড়ছে না। এমন কি বাতাস বওয়াও থেমে গেছে। সবই এই মাত্র যে পৈশাচিক অস্ত্রটি প্রয়োগ করা হয়েছে তার আতঙ্কে।

শুধু মাত্র এক অবিরাম ভয়ঙ্কর ফোঁস ফোঁস শব্দ। এক অতিকায় সাপের যুদ্ধ নিনাদের মত। শব্দটির উৎস এক ঘন সবুজ গাঢ় বাষ্প যেটা অসুরাস্ত্রের মাটিতে পরে থাকা খন্ডগুলি থেকে বেরোচ্ছে।

ভয়ে সীতা তার রুদ্রাক্ষর তাবিজটা মুঠো করে ধরল। *প্রভু রুদ্র, দয়া কর।*

অরিষ্টনেমী এবং মলয়পুত্রদেরকে এক জায়গায় জটলা করতে দেখল সীতা। সে তাদের দিকে ছুটে গেল।

'কে ছুঁড়েছে এটা?' সীতা জানতে চাইল।

অরিষ্টনেমী কেবল মাথা নুইয়ে এক পাশে সরে গেল; সীতার চোখে পড়ল, রাম। সেখানে ধনুক হাতে একমাত্র ব্যক্তি তার স্বামী।

বিশ্বামিত্র রামকে চাপ দিয়ে অসুরাস্ত্র চালাতে বাধ্য করতে সফল হয়ে গেছেন। তার ফলে প্রভু রুদ্রের আইন ভঙ্গ হয়েছে।

রামের দিকে ছুটে যেতে যেতে সীতা জোরে অভিসম্পাত দিল।

সীতাকে আসতে দেখে বিশ্বামিত্র হাসলেন। 'সব সামলে নেয়া গেছে সীতা! রাবনের বাহিনী ধ্বংস হয়ে গেছে! মিথিলা এখন নিরাপদ!'

সীতা কটমট করে বিশ্বামিত্রের দিকে তাকাল। রাগে কথা ফুটছিল না তার।

নিজের স্বামীর কাছে ছুটে গিয়ে সীতা তাকে জড়িয়ে ধরল। হতচকিত রামের হাত থেকে ধনুকটা পড়ে গেল। তারা কখনো আলিঙ্গন করেনি। এই প্রথম।

সীতা তাকে শক্ত করে ধরেছিল। তার হৃদস্পন্দনের বেড়ে যাওয়া অনুভব করতে পারছিল। কিন্তু তার হাত পাশেই থেকে গেল। সে সীতাকে উত্তরে জড়িয়ে ধরল না।

মাথা পেছনে কাত করে সীতা দেখল এক বিন্দু অশ্রু তার স্বামীর গাল বেয়ে গড়িয়ে পড়ছে।

অপরাধবোধ কুরে কুরে খাচ্ছিল সীতাকে। সীতা জানে রাম অন্যায় করতে বাধ্য হয়েছে। বাধ্য হয়েছে কারণ সীতাকে ভালবাসে বলে। বাধ্য হয়েছে কারণ তার কর্তব্য বোধ, যা তাকে নিরপরাধীদের রক্ষা করতে বাধ্য করেছে, মিথিলার জনসাধারণকে, তাদের স্বার্থপরতা এবং কাপুরুষতা সত্ত্বেও।

রামকে ধরে তার শূন্য চোখের গভীরে তাকাল সীতা। মুখে চিন্তার রেখা ফুটে উঠল সীতার। 'আমি তোমার পাশে আছি, রাম।'

রাম চুপ করে রইলো। কিন্তু তার মুখভাব বদলে গেছে। তার চোখের শূন্যতা কেটে গেছে। তার পরিবর্তে এখন তাতে এক স্বপ্নালু ঝিলিক। যেন সে অন্য এক জগতে হারিয়ে গেছে।

হে প্রভু রুদ্র ওকে সাহায্য করার শক্তি দাও। এই মহান মানুষকে সাহায্য করার। যে আমার জন্য পীড়ন ভোগ করছে।

সীতা রামকে শক্ত করে জড়িয়ে ধরে রইল। 'আমি তোমার পাশে আছি রাম। আমরা একসঙ্গে এর সমাধান করব।'

রাম চোখ বুজলো। নিজের স্ত্রীকে দুহাতে জড়িয়ে ধরে তার কাঁধে মাথা রাখল। এক গভীর দীর্ঘশ্বাসের শব্দ পেল সীতা। যেন তার আশ্রয় খুঁজে পেয়েছে রাম। তার অভয়ারণ্য।

স্বামীর কাঁধের ওপর দিয়ে বিশ্বামিত্রের দিকে জ্বলন্ত দৃষ্টিতে তাকাল সীতা। এক ভয়ানক চাউনি, দেবী মাতার রোষকষায়িত দৃষ্টির মত।

বিশ্বামিত্র উত্তরে একই রকম বিস্ফারিত চোখে তাকিয়ে রইলেন, অনুতাপহীন।

একটা জোরে শব্দ সকলকে সচকিত করে দিল। মিথিলা প্রাচীরের ওপারে তাকাল সবাই। রাবণের পুষ্পক বিমান জেগে উঠেছে। সেটির অতিকায় পাখা ঘুরতে শুরু করেছে। এক বিশালকায় দানব যেন তার তলোয়ার দিয়ে বাতাস কাটছে এমনি শব্দও। কয়েক মুহুর্তের মধ্যে পাখার গতি বেড়ে গেল এবং শঙ্কু আকৃতির উড়ন্ত যানটি মাটি থেকে ওপরে উঠে গেল। মাটির কয়েক ফুট ওপরে ভাসছিল সেটা। পৃথিবীর শক্তিশালী মাধ্যাকর্ষণের টান কাটাতে। তারপর এক বিরাট শব্দ ও শক্তির বিস্ফোরণের সঙ্গে সঙ্গে আকাশে উড়ে গেল। মিথিলা থেকে এবং অসুরাস্ত্রের বিধ্বংসের কাছ থেকে দূরে।

রাবণ বেঁচে গেছে। রাবণ পালিয়েছে।

— [illegible] —

পরের দিন নগরের বাইরে এক অস্থায়ী আয়ুরালয় প্রস্তুত করা হল। বড় বড় ছাউনি ফেলে লঙ্কার যোদ্ধাদের থাকার ব্যবস্থা করা হল। মলয়পুত্ররা মিথিলার চিকিৎসকদের মারণাস্ত্রের প্রকোপে যারা মৃতবৎ অজ্ঞান হয়ে গিয়েছিল তাদের পরিচর্যার প্রশিক্ষণ দিয়েছে। তাদের জ্ঞান না ফেরা অবধি জীবিত রাখার জন্য। তাতে কয়েকদিন বা কয়েক সপ্তাহ লাগতে পারে। কিছু সংখ্যক কখনো জাগবে না, এভাবে ঘুমের মধ্যেই প্রাণ ত্যাগ করবে।

সীতা তার কার্যালয়ে বসে নিজের আসন্ন প্রস্থানের পর মিথিলার শাসন ব্যবস্থার বিষয়ে ভাবছিল। অনেক কিছু সামলানর আছে কিন্তু সমিচির সঙ্গে আলোচনায় কোন সুরাহা হচ্ছিল না।

সীতার সামনে দাঁড়িয়ে পুলিস ও বিধি প্রধান পাতার মত কাঁপছিল। সীতা তার বন্ধুকে এত উদ্বিগ্ন আগে কখনো দেখেনি। ভয়ে আধমরা।

'ভেবো না, সমিচি। আমি রামকে বাঁচাবো। ওর কিছু হবে না। শাস্তি হবে না।'

সমিচি মাথা নাড়ল। তার মনে অন্য কিছু চলছিল। কাঁপা গলায় বলল। 'প্রভু রাবণ বেঁচে গেছেন... লঙ্কার লোকেরা... ফিরে আসবে... মিথিলা, তুমি, আমি... আমরা শেষ...'

'কি যা তা বলছ। কিছু হবে না। যে শিক্ষা ওরা পেয়েছে তা খুব শিগগির ভুলবে না।'

'ভুলবে না... তারা কখনো ভোলে না... আযোধ্যা... কারাচাপ... চিল্কা...'

সীতা সমিচির কাঁধে হাত রেখে সজোরে বলল, 'নিজেকে সামলাও। কি হয়েছে তোমার? কিছু হবে না!'

সমিচি চুপ করে গেল। হাতজোড় করে প্রার্থনা করতে আরম্ভ করল। তার কি করা উচিৎ সে জানে। সে দয়া ভিক্ষা করবে। প্রকৃত প্রভুর কাছে।

সীতা সমিচির দিকে চেয়ে হতাশ ভঙ্গীতে মাথা নাড়ল। সমিচিকে মিথিলার ভার দিয়ে যাবার সিদ্ধান্ত নিয়ে ছিল সে, তার পিতা জনকের নামমাত্র শাসনের অধীনে। তাতে নেতৃত্বের ধারাবাহিকতা বজায় থাকবে। কিন্তু সেই অতিরিক্ত দায়িত্বের জন্য সমিচি প্রস্তুত কিনা সে বিষয়ে সন্দেহ হচ্ছে সীতার। নিজের বন্ধুকে কখনো এতো বিহ্বল হতে দেখে নি সে।

— ১৯ —

'অরিষ্টনেমীজি, দয়া করে আমাকে দিয়ে এটা করাবেন না।' অনুনয় করল কুশধ্বজ।

অরিষ্টনেমী সঙ্কাশ্যর রাজা কুশধ্বজের জন্য নির্ধারিত প্রাসাদের অংশটাতে ছিল।

'তোমাকে করতেই হবে।' বলল অরিষ্টনেমী তার স্বর বিপদজনক রকমের নিচু। তার স্বরে ইস্পাত কাঠিন্য। 'আমরা জানি ঠিক কি হয়েছিল। রাবণ কি করে এখানে এলো...'

কুশধ্বজ ভয়ে ভয়ে ঢোঁক গিলল।

'যারা জ্ঞান ভালবাসে তাদের সবার কাছে মিথিলা মূল্যবান। ' বলল অরিষ্টনেমী 'আমরা একে ধ্বংস হতে দেব না। তুমি যা করেছ তার মূল্য তোমাকে দিতেই হবে।'

'কিন্তু আমি যদি এই ঘোষণা পত্রে স্বাক্ষর করি তাহলে রাবণের আততায়ীদের লক্ষ্য হয়ে যাব...'

'আর যদি না কর তবে আমাদের লক্ষ্য হবে।' অস্বস্তিকর ভাবে কাছে এগিয়ে এসে ভীতিপ্রদ দৃষ্টিতে তাকিয়ে অরিষ্টনেমী বলল। 'বিশ্বাস কর, আমরা অনেক বেশী যন্ত্রণাদায়ক করে দেব এটাকে।'

'অরিষ্টনেমী জি...'

'অনেক হয়েছে।' অরিষ্টনেমী সঙ্কাশ্যের রাজকীয় নামমুদ্রাটা নিজেই নিয়ে ঘোষণা পত্রের তলায় চেপে ধরে ছাপ দিয়ে দিল। 'হয়ে গেছে...'

কুশধ্বজ গল গল করে ঘামতে ঘামতে আসনে এলিয়ে পড়ল।

'এটা আপনার এবং রাজা জনকের নাম নিয়ে ঘোষিত হবে, হে মহারাজ।' আনুগত্যের ভঙ্গীতে মাথা নিচু করে বিদ্রূপ করল অরিষ্টনেমী।

—ষ—

রাজা জনক এবং তার ভ্রাতা কুশধ্বজ রাবণের ফেলে যাওয়া লঙ্কার যুদ্ধবন্দীদের কারাবাসের অনুমোদন করেছে। বিশ্বামিত্র এবং তাঁর মলয়পুত্ররা কথা দিয়েছে লঙ্কার বন্দীদের তারা অগস্ত্যকুটম যাবার সময় সঙ্গে নিয়ে যাবে।

মুনিবরের ইচ্ছা মিথিলার পক্ষ থেকে তিনি রাবণের সঙ্গে বোঝাপড়া করবেন। যুদ্ধবন্দীদের মুক্তির বদলে মিথিলার নিরাপত্তা সুনিশ্চিত করবেন।

সংবাদটা শুনে মিথিলার লোকেরা স্বস্তির নিঃশ্বাস ফেলেছে। এবং সমিচিও। লঙ্কার রাক্ষসরাজ রাবণের ভয়ে তারা জবুথবু হয়ে গিয়েছিল। কিন্তু এখন মলয়পুত্ররা লঙ্কার লোকেদের নিরস্ত করার দায়িত্ব নেয়ার ফলে তারা অনেকটা আশ্বস্ত বোধ করছে।

'আমরা কাল সকালে রওয়ানা হচ্ছি, সীতা' অরিষ্টনেমী বলল।

সীতার সঙ্গে নিভৃতে কথা বলার জন্য মলয়পুত্রদের সেনা প্রধান সীতার ঘরে এসেছে। রাম যেদিন দৈবী অস্ত্র চালনা করেছিল সেদিন থেকে সীতা বিশ্বামিত্রের সঙ্গে দেখা করতে অস্বীকার করেছে।

সীতা হাতজোড় করে নমস্কার করে শ্রদ্ধা ভরে মাথা নিচু করল। 'প্রভু পরশুরাম এবং প্রভু রুদ্র আপনাদের যাত্রা নিরাপদ করুন।'

'সীতা, আমি নিশ্চিত তুমি জান যে ঘোষণা করার সময় এগিয়ে আসছে...'

অরিষ্ট নেমী সীতার বিষ্ণুত্ব জনসমক্ষে ঘোষণা করার বিষয়ে বলছিল। সেটা হয়ে গেলে কেবল মলয়পুত্ররা নয়, সমগ্র ভারতবর্ষ তাকে রক্ষক রূপে মেনে নেবে, যে এই দেশের লোকেদের নতুন জীবন ধারায় যাবার পথ দেখাবে।

'এখন ওটা করা যাবে না।

অরিষ্টনেমী তার নৈরাশ্য নিয়ন্ত্রণের চেষ্টা করছিল। 'সীতা তুমি এতো জেদ করলে হবে না। যা করেছি এ ছাড়া আমাদের কোন উপায় ছিল না।'

'আপনিও তো অসুরাস্ত্র চালাতে পারতেন। সত্যি বলতে কি, গুরুজিও চালাতে পারতেন। বায়ুপুত্রদের বুঝিয়ে বললেই হত। তারা এটাকে আপনাদের আত্মরক্ষার প্রয়াস বলে মেনে নিত। কিন্তু আপনারা রামকে ব্যবহার করেছেন...'

'সে স্বেচ্ছায় করেছে।'

'তাই বুঝি?' উপহাসের স্বরে বলল সীতা। সে লক্ষ্মণের কাছে শুনে নিয়েছে কি ভাবে বিশ্বামিত্র রামের আবেগের সুযোগ নিয়ে স্ত্রীর নগরকে রক্ষার দোহাই দিয়ে দৈবী অস্ত্র ছুঁড়তে বাধ্য করেছেন।

‘সীতা, মিথিলার কি অবস্থা হয়ে ছিল তুমি কি ভুলে গেছ? আমরা যে তোমার শহরকে রক্ষা করেছি সেটার কদর করছ না। এমন কি গুরু বিশ্বামিত্র যে রাবণের সঙ্গে হওয়া বিপত্তিটা সামলাবেন, এখানে যা কিছু হয়েছে তার ফল স্বরূপ তোমাদের যাতে কোন প্রতিক্রিয়ার মুখোমুখি হতে না হয় সেটা নিশ্চিত করবেন, সেটারও কদর করছ না। আরো কি আশা করছ তুমি?’

‘আমার আশা ছিল আপনাদের ব্যবহারে ...’

সীতা কি বলতে চাইছে অনুমান করতে পারছে ভেবে অরিষ্টনেমী মাঝপথে তাকে থামিয়ে বলল। ‘মহত্ব? ব্যবহারে মহত্ব থাকবে? বাচ্চাদের মত কথা বোলো না সীতা। আমি তোমাকে সব সময় পছন্দ করে এসেছি তার কারণ তোমার বাস্তববাদ। তুমি তত্ত্ব সর্বস্য বোকা বোকা ধারণা নিয়ে থাক না । তুমি যে ভারতবর্ষের জন্য অনেক কিছু করতে পার তা তোমার জানা। তোমার বিষ্ণুত্ব ঘোষণা করতে তোমাকে রাজী হতেই হবে...’

সীতা একটু ভুরু ওপরে তুলে বলল। ‘আমি মহত্বের কথা বলছিলাম না। আমি বলছিলাম বিচক্ষণতার কথা।’

‘সীতা...’ হাত মুঠো করে, গরগর করে উঠল অরিষ্টনেমী। আত্মসম্বরন করার চেষ্টায় গভীর শ্বাস নিল। ‘বিচক্ষণতা বলে যে আমাদের অসুরাস্ত্র চালানো ঠিক নয়। বায়ুপুত্রদের সঙ্গে আমাদের... অনেক সমস্যা আগেই আছে। এতে আমাদের সম্পর্ক আরও জটিল হয়ে যেত। রামকে ছাড়া উপায় ছিল না। ’

‘ঠিক,’ সীতা বলল। ‘রাম ছাড়া উপায় ছিল না...’

সীতা কি রাম অসুরাস্ত্র ছুড়েছে বলে শাস্তি পাবে সেই নিয়ে চিন্তিত?

‘রাম নির্বাসিত হবে না, সীতা। অসুরাস্ত্র সামুহিক ধ্বংসের অস্ত্র নয়। গুরুজি তো আগেই তোমাকে বলেছেন। আমরা বায়ুপুত্রদের সামলে নেব...।’

অরিষ্টনেমী জানত যে রামকে বায়ুপুত্ররা পছন্দ করে। সুতরাং তারা সম্ভবত অযোধ্যার জ্যেষ্ঠ রাজকুমারের জন্য শাস্তি মকুব করে দেবে। আর যদি তারা না করে... মলয়পুত্রদের সে নিয়ে বেশী মাথাব্যথা নেই। তাদের আসল চিন্তা সীতাকে নিয়ে। কেবল মাত্র সীতা।

‘রামের বিশ্বাস তার শাস্তি হওয়া উচিৎ,’ সীতা বলল। ‘সেটাই আইন।’

'তাহলে তাকে বল বোকামি না করে প্রাপ্তবয়স্কের মত ভাবতে।'

'রাম কে বুঝতে চেষ্টা করুন অরিষ্টনেমীজি। এমন একজন ব্যক্তি ভারতবর্ষের জন্য কতটা প্রয়োজনীয় সেটা আমার মনে হয় না আপনি বুঝতে পারছেন। সে আমাদের কে আইন মেনে চলা নাগরিকে পরিবর্তীত করে দিতে পারে। নিজের উদাহরণ সামনে রেখে নেতৃত্ব দিতে পারে। অনেক ভাল করতে পারে। আমি এই দেশের আগাপাশতলা ঘুরেছি। আমার মনে হয় না, অভিজাত শাসক শ্রেণীর, আপনিও তার অন্যতম, কোন ধারণা আছে সাধারণ লোকেদের ভেতরে উচ্চবর্গের বিরুদ্ধে কি ভাবে ক্রোধ ধূমায়িত হচ্ছে। রাম নিজেকে একই আইন যা তাদের ওপর বলবৎ, সেটার অধীনে এনে শাসন ব্যবস্থার বিশ্বাস যোগ্যতা বাড়িয়ে দেবে। লোকেরা ক্রমে রামের দেয়া বার্তা মন দিয়ে শুনবে।'

'এটা অর্থহীন আলোচনা সীতা।' অরিষ্টনেমী অধৈর্য ভাবে পায়ের ওপর ভর বদলাল। 'বিষ্ণুকে নির্বাচনের অধিকার একমাত্র মলয়পুত্রদের হাতে, আর তারা তোমাকে বেছে নিয়েছে। ব্যাস্।'

সীতা মৃদু হাসল। 'ওপর থেকে চাপিয়ে দেয়া সিদ্ধান্ত ভারতীয়রা ভালমনে গ্রহণ করেনা। এই দেশ বিদ্রোহীদের দেশ। আমাকে বিষ্ণু বলে লোকেদের আগে গ্রহণ করতে হবে।'

অরিষ্ট নেমী চুপ করে রইল।

'বোধ হয় বিচক্ষণতার বিষয়ে আমি যা বলছিলাম আপনি সেই কথাটা ঠিক ধরতে পারেন নি।' সীতা বলল।

অরিষ্ট নেমী ভুরু কোঁচকাল।

'ধরে নিচ্ছি মলয়পুত্ররা রাবণকে একটা সময় পর্যন্ত জীবিত রাখতে চায়, যখন পর্যন্ত না আমি তাকে হত্যা করি এবং ফলে আমাকে সমগ্র সপ্ত সিন্ধু গ্রহণ করে নেয়। সেই নেতাকে কি করে অস্বীকার করবে যে তাদের ঘৃণ্যতম শত্রু, রাবণের হাত থেকে মুক্তি দেবে।'

সীতা কি বলছে বুঝতে পেরে অরিষ্টনেমীর চোখ বিস্ফারিত হয়ে গেল। মলয়পুত্ররা মস্তবড় ভুল করে ফেলেছে। সেও এমন একে পরিকল্পনার ক্ষেত্রে যা তারা কয়েক দশক ধরে প্রস্তুত করছে।

'হ্যাঁ, অরিষ্টনেমীজি। আপনারা ভাবছিলেন রামকে ব্যবহার করছেন। কিন্তু উলটে আপনারা তাকে সাধারণ মানুষের চোখে পরিত্রাতা বানিয়ে দিয়েছেন। রাবণের অর্থনৈতিক চাপে সমগ্র সপ্তসিন্ধু ভুগেছে। আর এখন তারা রামকে তাদের রক্ষাকর্তা রূপে দেখছে।'

অরিষ্টনেমী চুপ করে গেল।

'অরিষ্টনেমীজি, "অতিচালাকের গলায় দড়ি" কথাটা অনেক সময় সত্যি হয়ে যায়।' সীতা বলল।

—১৮—

সীতা তার পাশে নিজের অশ্বারোহী স্বামীর দিকে তাকাল। লক্ষ্মণ ও উর্মিলা একটু পেছনে আসছে। লক্ষ্মণ তার পত্নীর সঙ্গে অবিরাম কথা বলে যাচ্ছিল, উর্মিলা একাগ্র মনে তার দিকে চেয়ে ছিল। উর্মিলার বৃদ্ধাঙ্গুষ্ঠ অনবরত তার বাঁ হাতের তর্জনীতে স্বামীর দেয়া মূল্যবান উপহার, বিরাট হীরার আংটিটা নিয়ে খেলা করছিল। তাদের পেছনে একশত মিথিলার সৈন্য, আরও একশত জন ঘোড়ায় চেপে আগে আগে যাচ্ছিল। যাত্রীদলটির গন্তব্য সঙ্কাশ্য, যেখান থেকে তারা জাহাজে চেপে অযোধ্যা অভিমুখে যাত্রা করবে।

অসুরাস্ত্র লঙ্কার শিবির ধ্বংস করার দু সপ্তাহ পর রাম, সীতা, লক্ষ্মণ ও উর্মিলা মিথিলা থেকে যাত্রা করেছে। তাদের দেয়া কথা মত, বিশ্বামিত্র ও মলয়পুত্ররা লঙ্কার বন্দীদের সঙ্গে নিয়ে নিজেদের রাজধানী অগস্ত্যকুটমের উদ্দেশ্য রওয়ানা হয়ে গেছে। মিথিলার তরফ থেকে তারা রাবণের সঙ্গে বোঝাপড়া করবে যাতে যুদ্ধ বন্দীদের মুক্তির বিনিময়ে মিথিলার সুরক্ষা নিশ্চিত করা যায়। মলয়পুত্ররা তাদের বহু শতাব্দীর সম্পদ, প্রভু রুদ্রের ধনুক, পিনাক ও সঙ্গে নিয়ে গেছে। সীতা বিষ্ণুর ভূমিকা গ্রহণ করলে এটা তাকে ফিরিয়ে দেয়া হবে।

লঙ্কার সমস্যা কেটে যাবার পর, সমিচির মানসিক অবস্থার উন্নতি লক্ষ্য করে, সীতা তার বন্ধুকে মিথিলার কার্যত: প্রধান মন্ত্রী নিয়োগ করেছে। সে

সীতার বেছে নেয়া নগরের পাঁচ বরিষ্ঠজনের এক পরিষদের পরামর্শ অনুযায়ী কাজ করবে। বলা বাহুল্য রাজা জনকের নির্দেশানুসারে।

'রাম...'

রাম হাসি মুখে পত্নীর দিকে ফিরল। নিজের ঘোড়াটিকে টেনে তার কাছে নিয়ে এল।

'হ্যাঁ।'

'তুমি কি এ বিষয়ে নিশ্চিত?'

রাম মাথা নেড়ে সায় দিল। তার মনে কোন সন্দেহ নেই।

সীতা একই সঙ্গে মুগ্ধ এবং চিন্তিত। ও সত্যি আইনের পথে চলে।

'কিন্তু তুমি এই প্রজন্মের প্রথম ব্যক্তি, যে রাবণকে পরাজিত করেছে। এবং ওটা আসলে দৈবী অস্ত্র ছিল না। যদি তুমি...'

রাম ভুরু কোঁচকাল। 'তুমিও জান ওটা কেবল বলার কথা।'

সীতা কয়েক মুহুর্ত চুপ করে থেকে বলল। 'কোন কোন সময়ে, এক আদর্শ জগত সৃষ্টির উদ্দেশ্যে, একজন নেতাকে সেই মুহূর্তে যা করা উচিৎ সেটা করতেই হবে, এমন কি তা যদি স্বল্পমেয়াদী দৃষ্টির বিচারে "ঠিক" বলে মনে নাও হয়। শেষ বিচারে একজন নেতা, যার জনতাকে উন্নত করার সুযোগ আছে সে নিজেকে সে সুযোগ থেকে বঞ্চিত করবে না। নিজেকে অপ্রাপ্য না করাটা তার কর্তব্য। প্রকৃত নেতা জনগণের মঙ্গলের জন্য নিজের আত্মার ওপর পাপের ভারও নিতে দ্বিধা করবে না।'

রাম সীতার দিকে তাকাল। তাকে হতাশ দেখাচ্ছিল। 'আমি সেটাই করেছি, তাই না? প্রশ্ন হল, আমার কি সে জন্যে শাস্তি হওয়া উচিৎ না উচিৎ নয়? আমার কি এর জন্য প্রায়শ্চিত্ত করা উচিৎ? যদি আমি আশা করি আমার জনগণ আইন মান্য করবে, তবে আমাকেও মানতে হবে। নেতা কেবল নেতৃত্ব দিলেই হওয়া যায় না, তাকে একজন আদর্শ হতে হবে। যা সকলকে করতে বলে সেটা তাকে নিজেকেও করতে হবে, সীতা।'

সীতা হেসে বলল। ‘প্রভু রুদ্র বলেছিলেন, “নেতা কেবল মাত্র তার লোকেরা যা চায় সেটা দেয় না। তাকে জনগণকে তারা নিজেদেরকে যা ভাবে তার চেয়ে উন্নততর হবার শিক্ষা দিতে হবে।” ’

রাম হাসল। ‘আর আমি নিশ্চিত তুমি দেবী মোহিনীর উত্তরটাও আমাকে বলবে।’

সীতা হেসে বলল। ‘হ্যাঁ। দেবী মোহিনী বলেছিলেন যে, লোকেদের নিজস্ব সীমাবদ্ধতা আছে। নেতাকে তাদের কাছ থেকে তাদের যতটুকু ক্ষমতা তার বেশী আশা করা উচিৎ নয়। তাদের ক্ষমতার বেশী চাপ দিলে তারা ভেঙ্গে যাবে।’

রাম ঘাড় নাড়ল। সে দেবী মোহিনীর সঙ্গে একমত নয়। রামের আশা লোকেরা তাদের সীমাবদ্ধতার ওপরে উঠে নিজেদেরকে উন্নত করবে। কারণ একমাত্র সেক্ষেত্রেই আদর্শ সমাজ নির্মাণ সম্ভব হবে। কিন্তু সে নিজের আপত্তি মুখে বলল না। সীতা যে দেবী মোহিনীকে গভীর শ্রদ্ধা করে সেটা রাম জানে।

‘তুমি নিশ্চিত? সপ্ত সিন্ধুর সীমানার বাইরে চোদ্দ বৎসর?’ সীতা আসল আলোচনায় ফিরে গিয়ে রামের দিকে গম্ভীর দৃষ্টিতে তাকাল।

রাম মাথা নেড়ে সায় দিল। ‘আমি প্রভু রুদ্রের আইন ভেঙ্গেছি। তার শাস্তির বিধান এটাই। বায়ুপুত্ররা শাস্তির আদেশ জারি করল কি না করল তাতে কিছু যায় আসে না। আমার লোকেরা আমাকে সমর্থন করুক বা না করুক তাতেও কিছু যায় আসে না। আমাকে এই শাস্তি পেতেই হবে।’

সীতার ঠোঁটে মৃদু হাসি ফুটল। *এ পথভ্রষ্ট হবে না। ও সত্যি অবিশ্বাস্য। এতো বৎসর অযোধ্যার মত জায়গায় টিঁকে থাকল কি করে?*

সীতা রামের দিকে ঝুঁকে মৃদু স্বরে বলল। ‘আমাদেরকে... আমাকে নয়।’

রাম ভুরু কোঁচকাল।

সীতা হাত বাড়িয়ে রামের হাতে রাখল। ‘আমরা একে অন্যের নিয়তির অংশীদার। সেটাই প্রকৃত বিবাহ।’ তার আঙ্গুলে আঙ্গুল জড়িয়ে বলল। ‘রাম আমি তোমার স্ত্রী। আমরা সব সময় একসঙ্গে থাকব। সুখে দুঃখে, ভাল এবং খারাপ দুরকম অবস্থাতেই।’

চোদ্দ বৎসর পর আমরা ফিরে আসব। আরও শক্তিশালী হয়ে। আরও ক্ষমতাশালী হয়ে। বিষ্ণুত্ব ততদিন অপেক্ষা করুক।

সীতা আগেই সিদ্ধান্ত নিয়েছে যে জটায়ুকে বেশী পরিমাণে সোমরস যোগাড় করে দিতে অনুরোধ করবে। বহু হাজার বৎসর আগে মহান ভারতীয় বৈজ্ঞানিক ব্রহ্মার আবিষ্কার এই সোমরস মানুষের বয়সবৃদ্ধিকে বন্ধ করে দেয়। রাম এবং নিজে এই সোমরস পান করে চোদ্দ বৎসরের নির্বাসনের সময়টুকু নিজেদের যৌবন এবং প্রাণশক্তি অক্ষুণ্ণ রাখবে। ফলে যখন তারা ফিরবে, তাদের দায়িত্ব পালনের জন্য প্রস্তুত হয়ে ফিরবে। ভারতবর্ষকে বদলানোর জন্য প্রস্তুত হয়ে।

সীতার একটা পঙক্তি মনে পড়ল। তৃতীয় বিষ্ণু, দেবী বরাহী নাকি বলেছিলেন, *ভারতবর্ষ জাগবে কিন্তু স্বার্থপর কারণে নয়, জাগবে ধর্মের জন্য... সকলের মঙ্গলের জন্য।*

সীতা রামের দিকে চেয়ে মৃদু হাসল।

রাম তার হাতে হাত রেখে চাপ দিল। রামের ঘোড়া হ্রেষাধ্বনি করে গতি বাড়াতে যাচ্ছিল। রাম লাগাম টেনে ধরে নিজের পত্নীর বাহনের পাশে একই গতিতে চলতে লাগল।

অধ্যায় ২৫

তরুণ দম্পতিরা জাহাজে করে অযোধ্যার বন্দরে পৌঁছে এক বিহ্বল করা দৃশ্য দেখতে পেল। যেন সমগ্র অযোধ্যা তাদের স্বাগত জানাতে চলে এসেছে।

সীতা রামের সঙ্গে তার যাত্রার সময় করা আলোচনা বেশ উপভোগ করেছে। জনসাধারণের ভালর জন্য সাম্রাজ্যকে কি ভাবে সাজান যায় সে নিয়ে আলোচনা করেছে। জন্মভিত্তিক জাতিপ্রথার কুফল নির্মূল করার জন্য রাজ্যের তরফ থেকে শিশুদের বাধ্যতামূলক ভাবে দায়িত্বনেবার ধারণা নিয়ে আলোচনা করেছে। সীতা এটা বলে নি যে তার এই ধারনায় বিশ্বাস সম্প্রতি জন্মেছে, বা এটা আসলে বিশ্বামিত্রের মত। রাম মহর্ষিকে পছন্দ বা বিশ্বাস করে না। একটা ভাল ধারনাকে সেই অপছন্দের প্রভাবে মলিন করে কি লাভ। গুরু বশিষ্ঠের আবিষ্কার সোমরসের সামুহিক উৎপাদনের প্রযুক্তি নিয়েও আলোচনা করেছে তারা। রামের বিশ্বাস সোমরস হয় সবার পাওয়া উচিৎ অথবা কারো নয়। যেহেতু সোমরস বন্ধ করে দেয়া কঠিন হতে পারে সেই কারনে তার মত হল বশিষ্ঠের প্রযুক্তি ব্যবহার করে এটি সবার জন্যে সুলভ করে দেয়া।

আলোচনা গুলি যতই ভাল লাগুক সীতা জানত সম্ভবত তারা এগুলি আর করবার সুযোগ অদূর ভবিষ্যতে পাবে না। রাম অযোধ্যায় তার করণীয় স্থির করে রেখেছিল। প্রথমে তাকে এটা নিশ্চিত করতে হবে যাতে বনবাসে যাওয়া থেকে তাকে আটকান না হয়। এবং অবশ্যই, তাকে হীনবল মিথিলা রাজ্যের পালিতা রাজকুমারীর সঙ্গে বিবাহটিকেও ব্যাখ্যা করতে হবে। জটায়ু পরিহাস ছলে সীতাকে বলেছিল যে, সীতা যে বিষ্ণু এ কথা যদি অযোধ্যার লোকেরা জানতো

তবে বুঝত রাম আসলে তার চেয়ে ওপরের ধাপে বিয়ে করেছে। সীতা মৃদু হেসে কথাটা উড়িয়ে দিয়েছে।

জাহাজের ধারে দাঁড়িয়ে সীতা অযোধ্যার বিরাট অথচ ভগ্নপ্রায় বন্দরটিকে দেখছিল। সঙ্কাশ্যের বন্দর থেকে এটি বেশ কয়েক গুণ বড়। অজেয় নগরী অযোধ্যার চার পাশে ঘিরে থাকা বিশাল খালের ভেতর সরযু নদীর জল যাবার জন্য হাতে গড়া নালা ভাল করে দেখছিল সে।

উচ্ছল সরযু নদীর জল টেনে এনে এই খালটি কয়েক শতাব্দী আগে খনন করা হয়। সম্রাট আয়ুতায়ুসের শাসনকালে। এর পরিমাপ প্রায় মহাজাগতিক। পঞ্চাশ কিলোমিটারের বেশী বিস্তৃত এই খালটি অযোধ্যা নগরীর তৃতীয় প্রাচীর বা সবচেয়ে বাইরের প্রাচীরের চারদিক ঘিরে নির্মিত। প্রস্থেও এটি বিশাল। দুই তীরের মাঝখানের দূরত্ব প্রায় আড়াই কিলোমিটার। এর জলধারণের পরিমাণ এতো বেশী যে এর নির্মানের প্রথম কয়েক বৎসর নদীর উজানের বেশ কিছু রাজ্য জলাভাবের অভিযোগ করেছে। অযোধ্যার শক্তিশালী যোদ্ধারা তাদের আপত্তিকে ধুলিস্যাৎ করে দেয়।

এই খালের একটি প্রধান উদ্দেশ্য সামরিক। একে পরিখাও বলা চলে। সত্যি বলতে হলে এ এক মহা-পরিখা। নগরকে চারিদিক থেকে রক্ষা করে। সম্ভাব্য আক্রমণকারীদেরকে প্রায় নদীর মাপের পরিখাটিকে পারাপার করে আসতে হবে। মুর্খের মত তাদেরকে পড়তে হবে অজেয় নগরের সুউচ্চ প্রাচীরের ওপর থেকে নিক্ষিপ্ত ক্ষেপণাস্ত্রের ঝাঁকের মুখে। চারটি প্রধান দিশায় চারটি সেতু পরিখার ওপর ফেলা আছে। এই সেতু গুলি থেকে বেরনো রাস্তা গুলি নগরের বাইরের প্রাচীরের গায়ে চারটি বিশাল প্রবেশদ্বারের মধ্যে দিয়ে নগরে ঢুকেছেঃ উত্তরের দ্বার, পুর্বের দ্বার, দক্ষিণের দ্বার ও পশ্চিমের দ্বার। প্রত্যেক সেতু আবার দুই ভাগে ভাগ করা, প্রতি ভাগের আছে পৃথক তোরণ ও টেনে তোলা যায় এমন সেতু। এভাবে খালের ওপরই দুই স্তরের সুরক্ষার ব্যবস্থা আছে।

তবু এই বিরাট জলধারাকে কেবল সুরক্ষার পরিখা বললে অবিচার করা হবে। বন্যা ত্রাণেও এর ভালই উপযোগিতা আছে। নিয়ন্ত্রণ দ্বারের সাহায্যে

জলোচ্ছ্বল সরযুর জল কে ভেতরে আনা যায়। বন্যা ভারতবর্ষের এক নিত্য নৈমিত্তিক সমস্যা। এ ছাড়াও উদ্দাম সরযুর তুলনায় এটির শান্ত জলতল থেকে জল নেয়া অপেক্ষাকৃত সহজ। এর থেকে বেরিয়ে ছোট ছোট খাল অযোধ্যার অভ্যন্তরের অঞ্চলে গিয়ে ঢুকেছে, যার ফলে কৃষি উৎপাদনের হার বহুগুণ বেড়ে গিয়েছে। কৃষিজাত উৎপাদন বৃদ্ধির ফলে বহু কৃষক ভূমি কর্ষণের পরিশ্রম থেকে নিজেদের মুক্ত করে নিতে পেরেছে। সমগ্র কোশলের সাম্রাজ্যের বিশাল জনসংখ্যাকে খাদ্য যোগান দেবার জন্য কয়েকজন মুষ্টিমেয় কৃষকই যথেষ্ট ছিল। অতিরিক্ত জনবল পরিণত হয়েছে এক বিরাট সৈন্যবাহিনীতে। যাদের দক্ষ সেনাপতিরা প্রশিক্ষণ দিয়ে এক দুর্দম যুদ্ধক্ষম বাহিনী প্রস্তুত করেছে। এই সেনাবাহিনী চারপাশের রাজ্যগুলিকে একের পর এক জয় করতে আরম্ভ করে, অবশেষে মহারাজ রঘু , বর্তমান সম্রাট দশরথের পিতামহ, সমগ্র সপ্ত সিন্ধুকে বশ্যতা স্বীকার করিয়ে চক্রবর্তী সম্রাট হন।

দশরথ নিজেও এই গৌরবময় উত্তরাধিকার কে এগিয়ে নিয়ে গেছেন। দূর দূরান্ত জয় করে চক্রবর্তী সম্রাট হয়েছেন। সেটা প্রায় কুড়ি বৎসর আগে কারাচাপের যুদ্ধে লঙ্কার রাক্ষস রাবণ সপ্ত সিন্ধুর সম্মিলিত সেনার শক্তিকে ধ্বংস করার আগের কথা ।

তার ফল স্বরূপ সপ্তসিন্ধুর রাজ্যগুলি, বিশেষ করে অযোধ্যার ওপর চাপিয়ে দেয়া রাবণের শাস্তিমূলক কর কোষাগারকে ক্রমশ শুকিয়ে এনেছে। এই মহা পরিখা এবং এর চারপাশের জাঁকজমকের ক্ষয়িষ্ণুতা তার প্রমাণ দিচ্ছে।

এর স্পষ্ট দৃশ্যমান অস্তমিত গৌরব সত্ত্বেও অযোধ্যা সীতাকে বিহ্বল করে দেয়। সপ্ত সিন্ধুর অন্য যে কোনও নগরের চেয়ে এটি বড়। এর অধোগতি সত্ত্বেও অযোধ্যা সব দিক থেকে তার মিথিলার চেয়ে অনেক গুণ বড়। সে অযোধ্যায় আগেও এসেছে কিন্তু ছদ্মবেশে। এই প্রথম সে সবার চোখের সামনে এল। সকলের গোচরে। সকলের বিচারে। দূরে দাঁড়ান অভিজাত বর্গের এবং অন্য নাগরিকদের দৃষ্টিতে সীতা এটা পড়তে পারছিল। অযোধ্যার রাজকীয় রক্ষীরা তাদেরকে কাছে আসা থেকে আটকে রেখেছিল।

জাহাজ থেকে নামার তক্তাটি বন্দরের মাটিতে সশব্দে আছড়ে পড়ে সীতার মন থেকে চিন্তার ভিড়টাকে দূর করে দিল। এক উদ্ধত ধরনের সুপুরুষ যুবক লাফিয়ে তক্তায় উঠছিল। রামের চেয়ে উচ্চতায় কম কিন্তু অনেক বেশী পেশীবহুল।

এ নিশ্চয় ভরত।

তার ঠিক পেছনে আসছিল এক সংযত, নিখুঁত পোশাক পরা, শান্ত বুদ্ধিমান দৃষ্টি সম্পন্ন যুবক। তার ধীর পদক্ষেপ মাপা।

শত্রুঘ্ন...

'দাদা!' ছুটে এসে রামকে জড়িয়ে ধরে তারস্বরে চেঁচাল ভরত।

সীতা বুঝতে পারলো রাধিকা কেন ভরতের প্রতি আকৃষ্ট হয়েছিল। নিঃসন্দেহে ভরতের এক অনন্যসাধারণ আকর্ষণ আছে।

'ভাই,' হেসে ভরতকে জড়িয়ে ধরল রাম।

ভরত এবার পিছিয়ে এসে লক্ষণকে জড়িয়ে ধরল, শত্রুঘ্ন শান্তভাবে বড় ভাই কে আলিঙ্গন করল।

এরপরই চার ভাই সীতা ও উর্মিলার মুখোমুখি হয়ে দাঁড়ালো। রাম হাত বাড়িয়ে স্বাভাবিক গর্বের স্বরে বলল। 'এই আমার স্ত্রী সীতা আর তার পাশে লক্ষণের স্ত্রী উর্মিলা।'

শত্রুঘ্ন আন্তরিক হাসি হেসে হাত জোড় করল। 'নমস্কার। আপনাদের সঙ্গে পরিচিত হয়ে আমি সম্মানিত।'

ভরত শত্রুঘ্নের পেটে একটা চাপড় মারল। 'তুমি বড় বেশী লৌকিকতা কর, শত্রুঘ্ন।' বলে এগিয়ে এসে উর্মিলাকে জড়িয়ে ধরল। 'পরিবারে স্বাগতম্।'

উর্মিলার উদ্বেগ একটু কমলে সে হাসল।

এবার ভরত নিজের বড় ভ্রাতৃবধূ, সীতার দিকে এগিয়ে গিয়ে তার হাত ধরল। 'আমি তোমার বিষয়ে অনেক শুনেছি বৌদি... আমি সব সময় ভাবতাম দাদার পক্ষে নিজের চাইতে ভাল কোন নারী খুঁজে পাওয়া সম্ভব হবে না।' সে রামের দিকে তাকিয়ে হাসল। তারপর আবার সীতার দিকে ফিরে বলল। 'কিন্তু অসম্ভবকে সম্ভব করায় দাদার জুড়ি মেলা ভার।'

সীতা একটু হাসল।

ভরত ভ্রাতৃবধূকে আলিঙ্গন করল। ‘পরিবারে স্বাগত, বৌদি।’

—৳১—

যুবরাজকে নিতে আসা লোকের ভিড়ে অযোধ্যার রাজপথ রুদ্ধ হয়ে গিয়েছিল। তাতে কারও কারও বধূবরণের উৎসাহও যোগ হয়েছে। শম্বুকগতিতে এগোচ্ছে শোভাযাত্রা। পুরোভাগের রথে রাম ও সীতা। রাজকুমার অস্বচ্ছন্দ ভঙ্গীতে রাস্তার উন্মত্ত জয়ধ্বনি গ্রহণ করছিল। তার পেছনে আসছিল আরও দুটি রথ। একটিতে ভরত ও শত্রুঘ্ন, দ্বিতীয়টিতে লক্ষণ ও তার স্ত্রী উর্মিলা। ভরত তার মার্কামারা নিজস্ব পদ্ধতিতে সাড়ম্বরে হাত নেড়ে ও হাওয়ায় চুম্বন ছুঁড়ে জনতাকে প্রত্যুত্তর দিচ্ছিল। লক্ষণ তার বৃক্ষকাণ্ডের মত হাত সন্তর্পণে তুলে জনতার উদ্দেশ্যে নাড়ছিল। যাতে তার পাশে সংযত ভাবে দাঁড়িয়ে থাকা ছোট্টখাট্ট উর্মিলা ব্যথা না পেয়ে যায়। শত্রুঘ্ন বরাবরের মতই, নির্বিকার অবিচল ভাবে জনতার দিকে তাকিয়ে দাঁড়িয়েছিল। যেন সে গবেষকের দৃষ্টিতে ভিড়ের ব্যবহার নিরীক্ষন করছে।

জনতার সমবেত জিগির পরিষ্কার ধ্বনিত হচ্ছিল।

রাম!

ভরত!

লক্ষণ!

শত্রুঘ্ন!

তাদের প্রিয় চার রাজপুত্র, রাজত্বের রক্ষাকর্তারা আবার একত্র হয়েছে। এবং সবচেয়ে গুরুত্বপুর্ণ তাদের যুবরাজ ফিরে এসেছে। বিজয়ী হয়ে! ঘৃণ্য রাবণের বিজেতা ফিরে এসেছে!

ফুল ছড়ানো হয়েছে, পবিত্র চাল ছেটান হচ্ছে, সবাই আনন্দে মাতোয়ারা। দিনের বেলা হওয়া সত্ত্বেও বিশাল আলোর স্তম্ভ গুলির আলো জ্বালান হয়েছে উৎসবের মেজাজে। অনেকে নিজেদের বাড়ির প্রাচীরে প্রদীপ জ্বালিয়েছে।

ঝলমলে সুর্যালোক গর্বভরে বিচ্ছুরিত হচ্ছে, যেন প্রণিপাত জানাচ্ছে সূর্যের নিজের বংশোদ্ভুত রাজকুমারকে। সূর্যবংশের রামকে!

রথে যে দূরত্ব অতিক্রম করতে সাধারণত ত্রিশ মিনিটের কম লাগে সেটাই আজ চার ঘন্টা লাগল। অবশেষে তারা প্রাসাদের রামের জন্য নির্ধারিত অংশটিতে এসে পৌঁছল।

দৃশ্যতই দুর্বল দশরথ পাশে দণ্ডায়মান কৌশল্যাকে নিয়ে তার ভ্রাম্যমাণ সিংহাসনে বসে নিজের পুত্রদের অপেক্ষা করছিল। নতুন কনেদের স্বাগত জানানোর জন্যে এক যথাযথ অনুষ্ঠানের আয়োজন করা হয়েছে। বড় রানী ঐতিহ্য আর আচার ব্যবহারের বিষয়ে খুবই যত্নবান।

কৈকেয়ী কৌশল্যার স্বাগত অনুষ্ঠানের নিমন্ত্রণের উত্তর দেয়াও প্রয়োজন মনে করে নি। শান্তিপ্রিয় কাশীর সুমিত্রা, দশরথের অন্য পাশে দাঁড়িয়ে আছে। কৌশল্যা সর্বদাই তার সমর্থনের ওপর নির্ভর করে থাকে। অবশ্য, সুমিত্রাও আজ এক পুত্রবধূকে বরণ করতে এসেছে!

প্রবল শঙ্খধ্বনি সবাই কে জানিয়ে দিল প্রাসাদের প্রবেশ দ্বারে স্বাগত অনুষ্ঠান আরম্ভ হয়ে গেছে।

হট্টগোলের মধ্যে থেকে শেষ পর্যন্ত অযোধ্যার চার রাজকুমার এবং মিথিলার দুই রাজকন্যাকে এগিয়ে আসতে দেখা গেল। রাজপরিবারের যুবাদল জন সমুদ্র পার হয়ে প্রাসাদের চৌহদ্দিতে প্রবেশ করার পর রাজকীয় দেহরক্ষীদের দলের এতক্ষণের উচাটন কেটে স্বস্তির নিঃশ্বাস ফেলার সুযোগ হল।

রাজকীয় শোভাযাত্রা প্রাঙ্গণের মর্মর খচিত মার্জিত হাঁটাপথ ধরে এগিয়ে চলল। দুদিকে সবুজ বাগানের বিস্তার। প্রাসাদের রাজপুত্র রামের অংশের প্রবেশ দ্বারে পৌঁছে তাদের গতি কমল।

কৌশল্যার ওপর চোখ পড়তে একটু থমকে গেল সীতা। কিন্তু মাথায় আসা চিন্তাটা বাতিল করে দিল সে।

বরণডালা হাতে কৌশল্যা চৌকাঠের কাছে এগিয়ে এল। তাতে একটি জ্বলন্ত প্রদীপ, কিছু চাল এবং খানিকটা সিঁদুর। সীতার মুখের চারদিকে থালাটিকে

সাতপাক দিয়ে কিছু চাল তুলে নিয়ে সীতার মাথার ওপর বাতাসে ছুঁড়ে দিল। এক চিমটে সিঁদুর হাতে করে সীতার সিঁথিতে পরিয়ে দিল তারপর। সীতা প্রণাম করতে নিচু হল। থালাটি পরিচারকের হাতে দিয়ে সীতার মাথায় দুহাত রেখে আশীর্বাদ করল কৌশল্যা। 'আয়ুষ্মান ভব, পুত্রী।'

সীতা সোজা হয়ে দাঁড়াতে, কৌশল্যা দশরথের দিকে দেখিয়ে বলল। 'তোমার শ্বশুরমশায়ের আশীর্বাদ নাও।' তারপর সুমিত্রার দিকে দেখিয়ে আবার বলল। 'এবং তোমার ছোট মার কাছ থেকেও। এরপর অন্য অনুষ্ঠানগুলি হবে।'

কৌশল্যার নির্দেশ পালন করতে এগিয়ে গেল সীতা। রাম কয়েক পা এগিয়ে এসে মাকে প্রণাম করল। তাড়াতাড়ি তাকে আশীর্বাদ করে কৌশল্যা পিতার আশীর্বাদ নিতে ইঙ্গিত করল।

তারপর সে উর্মিলা ও লক্ষণকে এগিয়ে আসতে ইঙ্গিত করল। উর্মিলা কিন্তু সেই চিন্তাটাকে উড়িয়ে দিল না, যেটা এর আগে সীতার মনেও এসেছিল।

কৌশল্যাকে দেখে তার নিজের মা সুনয়নার কথা মনে পড়ে গেছে। তারও একই রকমের ছোটখাটো অবয়ব এবং শান্ত, নরম চোখ ছিল। নিঃসন্দেহে কৌশল্যার গায়ের রঙ একটু কম ফর্সা এবং চেহারা ভিন্ন। তাদের দুজনের কোন সম্পর্ক আছে এমনটা কেউ বলবে না। কিন্তু দুজনের মধ্যে কোথাও একটা সাদৃশ্য আছে। আধ্যাত্মিক মানসিকতার লোকেরা একে আত্মিক যোগাযোগ বলতে পারে।

উর্মিলা কৌশল্যার আরতি শেষ হওয়া পর্যন্ত অপেক্ষা করল, তারপর নিচু হয়ে প্রণাম করল। কৌশল্যা মিথিলার ছোট রাজকন্যাকে আশীর্বাদ করল। উঠে দাঁড়ানর সময় আবেগ সামলাতে না পেরে উর্মিলা কৌশল্যাকে জড়িয়ে ধরল। অযোধ্যার মহারানী এই রীতি বিরুদ্ধ ব্যবহারে অবাক হয়ে কি করবে বুঝতে পারছিল না।

উর্মিলা সরে এল তার চোখ আবেগে সজল। একটা শব্দ উচ্চারণ করল সে, যা সুনয়নার মৃত্যুর পর থেকে না কেঁদে উচ্চারণ করতে পারত না। 'মা'

মিষ্টি উর্মিলার সারল্যে কৌশল্যা আকুল হয়ে গেল। হয়তো প্রথম বার মহারানি তার চাইতে উচ্চতায় কম কোন মহিলার সম্মুখীন হয়েছে। শিশু সুলভ

চেহারার বড় বড় চোখদুটির দিকে চেয়ে কৌশল্যার মনে হল যেন এক ছোট্ট চড়াই পাখি চারদিকের বিরাট ভয়ানক পাখিদের কাছ থেকে সুরক্ষা চাইছে। আদরের হাসি হেসে উর্মিলাকে বুকে টেনে নিল সে। 'নিজের বাড়িতে স্বাগত ... পুত্রী।'

কৌশল্যার প্রাসাদের পরিচারিকাদের মধ্যে একজন মাথা নিচু করে দাঁড়িয়েছিল। নির্দেশের অপেক্ষায়।

সে অযোধ্যার, এবং সম্ভবত সমগ্র সপ্তসিন্ধুর সবচেয়ে ধনী ব্যবসায়ী মন্থরার বাড়ির কার্যালয়ে দাঁড়িয়ে ছিল। গুজবে শোনা যায় যে, মন্থরা নাকি সম্রাট দশরথের চাইতেও ধনী। দ্রুহু, তার নিকটতম সহকারীর মতে কথাটা সত্যি হওয়ার সম্ভাবনা আছে। বেশ ভালই সম্ভাবনা আছে।

'মালকিন।' মৃদু স্বরে বলল পরিচারিকাটি। 'আমাকে কি করতে হবে?'

দ্রুহু তাকে লুকিয়ে ইশারা করায় সে চুপ করে অপেক্ষা করতে লাগল।

দ্রুহু মন্থরার পাশে বশংবদ হয়ে চুপ করে দাঁড়িয়ে ছিল।

বিকলাঙ্গ মন্থরা এক বিশেষ ভাবে প্রস্তুত কেদারায় বসে ছিল। এটা তার পিঠের কুঁজটিকে খানিকটা স্বাচ্ছন্দ্য দেয়। ছোটবেলায় বসন্তের আক্রমণের ফলে তার মুখে ক্ষতচিহ্ন ভরা। এতে তার চেহারা বিকটাকৃতি দেখায়। এগার বৎসর বয়েসে পোলিও রোগের আক্রমণে তার ডান পা'টি আংশিকভাবে পক্ষাঘাতগ্রস্ত হয়ে পড়ে। দারিদ্র্যের কোলে জন্মানর ফলে বড় হয়ে ওঠার সময়টায় তার শারীরিক বৈকল্য সহানুভূতির পরিবর্তে পক্ষপাতিত্বের শিকার হয়েছে। সত্যি বলতে কি তাকে নিষ্ঠুর উপহাসের পাত্র হতে হয়েছে। এখন যখন সে অর্থ এবং ক্ষমতার অধিকারিণী, কেউ তার সামনে কিছু বলতে সাহস করে না। কিন্তু সে ভাল করেই জানে পেছনে তার সম্পর্কে কি মন্তব্য করা হয়ে থাকে। কারণ এখন সে যে কেবল তার শারীরিক বিকৃতির জন্যে তিরস্কৃত হয় তা

নয়, তার বৈশ্য হবার ফলে, এক প্রচুর সম্পদশালী ব্যাবসায়ী হবার কারণেও সে গভীর বিদ্বেষের পাত্রী হয়ে দাঁড়িয়েছে।

মন্থরা জানালা দিয়ে বাইরে নিজের প্রাসাদোপম বাড়ির বিরাট বাগানের দিকে তাকাল।

পরিচারিকাটি উসখুস করছিল। প্রাসাদে তার অনুপস্থিতি শিগগিরি লোকের চোখে পড়বে। তার তাড়াতাড়ি ফিরে যাওয়া প্রয়োজন। সে দ্রুহুর দিকে মিনতির চোখে চাইল। উত্তরে দ্রুহু কটমট দৃষ্টিতে তাকাল।

মন্থরার প্রতি বিশ্বস্ত থাকার উপযোগিতা সম্পর্কে দ্রুহুর মনে সন্দেহ জাগতে আরম্ভ হয়েছে। এক জঘন্য গনধর্ষণ ও হত্যার ঘটনায় মহিলাটি তার আদরের কন্যা, রোশনিকে হারিয়েছে। আদালতে বিচার এবং শাস্তি হয়েছে দলটির। কিন্তু তাদের মধ্যে সবচেয়ে নৃশংস এবং পালের গোদা ধেনুকা, এক আইনি মারপ্যাঁচে ছাড়া পেয়ে গেছে। সে নাবালক ছিল। আর অযোধ্যার আইন অনুযায়ী নাবালকদের মৃত্যুদণ্ড দেয়া যায় না। রাম, অযোধ্যার রাজপুত্র, এবং পুলিস প্রধান যে কোন অবস্থায় আইন অনুযায়ী চলতে জোর করেছিল। মন্থরা প্রতিহিংসার শপথ নেয়। প্রচুর অর্থব্যায় করে সে ধেনুকাকে কারাগার থেকে বাইরে পাচার করে এক মন্থর যন্ত্রণাময় মৃত্যু প্রদান করেছে। কিন্তু তার প্রতিশোধ স্পৃহা চরিতার্থ হয় নি। এখন তার লক্ষ্য রাম। সে ধৈর্য ধরে সুযোগের অপেক্ষা করছিল। এবং সুযোগ এসে গেছে।

দ্রুহু ভাবলেশহীন মুখে তার মনিবের দিকে তাকাল। *বুড়ি প্রতিশোধ নিতে বড় বেশী টাকা খরচ করছে। এতে ব্যবসায় প্রভাব পড়ছে। এর বুদ্ধি ভ্রষ্ট হয়ে গেছে। কিন্তু আমি কি করতে পারি। প্রকৃত প্রভুর অবস্থা কেউ জানে না। আমি আপাতত এর কাছে আটকে আছি...*

মন্থরা মনস্থির করল। সে দ্রুহুর দিকে চেয়ে মাথা নেড়ে সম্মতি জানাল।

হতভম্ব দ্রুহু চমকে উঠলেও নিজেকে সামলে নিল।

এক হাজার স্বর্ণমুদ্রা! এই বেচারা চাকরানি দশ বৎসরেও এতো উপার্জন করতে পারবে না!

কিন্তু সে জানে তর্ক করে কোন লাভ নেই। সে নগদ টাকার পরিবর্তে একটা হুন্ডি কেটে দিল। পরিচারিকাটি এটা যে কোন জায়গায় ভাঙ্গাতে পারবে। হাজার হোক, মন্থরার নামাঙ্কিত মুচলেকা কে অগ্রাহ্য করবে?

'মালকিন...' চাপা গলায় বলল দ্রুহ্যু।

মন্থরা সামনে ঝুঁকে কোমরে বাঁধা থলি থেকে নিজের নামমুদ্রা বের করে দলিলটায় ছাপ মেরে দিল।

দ্রুহ্যু হুন্ডিটা পরিচারিকার দিকে এগিয়ে দিল। যার চোখে মুখে খুশী উপচে পড়ছে।

দ্রুহ্যু তাকে দ্রুত শক্ত মাটিতে টেনে নামাল। ঠাণ্ডা চোখে তারদিকে চেয়ে ফিস্‌ফিস্ করে বলল, 'মনে রেখো ঠিক সময়ে যদি খবরটা না আসে বা ভুল খবর হয়, তোমার বাড়ি আমাদের জানা আছে...'

'আমি ব্যর্থ হব না, মালিক।'

পরিচারিকাটি যাবার জন্য ঘুরে দাঁড়াতেই মন্থরা বলল। 'শুনেছি রাজকুমার রাম অবিলম্বে সম্রাট দশরথের সঙ্গে কথা বলতে প্রাসাদে রানি কৌশল্যার অংশটায় যাবে।'

'যা আলোচনা হবে আমি আপনাকে সব জানিয়ে দেব। মালকিন।' মাথা ঝুঁকিয়ে আনত হয়ে বলল পরিচারিকা।

দ্রুহ্যু মন্থরাকে দেখল একবার তারপর প্রাসাদের পরিচারিকাটিকে দেখল। ভেতরে ভেতরে দীর্ঘশ্বাস ফেলল। আরও অর্থ দেয়া হবে খুব শিগগিরি।

— ॐ —

'দিদি, এখানের প্রাসাদের শুধু আমার অংশটাই মিথিলার পুরো প্রাসাদ থেকে বড়।' উত্তেজিত উর্মিলা দিদিকে জানাল।

উর্মিলা তার স্বামীর ঘরে নিজের জিনিষপত্র পরিচারিকাদের খুব সাবধানে গুছিয়ে রাখতে দিয়েছে। তাদেরকে কাজে লাগিয়ে তাড়াতাড়ি দিদির সঙ্গে দেখা করতে চলে এসেছে। লক্ষ্মণের নিজের স্ত্রীকে আটকানোর ইচ্ছে হলেও

তার দিদির সঙ্গে দেখা করে একটু স্বচ্ছন্দ বোধ করার ইচ্ছের কাছে হার মেনেছে। উর্মিলার জীবন নাটকীয় ভাবে বদলে গেছে, খুব অল্প সময়ের মধ্যে।

সীতা বোনের হাতে হাত রেখে হাসল। সীতা উর্মিলাকে এখনো বলে নি যে সে এবং রাম খুব শিগগিরি প্রাসাদ ছেড়ে চলে যাবে, ফিরবে পুরো চোদ্দ বৎসর পর। উর্মিলাকে এই বিরাট প্রাসাদে দিদিকে ছাড়াই থাকতে হবে।

এখনি বেচারিকে বিচলিত করে কি লাভ? আগে গুছিয়ে নিক।

'লক্ষণের খবর কি?' সীতা প্রশ্ন করল।

উর্মিলা স্বপ্নালু হাসি হাসল। 'ও এতো ভদ্র। আমি যা চাই কোন কিছুতেই আপত্তি করে না!'

সীতা হেসে বোনকে একটু খেপাল। 'তোমার ঠিক সেটাই দরকার। এক প্রশ্রয় দেয়া স্বামী, যে তোমাকে ছোট্ট রাজকন্যার মত রাখবে।'

উর্মিলা নিজের ছোট্টখাট্ট দেহের দিকে ইঙ্গিত করে মেরুদণ্ড টানটান করে ছদ্ম গাম্ভীর্যের স্বরে বলল। 'কিন্তু আমি তো একটা ছোট্ট রাজকন্যাই! '

দুই বোন মিলে খিল খিল করে হেসে কুটিপাটি হয়ে গেল। সীতা উর্মিলাকে জড়িয়ে ধরে বলল। 'আমার ছোট্ট রাজকন্যা। আমি তোমাকে খুব ভালবাসি।'

'আমিও তোমাকে খুব ভালবাসি দিদি,' বলল উর্মিলা।

এমন সময় দ্বারপাল দরজায় টোকা মেরে ঘোষণা করল। 'সপ্ত সিন্ধু ও অযোধ্যার মহারানী, যুবরাজমাতা, মহামান্যা কৌশল্যা। সম্মান ও ভালবাসা জানাতে সকলে উঠে দাঁড়ান।'

সীতা আশ্চর্য হয়ে উর্মিলার দিকে তাকাল। দু বোন তাড়াতাড়ি উঠে দাঁড়াল।

কৌশল্যা দ্রুতপদে ভেতরে ঢুকল। তার পেছনে দুজন পরিচারিকা দুটি সোনার পাত্র বয়ে নিয়ে এসেছে। পাত্র দুটি রেশমি কাপড়ে ঢাকা।

কৌশল্যা সীতার দিকে চেয়ে অমায়িক হাসল। 'কেমন আছ মা?'

'আমি ভাল আছি বড়মা।' বলল সীতা।

দু বোনে নিচু হয়ে কৌশল্যাকে প্রণাম করল। অযোধ্যার মহারানী দুজনকে দীর্ঘায়ু লাভের আশীর্বাদ করল।

কৌশল্যা উর্মিলার দিকে ফিরে স্নেহময় হাসি হাসল। সীতা লক্ষ্য করল তার প্রতি হাসিটার থেকে এতে আন্তরিকতা বেশী। এর থেকে মাতৃস্নেহ ঝরে পড়ছে। সীতার মুখে হাসি ফুটল। *আমার বোন এখানে নিরাপদ।*

'উর্মিলা, মা।' কৌশল্যা বলল। 'আমি তোমার ঘরে গিয়েছিলাম। শুনলাম তোমাকে এখানে পাওয়া যাবে।'

'হ্যাঁ, মা।'

'তোমার তো কালো আঙ্গুর ভাল লাগে।'

উর্মিলা অবাক হয়ে বলল। 'তুমি কি করে জানলে মা?'

কৌশল্যা চক্রান্তের হাসি হেসে বলল। 'আমি সব জানি!'

উর্মিলা শিষ্ট ভাবে হাসল। রানি সাড়ম্বরে রেশমি কাপড়ের ঢাকনাটা টেনে সরিয়ে দিতেই তার তলা থেকে কানায় কানায় কালো আঙ্গুর ভরা দুটি সোনার পাত্র বেড়িয়ে এলো।

উর্মিলা আনন্দে চেঁচিয়ে উঠে হাততালি দিল। তারপর মুখ হাঁ করল। সীতা আশ্চর্য হয়ে গেল। উর্মিলা সব সময় তাদের মা সুনয়নার হাতে খেতে চাইতো, কিন্তু একবার ও দিদির কাছে চায় নি।

খুশীতে চোখ জলে ভরে এলো সীতার। তার বোন আবার একজন মাকে খুঁজে পেয়েছে।

কৌশল্যা একটা আঙ্গুর তুলে নিয়ে উর্মিলার খোলা মুখে ফেলল।

'হুম্‌ম্‌' বলল উর্মিলা। 'এটা দারুণ, মা!'

'আর আঙ্গুর তোমার স্বাস্থের জন্যেও ভাল!' কৌশল্যা বলল। সে তার বড় বউমার দিকে চেয়ে বলল 'সীতা তুমিও তো কয়েকটা খেলে পার।'

'নিশ্চয় বড় মা,' সীতা বলল। 'ধন্যবাদ।'

অধ্যায় ২৬

কয়েকদিন পর সীতা প্রাসাদের চৌহদ্দির ভেতর দেয়ালের লাগোয়া রাজকীয় উদ্যানে নির্জনে বসে ছিল।

কেবল সপ্তসিন্ধুর নয় অন্যান্য মহান সাম্রাজ্য থেকেও আনা ফুলের গাছে সাজানো বাগানটি অনেকটা উদ্ভিদ সংগ্রহালয়ের মত করে সাজান। সপ্ত সিন্ধুর জনগণের মিশ্র চরিত্রের প্রতিবিম্ব, এর চমৎকার বৈচিত্র্যই এর সৌন্দর্যের উৎস। এক সময় যা জ্যামিতিক সামঞ্জস্যে পরিপাটি করে বিছানো ঘন ঘাসের আস্তারণ ছিল তার চারদিকে আছে ঘোরান পায়ে হাঁটা রাস্তা। হায়, প্রধান প্রাসাদ এবং সভাঘরের মতই, রাজকীয় উদ্যানেও ফুরিয়ে আসা জাঁকজমক এবং কাজ চালান সংরক্ষণের পরিচয়। এই সাজানো বাগান সত্যি শুকিয়ে যাচ্ছে, অযোধ্যার নিঃশেষ হয়ে আসা কোষাগারের শোচনীয় প্রমাণ।

কিন্তু সীতা না এই বেদনাদায়ক সৌন্দর্যের তারিফ করছিল, না সে তার চারপাশের অবনতি নিয়ে কষ্ট পাচ্ছিল।

রাম দশরথ এবং নিজের মায়ের সঙ্গে কথা বলতে গেছে। বায়ুপুত্রের অনুমোদন ছাড়া দৈবী অস্ত্র ব্যবহার করার জন্য তাকে শাস্তি দেবার জন্য জোর করবে সে।

এই আলোচনাটা সামলানো রামের দায়িত্ব, সীতা এদিকে ব্যস্ত জঙ্গলে যাতে তাদের জীবন বিপন্ন না হয় সেটা নিশ্চিত করতে। সে জটায়ুকে বলেছে নগরের বাইরে তার সঙ্গে এসে দেখা করতে। জটায়ুকে অনুরোধ করবে যেন সে নির্বাসনের সময় নিজের দল সঙ্গে নিয়ে যেন তাদেরকে অনুসরণ করতে থাকে। মলয়পুত্রদের এই অনুরোধের প্রতিক্রিয়া কি হবে সীতার সে বিষয়ে কোন ধারণা

নেই। বিষ্ণুরূপে জনসমক্ষে পরিচিত হতে সীতা অস্বীকার করায় তারা তার প্রতি বিরক্ত এটা সীতা জানে। কিন্তু সে এটাও জানে যে জটায়ু তার প্রতি বিশ্বস্ত, এবং তাকে না বলবে না।

'একশ গ্রামের কর দিয়ে তোমার চিন্তা কিনব বৌদি...'

সীতা ঘুরে দেখল তার পিছনে ভরত দাঁড়িয়ে আছে। হেসে বলল। 'বড়লোক কোশলের একশ গ্রামের কর না আমার গরীব মিথিলার '

ভরত হেসে তার পাশে বসল।

'তুমি দাদাকে একটু বোঝাতে পেরেছ কি?' ভরত প্রশ্ন করল। 'নির্বাসিত হবার জিদটা যাতে ছাড়ে?'

'তুমি এটা কেন ভাবছ যে আমি ওর সঙ্গে একমত নই?'

ভরত আশ্চর্য হল। 'ওহ্ আমি ভেবেছিলাম... আসলে আমি তোমার সম্পর্কে খোঁজ নিয়েছি, বৌদি... শুনেছি তুমি খুব...'

'বাস্তববাদী?' ভরতের কথা সম্পূর্ণ করে দিয়ে প্রশ্ন করল সীতা।

ভরত হাসল। 'হ্যাঁ...'

'আর তোমার কেন মনে হচ্ছে যে, তোমার ভাইয়ের পথ বাস্তববাদী নয়?'

ভরত কথা খুঁজে পাচ্ছিল না।

'আমি এটা বলছি না যে তোমার ভাই সজ্ঞানে বাস্তববাদী হচ্ছে। কেবল এইটুকুই যে তোমার ভাই যে পথ বেছে নিয়েছে – আইনের প্রতি অসীম আনুগত্য – ওপর থেকে দেখলে বাস্তববাদী নাও লাগতে পারে। কিন্তু গভীর ভাবে ভেবে দেখলে, সমাজের কিছু অংশের জন্য আসলে সেটাই সবচেয়ে বাস্তবানুগ হতে পারে। '

'তাই নাকি?' ভরত ভুরু কোঁচকাল। 'কি রকম?'

'এই সময়টা এক বিরাট পরিবর্তনের সময়, ভরত। এটা খুবই উদ্দীপক হতে পারে। শক্তিদায়ক। কিন্তু অনেকেই পরিবর্তনে বিচলিত হয়ে পড়ে। সপ্ত সিন্ধুর সমাজ বোকার মত এর বৈশ্যদেরকে ঘৃণা করার সিদ্ধান্ত নিয়েছে। তারা তাদের ব্যবসায়ীদের তস্কর এবং অপরাধী হিসেবে দেখে। বৈশ্যরা যে কেবল

প্রতারণা করে বা মুনাফাখোরী করেই অর্থ উপার্জন করে এটা ধরে নেয়াটা অতি সরলীকরণ। এবং পক্ষপাতদুষ্টও। পরিবর্তন এবং অনিশ্চয়তার সময় এই চরম পন্থা আরও বেড়ে যায়। সত্যিটা হল, যদিও কিছু ব্যাবসায়ীরা অসৎ, কিন্তু অধিকাংশ বৈশ্যরা পরিশ্রমী, ঝুঁকি নিতে প্রস্তুত, সুযোগসন্ধানী আয়োজক। তারা যদি সমৃদ্ধ না হয় তা হলে সমাজ অর্থ উপার্জন করে না। এবং যদি সমাজ সম্পদ উৎপাদন না করে অধিকাংশ লোক গরীব থেকে যায়। যেখান থেকে আসে নৈরাশ্য এবং অশান্তি।'

'আমি মানি ...'

'আমার কথা শেষ হয় নি।'

ভরত তক্ষুনি হাত জোর করল। 'দুঃখিত, বৌদি।'

'যদি বিচক্ষণতা এবং জ্ঞান থাকে তবে লোকেরা দারিদ্র্যের সঙ্গে আপস করতে পারে। কিন্তু ব্রাহ্মণরাও এখন ভারতবর্ষে খুব একটা সম্মান পায় না। বৈশ্যদের মত অতটা রাগ না থাকলেও এটা ঠিক যে ব্রাহ্মণদেরকে এমন কি জ্ঞানের পথকেও এখন আর সম্মান করা হয় না। যেমন ধর আমার জ্ঞানপাগল পিতার সম্পর্কে লোকেরা কি বলে আমি জানি।'

'না, আমার মনে হয় না...'

'আমি এখনও শেষ করি নি।' সীতা বলল। তার চোখে হাসির ঝিলিক।

'দুঃখিত!' মুখে হাত চাপা দিয়ে হাল ছেড়ে দিল ভরত।

'এর ফলে, জ্ঞানীদের কথা এখন আর কেউ শোনে না। তারা বৈশ্যদের ঘৃণা করে আর সেটা করতে গিয়ে নিজেদের দারিদ্র্য নিশ্চিত করে ফেলেছে। এখন যাদের কে সবচেয়ে বেশী সম্মান দেয়া হয় তারা হল ক্ষত্রিয়রা। "যুদ্ধের গৌরব" এক স্বয়ং সম্পূর্ণ লক্ষ্য। অর্থের প্রতি ঘৃণা, জ্ঞানের প্রতি অবজ্ঞা আর হিংসার প্রতি ভালবাসা। এই পরিস্থিতিতে কি আশা করতে পার?'

ভরত চুপ করে রইল।

'এখন কথা বলতে পার,' বলল সীতা।

মুখে চাপা দেয়া হাতটা সরিয়ে ভরত বলল। 'তুমি যে বৈশ্য, ব্রাহ্মণ বা ক্ষত্রিয়দের সম্মান দেবার কথা বলছ সেটা নিশ্চয় সেই গুণাবলী গুলোর বিষয়ে বলছ, ঐ জাতিতে জন্মানো লোকেদের কথা নয়।'

সীতা নাক কোঁচকাল। 'অবশ্যই। তোমার কি সত্যি মনে হয় আমি জন্ম নির্ভর অশুভ জাতিপ্রথা সমর্থন করব? আমাদের এখনকার জাতিপ্রথাকে নির্মূল করতে হবে।'

'এই ব্যাপারে আমি তোমার সঙ্গে একমত।'

'আমার প্রশ্নে ফিরে এস। অর্থ উপার্জকদের প্রতি ঘৃণা, জ্ঞানদাতাদের প্রতি তাচ্ছিল্য এবং শুধু মাত্র যুদ্ধ ও যোদ্ধাদের প্রতি ভালবাসা। এই পরিস্থিতিতে কি আশা কর?'

'চরমপন্থা। বিশেষ করে তরুণদের মধ্যে। সচরাচর তারাই সবচেয়ে বোকা হয়।'

সীতা হাসল। 'তারা সবাই বোকা নয়...'

ভরত মাথা নেড়ে সায় দিল। 'ঠিক বলেছ। আমিও তো তরুণদের অন্তর্গত!'

'তাহলে তুমি এমন একটা পরিস্থিতি পাচ্ছ যেখানে তরুণ যুবকেরা এবং কিছু যুবতীরাও চরমপন্থি হয়ে পড়ছে। বুদ্ধি আছে কিন্তু জ্ঞান বা বিচক্ষণতা নেই। দারিদ্র্য আছে। হিংসার প্রতি ভালবাসা আছে। তারা এটা বোঝে না যে তাদের সমাজের সমস্ত সমস্যার মূল হচ্ছে ভারসাম্যের অভাব। তারা তাড়াতাড়ি সোজাসরল সমাধান চায়। এবং যেই তাদের মত ভাবে না তাকে ঘৃণা করে।'

'হ্যাঁ,'

'সপ্ত সিন্ধুতে অপরাধ এতো বেশী এতে আশ্চর্য হবার কিছু আছে কি? নারীদের বিরুদ্ধে এতো বেশী অপরাধ এতেও কি আশ্চর্য হবার কিছু আছে? নারীরা জ্ঞান, বাণিজ্য এবং পরিশ্রমের ক্ষেত্রে প্রতিযোগিতা করতে পারে। কিন্তু হিংসার কথা এলে বিধাতা তাদের কোন স্বাভাবিক সুবিধা প্রদান করেন নি।'

'হ্যাঁ'

'এই চরমপন্থি ক্ষমতাচ্যুত হিংস্র যুবকেরা যারা সহজ সমাধানের অপেক্ষায় ঘুরছে। দুর্বলদের আক্রমণ করে। এতে তাদের নিজেদেরকে বলবান ও ক্ষমতাশালী মনে হয়। পৌরুষতান্ত্রিক জীবন ধারার স্বৈরাচারী ভাবধারার সামনে তারা অরক্ষিত, যা তাদেরকে বিপথে নিয়ে যেতে পারে। এভাবে সমাজে বিশৃঙ্খলার সৃষ্টি হয়।'

'এবং তোমার কি মনে হয় না দাদার ধারনাগুলির মূল পৌরুষতান্ত্রিক ধারায়? ওগুলো একটু বেশী সোজা সরল বলে মনে হয় না তোমার? এবং এটা ওপর থেকে চাপিয়ে দেয়া। সমাধান কি নারীত্বতান্ত্রিক ধারায় নয়? স্বাধীনতা দেওয়া? লোকেদের নিজস্ব ভারসাম্য খুঁজে পেতে দেওয়া।'

'কিন্তু ভরত, নারীত্বতান্ত্রিক ধারার অনিশ্চয়তা সম্পর্কে অনেকেরই আশঙ্কা আছে। তারা পুরুষতান্ত্রিক ধারার সরল নিশ্চিত ফলাফল বেশী পছন্দ করে। বেশী চিন্তা না করে একটা সমান, সকলের জন্যে একই ভাবে প্রযোজ্য নিয়মাবলী অনুসরণ করা। সেই নিয়মাবলী যদি অন্যের তৈরি হয় তবুও। হ্যাঁ, রামের আইন সম্পর্কে একরোখামিটা একটু সোজা সরল। কেউ কেউ স্বৈরাচারও বলতে পারে। কিন্তু সেটার ভাল দিক আছে। পুরুষতান্ত্রিক জীবন ধারার নিশ্চয়তা যাদের প্রয়োজন সেই যুবাদের রাম এক দিশা দেবে। চরমপন্থি তরুণদেরকে দানবিক শক্তি অন্যায় ভাবে ব্যবহার করে সীমাহীন হিংসা এবং ঘৃণার পথে চালিত করতে পারে। অন্যদিকে রামের শিক্ষা এইধরনের লোকেদের এক অনুশাসন, ন্যায় এবং সুবিচার পুর্ণ জীবনের পথে এগিয়ে নিতে পারে। তাদেরকে বৃহত্তর মঙ্গলের জন্য নিয়োজন করা যেতে পারে। আমি এটা বলছিনা তোমার দাদার পথ সবার জন্যে, কিন্তু সে তাদের নেতৃত্ব দিতে পারবে যারা চায় সুশৃঙ্খলা, নিশ্চয়তা, অনুবর্তিতাএবং নির্দিষ্ট নীতি। তাদেরকে যাদের অবক্ষয় ও চরিত্রহীনতার প্রতি গভীর বিতৃষ্ণা আছে। তাদের কে ঘৃণা এবং হিংসার পথে যাওয়া থেকে আটকাতে পারবে। পরিবর্তে ভারতবর্ষের মঙ্গলের জন্য এক শক্তি গড়ে তুলতে পারবে।'

ভরত চুপ করে রইল।

'রামের বার্তা উত্তর দিতে পারবে, সমাধান এনে দিতে পারবে সেই সব বহু তরুণদের কাছে চরমপন্থা যাদেরকে নিঃশেষ করে দিচ্ছে আজকাল।'

ভরত পেছনে হেলান দিয়ে বসল।

'বাঃ...'

'কি ব্যাপার?'

'আমি দাদার সঙ্গে সারা জীবন ওর পুরুষতান্ত্রিক জীবনধারার প্রতি বিশ্বাস নিয়ে তর্ক করে গেছি। আমার সব সময় মনে হয়েছে যে, পৌরুষতান্ত্রিক জীবনধারা অনিবার্যভাবে গোঁড়ামি এবং হিংসা ডেকে আনবে। কিন্তু তুমি একটা আলোচনাতেই আমার চোখ খুলে দিয়েছ।'

'সত্যি? তুমি কি বলতে পারবে যে নারীত্বতান্ত্রিক ধারার কখনো অবক্ষয় হয় না? একমাত্র পার্থক্য হচ্ছে সেটার অন্যভাবে অবনতি হয়। পৌরুষতান্ত্রিক ধারা যখন সর্বোত্তম তখন সেটি সুশৃঙ্খল, কার্যকরী এবং ন্যায্য, কিন্তু গোঁড়া এবং হিংস্র যখন নিকৃষ্টতম। নারীত্বতান্ত্রিক ধারা সৃজনশীল, আবেগপুর্ণ এবং স্নেহময় যখন সর্বোত্তম আর বিশৃঙ্খল ও ক্ষয়িষ্ণু যখন নিকৃষ্টতম। কোনটাই অন্যটির চেয়ে বেশী ভাল বা খারাপ নয়। দুটিরই নিজস্ব শক্তি এবং দুর্বলতা আছে।'

'হুম্‌ম্‌।'

'স্বাধীনতা ভাল কিন্তু পরিমিত ভাবে। সেটাও অতিরিক্ত হলে সর্বনাশা হয়ে যায়। সেই জন্যে আমার পছন্দ হল ভারসাম্যের পথ। নারীত্ব এবং পৌরুষ এই দুই ধারার মধ্যে সাম্য।'

'আমি অন্যভাবে ভাবি।'

'বল।'

'আমার বিশ্বাস অতিরিক্ত স্বাধীনতা বলে কিছু হয় না। কারণ স্বাধীনতার নিজের ভেতরেই স্বয়ং সংশোধনের উপায় উপস্থিত আছে।'

'তাই নাকি?'

'হ্যাঁ। নারীত্বতান্ত্রিক ধারায় যখন সবকিছু চরিত্রহীন এবং ক্ষয়িষ্ণু হয়ে যায়। বহু লোক যারা তাতে বীতশ্রদ্ধ হয়ে পড়ে, তারা সেই একই স্বাধীনতা ব্যবহার করে বিদ্রোহ করতে পারে, সোচ্চার হতে পারে। যখন সমাজ সচেতন হয়,

আরও গুরুত্বপুর্ণ হল একমত হয়, সংশোধন শুরু হয়। নারীত্ব তান্ত্রিক সমাজে কোন সমস্যাই বেশীদিন চাপা থাকে না। কিন্তু পুরুষতান্ত্রিক সমাজে যেহেতু প্রশ্ন তোলার বা সমস্যার বিষয়ে মুখোমুখি হবার স্বাধীনতা থাকে না ফলে বহুকাল ধরে সমস্যা অগ্রাহ্য করে থাকতে পারে। পৌরুষতান্ত্রিক ধারার ভিত্তি হচ্ছে মান্যতা এবং রীতির কাছে সমর্পণ, আইনের কাছে। প্রশ্ন করার মানসিকতাকে মেরে ফেলা হয়, সেই সঙ্গে মরে যায় বিশৃঙ্খলা সৃষ্টিকারী সমস্যাকে সনাক্ত করে সেটার সমাধান করার ক্ষমতা। কখনো ভেবে দেখেছ কেন মহাদেবরা, অন্য কেউ সমাধান করতে না পারা সমস্যার সমাধান করতে এলে, সাধারণত সেই সব শক্তির সঙ্গেই লড়ে যা পুরুষতান্ত্রিক শক্তির প্রতিনিধি।'

সীতা থমকে গেল। হতবাক হয়ে মহাদেব সম্পর্কে বলা ভরতের কথা নিয়ে ভাবল। *আরে হ্যাঁ... ও ঠিক বলেছে...*

'স্বাধীনতা হল চরম শক্তি। সব রকম অনিশ্চয়তার মধ্যে এটি সৃষ্টি করে, স্বাধীনতা নিয়ত সমন্বয়সাধনের অনুমতি দেয়। সেই কারনে, নারীতান্ত্রিক ধারার কোন সমস্যা কখনো এত বড় হয়ে যায় না যে সেটির সমাধান করতে মহাদেবের প্রয়োজন হয়। এই যাদুকরী সমাধান পৌরুষতান্ত্রিক ধারায় পাওয়া যায় না। প্রথম জিনিষ যা ওতে দাবিয়ে দেয়া হয় তা হল স্বাধীনতা। সবাইকে মানিয়ে চলতে হবে... নইলে তাড়িয়ে দেয়া হবে।'

'তোমার কথায় যুক্তি থাকতে পারে। কিন্তু আইন ছাড়া স্বাধীনতার অর্থ বিশৃঙ্খলা। আমার মনে হয় না...'

ভরত ভ্রাতৃবধূকে থামিয়ে দিয়ে বলল, 'আমি বলছি তোমাকে, বৌদি। স্বাধীনতাই হচ্ছে একমাত্র চাবিকাঠি, সব কিছুর উত্তর। ওপর থেকে দেখলে বিশৃঙ্খল এবং সামলানো কঠিন মনে হতে পারে। আমি মানছি খুব বেশী বিশৃঙ্খলা যাতে না হয় সে জন্য স্বল্প মাত্রায় আইন প্রয়োগ করা যেতে পারে। কিন্তু এমন কোন সমস্যা হতে পারে না যা সমাধান করা যাবে না যদি যথেষ্ট সংখ্যক বিদ্রোহী এবং তার্কিক লোকেদেরকে স্বাধীনতা দেয়া হয়। সেই জন্যেই, বৌদি, আমি মনে করি স্বাধীনতা হচ্ছে জীবনের সবচেয়ে গুরুত্বপুর্ণ বৈশিষ্ট।'

'আইনের চেয়েও?'

'হ্যাঁ, আমার বিশ্বাস যতটা সম্ভব কম সংখ্যক আইন থাকা উচিৎ, ঠিক ততটাই যতটা হলে মানুষের সৃজনশীলতার অভিব্যক্তি পুর্ণ গৌরবে বিকশিত হতে পারে। স্বাধীনতা জীবনের স্বাভাবিক পন্থা।'

সীতা নিচু স্বরে হেসে বলল। 'আর তোমার দাদা তোমার এই দৃষ্টি ভঙ্গীর বিষয়ে কি বলে?'

রাম পেছন থেকে তাদের কাছে এগিয়ে এসে স্ত্রীর কাঁধে হাত রাখল। 'ওর দাদা মনে করে ভরতের প্রভাব খুব বিপজ্জনক!'

রাম প্রাসাদে নিজের অংশে গিয়ে শুনেছে যে, তার পত্নী রাজকীয় উদ্যানে আছে। এসে দেখল সে ভরতের সঙ্গে গভীর আলোচনায় মগ্ন। তারা রামকে আসতে লক্ষ্য করে নি।

ভরত হোহো করে হেসে উঠে বড় ভাইকে জড়িয়ে ধরল। 'দাদা...'

'তোমার উদারচেতা দৃষ্টি ভঙ্গী দিয়ে বউদির চিত্ত বিনোদন করার জন্য ধন্যবাদ দেব কি?!'

ভরত হেসে কাঁধ ঝাঁকাল। 'অন্তত আমি অযোধ্যার নাগরিকদের একদল অনাকর্ষক মানুষে পরিণত করব না!'

রাম হেসে ঠাট্টা করে বলল। 'তবে তো ভালই হয়েছে!'

ভরতের মুখভঙ্গি নিমেষে বদলে গিয়ে গম্ভীর হয়ে গেল। 'বাবা তোমাকে যেতে দেবেন না, দাদা। সেটা তো তুমিও জান। তুমি কোথাও যাচ্ছ না।'

'বাবার কোন উপায় নেই। না তোমার আছে। তুমিই অযোধ্যা শাসন করবে এবং খুব ভাল করে করবে।'

'আমি এভাবে সিংহাসনে বসব না,' ঘাড় নেড়ে বলল ভরত। 'কোনমতেই না।'

রাম জানত ভরতের দুঃখ কম করার মত কিছুই তার বলবার নেই।

'দাদা, তুমি এটা নিয়ে এত জোর করছ কেন?' প্রশ্ন করল ভরত।

'সেটাই আইন ভরত।' রাম বলল। 'আমি দৈবী অস্ত্র চালিয়েছি।'

'চুলোয় যাক আইন, দাদা! তুমি কি সত্যি মনে কর তোমার চলে যাওয়াটা অযোধ্যার জন্য মঙ্গলের হবে? আমরা দুজনে কি কি করতে পারি সেটা ভাব তো। তোমার নিয়মের প্রতি গুরুত্ব আর আমার স্বাধীনতার প্রতি। তোমার মনে হয় তুমি বা আমি একা কিছু করতে পারব?'

রাম মাথা নাড়ল। 'আমি চোদ্দ বৎসর পর ফিরে আসব, ভরত। এমন কি তুমিও এই মাত্র স্বীকার করেছ যে আইনের সমাজে এক গুরুত্বপুর্ণ স্থান আছে। আমি কি করে অন্যদেরকে আইন মেনে চলতে রাজী করাব যদি নিজেই সেটা না করি? আইন প্রতিটি ব্যাক্তির ওপর সমান এবং ন্যায্য ভাবে প্রযোজ্য হতে হবে। এতে কোন সন্দেহ নেই।' তারপর রাম ভরতের চোখের দিকে তাকিয়ে বলল। 'এমন কি তাতে যদি কোন জঘন্য অপরাধীও প্রাণে বেঁচে যায় তবু আইন ভাঙ্গা চলবে না।'

ভরতও তাকিয়ে রইল, তার মুখভঙ্গী অবোধ্য।

সীতা বুঝতে পারল দুই ভাই কিছু একটা স্পর্শকাতর বিষয় নিয়ে কথা বলছে। ব্যাপারটা অস্বস্তিকর হয়ে যাচ্ছে। সে আসন ছেড়ে উঠে দাঁড়িয়ে রামকে বলল, 'তোমার সেনাপতি মৃগাশ্বর সঙ্গে সাক্ষাতকার আছে।'

সীতা এবং তার পারিষদবর্গ বাজারে এসেছে। তার কিছু কেনার ইচ্ছে ছিল না। সে প্রাসাদের বাইরে বেরিয়েছে তার এক রক্ষীকে অলক্ষ্যে সরে পড়ার সুযোগ করে দিতে। প্রাসাদের চত্বর থেকে যদি সে বের হয় তবে তার আনাগোনার ওপর নজর রাখা হবে। কিন্তু এখানে, এই বাজারের ভিড়ে, সীতার রক্ষক পাহারাদারদের বিশাল দলের মধ্যে থেকে একজন দেহরক্ষীর অভাব কেউ লক্ষ্য করবে না।

চোখের কোনা দিয়ে সীতা তাকে বাজার থেকে বাইরে বেরনোর একটি ছোট্ট গলিতে সবার নজর এড়িয়ে ঢুকে পড়তে দেখল। তার প্রতি আদেশ হল পরদিন জটায়ুর সঙ্গে সাক্ষাতকারের ব্যবস্থা করা।

তার বার্তা পৌঁছে যাবে এ ব্যাপারে নিশ্চিন্ত হয়ে সীতা প্রাসাদে ফিরে যাবার জন্য পালকির দিকে এগোল। এমন সময় তার রাস্তা বন্ধ করে যেন আকাশ থেকে উদয় হল এক বিশাল পালকি। সোনার জরির কাজ করা, রেশমি পরদায় ঢাকা, অলঙ্কৃত, এক ব্রোঞ্জের শিবিকা। এটা স্পষ্টতই একটি বেশ মূল্যবান এবং আরামদায়ক পালকি।

'থাম! থাম!' পরদায় ঢাকা শিবিকারা ভেতর থেকে একটি নারী কণ্ঠস্বর শোনা গেল।

বাহকরা সঙ্গে সঙ্গে থেমে গিয়ে পাল্কিটা নামিয়ে রাখল। সবার চেয়ে শক্তিশালী অনুচরটি এগিয়ে গিয়ে দরজার পর্দা সরিয়ে এক বৃদ্ধা মহিলাকে বেরিয়ে আসতে সাহায্য করল।

'নমস্কার রাজকন্যা,' অনেক কষ্টে সোজা হয়ে দাঁড়িয়ে মন্থরা বলল। হাতজোড় করে নমস্কার করে মাথা নুইয়ে সম্মান জানাল সে।

'নমস্কার মন্থরা দেবী।' অভিবাদনের উত্তরে সীতা বলল।

এই অর্থবান ব্যবসায়ী মহিলার সঙ্গে আগেরদিন সীতার দেখা হয়েছিল। এর জন্য সীতার মনে তৎক্ষণাৎ সহানুভূতির উদ্রেক হয়। লোকেরা মন্থরার সম্পর্কে আড়ালে কটু কথা বলে থাকে। সীতার মনে হয় সেটা অন্যায়, বিশেষত মনে রাখতে হবে যে সে তার আদরের মেয়েকে এক শোচনীয় পরিস্থিতিতে হারিয়েছে।

মন্থরার এক সহকারী তাড়াতাড়ি এক ভাঁজ করা কেদারা তার পেছনে এনে দিল। যাতে মন্থরা বসতে পারে। 'দুঃখিত রাজকন্যা। আমার বেশীক্ষণ দাঁড়িয়ে থাকতে কষ্ট হয়।'

'কোন অসুবিধে নেই মন্থরাজি,' সীতা বলল। 'বাজারে কি উদ্দেশ্যে?'

'আমি একজন ব্যবসায়ী।' মৃদু হেসে বলল মন্থরা। 'বাজারে কি হচ্ছে খবর রাখা সবসময় বুদ্ধিমানের কাজ।'

সীতাও হেসে মাথা নেড়ে সায় দিল।

'সত্যি বলতে কি, অন্য কোথায় কি হচ্ছে সব কিছুর খবর রাখাও বুদ্ধিমানের কাজ, যেহেতু বাজারে নানা রকম বিষয়ের প্রভাব পড়ে।'

সীতা মৃদু অস্বস্তিবাচক শব্দ করল। এখন সে চিরাচরিত প্রশ্নটি আশা করছিল। রাম কেন দৈবী অস্ত্র ছোঁড়ার অপরাধের দণ্ড নেবার জন্য জোর করছে?

'মন্থরাজি আমার মনে হয় এটাই সব চেয়ে ভাল হয় যদি আমরা...'

মন্থরা সীতাকে কাছে টেনে এনে ফিস ফিস করে বলল, 'আমি শুনেছি সম্রাট সিংহাসন ত্যাগ করে রামকে রাজা করে দিতে পারেন। আর চার পত্নীকে সঙ্গে করে নিজে চোদ্দ বৎসরের বনবাসে চলে যেতে পারেন।'

এটা সীতাও শুনেছে। সে এটাও জানে রাম সেটা হতে দেবে না। কিন্তু তাকে ভাবনায় ফেলেছে অন্য কিছু। *মন্থরাজি এটা কোথায় শুনল?*

সীতা মুখে কোন বিকার আসতে দিল না। কিছু একটা গণ্ডগোল আছে। সে লক্ষ্য করল মন্থরার দেহরক্ষীরা বাজারের অন্য লোকেদের দূরে আটকে রাখছে। তার মেরুদণ্ড বেয়ে হিমেল স্রোত বয়ে গেল।

এই দেখা হওয়াটা আকস্মিক নয়। সুপরিকল্পিত।

সাবধানে উত্তর দিল সীতা, 'আমি তো এটা শুনিনি, মন্থরাজি।'

মন্থরা ভাল করে সীতাকে দেখল। কয়েক মুহুর্ত পরে অল্প হেসে বলল। 'সত্যি বলছ?'

সীতা উদাসীন ভাব করে বলল। 'আমি মিথ্যে বলতে যাব কেন?'

মন্থরার হাসি বিস্তৃত হল। 'আমি তোমার সম্পর্কে বেশ কৌতূহল জনক কথা শুনেছি। যে তুমি নাকি খুব বুদ্ধিমতী। তোমার স্বামী নাকি তোমাকে সব জানায়। সে নাকি তোমাকে খুব ভরসা করে।'

'আরে আমি এক ছোট্ট শহরের নগণ্য মানুষ। নিজের চেয়ে উঁচুতে বিয়ে হয়ে এই বিরাট মন্দ নগরে এসে পড়েছি যেখানে লোকেরা কি বলাবলি করে বেশীর ভাগই আমি বুঝি না। আমার স্বামী আমার পরামর্শ মানতে যাবেন কেন?'

মন্থরা হাসল। 'বড় নগর জটিল হয়। এখানে প্রায়ই চাঁদের স্তিমিত আলোতে বেশী অন্তর্দৃষ্টি থাকে। সূর্যের ঝলকানিতে অনেকটাই হারিয়ে যায়।

সুতরাং, জ্ঞানীজনেদের মতে প্রকৃত জ্ঞানের উন্মেষের জন্য সুর্যাস্ত হওয়া প্রয়োজন।'

এটা কি হুমকি?

সীতা বিভ্রান্তির ভান করল।

মন্থরা বলে চলেছে। 'নগরীতে চাঁদ ও রাত্রি উপভোগ করা হয়। জঙ্গলে সর্বদা সুর্যকে স্বাগত জানানো হয়।'

এটা ব্যাবসা সঙ্ক্রান্ত নয়। এ অন্য কোন বিষয়ে।

'হ্যাঁ, মন্থরাজি।' সীতা ধন্ধে পড়ে যাবার ভাব করে বলল। 'এই জ্ঞানগর্ভ কথার জন্য ধন্যবাদ।'

মন্থরা সীতাকে কাছে টেনে তার চোখের দিকে তাকিয়ে বলল। 'রাম বনবাসে যাচ্ছে কি না?'

'আমি জানি না, মন্থরাজি,' সীতা সরল মুখ করে বলল। 'সম্রাট স্থির করবেন।'

মন্থরার চোখ ছোট হয়ে সরু অশুভ ফাঁকের মত হয়ে গেল। তারপর সে সীতাকে ছেড়ে দিয়ে বিদায় দেবার ভঙ্গীতে মাথা নাড়ল। যেন আর এখানে কিছু জানবার নেই। 'ভাল থেকো রাজকন্যা।'

'আপনিও মন্থরাজি।'

'দ্রুহ্যু...' চেঁচিয়ে ডাকল মন্থরা।

সীতা মন্থরার ডানহাত দ্রুহ্যুকে বশংবদ ভাবে এগিয়ে আসতে দেখল। যদিও তার মুখের ভাব তার চাল চলনের সঙ্গে খাপ খাচ্ছিল না।

সীতা সরল হাসি হাসল। *কিছু একটা গণ্ডগোল আছে। আমাকে মন্থরার বিষয়ে আরও খোঁজখবর নিতে হবে।*

অধ্যায় ২৭

সীতা সাঙ্কেতিক বার্তাটি দ্রুত পড়ে নিল। এটা রাধিকার হাত দিয়ে এসেছে, কিন্তু এর প্রেরক অন্য কেউ।

বার্তাটি সংক্ষিপ্ত কিন্তু স্পষ্ট: আমি গুরুজির সঙ্গে কথা বলব, কাজ হয়ে যাবে। বার্তায় কোন স্বাক্ষর নেই। কিন্তু সীতা জানে কে পাঠিয়েছে।

চিঠিটাকে একটা আগুনের শিখার ওপর ধরে থাকল সীতা, যতক্ষণ না সেটা পুড়ে ছাই হয়ে গেল।

মৃদু হেসে চাপা গলায় বলল 'ধন্যবাদ, হনুভাই।'

সীতা এবং জটায়ু ছোট ফাঁকা জায়গাটায় দাঁড়িয়েছিল। নগর থেকে অশ্বপৃষ্ঠে এক ঘন্টার পথ, জঙ্গলে এটা তাদের পুর্ব নির্ধারিত সাক্ষাতের জায়গা। সীতা দূরত্বটা অর্ধেক সময়ে পার হয়ে এসেছে। তাকে যাতে চেনা না যায়, সীতা এক দীর্ঘ অঙ্গবস্ত্রে শরীর এবং মুখ ঢেকে এসেছে। তার জটায়ুর সঙ্গে অনেক কিছু আলোচনা করার আছে। তার মধ্যে মন্থরার সঙ্গে মুখোমুখি হওয়াটাও একটা মুখ্য বিষয়।

'হে মহান বিষ্ণু। তুমি কি এ ব্যাপারে নিশ্চিত।' জটায়ু প্রশ্ন করল।

'হ্যাঁ। আমি প্রথমে ভেবেছিলাম নগর রামের জন্য বেশী বিপদজনক হবে। এখানে তার অনেক শত্রু। কিন্তু এখন আমার মনে হয় আসল বিপদ অপেক্ষা করছে জঙ্গলে।'

'তবে নগরেই থেকে যাও না কেন?'

'সেটি হবে না। আমার স্বামী এতে রাজী হবে না।'

'কিন্তু... কেন? কে কি ভাবল তা নিয়ে কে মাথা ঘামায়...'

সীতা জটায়ুকে বাধা দিয়ে থামিয়ে দিল। 'আপনাকে আমার স্বামীর চরিত্রটা একটু ব্যাখ্যা করি। সেনাপতি মৃগাশ্ব, অযোধ্যার সবথেকে ক্ষমতাশালীদের অন্যতম একজন, পিতা দশরথকে সরিয়ে রামকে রাজা হওয়ায় সমর্থন করতে ইচ্ছুক ছিল। সত্যি বলতে কি আমার শ্বশুরমশাই নিজেই সিংহাসন ত্যাগ করে রামকে রাজা করতে চান। কিন্তু আমার স্বামী রাজী হয় নি। তার মতে এটা আইন বহির্ভুত।'

জটায়ু মাথা নেড়ে হাসল। 'তোমার স্বামী মানুষদের মধ্যে এক অমূল্য রত্ন।'

সীতার মুখে হাসি ফুটল, 'সত্যিই তাই।'

'তাহলে তোমার মনে হচ্ছে মন্থরা...'

'হ্যাঁ, সিংহাসনের খেলায় ওর কোন আগ্রহ নেই। সে চায় প্রতিশোধ। বিশেষ করে রামের ওপর, আইন মেনে চলার জন্য, তার কন্যার নাবালক ধর্ষণকারীকে মৃত্যুদণ্ড না দেবার জন্য। এটা ব্যাক্তিগত বিষয়।'

'ও কি করতে চায় সে বিষয়ে তোমার কোন ধারণা আছে কি?'

'অযোধ্যায় ও কিছু করবে না। জনপ্রিয় রাজপুত্রকে নগরীর ভেতরে হত্যা করা ঝুঁকির কাজ। আমার সন্দেহ সে বনেই কিছু একটা করার চেষ্টা করবে। '

'আমি আগে অযোধ্যায় এসেছি। আমি ওকে আর ওর সাঙ্গপাঙ্গকে জানি। আমি জানি ও কার ওপর নির্ভর করে।'

'দ্রুহ্যু?'

'হ্যাঁ। আমার মনে হয় হত্যার বন্দোবস্ত সেই করবে। ও কাকে ভাড়া করতে চেষ্টা করবে সেটাও আমি জানি। আমি এটা সামলে নেব।'

'মন্থরা ও দ্রুহ্যু সম্পর্কে আমার একটা সন্দেহ আছে। আমার মনে হয় তাদের বিশ্বস্ততা...'

'হ্যাঁ মহান বিষ্ণু।' বাধা দিয়ে বলল জটায়ু। 'তাদের প্রকৃত প্রভু রাবণ।'

সীতা গভীর শ্বাস নিল। এখন সব বোঝা যাচ্ছে।

'তুমি কি চাও আমরা মন্থরাকে সরিয়ে দেই?' প্রশ্ন করল জটায়ু।

'না,' সীতা উত্তর দিল। 'মিথিলায় যা হয়েছে সেটার পর রাবণকে আটকান কঠিন ছিল। অযোধ্যায় মন্থরা তার প্রধান ব্যাক্তি, উত্তরের একমাত্র দুধেলা গরু। তাকে আমরা হত্যা করলে, সে মলয়পুত্রদের সঙ্গে করা মিথিলা আক্রমণ না করার চুক্তি ভেঙ্গে ফেলতে পারে।'

'তবে... কেবল দ্রুহুই সেক্ষেত্রে।'

সীতা মাথা নেড়ে সম্মতি জানালো।

'কাল দেখা করা যাক। আমি ততক্ষণে আরও খবর পেয়ে যাব।'

'নিশ্চয়। জটায়ুজি। সীতা বলল। 'ধন্যবাদ। আপনি একজন রক্ষক দাদার মত।'

'আমি তোমার ভক্ত মাত্র। মহান বিষ্ণু।'

সীতা মৃদু হেসে হাতজোড় করে নমস্কার জানালো। 'বিদায়। প্রভু পরশুরাম সহায় হোন। ভাই।'

'প্রভু পরশুরাম সহায় হোন বোন।'

সীতা দ্রুত ঘোড়ায় উঠে পড়ে চলে গেল। জটায়ু ভক্তিভরে সীতা যেখানে দাঁড়িয়ে ছিল সেখান থেকে একটু মাটি তুলে নিয়ে কপালে লাগাল। তারপর চাপা স্বরে বলল, 'ওম নম ভগওয়তে বিষ্ণু দেবায়। তস্যাই সীতাদেব্যাই নম নমহ্।'

তারপর নিজের ঘোড়ায় চড়ে সেও চলে গেল।

— ১৮ —

সীতা বশিষ্ঠের ব্যাক্তিগত কার্যালয়ের বাইরে অপেক্ষা করছিল। রাজপুত্র রামের স্ত্রী বিনা বার্তায় এসে পড়ায় রক্ষীরা আশ্চর্য হয়ে গেছে। তারা তাকে অপেক্ষা করতে অনুরোধ করেছে কারণ অযোধ্যার রাজগুরু এক বিদেশী অভ্যাগতের সঙ্গে আলোচনায় ব্যস্ত।

'আমি অপেক্ষা করব।' বলেছে সে।

গত কয়েকদিন খুবই ঘটনাবহুল ছিল। দশরথ প্রায় সিদ্ধান্ত নিয়েই ফেলেছিল যে নিজে সিংহাসন পরিত্যাগ করে রামের রাজ্যাভিষেক করানো হবে। রাম ও সীতা স্থির করেছিল যে যদি তাই হয় তবে রাম নিজেও সিংহাসন ত্যাগ করে নিজেকে নির্বাসিত করবে, যাতে ভরত দায়িত্ব নিতে পারে। যদিও সে এরকম কিছু করতে চায় না। কারণ এতে তার পিতার আদেশের জনসমক্ষে অনাদর হবে। কিন্তু এমন কিছুই শেষ অবধি হয় নি।

সম্রাট দশরথের সিংহাসন ত্যাগের ঘোষণার অনুষ্ঠানের একদিন আগে কিছু নাটকীয় ঘটনা ঘটে গেছে। রানি কৈকেয়ী গোঁসা ঘরে খিল দিয়েছে। বহু শতাব্দী পূর্বে রাজারাজড়াদের মধ্যে বহুবিবাহের প্রথা যখন প্রচলিত হয়ে গেল। এই প্রকোষ্ঠটিকে রাজপ্রাসাদের অংশ হিসেবে ঔপচারিক ভাবে নির্ধারিত করে দেয়া হয়। একাধিক পত্নী হবার ফলে স্বাভাবিক ভাবেই একজন রাজার পক্ষে সকলের সঙ্গে পর্যাপ্ত সময় কাটানো সম্ভব হয় না। স্বামীর কারণে ক্রুদ্ধ বা বিচলিত হলে একজন পত্নী এই গোঁসাঘর বা কোপভবনে চলে যায়। রানি কোন অভিযোগের প্রতিকার চাইছে এটা তারই সংকেত। স্ত্রীকে গোঁসাঘরে রাত কাটাতে দেয়া স্বামীর পক্ষে অমঙ্গলজনক বলে বিশ্বাস করা হয়।

দশরথের কাছে তার স্ত্রীর সঙ্গে দেখা করা ছাড়া কোন উপায় ছিল না। গোঁসাঘরে ঠিক কি হয়েছে তা কেউ জানে না। কিন্তু পরের দিন দশরথের ঘোষণা, গুজব যা ছড়িয়েছিল তার চেয়ে একেবারেই অন্য রকম দাঁড়ালো। রামকে সপ্ত সিন্ধু থেকে চোদ্দ বৎসরের জন্য নির্বাসিত করা হয়েছে। রামের পরিবর্তে যুবরাজ রূপে ভরতের নাম ঘোষণা করা হয়েছে। রাম জনসমক্ষে পিতার সিদ্ধান্তের বিচক্ষণতার প্রশংসা জানিয়ে বিনীত এবং সুশোভন ভাবে নির্বাসন স্বীকার করে নিয়েছে। সীতা এবং রাম পরদিনই বনবাসের উদ্দেশ্যে যাত্রা করবে।

সীতার হাতে বেশী সময় নেই। তাকে তাদের বনের সুরক্ষা নিশ্চিত করতে সব আঁটঘাট বাধা সম্পূর্ণ করতে হবে।

এখানে আসার পর, বশিষ্ঠের সঙ্গে সীতার দেখাই হয় নি। অযোধ্যার রাজগুরু কি সীতাকে এড়িয়ে চলছেন? না সুযোগ হচ্ছে না? সে যাই হোক না কেন, এখান থেকে যাবার আগে সীতা তাঁর সঙ্গে কথা বলতে চায়।

বশিষ্ঠের কার্যালয় থেকে একজন বেরিয়ে আসতে সীতা মুখ তুলে চাইল। ব্যক্তিটি দীর্ঘকায় এবং অস্বাভাবিক ফর্সা। তার পরনে ধুতি এবং সাদা অঙ্গবস্ত্র। কিন্তু তার খেয়াল রেখে চলার ভঙ্গীতে পরিষ্কার বোঝা যাচ্ছিল যে ধুতি পড়ে সে স্বচ্ছন্দ নয়। হয়তো এটি তার স্বাভাবিক পোশাক নয়। তার চেহারার সবচেয়ে উল্লেখযোগ্য বৈশিষ্ট হল বাঁকা নাক, ঘন দাড়ি এবং ঝোলা গোঁফ। তার শীর্ণ মুখবয়ব এবং নির্মল দৃষ্টি জ্ঞান এবং স্থৈর্যের প্রতিমুর্তি।

এ পরিহার বাসিন্দা। সম্ভবত একজন বায়ুপুত্র।

পরিহার লোকটি বসবার জায়গায় অপেক্ষারত সীতা এবং তার পরিচারিকাকে লক্ষ্য না করে সদর দরজার দিকে এগিয়ে গেল।

'আসুন হে দেবি।' একজন রক্ষী এগিয়ে এসে সসম্ভ্রমে মাথা নিচু করে সীতাকে বলল। 'দেরীর জন্য ক্ষমা করবেন।'

সীতা হেসে বলল। 'না, না, তুমি তো তোমার কর্তব্য করছিলে। সেটাই তোমার করা উচিৎ।'

সে উঠে দাঁড়াল। রক্ষীর পেছন পেছন বশিষ্ঠের কার্যালয়ে প্রবেশ করল।

'এটা কিন্তু সপ্ত সিন্ধুর সীমান্তের বাইরে করতে হবে।' দ্রুহ্যু বলল।

বিরাট খালের সীমার পূর্ব দিকে প্রায় তিন ঘন্টা ধরে ঘোড়া চালিয়ে বনের এই ছোট ফাঁকা জায়গায় এসে পৌঁছেছে সে। দ্রুহ্যু উত্তরের অপেক্ষা করছিল। পেল না।

আততায়ীটি একটু দূরে ঘন কালো ছায়ার আড়ালে লুকিয়ে বসে ছিল। তার মুখ এবং দেহ অঙ্গবস্ত্রে ভাল করে ঢাকা। নিজের ছুরিটা একটা পাথরে ঘষে শান দিচ্ছিল সে।

নিজের কাজের এই অংশটা দ্রুহুর খুবই অসহ্য। সে কয়েকবার এটা করেছে কিন্তু মারার মধ্যে কিছু একটা আছে যা তাকে আতঙ্কিত করে দেয়।

'সম্রাট রাজপুত্র রামের নির্বাসন ঘোষণা করেছেন। সে ও তার পত্নী কাল রওয়ানা হবে। তোমাকে তাদেরকে সাম্রাজ্যের বাইরে যাওয়া পর্যন্ত অনুসরণ করতে হবে।'

মারার কোন প্রতিক্রিয়া নেই। সে একমনে ছুরিতে শান দিয়ে চলেছে।

দ্রুহু বিরক্ততে শ্বাস বন্ধ করে ফেলল। *ঘোড়ার ডিমের ছুরিটাকে কত ধারাল করতে চায়!*

সে কাছে একটা গাছের গুড়ির ওপর স্বর্ণমুদ্রা ভরা একটা বড় থলি রাখল। তারপর বটুয়ায় হাত ঢুকিয়ে একটা হুন্ডি বের করে আনল। এতে এক গোপন নামমুদ্রার ছাপ মারা আছে যা কেবল মাত্র ভারতবর্ষের উত্তর পশ্চিম কোণে অবস্থিত এক শহর, তক্ষশীলার এক বিশেষ কুসীদজীবীই চিনতে পারে।

'এক হাজার স্বর্ণমুদ্রা নগদ,' বলল দ্রুহু, 'এবং পঞ্চাশ হাজারের হুন্ডি। সর্বদার জায়গা থেকে পেয়ে যাবে।'

মারা চোখ তুলল। তারপর তার ছুরির ডগা এবং ধারদুটি ছুঁয়ে দেখল। মনে হল পছন্দ হয়েছে। সে এবার উঠে দাঁড়িয়ে দ্রুহুর দিকে এগিয়ে এলো।

'এই!' দ্রুহু ভয়ে আঁতকে উঠে দ্রুত ঘুরে ছুটে কিছুটা দূরে চলে গেল। 'আমাকে মুখ দেখিও না। আমি তোমার মুখ দেখব না।'

দ্রুহু জানত মারার চেহারা কোন জীবিত মানুষ দেখে নি। সে নিজের প্রাণ বিপন্ন করতে চায় না।

মারা গাছের গুঁড়ির সামনে থেমে স্বর্ণমুদ্রার থলিটা তুলে নিয়ে তার ওজন পরখ করল। সেটা নামিয়ে রেখে হুন্ডিটা তুলে নিল। দলিলটা না খুলে কোমরে বাঁধা বটুয়ায় সাবধানে ঢুকিয়ে দিল।

তারপর মারা দ্রুহুর দিকে তাকাল। 'এতে আর কিছু যায় আসে না।'

যে কথাটা বলা হয়েছে সেটার গুরুত্ব বুঝতে দ্রুহুর কয়েক মুহূর্ত সময় লাগল। আতঙ্কে চীৎকার করে সে নিজের ঘোড়ার দিকে ছুটল। কিন্তু মেদহীন সতেজ মারা তার চেয়ে দ্রুত। প্যান্থারের মত নিঃশ্বব্দ, চিতার মত ক্ষিপ্র। সে

নিমেষে দ্রুহুকে ধরে ফেলল। পেছন থেকে বাঁ হাতে দ্রুহুর গলা ধরে নিজের শরীরের সঙ্গে তাকে চেপে ধরল মারা। দ্রুহু নিজেকে ছাড়াতে প্রাণপণ চেষ্টা করছিল। মারা তার গলার পেছনে এক স্নায়ুকেন্দ্রে ছুরির বাঁট দিয়ে সজোরে আঘাত করল।

দ্রুহুর গলার নীচের সমস্ত শরীর নিমেষে অসাড় হয়ে গেল। মারা নেতিয়ে পড়া শরীরটাকে মাটিতে লুটিয়ে পরতে দিল। তারপর সে দ্রুহুর ওপর ঝুঁকে পড়ে প্রশ্ন করল। 'আর কাকে নিয়োগ করা হয়েছে?'

'আমি কিছু অনুভব করতে পারছি না!' ভয়ার্ত চীৎকার দ্রুহুর। 'আমি কিছু অনুভব করতে পারছি না!'

মারা দ্রুহুকে সজোরে একটা চড় মারল। 'তোমার কেবল গলার নীচে থেকে অবশ হয়েছে। আমি স্নায়ুকেন্দ্রটা মুক্ত করে দিতে পারি। কিন্তু তার আগে উত্তর চাই...'

'আমি কিছু অনুভব করতে পারছি না! হে প্রভু ইন্দ্র! আমি কিছু...'

মারা দ্রুহুকে আরেকটা চড় কষাল, জোরে।

'আমাকে তাড়াতাড়ি উত্তর দাও তাহলে আমি তোমাকে সাহায্য করব। আমার সময় নষ্ট কোরো না।'

দ্রুহু মারার দিকে তাকাল। তার মুখে অঙ্গবস্ত্র জড়ানো। কেবল আততায়ীর চোখ দুটি দেখা যাচ্ছে।

দ্রুহু এখনো তার মুখ দেখেনি। হতে পারে এযাত্রা সে ছাড়া পেয়ে যাবে।

'দয়া করে আমাকে মেরো না...' কাঁদতে কাঁদতে বলল দ্রুহু, তার গাল বেয়ে চোখের জলের ধারা বইছে।

'আমার প্রশ্নের জবাব দাও। আর কোন আততায়ী আছে কি?'

'তুমি ছাড়া কেউ না... তুমি ছাড়া কেউ না... দয়া কর... প্রভু ইন্দ্রের দোহাই... আমাকে ছেড়ে দাও... দয়া কর।'

'মন্থরা দেবীর কাছে তুমি ছাড়া আর কেউ কি আছে যে আমার মত আততায়ী খুঁজে বের করতে পারে?'

'না। শুধু আমি। আর তুমি টাকাটা রেখে দিতে পার। আমি বুড়ি ডাইনীটাকে বলে দেব তুমি বায়না নিয়ে নিয়েছ। তোমার কাউকে হত্যা করতে হবে না। ও জানবে কি করে? রাজকুমার রাম ফিরে আসার আগে সম্ভবত ও নিজেই মরে যাবে। আমাকে দয়া কর... ছেড়ে দাও...'

মারা তার মুখ ঢাকা অঙ্গবস্ত্রটা সরানোয় দ্রুহুর কথা থেমে গেল। হিমশীতল আতঙ্ক তার বুকে চেপে বসেছে। সে মারার মুখ দেখে ফেলেছে। এর পর কি হবে সেটা তার জানা।

মারা হাসল। 'ভয় পেয়ো না। তুমি কিছু বুঝতেই পারবে না।'

আততায়ী তার কাজ করতে শুরু করল। দ্রুহুর দেহ এখানেই রেখে যেতে হবে। মন্থরা এবং তার জন্য যারা কাজ করে তাদের এটা খুঁজে পেতে হবে। এর মাধ্যমে একটা নির্দেশ যাবে।

— ২৫ —

সীতা তার ছোট বোন উর্মিলার সঙ্গে বসে ছিল। উর্মিলা অঝোরে কেঁদে যাচ্ছিল।

গত কয়েকদিন ধরে এত কিছু ঘটে যাবার মধ্যেও সীতা বার বার উর্মিলার সঙ্গে দেখা করার সময় বের করে নিয়েছে। চোদ্দ বৎসরের বনবাসে রাম ও সীতার সঙ্গে লক্ষণ যাবেই জানিয়ে দিয়েছে। প্রথমে লক্ষণ ভেবেছিল উর্মিলাও তাদের সঙ্গে যেতে পারবে। পরে সে বুঝতে পেরেছে যে কোমল উর্মিলার পক্ষে জঙ্গলের কঠোর জীবন কাটানো সম্ভব হবে না। এই চোদ্দ বৎসর খুবই কঠিন হবে। জঙ্গলে কেবল মাত্র শক্ত সমর্থ এবং বলিষ্ঠ হলেই টিকে থাকা যায়। শহুরে কোমল হলে নয়। লক্ষণের জন্য ব্যাপারটা কঠিন ছিল কিন্তু সে উর্মিলার সাথে কথা বলেছে, আর উর্মিলা অনিচ্ছাসত্ত্বেও তাদের তিনজনের সঙ্গে না যেতে রাজী হয়েছে। যদিও ব্যাপারটায় সে খুবই দুঃখিত।

সীতাকেও বাধ্য হয়ে মেনে নিতে হয়েছে যে, লক্ষ্মণ ঠিক বলেছে। আর সে জন্যে যাতে উর্মিলা এই সিদ্ধান্তটার সঙ্গে মানিয়ে নিতে পারে সে বিষয়ে সাহায্য করতে সীতা বার বার উর্মিলার সঙ্গে দেখা করতে এসেছে।

'প্রথমে তো মা আমাকে ছেড়ে চলে গেলেন।' ফোঁপাতে ফোঁপাতে বলল উর্মিলা। 'এখন তুমি আর লক্ষ্মণও আমাকে ছেড়ে চলে যাচ্ছ। আমি এখন করবটা কি?'

সীতা আদর করে বোনকে জড়িয়ে ধরল, 'উর্মিলা তুমি যদি আসতে চাও আমি কথা বলব সেটা নিয়ে। কিন্তু সেটা করার আগে আমি চাই বনে জীবন কেমন হবে তুমি সেটা বোঝো। আমাদের মাথার ওপর ঠিকমত আচ্ছাদনও থাকবে না। যেখানে যা পাওয়া যাবে আমাদের তাই খেয়ে জীবন ধারণ করতে হবে, মাংসও খেতে হবে। আর আমি জানি সেটা তুমি কি রকম অপছন্দ কর। এগুলো ছোট খাট ব্যাপার আর আমি জানি যা করা দরকার তা তুমি মানিয়ে নেবে। কিন্তু জঙ্গলে সব সময় বিপদ ওত্ পেতে আছে। নর্মদা নদীর দক্ষিণ দিকের অধিকাংশ উপকুলাঞ্চল রাবণের নিয়ন্ত্রণে। ফলে যন্ত্রণাদায়ক মৃত্যুর জন্য প্রস্তুত না হয়ে আমরা ওখানে যেতেই পারি না।'

উর্মিলা বাধা দিল। 'এসব কথা বোলো না, দিদি।'

'আমরা উপকুলে যেতে পারব না। ফলে আমাদেরকে ভূখণ্ডের ভেতরের অঞ্চলে থাকতে হবে। সাধারণত: দণ্ডকারণ্যের বনে। সেখানে কি বিপদ ওৎ পেতে আছে সে কেবল ভগবানই জানেন। আমাদের প্রতি রাতে হাল্কাভাবে ঘুমোতে হবে, হাতের কাছে অস্ত্র নিয়ে, যদি কোন জন্তু আক্রমণ করে, রাত হচ্ছে তাদের শিকারের সময়। কত রকমের বিষাক্ত গাছ আর ফল আছে, আমরা কেবল ভুল জিনিষ খেয়েই মারা যেতে পারি। আমি নিশ্চিত আমাদের অজানা অন্যান্য বিপদও থাকবে। বেঁচে থাকার জন্য আমাদের সবাইকে সব সময় সতর্ক থাকতে হবে। আর তার মাঝখানে তোমার যদি কিছু হয়ে যায় তখন আমি এই শরীর ত্যাগের পর মাকে কি করে মুখ দেখাবো? আমাকে তিনি তোমার সুরক্ষার ভার দিয়ে গেছেন... আর এখানে তুমি নিরাপদ।'

সীতাকে জড়িয়ে ধরে উর্মিলার ফোঁপান চলছিল।

'মা কৌশল্যা আজ এসেছিলেন কি?'

'উনি এত ভাল। আমার মনে হয় আমাদের মা ফিরে এসেছেন। তার কাছে আমার নিজেকে নিরাপদ মনে হয়।'

সীতা আবার উর্মিলাকে জোরে জড়িয়ে ধরল। 'ভরত একজন ভাল লোক। শত্রুঘ্নও তাই। তারা মা কৌশল্যাকে সাহায্য করবে। কিন্তু তাদের অনেকগুলো ক্ষমতাশালী শত্রু আছে। তাদের কেউ কেউ রাজার চেয়েও শক্তিশালী। তোমার এখানে থেকে মা কৌশল্যাকে সাহায্য করা উচিৎ।'

উর্মিলা মাথা নেড়ে সায় দিল। 'হ্যাঁ, লক্ষণ ও আমাকে একই কথা বলেছে।'

'আমরা যা চাই জীবন মানে কেবল সেটা নয়, এটা আমাদের যা করা উচিৎ সেটাও। আমাদের কেবল অধিকার নয়, কর্তব্যও আছে।'

'হ্যাঁ, দিদি।' বলল উর্মিলা। 'আমি বুঝি। কিন্তু তার মানে এই নয় যে এতে দুঃখ হয় না।'

'আমি জানি, আমার ছোট্ট রাজকন্যা।' উর্মিলাকে ভাল করে জড়িয়ে ধরে তার পিঠে হাত বোলাতে বোলাতে বলল সীতা।

রাম সীতা ও লক্ষণের বনবাস যাত্রার কেবল কয়েক ঘন্টা বাকী। তারা মোটা সুতির কাপড় আর গাছের ছাল দিয়ে তৈরি তপস্বীদের পোশাক পড়েছে।

সীতা গুরু বশিষ্ঠর কাছে দেখা করতে এসেছে।

'আমি কাল আমাদের দেখা হবার পর থেকেই চিন্তা করছি, সীতা।' বশিষ্ঠ বললেন। 'আমার আপসোস হচ্ছে আমাদের আগে দেখা হয় নি বলে। অনেক কিছু সমস্যা এড়ানো যেত।'

'সব কিছুর উপযুক্ত স্থান ও কাল আছে, গুরুজি।'

বশিষ্ঠ সীতাকে একটি বড় থলি দিলেন। 'যেমন তুমি চেয়েছিলে। আমি নিশ্চিত মলয়পুত্ররাও তোমাকে এটা কিছু পরিমাণ এনে দেবে, কিন্তু আপৎকালীন ব্যবস্থা রাখা ভাল।

সীতা থলিটা খুলে ভেতরের সাদা গুঁড়ো পরীক্ষা করল। 'আমি সাধারণত যে সোমরস চুর্ণ দেখেছি এ তার থেকে অনেক বেশী মিহি।'

'হ্যাঁ, এটা আমার উদ্ভাবিত পদ্ধতিতে প্রস্তুত।'

সীতা গুঁড়াটি শুঁকে হেসে বলল। 'হুম্‌ম্‌ ... এটা মিহি হয়েছে সেই সঙ্গে গন্ধটা আরও বিচ্ছিরি হয়েছে।'

বশিষ্ঠ সামান্য হেসে বললেন 'কিন্তু একই রকম প্রভাবশালী।'

সীতা মৃদু হেসে কাঁধে ঝোলান ক্যাম্বিসের বড় ঝোলায় থলিটা ঢুকিয়ে রাখল। 'আপনি নিশ্চয় ভরত কি করেছে, সেটা শুনেছেন?'

ক্রন্দনরত ভরত রামের ঘরে এসে তার ভাইয়ের রাজকীয় পাদুকা নিয়ে গেছে। যখন ভরতের সিংহাসনে বসার সময় হবে, সে রামের পাদুকা সিংহাসনে স্থাপন করবে। এই একটি আচরণেই ভরত সবাইকে বুঝিয়ে দিল যে রামই অযোধ্যার রাজা হবে, সে নিজে ভ্রাতার অনুপস্থিতিতে রক্ষণাবেক্ষণের দায়িত্বে থাকবে। এটা রামকে আততায়ীর হত্যার প্রয়াস থেকে একটা শক্তিশালী সুরক্ষা প্রদান করেছে। অযোধ্যার ভাবী রাজাকে হত্যার চেষ্টা সাম্রাজ্যের কোপ ডেকে আনবে, বিভিন্ন রাজ্যের সঙ্গে করা মৈত্রীচুক্তির শর্তে এটাই লেখা আছে। চুক্তিশর্তের কঠিন বাস্তবতা বাদ দিলেও, এটা বিশ্বাস করা হয় যে, যুদ্ধ বা সম্মুখ সমর ছাড়া রাজা কিংবা যুবরাজকে হত্যা করা পাপ। এটা রামকে একদিকে যেমন এক শক্তিশালী সুরক্ষা প্রদান করেছে অন্যদিকে ভরতের নিজের কর্তৃত্ব ও ক্ষমতাকে কমিয়ে দিয়েছে ভীষণভাবে।

বশিষ্ঠ মাথা নেড়ে সায় দিলেন। 'ভরত এক জন মহান পুরুষ।'

'ওরা চার ভাইই ভালো মানুষ। আরও বড় কথা তারা একে অন্যকে ভালবাসে। আর সেটা এক অদ্ভুত পরিবার এবং কঠিন সময়ে জন্ম গ্রহণ করা সত্ত্বেও। যেখানে কৃতিত্ব আছে সেখানে সেটার স্বীকৃতি দিতেই হবে। '

বশিষ্ঠ জানতেন এই প্রশংসাটি অযোধ্যার চার রাজকুমারের গুরু, তাঁর উদ্দেশ্যে। তিনি বিনীত ভাবে হেসে সেটি স্বীকার করলেন।

সীতা হাতজোড় করে বলল। 'আমি এটা নিয়ে ভেবেছি। আর আমি আপনার নির্দেশের সঙ্গে একমত, গুরুজি। আমি সঠিক সময়ের অপেক্ষা করব। আমি রামকে তখনি বলব যখন আমার মনে হবে যে আমরা দুজনেই প্রস্তুত।'

'রাম নানা দিক থেকে অসাধারণ। কিন্তু তার শক্তি, আইনের প্রতি অদম্য ঝোঁক, সেটা তার দুর্বলতাও হয়ে যেতে পারে। ওকে ভারসাম্য খুঁজে পেতে সাহায্য কোরো। তাহলে তোমরা দুজনে মিলে একযোগে সেটা হবে যা ভারতবর্ষের প্রয়োজন।'

'আমারও অনেক দুর্বলতা আছে, গুরুজি। আর ও আমাকে ভারসাম্য দিতে পারে। এমন অনেক পরিস্থিতি আছে যেখানে ও আমার চেয়ে অনেক ভাল। সেই জন্যে আমি ওকে এতো সম্মান করি।'

'আর সেও তোমাকে খুবই সম্মান করে। এ এক প্রকৃত অংশীদারিত্ব।'

সীতা একটু ইতস্তত করে বলল। 'আমি একটা প্রশ্ন করতে চাই। '

'অবশ্যই।'

'আমার অনুমান আপনিও একসময় মলয়পুত্র ছিলেন... বেরিয়ে গেলেন কেন?'

বশিষ্ঠ হেসে ফেললেন। 'হনুমান ঠিকই বলেছিল। তুমি খুবই বুদ্ধিমতী। ভয় পাওয়ানোর মত বুদ্ধিমতী।'

সীতাও হাসিতে যোগ দিল। 'কিন্তু আপনি আমার প্রশ্নের উত্তর দেন নি গুরুজি।'

'বিশ্বামিত্র আর আমার বিষয়টা ছেড়ে দাও। ওটা খুব বেদনাদায়ক।'

সীতা সঙ্গে সঙ্গে গম্ভীর হয়ে গেল। 'আমি আপনাকে কোন ব্যথা দিতে চাই না, গুরুজি।'

বশিষ্ঠ মৃদু হাসলেন। 'ধন্যবাদ।'

'আমাকে এবার যেতে হবে, গুরুজি।'

'হ্যাঁ, সময় হয়েছে।'

‘যাবার আগে একটা কথা না বলে পারছিনা। আর এটা আমি আমার হৃদয়ের অন্তঃস্থল থেকে বলছি, গুরুজি। আমাকে যে গুরু শিক্ষা দিয়েছেন আপনি তার মতই মহান গুরু।’

‘আর আমিও আমার হৃদয়ের অন্তঃস্থল থেকে বলছি। আমি যে বিষ্ণু কে শিক্ষা দিয়েছি তুমিও তার মতই মহান বিষ্ণু।’

সীতা নিচু হয়ে বশিষ্ঠকে প্রণাম করল।

বশিষ্ঠ সীতার মাথায় হাত রেখে বললেন।

‘তুমি সর্বোত্তম আশীর্বাদধন্য হও। আমাদের মহান মাতৃভূমি ভারতবর্ষের সেবায় সফল হও।’

‘নমস্কার, মহর্ষি।’

‘নমস্কার, মহান বিষ্ণু।’

অধ্যায় ২৮

রাম সীতা ও লক্ষ্মণ তাদের চোদ্দ বছরের বনবাসে আসার পর এগারো মাস কেটে গেছে, এবং এর মধ্যে অনেক কিছু ঘটে গেছে।

অযোধ্যায় দশরথ দেহ রেখেছেন। সপ্তসিন্ধুতে থাকাকালীনই তিন জনে এই মর্মান্তিক সংবাদ পেয়েছিলো। রাম তার পিতার অন্ত্যেষ্টি ক্রিয়া সম্পন্ন করার জ্যেষ্ঠ পুত্রের কর্তব্য পালন না করতে পারায় নিজের অদৃষ্টকে প্রতিনিয়ত দোষারোপ করেছে। জীবনের বেশির ভাগ সময় রামের সঙ্গে তার পিতার সম্পর্ক নামমাত্র ছিল। কারাচাপের যুদ্ধের পরাজয়ের জন্য দশরথ সহ অধিকাংশ অযোধ্যাবাসি রামের অশুভ জন্মের “দুর্ভাগ্য”-কে দায়ী করেছিলো। কেবল মাত্র শেষের কয়েক বৎসর ধরে রাম আর দশরথের মধ্যে একটা প্রীতিবন্ধন গড়ে উঠেছিল। কিন্তু বনবাস এবং মৃত্যু আবার তাদেরকে আলাদা করেদিল। অযোধ্যায় ফিরে যাওয়া সম্ভব ছিল না কারণ তা প্রভু রুদ্রের বিধান অমান্য করা হত। কিন্তু রাম বনে এক যজ্ঞের আয়োজন করেছিল তার পিতার আত্মার অন্তিম যাত্রার উদ্দেশে।

ভরত নিজের কথা রেখে রামের পাদুকা অযোধ্যার সিংহাসনে বসিয়েছে। ভাই-এর কার্য নির্বাহক প্রতিনিধি রূপে শাসন করা আরম্ভ করেছে। বলা চলে রামকে অনুপস্থিত সম্রাট রূপে নিয়োগ করা হয়েছে। প্রথাবিরুদ্ধ আচরণ। কিন্তু ভরতের উদার এবং বিকেন্দ্রীভূত শাসন প্রণালী সপ্ত সিন্ধুর অন্তর্গত রাজ্যগুলির খুব মনে ধরেছে।

রাম লক্ষ্মণ সীতা দক্ষিণে যাত্রা করেছে প্রধানত নদীর তীর ঘেঁষে, শুধু মাত্র প্রয়োজনে ভেতরের দিকে সরে এসেছে তারা। অবশেষে রামের

মাতামহশাসিত দক্ষিণ কোশলের কাছে তারা সপ্ত সিন্ধুর সীমান্ত অতিক্রম করল। লক্ষ্মণ আর সীতা কোশলে গিয়ে কয়েক মাস বিশ্রাম করার কথা তুলেছিল। কিন্তু রামের বিশ্বাস রাজকীয় আত্মীয়দের প্রাসাদে সুখ স্বাচ্ছন্দ্যের সুযোগ নেয়াটা যে দণ্ড তারা ভোগ করছে তার নীতির পরিপন্থী।

দক্ষিণ কোশলের কিনারা ধরে যাত্রা করে তারা আরও দক্ষিণ পশ্চিমে দণ্ডকারণ্য বনাঞ্চলের দিকে চলে এসেছে। রাম ও লক্ষ্মণ নর্মদার দক্ষিণে যাবার বিষয়ে চিন্তা ব্যক্ত করেছে। প্রভু মনু, সপ্ত সিন্ধুর বাসিন্দাদের জন্য উত্তর থেকে দক্ষিণে নর্মদা নদী অতিক্রম করা নিষিদ্ধ করে দিয়েছিলেন। যদি কেউ সেটা করে তাদের আর ফিরে যাওয়া হবে না এমনটাই বিজ্ঞপ্তি আছে। কিন্তু সীতা মনে করিয়ে দিয়েছে যে, ভারতীয়রা হাজার হাজার বছর ধরে নদীকে অতিক্রম না করেও নর্মদার দক্ষিণে যাত্রার নানা উপায় উদ্ভাবন করেছে। তার মতে প্রভু মনুর আইনকে আক্ষরিক ভাবে উলঙ্ঘন না করাই যথেষ্ট, মর্মানুসারে নয়।

রাম এতে স্বচ্ছন্দ বোধ না করলেও সীতা তাকে রাজি করাতে পেরেছে। উপকুলের কাছে থাকাটা বিপদজনক; উপমহাদেশের পূর্ব ও পশ্চিম উপকুল রাবণের নিয়ন্ত্রণে। সব চেয়ে নিরাপদ হলো দেশের গভীরে, দন্ডকারণ্যের অভ্যন্তরে। এমন কি তাতে যদি নর্মদার দক্ষিনেও যেতে হয় তাই সই। পশ্চিমদিকে প্রবাহিত হওয়া নর্মদার উৎসকে উত্তরে রেখে তারা দক্ষিণ-পশ্চিম দিশায় যাত্রা করতে করতে এমন জায়গায় পৌঁছে গেছে যা ভৌগলিক ভাবে নর্মদার দক্ষিণে হলেও আক্ষরিক অর্থে তাদেরকে নর্মদা অতিক্রম করতে হয় নি। তারা এখন প্রায় শহরের মতো বিশাল এক গ্রামের সীমান্ত অঞ্চলে এসে পৌঁছেছে।

'অধিনায়ক জটায়ু, এই গ্রামের নাম কি?' মলয়পূত্রের দিকে ফিরে রাম প্রশ্ন করল। 'আপনি এদের চেনেন?'

রাম সীতা এবং লক্ষ্মণের নিরাপত্তা নিশ্চিত করার জন্য জটায়ু এবং তার পনেরো জন যোদ্ধা তাদেরকে অনুসরণ করছিল। সীতার নির্দেশ অনুসারে তারা লুকিয়ে ছিল। অনেক দিন পর্যন্ত রাম ও লক্ষ্মণ তাদের উপস্থিতি টের পায় নি। অবশ্য তাদের নিজেদের গোপন রাখার প্রাণপণ চেষ্টা সত্ত্বেও রামের সন্দেহ হয়

যে কেউ তাদের ওপর নজর রাখছে। মলয়পুত্রদের কাছ থেকে সুরক্ষা গ্রহণ করায় রামের প্রতিক্রিয়া কি হবে সেই বিষয় সীতা নিশ্চিত ছিল না। যে কারণে জটায়ুকে তাদের দেহরক্ষী হবার অনুরোধ করার বিষয়ে রাম কে কিছু জানায়নি। কিন্তু সপ্ত সিন্ধুর সীমান্ত অতিক্রম করার পর আততায়ীর আক্রমণের সম্ভাবনা বেড়ে গেছে। সীতা অবশেষে জটায়ু কে রামের সঙ্গে পরিচয় করাতে বাধ্য হয়েছিল। সীতার কথায় বিশ্বাস করে রাম, জটায়ু আর তার পনেরো জন সেনা কে নিয়ে দলভুক্ত করতে রাজি হয়েছে। সব শুদ্ধ এখন তারা এক কম কুড়ি জন। মাত্র তিনজনের চেয়ে অনেক বেশি যুদ্ধক্ষম, রাম এটা বুঝেছে।

'এর নাম ইন্দ্রপুর রাজকুমার রাম,' বললো জটায়ু 'এটা এই অঞ্চলের বৃহত্তম শহর। আমি এর প্রধান শক্তিবেল কে চিনি। আমি নিশ্চিত যে, আমাদের উপস্থিতিতে সে কিছু মনে করবে না। ওদের এখন উৎসবের সময়ে।'

'উৎসব খুব ভালো ব্যাপার!' উৎফুল্ল হাসি হেসে বললো লক্ষ্মণ।

রাম জটায়ু কে বলল, 'এরাও কি উত্তরায়ন উদযাপন করে?'

দিগন্তে সূর্যের উত্তর দিশায় যাত্রা আরম্ভের সূচনা নির্দিষ্ট করে উত্তরায়ণ। বিশ্বের লালনকর্তা, সূর্যদেবের উত্তর গোলার্ধের বাসিন্দাদের থেকে সবচেয়ে বেশী দূরত্বে অবস্থানের দিন এই উত্তরায়ণ। এবার সুর্যের উত্তরদিকে ফিরে আসার ছয়মাস ব্যাপী যাত্রা আরম্ভে হবে। প্রকৃতির নবারম্ভের দিন বলে মানা হয় এটিকে। পুরাতনের মৃত্যু, নবীনের জন্ম, সুতরাং এটি ভারতীয় উপমহাদেশের সর্বত্রই কার্যতঃ উদযাপিত হয়ে থাকে।

জটায়ু ভুরু কোঁচকাল। 'অবশ্যই করে, রাজকুমার রাম। কোন ভারতীয় আছে যে উত্তরায়ণ উদযাপন করে না? আমরা সবাই সুর্যদেবকে মানি!'

'সে তো মানিই।' সীতা বলল। 'ওম্ সুর্যায় নমঃ।'

সকলে সূর্যের উদ্দেশ্যে মাথা নিচু করে প্রাচীন মন্ত্রটি উচ্চারণ করল 'ওম্ সুর্যায় নমঃ।'

'আমরা ওদের উৎসবে যোগ দিলে কেমন হয়?'

জটায়ু হাসল। 'ইন্দ্রপুরীর লোকেরা যুদ্ধবিদ, আক্রমণাত্মক স্বভাবের। তাদের উৎসব একটু বেশী রুক্ষ হতে পারে।'

'রুক্ষ?' রামের প্রশ্ন।

'এটুকু বলা যায় ওদের উৎসবে যোগ দেবার জন্য ষাঁড়ের মত পুরুষ দরকার।'

'সত্যি? কি নাম এই উৎসবের?'

'জল্লিকট্টু'

— ২১ —

'হে প্রভু রুদ্র,' রাম চাপা স্বরে বলল। 'এতো আমাদের বৃষবন্ধন উৎসবের মত শোনাচ্ছে ... কিন্তু সপ্ত সিন্ধুতে এই খেলা খুব একটা কেউ এখন আর খেলে না।'

রাম, সীতা লক্ষ্মণ জটায়ু এবং দেহরক্ষীরা সবে ইন্দ্রপুরে প্রবেশ করেছে আর সোজা শহরের হ্রদের নিকটবর্তী মাঠের কাছে চলে এসেছে। এর চার দিকে বেড়া দিয়ে পরদিনের জল্লিকট্টু প্রতিযোগিতার জন্য প্রস্তুত করা হয়েছে। আয়োজনের দৃশ্য দেখার জন্য লোকজনের ভিড় চারধারে ঘুরে বেড়াচ্ছিল। কারো বেড়া ডিঙ্গিয়ে মাঠে ঢোকার অনুমতি নেই। পরদিনের প্রতিযোগিতার জন্য পরিস্থিতি সইয়ে নিতে একটু পরেই ষাঁড় গুলিকে মাঠে নিয়ে আসা হবে।

জটায়ু তাদের সবাইকে জল্লিকট্টু খেলাটা বুঝিয়ে বলেছে। আদপে খেলাটা খুবই সরল। নামটির আক্ষরিক অর্থ হচ্ছে একটি বাঁধা মুদ্রার ঝুলি। এই ক্ষেত্রে স্বর্ণমুদ্রা। বিজেতা ঘোষিত হবার জন্য শুধু ঝুলিটা ছিনিয়ে নিতে হবে। সহজ ব্যাপার, তাই না? খুব একটা নয়। যে জায়গায় এই মুদ্রার ঝুলি বাঁধা থাকে সে জায়গাটায় আসল বিপত্তির জায়গা। ওটা বাঁধা থাকে একটা ষাঁড়ের সিং- এ। এবং মনে রাখতে হবে, কোন সাধারণ ষাঁড় নয়। এমন ষাঁড় যাকে লালন করাই হয়েছে আক্রমণাত্মক, শক্তিশালী এবং উদ্ধত করে.

'হ্যাঁ, এটা *বৃষবন্ধন* বা *যণ্ডালিঙ্গনের* মতই।' বুঝিয়েছে জটায়ু। 'খেলাটা যে অনেক পুরনো সেতো জানাই আছে। আসলে অনেকে মনে করে এর উৎপত্তি দ্বারকা আর সঙ্গমতামিলের পুর্বসুরীদের কাছ থেকে।'

'কৌতূহলজনক।' বলল সীতা 'আমি জানতাম না এটা এতো প্রাচীন।'

ইন্দ্রপুর এবং তার আশেপাশের অনেক গ্রামে জল্লিকট্টুতে অংশ গ্রহণকারী অনেক ষাঁড়ের প্রজনন এবং বিশেষ ভাবে লালন পালন করা হয়ে থাকে। স্থানীয় গাভীর সঙ্গে প্রজননের জন্য শ্রেষ্ঠ ষাঁড় খুঁজে আনার বিষয়টা পশুটির প্রভুর জন্য গর্বের বিষয়। আরও গর্বের বিষয় হল সেটিকে খাইয়ে দাইয়ে, প্রশিক্ষণ দিয়ে, হিংস্র লড়াকু বানিয়ে তোলা।

'ভারতবর্ষের সীমান্তের বাইরে আরও পুর্বে অন্য আরও দেশ আছে,' বলল জটায়ু। 'যেখানে ষাঁড়ের লড়াই হয়ে থাকে। কিন্তু সেই ক্ষেত্রে ষাঁড়ের বিপক্ষে পাল্লা ভারী থাকে। ওখানের লোকেরা লড়াইয়ের কয়েকদিন আগে থেকে ষাঁড়গুলিকে না খাইয়ে দুর্বল করে রাখে। প্রধান লড়াকু মাঠে নামার আগে তার সহকর্মীরা বেচারা ষাঁড়টিকে দীর্ঘপথ দৌড় করিয়ে, লম্বা বর্শা আর ফলার আঘাতে আরও দুর্বল করে দেয়। । এবং এতটা দুর্বল করে দেবার পরও যোদ্ধার হাতে লড়াই করার জন্য অস্ত্র থাকে। আর শেষ পর্যন্ত পশুটিকে হত্যা করে।'

'কাপুরুষ,' বলল লক্ষ্মণ। 'এই যুদ্ধে কোন ক্ষত্রিয় ধর্ম নেই।'

'ঠিক বলেছ,' বলল জটায়ু। 'সত্যি বলতে কি, যদি কখনও কোন ষাঁড় প্রতিযোগিতার পর বেঁচেও থাকে, তাকে আর কখনো প্রতিযোগিতায় আনাই হয় না, কারণ সে তখন লড়াই করতে শিখে গেছে। ফলে পাল্লা তার দিকে ভারী হয়ে যেতে পারে। সেই কারণে তারা সব সময় অনভিজ্ঞ নতুন ষাঁড় নিয়ে সে। আসে।'

'আর বলাই বাহুল্য জল্লিকট্টু তে সেটা কখনো হয় না...' বলল রাম।

'একেবারেই না। এখানে ষাঁড়কে খাইয়ে দাইয়ে সুস্থ সবল করে রাখা হয়, সম্পুর্ণভাবে। বর্শা চালিয়ে বা কোনভাবে সেটাকে দুর্বল করা নিষিদ্ধ। আগের প্রতিযোগিতায় ভাল প্রদর্শন করেছে এমন ষাঁড়কেও প্রতিযোগিতায় অংশ গ্রহণ করতে দেয়া হয়।

'এভাবেই তো করা উচিৎ,' বলল লক্ষ্মণ 'এতে লড়াইটা ন্যায্য হবে।'

'আরও ন্যায্য হয়।' বলে চলল জটায়ু। 'ষাঁড়ের প্রতিযোগী মানুষের কোন অস্ত্র ব্যবহারের অনুমতি নেই। ছোট ছুরি পর্যন্ত নয়। সম্পুর্ন খালিহাতে লড়তে হয়।'

লক্ষ্মণ হাল্কা শিস দিল। 'এতে সত্যিকারের সাহস প্রয়োজন হবে।'

'হবে বইকি। ভারতের বাইরের যে লড়াইয়ের কথা বললাম, সেখানে ষাঁড়টি প্রায় প্রতি ক্ষেত্রেই মারা যায় এবং মানুষ যোদ্ধাদের কখনই কোন গুরুতর আঘাত লাগে না। মৃত্যু তো দুরের কথা। কিন্তু জল্লিকট্টুতে ষাঁড় কখনো মরে না। মানুষদেরই ঝুঁকি থাকে আহত হবার, এমনকি মৃত্যুরও।'

একটি নরম অল্পবয়স্ক কণ্ঠস্বর শোনা গেল। 'প্রকৃত পুরুষেরা অভাবেই লড়াই করে।'

রাম, সীতা, লক্ষ্মণ ও জটায়ু প্রায় একইসঙ্গে ঘুরে তাকাল। ছয় সাত বৎসর বয়েসী একটি বাচ্চা ছেলে তাদের সামনে দাঁড়িয়ে ছিল। ছেলেটা ফর্সা। প্রাণচঞ্চল ছোট ছোট চোখ। তার অল্পবয়েসের তুলনায় গায়ে অত্যধিক লোম। গর্বে বুক ফুলিয়ে কোমরে দুহাত রেখে কাঠের বেড়ার ওপাশের মাঠটাকে জরীপ করছিল সে।

বানর মনে হচ্ছে।

সীতা হাঁটু গেঁড়ে বসে বলল। 'এই যে বৎস, তুমি কি কাল প্রতিযোগিতায় ভাগ নিচ্ছ?'

বালকটির শরীর চুপসে গেল। চোখ নিচু করে বলল। 'আমি চাইছিলাম। কিন্তু ওরা বলল হবে না। ছোটদের অনুমতি নেই। প্রভু রুদ্রের দোহাই আমাকে লড়তে দিলে সবাইকে হারিয়ে দিতাম।'

সীতা হেসে ফেলল। 'আমি নিশ্চিত তুমি হারিয়ে দিতে। কি নাম তোমার বাছা?'

'আমার নাম অঙ্গদ'

'অং – গ – দ'

দূর থেকে এক গুরুগম্ভীর জোর গলার আওয়াজ শোনা গেল। অঙ্গদ তাড়াতাড়ি ঘুরে দাঁড়াল। চোখে ভয়। 'আমার বাবা আসছেন... আমাকে যেতে হবে...'

'দাঁড়াও...' সীতা হাত বাড়িয়ে বলল।

কিন্তু অঙ্গদ পাশ কাটিয়ে চট করে পালিয়ে গেল।

সীতা উঠে দাঁড়িয়ে জটায়ুর দিকে ফিরল। 'নামটা শোনা শোনা লাগছে, তাই না?'

জটায়ু মাথা নেড়ে সায় দিল। 'আমি মুখ দেখে চিনতে পারিনি। কিন্তু নামটা জানি। ও রাজকুমার অঙ্গদ। কিষ্কিন্ধ্যার রাজা বালির ছেলে।'

রাম ভুরু কোঁচকাল। 'দণ্ডকারণ্যের অনেকটা দক্ষিণে রাজ্য, তাই না? ওদের সঙ্গে...'

আরেক গুরুগম্ভীর গলার শব্দে রামের কথায় বাধা পড়ল। 'আরে সর্বনাশ!'

ভিড়ের লোকেরা সরে গিয়ে ইন্দ্রপুরের প্রধান শক্তিবেলের জন্য পথ ছেড়ে দিল।

শক্তিবেল এক বিশাল পুরুষ। কৃষ্ণকায়, লম্বা, উরস্ ষাঁড়ের মত পেশীবহুল। এক বিরাট ভুঁড়ি এবং তার হাত পাগুলি গাছের গুঁড়ির মত। কিন্তু তার সবচেয়ে আকর্ষণীয় বৈশিষ্ট্য হচ্ছে গাল বেয়ে নেমে আসা এক প্রকাণ্ড গোঁফ। সে যে বেশ শক্তিশালী সেটা পরিষ্কার বোঝা গেলেও সেই সঙ্গে তার বয়েসও অনেকটা হয়েছে সেটা বোঝা যায় তার গোঁফে এবং মাথায় বেশ কিছু সাদা চুলের উপস্থিতি থেকে, এবং সঙ্গে আছে কপালের বলীরেখাগুলি।

জটায়ু শান্তস্বরে বলল। 'আমরা সবেমাত্র পৌছুলাম, শক্তিবেল। মাথা গরম করার কোন দরকার নেই।'

উপস্থিত সকলের কাছে শক্তিবেলের দৃষ্টিতে গভীর ক্রোধ ধরা পরছিল। সহসা সে সজোরে হেসে উঠল। 'জটা, হতভাগা বেওকুফ! কাছে আয়!' শক্তিবেলকে জড়িয়ে ধরে জটায়ু হাসল। 'তুই সারাজীবন গণ্ডমূর্খই থেকে যাবি শক্তি।'

সীতা রামের দিকে তাকিয়ে একটা ভুরু বাঁকাল। দুই পুরুষ বন্ধুর গালাগালির মাধ্যমে ভালবাসার প্রকাশ দেখে মজা লেগেছে তার। রাম মৃদু হেসে কাঁধ ঝাঁকাল।

দুই বন্ধুর দীর্ঘ এবং উষ্ণ আলিঙ্গনকে চারদিকে উপস্থিত জনতা উঁচু স্বরে প্রশংসা জানাচ্ছিল। পরিষ্কার বোঝা যাচ্ছিল যে সম্পর্কটা দুজনের কাছে খুবই দামী। এটাও পরিষ্কার যে, তারা বন্ধুর চেয়েও ভাই বেশী। অবশেষে শক্তিবেল ও জটায়ু একে অন্যকে ছেড়ে দাঁড়াল যদিও হাত ধরাই রইল।

'তোর অতিথিরা কে?' প্রশ্ন করল শক্তিবেল। 'কারণ এখন এঁরা আমার অতিথি।'

জটায়ু হেসে বন্ধুর কাঁধে ধরে বলল। 'রাজকুমার রাম। রাজকুমারী সীতা এবং রাজকুমার লক্ষ্মণ।'

শক্তিবেলের দুচোখ সহসা বিস্ফারিত হয়ে গেল। হাতজোড় করে নমস্কার করে বলল। 'বাঃ... অযোধ্যার রাজপরিবার। এতো আমার পরম সৌভাগ্য। আজ রাতটা আপনাদের আমার প্রাসাদে কাটাতে হবে। এবং আগামীকাল অবশ্যই জল্লিকট্টু দেখতে আসবেন।'

রাম বিনীতভাবে প্রতিনমস্কার করে বলল, 'আপনার আতিথেয়তার জন্য ধন্যবাদ। কিন্তু আপনার প্রাসাদে থাকাটা আমাদের পক্ষে সমীচীন হবে না। আমরা বনেই কাছাকাছি থাকব। কিন্তু কালকের অনুষ্ঠানে অবশ্যই আসব।'

শক্তিবেল রামের শাস্তির কথা শুনেছিল। তাই সে বিষয়টা নিয়ে জোর করল না। 'অন্ততঃ আপনাদের সঙ্গে নৈশভোজের আনন্দটা নিতে দিন।'

রাম ইতস্তত করছিল।

'আমার প্রাসাদে জাঁকজমক করে নয়। বনে একসঙ্গে বসে একটু সাধারণ খাওয়া দাওয়া।'

রাম মৃদু হেসে বলল। 'সেটা অবশ্যই হতে পারে।'

—১৫—

'ওটাকে দেখেছো?' লক্ষ্মণ চাপা স্বরে সীতা ও রামকে বলল।

পরদিন মধ্যাহ্নের ঠিক পরের কথা। হ্রদের পাশের মাঠে, মানুষ ও পশুর মধ্যে প্রতিযোগিতার স্থানে বিশাল জনতার ভিড় জমা হয়েছে। মাঠের পুর্ব দিকে একটা ছোট প্রবেশ পথ আছে যা দিয়ে একে একে ষাঁড় গুলিকে ভেতরে আনা হবে। তাদেরকে সোজা, প্রায় পাঁচশ মিটার দূরত্বে, পশ্চিম প্রান্তের প্রস্থানপথের দিকে ছুটে যাবার প্রশিক্ষণ দেয়া হয়েছে। মানুষ প্রতিযোগীকে এই দূরত্বের মধ্যে চেষ্টা করতে হবে পশুটিকে ধরে তার সিং থেকে মুদ্রার ঝুলিটা খুলে নিতে। যদি সে সফল হয় তবে মুদ্রার থলিটি তার হয়ে যাবে, কিন্তু তার চেয়েও গুরুত্বপুর্ণ হল, তখন তাকে ডাকা হবে একজন "বৃষাঙ্ক" বলে, একজন ষণ্ডযোদ্ধা! আর যদি কোন ষাঁড় তার ঝুলি না খুইয়ে, পশ্চিম দ্বারে পৌঁছে পালিয়ে যেতে সক্ষম হয় তবে ষাঁড়ের মালিককে বিজয়ী ঘোষণা করা হবে। বলাই বাহুল্য মুদ্রার থলি তখন তার সম্পত্তি হয়ে যাবে।

জল্লিকট্টু প্রতিযোগিতায় বিভিন্ন প্রজাতির ষাঁড় ব্যবহার করা হয়। জনপ্রিয় প্রজাতির মধ্যে একটি হল 'জেবু' প্রজাতির ষাঁড়। আক্রমণাত্মক স্বভাব, শক্তি এবং গতির জন্য এগুলিকে বিশেষ ভাবে প্রজনন করা হয়। এরা অতিশয় ক্ষিপ্র এবং একই জায়গায় নিমেষে ঘুরে দাঁড়াতে পারে। আরও গুরুত্বপূর্ণ হল এদের পিঠে বড়সড় কুঁজ আছে। সেটা জল্লিকট্টু প্রতিযোগিতায় কোন ষাঁড়ের অংশগ্রহণের একটা প্রয়োজনীয়তা। কেউ কেউ মনে করে যে, কুঁজ মূলত মেদের ভাঁড়ার। একেবারেই ভুল ধারণা। কুঁজ আসলে কাঁধ এবং পিঠের সংযোগ কারী মাংসপেশীর বর্ধিত অংশবিশেষ। ফলে কুঁজের আয়তন ষাঁড়ের গুণমান নির্দেশ করে, এবং এই ষাঁড় গুলির কুঁজের বিচারে এরা হিংস্র প্রতিযোগী।

চিরাচরিত প্রথা অনুযায়ী গর্বিত মালিকেরা ষাঁড়গুলিকে মাঠে চড়িয়ে প্রদর্শন করছিল। এর ফলে মানুষ প্রতিযোগীরা জন্তু গুলিকে পরখ করে নিতে পারে। প্রথা অনুসারে মালিকেরা একে একে নিজের পশুর গুণগান করতে শুরু করল। তাদের শক্তি ও গতি, বংশপরিচয়, খাদ্যতালিকা, প্রশিক্ষণ, এমনকি কতজন মানুষকে ঢুঁ মেরেছে সেটাও! যে ষাঁড় যত দানবিক জনতার চিৎকারে ততটাই জোর আর আগ্রহ। এরপর মালিকেরা নিজের নিজের ষাঁড় নিয়ে

দাঁড়ালে পর, ভিড়ের মধ্য থেকে অনেকে তাদের অঙ্গবস্ত্র ময়দানে ছুঁড়ে দিয়ে সেই ষাঁড়টির সঙ্গে লড়াইয়ের ইচ্ছা প্রকাশ করছিল।

কিন্তু এবার একটি নতুন ষাঁড়ের প্রবেশের সঙ্গে সঙ্গে তারা সকলে নিশ্চুপ হয়ে গেল।

'হে প্রভু রুদ্র...' স্তম্ভিত লক্ষ্মণ ফিসফিস করে বলল।

সীতা রামের হাত চেপে ধরল। 'কোন বেচারা হতভাগ্য এই ষাঁড়ের সিং থেকে মুদ্রা কাড়বে?'

ষাঁড়ের মালিক তার পশুটির কেবল উপস্থিতিরই প্রভাব কি হয় সে বিষয়ে ভালই সচেতন। অনেক সময় মৌনতা অপেক্ষাকৃত বেশী মুখর হয়ে যায়। সে কিছুই বলছিল না। বংশ পরিচয়, খাদ্যাভ্যাস বা এর ভয়ানক প্রশিক্ষণ, কিছুই নয়। কেবল ভিড়ের দিকে তাকিয়ে ছিল। প্রতিটি রোমকূপ থেকে ঔদ্ধত্য নিঃসৃত হচ্ছিল তার। আসলে, কোন প্রতিযোগী তার ষাঁড়ের বিরুদ্ধে লড়াই করার চেষ্টাও করবে বলে সে আশা করে নি।

ষাঁড়টি অতিকায়। এখন পর্যন্ত যে ক'টি পশুকে প্রদর্শনের জন্য আনা হয়েছে তাদের সবার চেয়ে বড়। মালিক যদিও ব্যাখ্যান করে নি, কিন্তু দেখে মনে হচ্ছিল এটি একটি বন্য গৌর এবং পোষমানা জেবু শ্রেণির এক দ্রুততর প্রজাতির সঙ্কর জনিত প্রজননের ফল। অবশ্য এটা স্পষ্ট দেখা যাচ্ছিল যে, এর গঠনে গৌর প্রজাতির প্রভাবই বেশী। বিশালকায় পশুটি উচ্চতায় সাত ফুটের কম নয় এবং দৈর্ঘে প্রায় দশ ফুট। ওজনে দেড় হাজার কিলোর কম হবে না, এবং এর চামড়ার নীচে কঠিন মাংসপেশির ঢেউ ছাড়া কিছু নেই। এর সিং দুটো উপরদিকে বাঁকানো, যার ফলে এর মাথার উপরাংশে একটা অর্ধচন্দ্রাকৃতি জায়গার সৃষ্টি হয়েছে। ঠিক যেমন গৌর প্রজাতির হয়ে থাকে।

জেবু বংশের প্রভাব এর চর্মের গঠনের ওপর পড়েছে। সেটি সাধারণ গৌরের মত ঘন বাদামী রঙের নয়, পাতলা ধুসর রঙের। বোধ করি আর একমাত্র স্থান যেখানে জেবু প্রজন্ম প্রাধান্য পেয়েছে সেটি হল এর কুঁজ। সাধারণত গৌর এর পিঠে কেবল একটা উঁচু শিরা থাকে, লম্বা এবং চ্যাপ্টা। কিন্তু এই ষাঁড়টির কাঁধের উর্ধাংশে এবং পিঠে বেশ বড়সড় একটি কুজ আছে। এটা অত্যন্ত

গুরুত্বপুর্ণ। কারণ এই কুঁজটি না থাকলে দানবিক এই ষণ্ড জল্লিকট্টুতে অংশগ্রহণের অযোগ্য হয়ে যেত।

যদি কোন প্রতিযোগী ষাঁড়ের কুঁজটা ধরে ফেলতে পারে, তখন তার প্রধান কাজ হবে শক্ত করে ধরে থাকা। তা সে ষাঁড়টি যতই মানুষকে ঝেড়ে ফেলার জন্য লাফঝাঁপ করুক না কেন। জাপটা জাপটির মধ্যে মানুষটিকে কোনভাবে আঁকড়ে ধরে থাকতে হবে। সে যদি যথেষ্ট সময় ধরে থাকতে পারে, এবং জোরে টেনে রাখে, ষাঁড়টি একসময় গতি কমাবে আর মানুষটি মুদ্রার থলি ধরে ফেলতে পারবে।

মালিকটি হঠাৎ কথা বলল। জোরে। যে দানবিক পশু তার অধীন সে তুলনায় তার কণ্ঠস্বর নরম ও নারী সুলভ। 'অনেকের এটা মনে হতে পারে এই ষাঁড়টি আয়তন সর্বস্ব। কিন্তু গতির ও মূল্য আছে!'

মালিক এবার দড়িটা ছেড়ে দিয়ে আস্তে শিস দিল। ষাঁড়টি বিদ্যুৎ গতিতে ছুটে গেল। চোখ ধাঁধান গতিতে। এই দিনে দেখা যে কোন ষাঁড়ের চেয়ে ক্ষিপ্র এটি।

লক্ষ্মণ বিস্ফারিত চোখে চেয়েছিল। স্তম্ভিত। *গৌর এত ক্ষিপ্র হবার কথা নয়!*

ষাঁড়টি তার ভয়ানক তৎপরতার পরিচয় দিয়ে নিজের স্থানেই দ্রুত ঘুরে দাঁড়াল। যেন এতে যথেষ্ট হয় নি, সে এবার সহসা আক্রমণাত্মক ভাবে লাফাতে আরম্ভ করল, তারপর বেড়ার দিকে তেড়ে এল। আতঙ্কে দর্শকদের ভিড় পিছিয়ে গেল। তার প্রাধান্য প্রতিষ্ঠা করে নিয়ে ষাঁড়টি এবার মন্থর গতিতে মালিকের কাছে ফিরে গিয়ে, মাথা নীচু করে ভিড় লক্ষ্য করে ফোঁস ফোঁস করে নিঃশ্বাস ফেলতে লাগল।

দুর্দান্ত!

স্বতস্ফুর্ত প্রশংসার শব্দে চারদিক ভরে গেল।

'এর কুঁজ আর চামড়ার রঙ জেবু পূর্বসূরিদের কাছে পাওয়া একমাত্র জিনিষ নয় দেখা যাচ্ছে।' চাপা স্বরে বলল সীতা।

'হ্যাঁ। উত্তরাধিকার সুত্রে গতিটাও পেয়েছে।' বলল লক্ষ্মণ। ' ঐ বিশাল আকার আর গতি... এ অনেকটা আমার মত!'

সীতা মুখে হাসি নিয়ে লক্ষণের দিকে তাকাল। কিন্তু দেবরের মুখের ভাব দেখার সঙ্গে সঙ্গে তার হাসি মিলিয়ে গেল।

'একদম না...' চাপা গলায় বলল সীতা।

'কি অপুর্ব পশু।' মুগ্ধ স্বরে বলল লক্ষ্মণ। 'সুযোগ্য প্রতিদ্বন্দ্বী হতে পারবে।'

রাম ভাইকে নিরস্ত করার জন্য তার কাঁধে হাত রাখল। কিন্তু লক্ষ্মণ কিছু করার আগেই এক উচ্চ কণ্ঠস্বর শোনা গেল। 'ঐ ষাঁড়ের সঙ্গে আমি লড়ব!' সবার দৃষ্টি ফিরল ময়দানে উড়ে আসা এক স্পষ্টতই মূল্যবান বেগুনী রঙের অঙ্গবস্ত্রের দিকে। কাঠের বেড়ার ওপাশে একজন ফর্সা, অস্বাভবিক পেশীবহুল এবং অতিশয় লোমশ মাঝারি উচ্চতার মানুষ দাঁড়িয়ে ছিল। তার পরনে ঘি রঙের ধুতি যার প্রান্ত লেজের মত বেড়িয়ে আছে। পোশাক আশাক সাধারণ হলেও হাবভাব নিঃসন্দেহে রাজকীয়।

'এ হল বালি।' জটায়ু বলল 'কিষ্কিন্ধ্যার রাজা।'

—১৫—

বালি অবরুদ্ধ প্রবেশ দ্বারের কাছে দাঁড়িয়ে ছিল। গৌর-জেবু ষণ্ডটিকে ছাড়বার সময় হয়েছে। প্রবেশদ্বারটি ঢাকা দেয়া, ফলে ষণ্ডটির পক্ষে দ্বারের অন্যদিকে কি বা কে আছে সেটা দেখা সম্ভব নয়। তিনটি ষণ্ডের দৌড় হয়ে গেছে। দুটিকে ভুলিয়ে তাদের স্বর্ণমুদ্রা হাতিয়ে নেয়া হয়েছে। কিন্তু একটি থলি নিয়ে পালাতে সক্ষম হয়েছে। খেলা দ্রুত শেষ হয়ে গেছে। একক প্রতিযোগীতা খুব কমই মিনিট খানেকের বেশী সময় চলে। আরও কমপক্ষে একশটি ষণ্ডের দৌড় বাকী আছে। কিন্তু সবাই জানে এই খেলাটি দর্শন যোগ্য।

স্থানীয় মন্দিরের পুরোহিত উঁচু স্বরে ঘোষণা করলেন 'সকল বৃষাঙ্কের শ্রেষ্ঠ বৃষাঙ্ক, প্রভু রুদ্র, এই মানব ও পশুকে আশীর্বাদ করুন!'

ইন্দ্রপুরের কোন জল্লিকটূ প্রতিযোগীতার আগে এটা চিরাচরিত ঘোষণা। এবং প্রতিবারের মত এরপর শঙ্খের সুউচ্চ নিনাদ ধ্বনিত হল।

এক মুহূর্তের নিস্তব্ধতার পর ধাতব দ্বারের খুলবার জোর শব্দ শোনা গেল।

'জয় শ্রী রুদ্র।' গর্জে উঠল জনতা।

আচ্ছাদিত প্রবেশদ্বারের ভেতরের অন্ধকার থেকে বিশাল পশুটি বাইরে বেরিয়ে এল। সাধারণত ষাঁড়েরা ছুটে বের হয়। চারপাশের ঝাঁপিয়ে কুঁজ ধরার চেষ্টা করতে থাকা লোকেদের মধ্যে দিয়ে হুড়মুড় করে দৌড়ে চলে যায়।

ষাঁড়ের সামনে পড়া বিপজ্জনক কারণ সিঙের আঘাতে ছিন্ন হবার ভয় থাকে। পেছনে থাকাও একইরকম বিপজ্জনক কারণ পেছনের শক্তিশালী পায়ের লাথি। পাশের দিকে থাকাটাই বুদ্ধিমানের কাজ। এই জন্য ষণ্ডদের তীরবেগে দৌড়ে চলে যাবার প্রশিক্ষণ দেয়া হয়, যাতে দু'ধার থেকে লোকেরা ধরে ফেলবার সময় বেশী না পায়। কিন্তু এই গৌর – জেবু ষাঁড় মন্থর গতিতে এগুচ্ছে। নিজের ক্ষমতা সম্পর্কে তার অপার বিশ্বাস। দৃষ্টির আড়ালে প্রবেশ দ্বারের পাশে লুকিয়ে থাকা বালি ষাঁড়টি বেরুতেই লাফ দিল। যেহেতু বালি পশুটির চেয়ে প্রায় দেড় ফুট খাটো, ফলে সে যে ষাঁড়টির কুঁজ ধরে ফেলতে পারল সেটা তার দুর্দান্ত শারীরিক সক্ষমতার প্রমাণ। ষাঁড়টি চমকে গেল। কেউ তার কুঁজে হাত দেবার দুঃসাহস করে ফেলেছে! তারস্বরে চেঁচাতে চেঁচাতে মাটিতে সজোরে ক্ষুর ঠুকতে ঠুকতে লাফাতে আরম্ভ করল সে। হঠাৎ দানবিক গতিতে তার ভয়ানক ক্ষিপ্রতা কাজে লাগিয়ে প্রায় এক পূর্ণ বৃত্তাকারে পাক খেল পশুটি। বালি ধরে থাকতে পারলো না আর। ছিটকে পড়ল দূরে।

ষাঁড়টি হঠাৎ শান্ত হয়ে গেল। পড়ে থাকা বালির দিকে চেয়ে দেখল, এক উদ্ধত হ্রেষা ধনী করে হাঁটতে আরম্ভ করল। ধীরে, গমনপথ অভিমুখে। দর্শকদের দিকে উদাসীন দৃষ্টি ফেলে।

কেউ একজন ভিড়ের মধ্যে থেকে চেঁচিয়ে বালি কে উৎসাহ দিল। 'আরে উঠে পড় বালি!'

ষাঁড়টি ভিড়ের দিকে তাকিয়ে দাঁড়িয়ে পড়ল। তারপর হ্রদের দিকে ঘুরে দাঁড়ালো, ভিড়ের দিকে পেছন করে। নিজের লেজটা ধীরে ধীরে তুলে মূত্রত্যাগ করল। তারপর নিজের অচঞ্চল ভাব বজায় রেখে আবার চলতে শুরু করল, নিকাশ দ্বারের দিকে। কোন ব্যস্ততা নেই।

মাথা নাড়তে নাড়তে মৃদু হাসল লক্ষ্মণ। 'এই ষাঁড়কে লোভ দেখান তো ভুলেই যাও। ষাঁড়ই আমাদের লোভ দেখাচ্ছে!'

রাম লক্ষণের কাঁধে টোকা মেরে বলল। 'বালিকে দেখ। উঠে পড়ছে।'

বালি বুকের ওপর সজোরে মুষ্ট্যাঘাত করে সামনে দৌড়াল। হাল্কা পদক্ষেপে, তার লম্বা চুল বাতাসে উড়ছে। ষাঁড়ের পেছনে এসে পৌঁছুল সে।

'এ তো উন্মাদ!' বলল লক্ষ্মণ। উদ্বিগ্ন কিন্তু সচল। 'এই ষাঁড় তো পেছনের পায়ের এক আঘাতে ওর বক্ষ বিদীর্ন করে দিতে পারে!'

ষাঁড়ের কাছাকাছি পৌঁছে বালি শূন্যে লাফিয়ে উঠলো অনেকটা উঁচুতে। ষাঁড়ের পিঠের ওপর এসে নামল। হতচকিত পশুটি বালিকে পেছন থেকে আসতে দেখেনি, সজোরে চেঁচিয়ে উঠে পেছনের পায়ে ভর দিয়ে সোজা হয়ে দাঁড়িয়ে গেল। রাজাকে ঝেড়ে ফেলার চেষ্টায়। কিন্তু বালি ছাড়লো না। সেও তারস্বরে চেঁচাচ্ছে!

ক্রুদ্ধ ষাঁড় এবার গর্জে উঠল। তাকে আঁকড়ে থাকা মানুষটির চেয়ে জোরে। সামনের পা মাটিতে নামিয়ে মাথা নিচু করে ঝাঁকুনি দিয়ে লাফাতে লাগল সে। কিন্তু অবিরাম চেঁচাতে থাকা বালি ছাড়ল না।

সহসা ষাঁড়টি হাওয়ায় লাফিয়ে উঠে শরীর ঝাঁকাল। তবু মরিয়া হয়ে কুঁজ আঁকড়ে থাকা মানুষটিকে ঝেড়ে ফেলতে পারলো না।

গভীর সম্ভ্রমে দর্শকরা সবাই নিশ্চুপ। এতো দীর্ঘ জল্লিকট্টূ প্রতিযোগীতা তারা এর আগে কখন দেখেনি। বালির গর্জন আর ষাঁড়ের ডাক ছাড়া এখন আর অন্য কোন শব্দ নেই।

ষাঁড়টি এবার আবার লাফ দিল এক পাশে পড়বার জন্য। এর ওজনে বালি পিষ্ট হয়ে যেতে পারত। সে চট করে ষাঁড়টিকে ছেড়ে দিল। কিন্তু একটু দেরী হয়ে গেল। ষাঁড়টি কাত হয়ে মাটিতে পড়ল। বালি পশুটির শরীর এড়িয়ে

যেতে পারলেও, সেটির সামনের পায়ের আঘাত এসে আছড়ে পড়ল বালির বাম হাতে। নিজের স্থান থেকে লক্ষ্মণ হাড় ভাঙবার শব্দ শুনতে পেল। সম্ভ্রমের সঙ্গে দেখল বালি যন্ত্রণায় চেঁচিয়ে উঠল না। ষাঁড়টি অবিলম্বে উঠে দাঁড়িয়ে সরে দাঁড়াল। দূর থেকে বালিকে দেখল। চোখে রাগ জ্বলজ্বল করছে। কিন্তু কাছে এলো না।

'ষাঁড়টা ক্ষেপে গেছে,' চাপা গলায় বলল রাম। 'বোধহয় এর আগে কোন মানুষকে এতোটা করতে দেখেনি।'

'উঠো না' বলল সীতা, বালিকে মনের জোরেই মাটিতে শুইয়ে রাখতে চাইছিল যেন।

লক্ষ্মণ চুপ করে একদৃষ্টে বালির দিকে চেয়ে ছিল। যদি কেউ পাথরের মত নিশ্চল ভাবে মাটিতে পড়ে থাকে তবে সাধারণত ষাঁড় আক্রমণ করে না। কিন্তু সে যদি উঠে দাঁড়ায়...

'নির্বোধ!' এক পাশে ঝুলন্ত রক্তাক্ত ভাঙ্গা অকেজো বাম হাত নিয়ে বালিকে উঠে দাঁড়াতে দেখে বিরক্ত স্বরে বলল সীতা। 'উঠো না!'

লক্ষণের মুখ সম্ভ্রমে হাঁ হয়ে গেছে। পুরুষ বটে!

ষাঁড়টিও আবার মানুষটাকে উঠে দাঁড়াতে দেখে আশ্চর্য এবং ক্রুদ্ধ হয়ে গেল। নাক দিয়ে ফোঁস করে শব্দ করে মাথা ঝাড়ল।

বালি ডান হাত মুঠো করে নিজের বুকে আঘাত করতে করতে গর্জন করে উঠল। 'বালি! বালি!'

দর্শকরাও চেঁচাতে আরম্ভ করল।

'বালি!'

'বালি!'

ষাঁড়টি জোরে চেঁচিয়ে মাটিতে পা ঠুকল। সাবধান করা হয়ে গেছে।

বালি আবার বুকে ঘুসি মেরে চেঁচাল। 'বালি!' অকেজো বাম হাত পাশে ঝুলছে।

পেছনের পায়ের ওপর সোজা হয়ে দাঁড়িয়ে ষাঁড়টি আরও জোরে চেঁচাল। এবার আগের চেয়ে জোরে। প্রায় কানে তালা ধরে যাবার মত জোরে।

তারপর ছুটে এল জন্তুটি।

একই সময় লক্ষ্মণ বেড়ার ওপর দিয়ে লাফিয়ে ষণ্ডটির দিকে দৌড় দিয়েছে।

'লক্ষ্মণ!' চেঁচাল রাম। সে এবং সীতাও লাফিয়ে উঠে লক্ষণের পেছনে ছুটল।

লক্ষ্মণ কোনাকুনি ছুটছিল, বালি ও ষাঁড়ের মাঝখানের দূরত্বের মাঝামাঝি জায়গা লক্ষ্য করে। অযোধ্যর রাজকুমারের সৌভাগ্যবশত ষাঁড়ের এই নতুন বিপদটা চোখে পড়েনি।

লক্ষণের উচ্চতা বালির চেয়ে অনেক বেশী। সে অনেক বেশী পেশী বহুল ও বিশালাকৃতিও। কিন্তু লক্ষ্মণও এটা জানতো যে এই অতিকায় জন্তুর বিরুদ্ধে শুধু শক্তি দিয়ে কিছু করা যাবে না। সে জানত তার কাছে কেবল একটি সুযোগ আছে। আসল জেবু প্রজন্মের সঙ্গে এই ষাঁড়ের সিঙের গঠনে পার্থক্য আছে; জেবু ষাঁড়দের সিং হয় সোজা, যা ঢুঁ মারার সময় ভোঁতা ছুরির কাজ করে। কিন্তু এই গৌর- জেবু ষাঁড়ের সিং ওপরদিকে বাঁকানো, তাতে তার মাথার ওপরের দিকে একটা খালি জায়গা তৈরি হয়েছে।

ষাঁড়ের মনোযোগ বালির দিকে ছিল। মাথা নিচু করে ঝড়ের বেগে তারদিকে ছুটে যাচ্ছিল সে। লক্ষ্মণকে সহসা পাশ থেকে ছুটে আসতে দেখে নি। ঠিক সময়ে লাফ দিল লক্ষ্মণ পা উঁচু করে। ষাঁড়ের মাথার ওপর ভেসে উঠে সে দ্রুত হাত বাড়িয়ে সিং থেকে থলিটা ছাড়িয়ে নিল। এক নিমেষের জন্য ছুটন্ত ষাঁড়টির মাথা লক্ষণের পায়ের সমান্তরাল হল। সে পা দিয়ে ধাক্কা মারল। সজোরে। ষাঁড়ের মাথাটির ওপর ভর দিয়ে লক্ষ্মণ লাফিয়ে সরে গেল। লক্ষণের ওজন ও আয়তন ষাঁড়ের মাথাটিকে নীচে চাপ দিয়ে নামিয়ে দেবার জন্য যথেষ্ট ছিল। সে ছিটকে গিয়ে মাঠে গড়িয়ে যেতে যেতে ষাঁড়ের মাথা শক্ত মাটিতে ঠুকে গেল। হোঁচট খেয়ে জন্তুটা মুখ থুবড়ে মাটিতে পড়ে গেল।

এই বিভ্রান্তির মধ্যে রাম ও সীতা তাড়াতাড়ি বালিকে তুলে নিয়ে বেড়ার দিকে ছুটলো।

'ছাড়ো আমাকে!' দুজনের হাত ছাড়াবার চেষ্টা করতে করতে বালি চেঁচাল। 'ছাড়ো আমাকে!'

বালির চেষ্টার ফলে তার ভাঙ্গা হাত থেকে আরও বেশী পরিমাণে রক্তপাত হতে লাগল। তাতে যন্ত্রণা বেড়ে গেল নাটকীয়ভাবে। কিন্তু রাম ও সীতা থামল না।

এর মধ্যে ষাঁড়টি দ্রুত উঠে দাঁড়িয়ে চেঁচাল। লক্ষ্মণ নিজের হাতে ধরা থলিটা তুলে ধরে দেখাল।

ষাঁড়টির আবার আক্রমণ করার কথা, কিন্তু এর প্রশিক্ষণ খুব ভাল হয়েছে। মুদ্রার থলিটা দেখার সঙ্গে সঙ্গে সে মাথা নামিয়ে নাক দিয়ে ফোঁস করে নিঃশ্বাস ফেলল। সে মাথা ঘুরিয়ে বহির্দ্বারের কাছে দাঁড়ান মালিকের দিকে তাকাল। মালিকটি হেসে কাঁধ ঝাঁকাল। 'হার জিত তো লেগেই থাকে। ' বলছিল সে।

ষাঁড়টি লক্ষণের দিকে তাকিয়ে নাক দিয়ে ফোঁস করল, তারপর আবার মাথা নোয়াল। যেন সসম্ভ্রমে হার স্বীকার করে নিল। লক্ষ্মণ হাতজোড় করে দুর্দান্ত পশুটিকে নত হয়ে প্রণাম জানাল।

ষণ্ডটি এবার ঘুরে দাঁড়িয়ে চলতে শুরু করল। তার প্রভুর দিকে।

অন্যদিকে সীতা ও রাম বালিকে বেড়ার অন্য পাশে বয়ে নিয়ে যাওয়ার সময় বালি জ্ঞান হারাল।

অধ্যায় ২৯

সন্ধ্যের পর, শক্তিবেল বনের কিনারায় যেখানে রাম ও তার সদলের সবাই বিশ্রাম নিচ্ছিল সেখানে এল। ইন্দ্রপুরের প্রধানের পেছন পেছন কয়েকজন লোক অস্ত্রের বড় বড় গাঁটরি বয়ে নিয়ে এসেছে।

রাম হাতজোড় করে উঠে দাঁড়ালো। 'নমস্কার বীর শক্তিবেল।'

শক্তিবেল প্রতিনমস্কার করল। 'নমস্কার মহান রাজকুমার।' তার লোকেরা বয়ে আনা পুঁটুলিগুলো সন্তর্পণে মাটিতে বিছিয়ে রাখছিল। সেদিকে দেখিয়ে বলল। 'আপনার কথা মত, আপনাদের সব অস্ত্রশস্ত্র মেরামত করে পালিশ করে, শান দিয়ে আনা হয়েছে।'

রাম একটা তলোয়ার তুলে নিয়ে তার ধার পরখ করে হেসে বলল। 'একদম নতুনের মত লাগছে।'

শক্তিবেল গর্বে বুক ফুলিয়ে বলল। 'আমাদের ধাতুর কারিগররা ভারতের শ্রেষ্ঠদের অন্যতম।'

'সেটা দেখাই যাচ্ছে।' একটা বর্শা ভাল করে পরখ করে সীতা বলল।

'রাজকুমার রাম।' কাছে এসে বলল শক্তিবেল, 'একটু নিভৃতে কথা ছিল।'

শক্তিবেলের সঙ্গে একধারে যেতে যেতে রাম সীতাকে পেছনে আসতে ইশারা করল।

'আপনাদেরকে একটু তাড়াতাড়ি চলে যেতে হতে পারে।' শক্তিবেল বলল।

'কেন?' অবাক হয়ে সীতা প্রশ্ন করল।

'বালি।'

'কেউ ওর মৃত্যু চাইছিল?' রামের প্রশ্ন। 'তাই তারা এখন আমাদের ওপর ক্রুদ্ধ?'

'না, না। আপনাদের ওপর ক্রুদ্ধ বালি স্বয়ং।'

'কি?! আমরা তো তার প্রাণ বাঁচালাম।'

শক্তিবেল দীর্ঘনিশ্বাস ফেলল। 'বালি সেটা মনে করে না। তার মতে আপনারা দুজনে আর রাজকুমার লক্ষ্মণ তার সম্মানহানি করেছেন। অন্য কারোর দ্বারা প্রাণরক্ষার চেয়ে জল্লিকট্টুর মাঠে মৃত্যুবরণ করা সে বেশী পছন্দ করতো।'

রাম বিস্ময়ে চোখ বড় করে সীতার দিকে তাকাল।

'রাজ পরিবারেরা এখানে নিজেদের মধ্যে লড়াই বাধালে সেটা আমার শহরের হিতে হবে না।' ক্ষমাপ্রার্থীর মত হাত জোড় করে বলল শক্তিবেল। 'রাজায় রাজায় যুদ্ধে উলুখাগড়ার প্রাণ যায়।'

হাসল সীতা। 'এই প্রবাদটা আমি জানি।'

'এটা খুব বিখ্যাত প্রবাদ।' বলল শক্তিবেল। 'বিশেষ করে তাদের কাছে যারা অভিজাত শ্রেণীর নয়।'

রাম শক্তিবেলের কাঁধে হাত রাখল। 'আপনি আমাদের আশ্রয়দাতা। আমাদের বন্ধু। আপনার কোন সমস্যা হোক এটা আমরা কখনই চাইব না। আমরা ভোরের আলো ফুটবার আগেই চলে যাব। আপনার আতিথেয়তার জন্য ধন্যবাদ।'

— ২৮ —

রাম, সীতা এবং লক্ষ্মণ নির্বাসনে আসার পর চব্বিশ মাস কেটে গেছে। পনেরো জন মলয়পুত্র যোদ্ধা তাদেরকে সর্বত্র অনুসরণ করে।

তারা দণ্ডকারণ্যের গভীরে প্রবেশের সঙ্গে সঙ্গে, দলের প্রত্যেক সদস্যের জন্য ছকে বাঁধা কার্যসুচী ধার্য করা হয়ে গেছে। তারা চলেছে পশ্চিম দিশাভিমুখে, কিন্তু এখন পর্যন্ত কোন স্থায়ী শিবির ফেলার জায়গা পায় নি। তারা

সচরাচর অল্প কিছু সময়ের জন্য একজায়গায় থাকে তারপর অন্য জায়গায় চলে যায়। সাধারণ পরিসীমা ও সুরক্ষা প্রণালী সর্বসম্মতিক্রমে নির্ধারিত করা হয়েছে। রান্না, সাফ সাফাই এবং শিকারের দায়িত্ব পালা করে ভাগ করে নেয়া হয়েছে। যেহেতু শিবিরের সবাই মাংস খায় এমনটা নয়, ফলে ঘন ঘন শিকার করার প্রয়োজন হয় না।

এই রকম একটি শিকারযাত্রায় মক্রন্ত নামে এক মলয়পুত্র সীতার প্রাণরক্ষা করতে গিয়ে এক জংলী শূকরের আক্রমণে গুরুতর আহত হয়েছে। শূকরের দাঁত তার পায়ের ওপরের দিকে, জঙ্ঘার মাংসপেশী ভেদ করে উরুর ধমনী ছিন্ন করে দিয়েছে। সৌভাগ্যবশতঃ, শূকরের অন্য দাঁতটি শ্রোণীর কঠিন হাড়ে লাগায় গভীরে প্রবেশ করে অন্ত্র ছিন্ন পারে নি। সেটা প্রাণঘাতী হত কারণ তার ফলে যে সংক্রমণ হয় সেটার চিকিৎসা এই অস্থায়ী শিবিরে করা সম্ভব নয়। মক্রন্ত বেঁচে গেছে, কিন্তু তার সেরে ওঠাটা খুব ভাল হয়নি। তার জঙ্ঘার পেশী এখনো দুর্বল। এবং ধমণী এখনো আংশিক সঙ্কুচিত, সম্পুর্ণ সারে নি। সে এখনো অনেকটা খুঁড়িয়ে চলে, যেটা এই বিপদসংকুল অরণ্যে একজন যোদ্ধার পক্ষে বিপজ্জনক হতে পারে।

আঘাতের ফলে মক্রন্তের পক্ষে সহজে জঙ্গলের মধ্যে দিয়ে অনায়াসে চলা অসম্ভব হয়ে পড়ায় কিছুদিন হল শিবির স্থানান্তরিত হয় নি।

মক্রন্ত কয়েকমাস ধরে ভুগছে। জটায়ু জানে কিছু একটা করা প্রয়োজন। এবং সে চিকিৎসার উপায়টাও জানে। তাকে কেবল যাত্রার জন্যে শক্ত হতে হবে...।

'বল্কেশ্বরের জল?' সীতা প্রশ্ন করল।

'হ্যাঁ,' জটায়ু বলল। 'এই পবিত্র হ্রদ মাটির অনেকটা গভীর থেকে উঠে আসা এক স্বাভাবিক প্রস্রবণের জল থেকে তৈরি। তার অর্থ হল ভূপৃষ্ঠে উঠে আসার পথে এটি কিছু বিশেষ খনিজ আহরণ করে নিয়ে আসে। ঐ খনিজগুলি এর জলকে দৈবী শুভশক্তি দেয়। জলটা মক্রন্তের ধমনীকে দ্রুত সেরে উঠতে সাহায্য করবে। আমরা ঐ দ্বীপ থেকে কিছু ভেষজ উদ্ভিদও নিয়ে আসতে পারি

যা তার আংশিকভাবে শুকিয়ে যাওয়া পেশীকে সুস্থ করে তুলতে সাহায্য করবে। সে পা সম্পূর্ণরূপে ব্যবহার করার ক্ষমতা ফিরে পাবে।'

'বল্কেশ্বর কোথায়, জটায়ুজি?'

'পশ্চিম উপকূলে মুম্বাদেবী নামে এক ছোট দ্বীপে। কোঙ্কণ উপকুলের উত্তরাংশে।'

'অগস্ত্যকুটম যাবার পথে এটার কাছেই একটা দ্বীপে আমাদের রসদ নিতে থামবার কথা ছিল না? কোলাবা নামে একটা দ্বীপে।'

'হ্যাঁ। আমাদের অধিনায়ক মনে করেছিল ওখানে থামলে ভাল হবে। আমি মানা করেছিলাম।'

'হ্যাঁ, আমার মনে আছে।'

'মুম্বাদেবী কোলাবার উত্তরপশ্চিমের বড় দ্বীপটা।'

'তার মানে মুম্বাদেবী ঐ সপ্তদ্বীপের একটি। '

'হ্যাঁ, মহান বিষ্ণু।'

'ওটা রাবণের বাহিনীর একটি প্রধান সামুদ্রিক আস্তানা বলে আপনি ওখানে থামতে নিষেধ করেছিলেন।'

'হ্যাঁ, মহান বিষ্ণু।'

সীতা হাসল। 'তাহলে, রাম আর আমার পক্ষে আপনার সঙ্গে ওখানে যাওয়া সম্ভবত খুব একটা বুদ্ধির কাজ হবে না।'

জটায়ু সীতার শুকনো পরিহাসে হাসল না। 'ঠিক, মহান বিষ্ণু।'

'কিন্তু একজন মলয়পুত্রের লঙ্কার লোকেরা ক্ষতি করতে সাহস করবে না। তাই না?'

জটায়ুর দৃষ্টিতে ক্ষনিকের জন্য ত্রাসের ছায়া দেখা গেল। কিন্তু তার কণ্ঠস্বর শান্ত অবিচল। 'না করবে না...'

সীতা ভুরু কোঁচকাল 'জটায়ুজি। আপনার কি আমাকে কিছু বলা প্রয়োজন?'

জটায়ু ঘাড় নাড়ল। 'সব ঠিক হয়ে যাবে। আমি তিনজন লোক সঙ্গে নিয়ে যাব। বাকিরা এখানে থাকবে। আমি দু মাসের মধ্যে ফিরে আসব।'

সীতার সহজাত অনুভূতি জেগে উঠল। সে বুঝতে পারল কিছু একটা সমস্যা আছে। 'জটায়ুজি, মুম্বাদেবীতে কোন সমস্যা আছে কি?'

জটায়ু আবার ঘাড় নাড়ল। 'আমার যাত্রার প্রস্তুতি করতে হবে, হে মহান বিষ্ণু। আপনি এবং রাম এই শিবিরে থাকাই ভাল।।'

—২৫—

জটায়ু এবং তার সঙ্গী যোদ্ধা তিনজন যখন সমুদ্রোপকুলে পৌঁছল তখন অন্ধকার হয়ে গেছে। একটা সঙ্কীর্ণ খাঁড়ির ওপারে তারা অপেক্ষাকৃত বৃহত্তর দ্বীপ সালসেত্তের দক্ষিণ ঘেঁষে অবস্থিত সাতটা দ্বীপ দেখতে পাচ্ছিল। বাড়িগুলির মশাল এবং রাস্তা ও সার্বজনীন ইমারত গুলির ওপর সুউচ্চ আলোকস্তম্ভ গুলি সালসেত্তে দ্বীপের মধ্য এবং পুর্ব অংশটা আলোকিত করে রেখেছে। স্পষ্টতই শহরটি এই অঞ্চলের বৃহত্তম দ্বীপের দিকে বিস্তৃত হয়েছে, দক্ষিণের সাতটি দ্বীপ একসঙ্গে করলেও এর দশ ভাগের এক ভাগ হবে! যুক্তিযুক্ত কারণেই এখানে দ্রুত একটা বর্ধিষ্ণু শহর গড়ে উঠেছে। দ্বীপের মধ্যেখানে বড় বড় পরিষ্কার জলের হ্রদ আছে। এবং বড় শহর তৈরির উপযোগী যথেষ্ট খোলা জায়গা আছে। মুখ্য ভূমিখণ্ডে পৌঁছুনও সহজ কারণ মধ্যেখানের খাঁড়িটি সঙ্কীর্ণ এবং অগভীর।

একটা সময় ছিল যখন সালসেত্তের দক্ষিণের এই সাতটি দ্বীপ এই অঞ্চলের সব সভ্যতার কেন্দ্র ছিল। মুম্বাদেবী দ্বীপের পুর্ব উপকুলে এক অপূর্ব পোতাশ্রয় ছিল যা অপেক্ষাকৃত বড় জাহাজগুলির কাজে আসতো। পোতাশ্রয়ে নির্মিত বন্দরটি এখনো আছে। এবং স্পষ্টই এখনো ব্যস্ত। জটায়ু পুর্ব দিকের অপেক্ষাকৃত ছোট চারটি দ্বীপ: পরেল, মাঝগাঁও, ছোট কোলাবা এবং কোলাবা; সেগুলিতেও আলো দেখতে পেল। কিন্তু পশ্চিমের দ্বীপ মাহিম ও ওর্লি ভাল করে দেখা যাচ্ছিল না।

মুম্বাদেবীর পশ্চিম প্রান্তের পাহাড়গুলি, যেখানে বল্কেশ্বর অবস্থিত, দিনের আলোয় খাঁড়ির এপার থেকে চোখে পড়ার মত উঁচু। সত্যি বলতে কি,

পাহাড়গুলি রাতেও একসময় দেখা যেত। কারণ ওখানেই প্রধান রাজপ্রাসাদ, মন্দির এবং প্রধান নগরের ইমারত গুলি অবস্থিত ছিল। আর সেগুলি সব সময় আলোক সজ্জিত থাকত।

কিন্তু জটায়ু সেখানে কিছু দেখতে পাচ্ছিল না। মশাল নয়। আলোকস্তম্ভ নয়। জনবসতির কোন লক্ষ্মণ নয়।

বঙ্কেস্বর তেমনি পরিত্যক্তই রয়েছে। তেমনি ছারখার অবস্থায়।

সেই ভয়ঙ্কর দিনগুলি মনে পড়ায় জটায়ু শিউরে উঠল। যখন সে একজন তরুণ যোদ্ধা ছিল। যখন রাবণের দল এসেছিল... তার সব তিক্ত অভিজ্ঞতা মনে আছে। কারণ সেও সেই দলেরই সদস্য ছিল।

প্রভু পরশুরাম আমাকে ক্ষমা কর... আমার পাপ ক্ষমা কর...

'অধিনায়ক,' বলল একজন মলয়পুত্র সেনা। 'আমরা কি এখনি পার করব? না...'

জটায়ু ঘুরে দাঁড়াল। 'না আমরা সকালে পার হব। রাতটা এখানে বিশ্রাম করা যাক।'

— ২৮ —

জটায়ু ঘুমের চেষ্টায় এপাশ ওপাশ করছিল। নিজের মনের গভীরে সরিয়ে রাখা স্মৃতি তার চেতনায় ছিঁড়ে খুঁড়ে উঠে আসছিল। তার বহুদিনের লুকনো অতীতের দুঃস্বপ্ন।

বহু বৎসর আগে, যখন সে তরুণ ছিল।

রাবণ আমাদের নিজেদের লোকেদেরকেই ব্যবহার করেছে আমাদের পরাজিত করতে।

জটায়ু উঠে বসল। সে খাঁড়ির ওপাশে দ্বীপটা দেখতে পাচ্ছিল।

নাগ হবার ফলস্বরুপ যে দুর্ব্যবহার সহ্য করতে হয়েছে কিশোর বয়েসে জটায়ু সেই যন্ত্রণা, সেই ক্রোধ বহন করতো। বিকলাঙ্গ হবার। কিন্তু কেবল নাগরাই দুর্ব্যবহারের শিকার হতো এমন নয়। সপ্তসিন্ধুর অনমণীয়, উন্নাসিক ও

দাম্ভিক অভিজাতদের বিরুদ্ধে বহু গোষ্ঠীরই অভিযোগ ছিল। এবং রাবণকে তাদের অনেকের মনে হতো এক বিদ্রোহী-বীর, এক রক্ষাকর্তা। যে ক্ষমতাশালীদের মোকাবেলা করতে প্রস্তুত। এবং আশাহতরা তার কাছে গিয়ে জড় হতো। তার জন্য লড়াই করতো। তার জন্য হত্যা করতো।

এবং তার দ্বারা ব্যবহৃত হত।

জটায়ু সেই সময় প্রতিশোধের অনুভূতিটা উপভোগ করেছে। ঘৃণ্য, আত্মসর্বস্ব অভিজাতদের আঘাত করার অনুভূতি। তারপর এল সেই এক অহিরাবণের সঙ্গে যোগ দেবার দিনটি।

রাবণের বাহিনী দুই ভাগে বিভক্ত ছিল। এক ভাগ চালনা করতো ভূমির ভাগ। তাদের অধিনায়কদের বলা হত মহীরাবণ। অন্য ভাগ ছিল অহিরাবণ নামক অধিনায়কদের দায়িত্বে, এরা নিয়ন্ত্রণ করত সমুদ্র এবং বন্দর গুলি।

প্রহস্ত নামক এমনি এক জন অহিরাবণকে যোগ দিতে জটায়ুকে মুম্বাদেবীর সপ্তদ্বীপে আসার আদেশ দেয়া হয়েছিল।

এই সপ্তদ্বীপে সেইসময় দেবেন্দ্রর বলে এক গোষ্ঠীর লোকেরা থাকতো। তাদের রাজা ছিল ইন্দ্রন নামক এক সদয় মানুষ। মুম্বা দেবী এবং বাকি ছয়টি দ্বীপ এক আড়ত ছিল। সেখানে আমদানী- রপ্তানির জন্য মাল জমা করা হত, ন্যূনতম শুল্কের বিনিময়ে। উদার দেবেন্দ্ররা যে কোন সমুদ্রযাত্রীকে কোনরকম পক্ষপাতিত্ব বিনা রসদ এবং আশ্রয় যোগাতো। সবার প্রতি তাদের সদয় ব্যবহার ছিল। তারা বিশ্বাস করত এটা করা তাদের পবিত্র কর্তব্য। এমনি এক সমুদ্রযাত্রী, যাকে কিছুদিনের জন্য আশ্রয় দেয়া হয়, সে ছিল জটায়ু। সে সময় তার বয়স ছিল খুবই কম। সেই সদয় ব্যবহার তার বেশ মনে আছে। ভারতবর্ষের এ এক বিরল স্থান, যেখানে জটায়ুকে ছোঁয়াচে রোগের মত দূর দূর করা হয় নি। এক জন স্বাভাবিক মানুষের মত স্বাগত জানানো হয়েছিল। সহানুভূতির ধাক্কাটা এতই বিহ্বল করা ছিল যে, মুম্বাদেবীতে কাটানো প্রথম রাত্রে আবেগের বন্যা সামলাতে না পেরে জটায়ু কাঁদতে কাঁদতে ঘুমিয়েছিল।

আর বহু বৎসর পর সেই মুম্বাদেবী দ্বীপটিকেই কব্জা করতে পাঠানো সৈন্যদলের সঙ্গে সে ফিরে এসেছিল এখানে।

রাবণের কৌশলগত কারণ পরিষ্কার ছিল। সে চাইছিল ভারত মহাসাগরের সমস্ত সামুদ্রিক বাণিজ্যের ওপর সম্পুর্ণ নিয়ন্ত্রণ। এটা বিশ্বের বাণিজ্যের অক্ষকেন্দ্র। এই মহাসাগর যার আয়ত্বে, সারা বিশ্ব তার অধীন। এবং কেবলমাত্র সম্পুর্ণ নিয়ন্ত্রণ পেলেই রাবণ তার মহাজনী শুল্ক বসাতে পারবে।

সে ভারতীয় উপমহাদেশের এবং আফ্রিকা, আরাবিয়া ও দক্ষিনপুর্ব এশিয়ার অধিকাংশ প্রধান বন্দর দখল করে কিংবা নিজের নিয়ন্ত্রণে নিয়ে আসতে সক্ষম হয়েছিল। ওইসব বন্দরগুলি তার নিয়ম মেনে চলত।

কিন্তু মুম্বাদেবী একগুঁয়ের মত বেশী শুল্ক আদায় করতে বা আশ্রয়প্রার্থী কোন নাবিককে ফিরিয়ে দিতে অস্বীকার করছিল। এখানের বাসিন্দারা বিশ্বাস করত যে, এই সেবা করা তাদের কর্তব্য। তাদের ধর্ম। সিন্ধু-সরস্বতী উপকুল এবং লঙ্কার মধ্যেকার জলপথের এই গুরুত্বপূর্ণ পোতাশ্রয় নিজের নিয়ন্ত্রণে আনা রাবণের জন্য প্রয়োজন হয়ে পড়েছিল।

অহিরাবণ *প্রহস্তকে পাঠানো হয়েছিল সমাধান করার জন্য, প্রয়োজনে বলপ্রয়োগ করে। মুম্বাদেবী বন্দরের পুর্ব উপকুলে নোঙ্গর ফেলে লঙ্কার সৈন্যবাহিনী তাদের জাহাজেই অপেক্ষা করছিল। এক সপ্তাহ ধরে। কিছুই ঘটল না। অবশেষে তাদেরকে মুম্বাদেবীর পশ্চিম দিকে বল্কেশ্বরে যাবার আদেশ দেয়া হয়, যেখানে একটি প্রাকৃতিক প্রস্রবণে ভরা হ্রদের ঠিক পাশে রাজপ্রাসাদ ও প্রভু রুদ্রের একটি মন্দির নির্মাণ করা হয়েছে।*

জটায়ু এক অধস্তন যোদ্ধা হওয়ায় সারির পেছন দিকে ছিল।

সে জানত দেবেন্দ্ররেরা লড়াই করতে পারে না। তারা নাবিক, প্রযুক্তিবিদ, চিকিৎসক, দার্শনিক, এবং কথকদের নিয়ে তৈরি এক শান্তিপ্রিয় গোষ্ঠী। তাদের মধ্যে যোদ্ধার সংখ্যা খুবই কম। জটায়ু মনপ্রাণ দিয়ে চাইছিল কোন রকম আপস চুক্তি হয়ে যাক।

প্রাসাদের বাইরে, প্রধান নগর চৌরাস্তার দৃশ্য দেখে সে ধন্ধে পড়ে গেল।

জায়গাটা জন মানব শূন্য। চারদিকে কেউ নেই। দোকানপাট সব খোলা। পণ্য সামগ্রী সাজান আছে দেখা যাচ্ছে। কিন্তু বেচবার কেউ নেই। রক্ষার জন্যেও নয়।

চৌমাথার কেন্দ্রে শোলার এক বিশাল স্তূপ, কিছু পবিত্র চন্দন কাঠও আছে তাতে। একটি ধাতুর জাল দিয়ে আটকে রাখা হয়েছে সেটাকে। তাজা ঘি দিয়ে ভেজানো সমস্তটা। বোঝাই যাচ্ছে এটি সদ্য প্রস্তুত। বোধ করি আগের রাত্রেই।

এক বিশাল চিতার মত দেখতে স্তূপটি। অতিকায়। শত শত দেহের জায়গা করে দেবার জন্য যথেষ্ট।

একটা হাঁটাপথ এর চুড়ায় উঠে গেছে।

প্রহস্ত এক আনুষ্ঠানিক আত্মসমর্পণ আশা করে এসেছিল। সেটাই দাবী করেছিল সে, এবং তারপর দেবেন্দ্ররদের শান্তিপূর্ণ প্রস্থান। কিন্তু এ একেবারেই আশাতীত। সে দ্রুত তার বাহিনীকে নিয়ে যুদ্ধের জন্য ব্যূহ রচনা করে নিল।

প্রাসাদের দেয়ালের ওপাশ থেকে সংস্কৃত স্তোত্রের শব্দ ভেসে আসছিল। তার সঙ্গে পবিত্র ঘন্টাধ্বনি এবং ঢোলের শব্দ। লঙ্কার সৈন্যদের স্তোত্রটা বুঝতে একটু সময় লাগল।

গড়ুর পুরাণ থেকে নেয়া সচরাচর অন্ত্যেষ্টি ক্রিয়ার সময় ব্যবহৃত স্তোত্র।

দেবেন্দ্ররররা কি ভেবেছে? তাদের প্রাসাদের প্রাচীর আক্রমণ সামলানোর জন্য যথেষ্ট শক্ত নয়। পাঁচ হাজার জনের লঙ্কার বাহিনীর মোকাবেলা করার মত যথেষ্ট সংখ্যক সেনাও নেই তাদের।

অকস্মাৎ, প্রাসাদ চত্বরের ভেতর থেকে ধোয়ার কুণ্ডলী উঠতে আরম্ভ হল। ঘন, কটু ধোঁয়া। প্রাসাদে অগ্নিসংযোগ করা হয়েছে।

আর তারপর, প্রবেশ দ্বার গুলি খুলে গেল।

প্রহস্তের আদেশ পরিষ্কার শোনা গেল। 'প্রস্তুত! দাঁড়াও!'

সমস্ত লঙ্কার সৈন্য তৎক্ষণাৎ অস্ত্র তুলে ধরে প্রস্তুত হয়ে গেল। আক্রমণের জন্য আশায়...

ইন্দ্রন, দেবেন্দ্ররদের রাজা তার লোকেদের নিয়ে প্রাসাদের বাইরে বেরিয়ে এল। তার পুরো পরিবারকে নিয়ে। পুরোহিত, বনিক, শ্রমিক, বুদ্ধিজীবী, চিকিৎসক, শিল্পী, নারী, শিশু। তার সমস্ত নাগরিকেরা।

সব দেবেন্দ্ররা।

সকলের পরনে গেরুয়া আলখাল্লা। আগুনের রঙ, অগ্নিদেবের রঙ। অন্তিম যাত্রার রঙ।

প্রতিটি মুখে প্রশান্তির ভাব।

তাদের জপ চলছে।

প্রত্যেক দেবেন্দ্ররের হাতে স্বর্ণ মুদ্রা এবং অলঙ্কার, প্রত্যেকের হাতে এক বিরাট ধনরাশি, এবং একটি ছোট শিশি।

ইন্দ্রন বিশাল কাঠের স্তূপের গায়ে হাঁটা পথ ধরে উঠে গিয়ে তার ওপর বেড়িয়ে থাকা পাটাতনে পৌঁছে তার লোকেদের দিকে মাথা নেড়ে সম্মতি জানাল।

তারা তাদের স্বর্ণমুদ্রা এবং অলঙ্কারগুলি লঙ্কার সৈন্যদের দিকে ছুঁড়ে দিল।

ইন্দ্রনের কণ্ঠস্বর পরিষ্কার এবং সুউচ্চ। 'তোমরা আমাদের সমস্ত অর্থ নিয়ে নিতে পার! আমাদের সবার জীবন নিয়ে নিতে পার! কিন্তু আমাদের ধর্মের বিরুদ্ধে কাজ করতে বাধ্য করতে পারবে না!'

লঙ্কার সৈন্যরা স্তম্ভিত হয়ে দাঁড়িয়ে রইল। কি করবে বুঝতে পারছিল না। তারা তাদের অধিনায়কের দিকে তাকাল নির্দেশের আশায়।

প্রহস্ত চীৎকার করে জানাল। 'রাজা ইন্দ্রন, কিছু করার আগে ভাল করে ভেবে নাও। প্রভু রাবণ ত্রিভুবনের অধীশ্বর। তাকে দেবতারাও ভয় পান। তোমাদের সোনাদানা নিয়ে এখান থেকে চলে যাও। তোমাদের আত্মা অভিশপ্ত হয়ে যাবে। আত্মসমর্পণ কর, তোমাদের দয়া করা হবে!'

ইন্দ্রন করুনাভরে হাসল। 'আমরা কখনই আমাদের ধর্ম জলাঞ্জলি দেব না।'

এবার দেবেন্দ্ররদের রাজা লঙ্কার সৈন্যদের দিকে তাকাল। 'নিজের আত্মাকে রক্ষা কর। তোমার কর্মফলের দায়িত্ব শুধুমাত্র তোমাকেই নিতে হবে। আর কাউকে নয়। আদেশ পালনের কথা বলে নিজের কর্মফল থেকে পরিত্রাণ পাবে না। নিজের আত্মাকে রক্ষা কর। সঠিক সিদ্ধান্ত নাও।'

কিছু সংখ্যক লঙ্কার সৈন্য মনে হচ্ছিল বিচলিত হয়ে পড়েছে। তাদের হাতের অস্ত্র কাঁপতে আরম্ভ করেছে।

'অস্ত্র সম্বরণ কর।' চেঁচাল প্রহস্ত। 'এটা কোন কারসাজি হচ্ছে!'

ইন্দ্রন প্রধান পুরোহিতের দিকে মাথা নেড়ে সম্মতি জানাল। পুরোহিত এগিয়ে গিয়ে কাঠের গাদার গভীরে একটা জ্বলন্ত মশাল গুঁজে দিল। সেটা দপ করে জ্বলে উঠল। চিতা প্রস্তুত।

ইন্দ্রন একটা ছোট শিশি বের করে এনে তাতে লম্বা চুমুক দিল। সম্ভবত কোন বেদনানাশক।

'আমি কেবল আমাদের দেবতাদের অপমান না করতে অনুরোধ করছি। আমাদের মন্দির গুলি কলুষিত কোরো না।' ইন্দ্রান এবার প্রহস্তের দিকে করুণার দৃষ্টিতে চাইল। 'বাকি যা আছে তা নিয়ে তোমরা যা খুশী করতে পার।'

প্রহস্ত নিজের সৈন্যদের আবার আদেশ দিল। 'স্থির থাক। কেউ নড়বে না।'

ইন্দ্রন দুহাত একসঙ্গে করে আকাশের দিকে চেয়ে নমস্কার জানিয়ে বলল। 'জয় রুদ্র! জয় পরশুরাম!' তারপর চিতায় ঝাঁপিয়ে পড়ল।

জটায়ু শোকে আর্তনাদ করে উঠল 'না – আ – আ!'

লঙ্কার যোদ্ধারাও হতভম্ব হয়ে কিছু করতে পারছিল না।

'নড়বে না!' প্রহস্ত তার সেনাদের উদ্দেশ্যে আবার চিৎকার করল।

বাকী সব দেবেন্দ্ররাও তাদের তরল মিশ্রণ পান করে নিয়ে ওঠার পথটা ধরে ছুটে গেল। সমূহ চিতায় ঝাঁপ দিতে। দলে দলে। প্রত্যেকে। পুরুষ, স্ত্রী, শিশু। তাদের নেতাকে অনুসরণ করে। তাদের রাজাকে অনুসরণ করে।

এক হাজার দেবেন্দ্রর ছিল। বেশ কিছুক্ষন সময় লাগল সবার ঝাঁপ দিতে।

তাদের আটকানোর জন্য লঙ্কার কেউ এগিয়ে গেল না। কয়েকজন সেনা অন্যদের অশ্রদ্ধার উদ্রেক করে দেবেন্দ্ররদের ছুঁড়ে ফেলা সোনার গয়না গুলি কুড়োতে আরম্ভ করল। নিজেদের জন্য ভাল গুলো বেছে বেছে। লুটের মাল নিয়ে নিজেদের মধ্যে আলোচনা করতে লাগল। দেবেন্দ্ররদের আত্মহত্যা চলাকালীনই। কিন্তু লঙ্কার সৈন্যদের অধিকাংশই স্থির হয়ে দাঁড়িয়ে ছিল। স্তম্ভিত, চলৎশক্তিহীন।

শেষ দেবেন্দ্রর চিতায় ঝাঁপানোর পর প্রহস্ত চারদিকে তাকিয়ে, তার বহু যোদ্ধার মুখের হতভম্ব ভাব দেখতে পেল সে। জোরে হেসে উঠে বলল প্রহস্ত। 'দুঃখ কোরো না সৈন্যরা। সব সোনাদানা সমানভাবে তোমাদের মধ্যে ভাগ করে দেয়া হবে। আজ তোমরা প্রত্যেকে সারা জীবনে যা উপার্জন করেছ তার চেয়ে বেশী অর্থ পাবে! হাসো! তোমরা সবাই এখন বড়লোক!'

কথা গুলির আশানুরূপ প্রভাব দেখা গেল না। অনেকেরই আত্মায় গিয়ে আঘাত করেছে ঘটনাটা। যা দেখেছে সেটা সহ্য করতে পারছে না। এক সপ্তাহের মধ্যেই প্রহস্তের অর্ধেকের বেশী সৈন্য ছেড়ে পালিয়েছিল। জটায়ু তার অন্যতম।

রাবণের জন্য লড়াই করা তাদের পক্ষে আর সম্ভব ছিল না।

কঠিন পাথরে ঢেউয়ের আছড়ে পড়ার শব্দে জটায়ুকে বেদনাদায়ক স্মৃতি থেকে ফিরিয়ে নিয়ে এলো।

তার সমস্ত শরীর কাঁপছিল। চোখে জলের ধারা। সমর্পনের ভঙ্গীতে হাত জোড় করা। মাথা নত। সাহস সঞ্চয় করে যন্ত্রণা সম্বরণ করে মুম্বাদেবীর দিকে তাকালো সে। বক্কেশ্বরের পাহাড়ের দিকে।

'আমাকে ক্ষমা কর রাজা ইন্দ্রন... ক্ষমা কর...'

কিন্তু অপরাধ বোধের হাত থেকে নিস্তার ছিল না।

— ৫৯ —

মুম্বাদেবী থেকে জটায়ু ফিরে আসার পর কয়েকমাস কেটে গেছে।

বক্কেশ্বরের ওষুধে আশ্চর্য কাজ দিয়েছে। মক্রন্তের খোঁড়ান নাটকীয় ভাবে কমে এসেছে। সে এখন প্রায় স্বাভাবিক ভাবেই হাঁটতে পারে। শীর্ণ হয়ে যাওয়া পেশীতে শক্তি ফিরে আসছে ধীরে ধীরে। বোঝাই যাচ্ছে মাস কয়েকের মধ্যেই মক্রন্তের পা একদম ঠিক হয়ে যাবে। কোন কোন মলয়পুত্র তাকে সঙ্গে নিয়ে শিকারে যাবার পরিকল্পনাও করছে।

মুম্বাদেবীর উল্লেখে মর্মপীড়ার কারণের বিষয়ে সীতা জটায়ুকে কয়েকবার প্রশ্ন করে উত্তর না পেয়ে শেষ পর্যন্ত হাল ছেড়ে দিয়েছে।

আজ কিছু সময় আগে সে দলের চোখ এড়িয়ে হনুমানের সঙ্গে এক গোপন জায়গায় দেখা করতে গিয়েছিল।

'রাজকুমার রাম এবং তোমাকে কোন একটা জায়গায় থিতু হতে হবে, রাজকুমারী। ' হনুমান বলল। 'তোমাদের অনবরত চলতে থাকায় আমার পক্ষে তোমাদের নজর রাখা মুশকিল হয়ে পড়ছে।'

'আমি জানি।' বলল সীতা। 'কিন্তু এখনো কোন নিরাপদ জায়গা পেলাম না।'

'আমার মাথায় তোমাদের জন্য একটা জায়গা আছে। জলের কাছে, সুরক্ষার ব্যবস্থা সম্ভব, রসদ সংগ্রহও সহজ হবে তোমাদের পক্ষে। প্রচুর শিকার পাওয়া যায়। আর আমার নজর রাখার মত কাছাকাছিও।'

'কোথায় সেটা?'

'পবিত্র গোদাবরীর উৎসমুখের কাছে।'

ঠিক আছে। আমি তোমার কাছ থেকে বিবরণটা নিয়ে নেব। আর হ্যাঁ, আরেকজনের খবর...।'

'রাধিকা?'

সীতা মাথা নেড়ে সায় দিল।

হনুমান ক্ষমাপ্রার্থির হাসি হেসে বলল। 'ও... ও জীবনে মানিয়ে নিয়েছে।'

'জীবনে মানিয়ে নিয়েছে?'

'ও এখন বিবাহিত।'

সীতা হতবাক হয়ে গেল। 'বিবাহিত?'

'হ্যাঁ।'

সীতা দীর্ঘশ্বাস চেপে বলল।'বেচারা ভরত।'

'আমি শুনেছি ভরত এখনো ওকে ভালবাসে।'

'আমার মনে হয় না ভরত ওকে কখনো ভুলতে পারবে...'

'আমি একবার একটা কথা শুনেছিলামঃ কখনো প্রেমে না পড়ার চেয়ে প্রেমে পড়ে ব্যর্থ হওয়া ভাল।'

সীতা হনুমানের দিকে তাকাল। 'মাফ করবে হনু ভাই, আমি অভদ্রতা করছি না। কিন্তু এমন কথা কেবল মাত্র সেই বলতে পারে যে কখনো প্রেমে পড়ে নি।'

হনুমান কাঁধ ঝাঁকাল। 'বুঝলাম। যাই হোক, শিবিরের অবস্থানটা...'

অধ্যায় ৩০

রাম,সীতা ও লক্ষ্মণ নির্বাসনে আসার পর ছয় বৎসর পার হয়ে গেছে।

গোদাবরী নদীর উৎসমুখের কাছে তার পশ্চিম তীর ঘেঁষে পাঁচটি বটের স্থান, পঞ্চবটী বনে উনিশ জনের দলটি আস্তান গেড়েছে। স্থানটির হদিস দিয়েছিল হনুমান। ছোট, সাদামাটা কিন্তু স্বাচ্ছন্দ্যপূর্ণ শিবিরটিকে স্বাভাবিক সুরক্ষা প্রদান করে নদীটি। শিবিরের কেন্দ্রে ব্যায়াম এবং জমায়েতের জন্য কিছুটা খোলা জায়গা ছাড়াও আছে একটি মাটির কুঁড়েঘর। এই প্রধান কুটিরটিতে দুটি কামরা আছে। একটি রাম ও সীতার জন্য। অন্যটি লক্ষ্মণের।

জটায়ু এবং তার দলবল থাকে পুর্ব দিকে অন্য কয়েকটি কুটিরে।

শিবিরের পরিসীমায় দুটি বৃত্তাকার বেষ্টনী আছে। বাইরেরটিতে বিষাক্ত লতা জড়িয়ে দেয়া হয়েছে যাতে জন্তু জানোয়ার দূরে থাকে। ভেতরের বেষ্টনী নাগবল্লি লতার তৈরি যাতে এক বিপদসংকেত দেবার ব্যবস্থা করা হয়েছে। একটি অবিচ্ছিন্ন দড়ি চলে গেছে এক বিশাল পাখির খাঁচা অবধি। খাঁচা ভরতি পাখিগুলির খুব ভাল করে দেখাশোনা করা হয় এবং প্রতি মাসে নতুন পাখি দিয়ে বদলে দেয়া হয়। যদি কেউ বাইরের বেষ্টনী পার করে নাগবল্লি ঝোপে প্রবেশ করতে চেষ্টা করে তবে, বিপদসংকেত চালু হয়ে যাবে পাখির খাঁচার ছাতের দরজা খুলে দিয়ে। পলায়নরত পাখিদের পাখার ঝটফটানির শব্দ শিবিরের বাসিন্দাদের কয়েকটা মুল্যবান মুহূর্ত আগেই সচকিত করে দেবে।

এই ছয় বৎসরে রাম, সীতা ও লক্ষ্মণ বিপদের সম্মুখীন হয়েছে একাধিক বার, কিন্তু তা কোন মানব সঙ্ক্রান্ত নয়। মাঝে মধ্যে হওয়া ক্ষতচিহ্ন গুলি তাদের জঙ্গলের অভিযানগুলির স্মৃতি মনে করিয়ে দিলেও, সোমরস এটা নিশ্চিত করে

দিয়েছে যে তারা নিজেদেরকে অযোধ্যা ছাড়ার দিনের মতই তরুণ অনুভব করে। তপ্ত সূর্যের কিরণ তাদের গায়ের রঙ মলিন করে দিয়েছে। রামের রঙ চিরকালই গাঢ়, কিন্তু ফরসা সীতা ও লক্ষ্মণের গায়ের রঙও তামাটে হয়ে গেছে। রাম এবং লক্ষ্মণের গোঁফদাড়ি বেড়েছে, তাতে তাদেরকে দেখলে যোদ্ধা-তপস্বী মনে হয়।

জীবন যাত্রা এক গতানুগতিক ছন্দে পড়ে গেছে। রাম ও সীতা ভোর বেলা স্নান করতে এবং কিছুটা সময় নিভৃতে কাটানোর উদ্দেশ্যে গোদাবরীর তীরে চলে যেতে ভালবাসে। এটা তাদের দিনের প্রিয় সময়।

আজ তেমনি একটা দিন। আগের দিন তারা চুল ধুয়েছে। আজ আবার ধোয়ার প্রয়োজন নেই। স্নান করার সময় ঝুঁটি করে তারা সেটা মাথার ওপর বেঁধে নিয়েছে। নদীর পরিষ্কার জলে স্নান করার পর তারা তীরে বসে একরাশ ছোট বড় ফল খাচ্ছিল।

রাম সীতার কোলে মাথা রেখে শুয়ে ছিল। সীতা রামের চুল নিয়ে খেলছিল। তার আঙ্গুল একটা জটে বাধা পেল। সে সাবধানে সেটা ছাড়িয়ে নিয়ে জটটা খুলতে চেষ্টা করায় রাম মৃদু আপত্তি জানাল। চুলটা অবশ্য অনায়াসে খুলে গেল। টানাটানি করতে হল না।

সীতা অল্প হেসে বলল। 'দেখছ আমি আলতো করেও করতে পারি।'

রাম হাসল। 'কখনো কখনো...'

রাম সীতার চুলে হাত বোলাল। চুলের রাশি সীতার কাঁধের ওপর দিয়ে নেমে এসে তার কোলে রাখা রামের মাথা পর্যন্ত পৌঁছেছে। 'তোমার পেছনে ঝুঁটি করা চুল আমার একঘেয়ে লাগছে।'

সীতা কাঁধ ঝাঁকাল। 'তুমি তোমার খুশী মত অন্যরকম করে বেঁধে দিও। এখন তো খোলাই আছে...'

'করে দেব।' সীতার হাত ধরে অলসভাবে নদের দিকে চেয়ে বলল রাম। 'কিন্তু পরে। যখন আমরা উঠবো, তখন।'

সীতা হেসে রামের চুল এলোমেলো করে দিল। 'রাম...'

'হুম্‌ম্‌?'

'আমি তোমাকে কিছু বলতে চাই।'

'কি?'

'আমাদের গতকালের আলোচনার ব্যপারে।'

রাম সীতার দিকে ফিরল। 'আমি ভাবছিলাম কখন তুমি ঐ কথা তুলবে।'

সীতা এবং রাম আগের দিন অনেক বিষয় নিয়ে কথা বলেছে। সবচেয়ে গুরুত্বপুর্ণ ছিল রামের পরবর্তী বিষ্ণু হবার সম্পর্কে বশিষ্ঠর বিশ্বাস। রাম তখন সীতাকে প্রশ্ন করেছিল যে সীতার গুরু কে। কিন্তু সীতা উত্তরটা এড়িয়ে গিয়েছিল।

'বিবাহতে কোন কিছু গোপন থাকা উচিৎ নয়। আমার তোমাকে বলে দেয়া উচিৎ আমার গুরু কে, অথবা কে ছিলেন।'

রাম সরাসরি সীতার চোখের দিকে তাকাল। 'গুরু বিশ্বামিত্র।'

সীতা হতভম্ব হয়ে গেল। তার দৃষ্টিতে সেটা ধরা পড়ল। রাম ঠিক ধরেছে।

রাম হাসল। 'আমি তো আর অন্ধ নই। মিথিলাতে সেদিন গুরু বিশ্বামিত্রকে আমার সামনে তুমি যে ধরনের কথা বলেছ সেটা কেবলমাত্র একজন প্রিয় শিষ্যই বলে পার পেতে পারে। '

'কিন্তু তুমি কিছু বল নি কেন?'

'আমি অপেক্ষা করছিলাম কবে তুমি আমাকে বলার মত বিশ্বাস করতে পারবে।'

'আমি তোমাকে সব সময় বিশ্বাস করে এসেছি রাম।'

'হ্যাঁ, কিন্তু শুধু পত্নী রূপে। কিছু গোপন কথা আছে যা এমন কি বিবাহের পক্ষেও অনেক বড়। আমি জানি মলয়পুত্ররা কারা। আমি জানি গুরু বিশ্বামিত্রের প্রিয় ছাত্রী হবার অর্থ কি।'

সীতা দীর্ঘশ্বাস ফেলল, 'আমি বোকার মত এতদিন অপেক্ষা করেছি। সময় কাটার সঙ্গে সঙ্গে একটা সাধারণ আলোচনা প্রয়োজনাতিরিক্ত জটিল হয়ে যায়। আমার হয়তো উচিৎ হয় নি...'

'গতস্য শোচনা নাস্তি।' রাম উঠে সীতার কাছে সরে এল। সীতার হাত ধরে বলল, 'এখন বল আমাকে।'

সীতা কোন কারণে উদ্বিগ্ন হয়ে লম্বা নিঃশ্বাস নিল। 'মলয়পুত্রদের বিশ্বাস আমি তাদের বিষ্ণু।'

রাম মৃদু হেসে সসম্ভ্রমে সীতার চোখে চোখ রাখল। 'আমি তোমাকে কয়েক বছর ধরে জানি। তোমার কত ধারণা শুনেছি। তুমি একজন মহান বিষ্ণু হবে। আমি তোমার অনুগামী হতে গর্ববোধ করব।'

'অনুগামী নয়। অংশীদার।'

রাম ভুরু কোঁচকাল।

'দুজন বিষ্ণু কেন হতে পারে না? আমরা একসঙ্গে মিলে কাজ করলে মলয়পুত্র আর বায়ুপুত্রদের এই ঝগড়াটা মিটিয়ে দিতে পারি। আমরা সবাই একসঙ্গে কাজ করে ভারতবর্ষকে নতুন পথে নিয়ে যেতে পারি।'

'আমি নিশ্চিত নই সেটার অনুমতি আছে বলে। একজন বিষ্ণু আইন ভেঙ্গে তার যাত্রা আরম্ভ করতে পারে না। আমি তোমাকে অনুসরণ করব।'

'বিষ্ণু যে কেবল একজনই হতে পারে এমন কোন নিয়ম নেই।'

'উম্...'

'রাম, আমি জানি ভাল করে। এমন কোন নিয়ম নেই। বিশ্বাস কর।'

'ঠিক আছে, ধরে নিলাম নেই। তুমি আমি নিশ্চয় একসঙ্গে কাজ করতে পারি। আমি নিশ্চিত এমনকি মলয়পুত্র আর বায়ুপুত্ররাও সেটা পারবে। কিন্তু গুরু বশিষ্ঠ আর গুরু বিশ্বামিত্রের কি হবে? তাদের শত্রুতা অনেক গভীর। আমাকে মলয়পুত্রদের স্বীকৃতি পেতে হবে, আর আমাদের গুরুদের মধ্যে অবস্থা যা তাতে...'

'ওটা আমরা সামলে নেব,' রামের কাছে সরে এসে তাকে জড়িয়ে ধরে বলল সীতা। 'তোমাকে এত দীর্ঘ সময় না বলার জন্যে আমি দুঃখিত।'

'আমি ভেবেছিলাম তুমি গতকাল আমাকে বলবে। আমার চুল বাঁধার সময়। তাই আমি তোমার গাল ছুঁয়ে অপেক্ষা করছিলাম। কিন্তু তুমি বোধ করি প্রস্তুত ছিলে না...'

'তুমি জান , গুরু বশিষ্ঠর বিশ্বাস...'

'সীতা, গুরু বশিষ্ঠ ঠিক গুরু বিশ্বামিত্রের মতই। উনি অসাধারণ, কিন্তু উনিও মানুষ। কোন পরিস্থিতিকে বুঝতে তাঁরও ভুল হতে পারে। আমি আইনভক্ত হতে পারি কিন্তু নির্বোধ নই।'

সীতা হেসে ফেলল। 'তোমাকে আগেই ভরসা না করার জন্য দুঃখিত।'

রাম মৃদু হাসল। 'হ্যাঁ, তোমার হওয়াই উচিৎ। আর মনে রেখো আমরা বিবাহিত, আমি যখন ইচ্ছা এটা তোমার বিরুদ্ধে ব্যবহার করতে পারি।'

সীতা খিল খিল করে হেসে উঠে খেলাচ্ছলে তার স্বামীর কাঁধে আঘাত করল। রাম তার হাত ধরে তাকে কাছে টেনে এনে চুম্বন করল। একে অন্যকে ধরে নৈকট্যের উপভোগ্য নীরবতার মধ্যে তারা গোদাবরী নদের দিকে চেয়ে রইল।

'এখন আমরা কি করব?' সীতা জিজ্ঞাসা করল।

'আমাদের নির্বাসন শেষ হবার আগে কিছু করার নেই। আমরা কেবল প্রস্তুতি করতে পারি...'

'গুরু বশিষ্ঠ আমাকে স্বীকার করে নিয়েছেন। আমাদের অংশীদারিতে তার সমস্যা হবে বলে আমার মনে হয় না।'

'কিন্তু গুরু বিশ্বামিত্র... তিনি আমাকে স্বীকার করবেন না।'

'তোমার সঙ্গে উনি যা করেছেন সেই জন্যে তোমার কি ওনার প্রতি কোন বিরূপতা নেই?'

'উনি ওনার বিষ্ণুকে বাঁচাতে চেষ্টা করছিলেন। তাঁর সারা জীবনের কাজ। আমাদের মাতৃভূমির মঙ্গলের জন্য কাজ করছিলেন। আমি বলছি না দৈবী অস্ত্র সম্পর্কে তাঁর সম্ভ্রমহীন মনোভাব আমি সমর্থন করি, কিন্তু সেটা কেন হয়েছে সেটা আমি বুঝি।'

'তার মানে, আমরা এখন যা স্থির করলাম সে বিষয়ে মলয়পুত্রদের কিছু এখন বলব না?'

'না। আমি বায়ুপুত্রদেরকেও এখুনি কিছু বলা যাবে কিনা নিশ্চিত নই... অপেক্ষা করে দেখা যাক।'

'একজন বায়ুপুত্র আছে যাকে বলা যায়।'

'তুমি কোনও বায়ুপুত্রকে কি করে চেনো? সবাই আমাকে বিষ্ণু বলে স্বীকার করে নেবার আগে গুরু বশিষ্ঠ সবসময় আমাকে কোন বায়ুপুত্রের সঙ্গে পরিচয় করা থেকে আটকেছেন। এতে সমস্যা হতে পারত।'

'আমাকেও গুরু বশিষ্ঠ পরিচয় করান নি। শুধু ভাগ্যের জোরে আমার সঙ্গে তার পরিচয় হয়ে গেছে। আমার গুরুকুলের এক বন্ধুর মাধ্যমে তার সঙ্গে আমার দেখা হয়। আমার বিশ্বাস সে আমাদের পরামর্শ দিতে পারবে। সাহায্য করতে পারবে।'

'কে সে?'

'রাধিকার খুড়তুতো ভাই।'

'রাধিকা! ভরতের রাধিকা?'

সীতা বিষণ্ণভাবে হাসল। 'হ্যাঁ...'

'ভরত ওকে এখনো ভালবাসে জান তো?'

'শুনেছি ... কিন্তু...'

'হ্যাঁ, ওদের উপজাতির নিয়মটা... আমি ভরতকে বলেছিলাম এ নিয়ে আর এগোতে না...'

সীতা জানে রাধিকার কারণটা ভিন্ন। কিন্তু রামকে সেটা জানানোর কোন যুক্তি নেই। যা হবার তাতো হয়েই গেছে।

'ওর ভাইয়ের নাম কি? সেই বায়ুপুত্রের?'

'হনু ভাই।'

'হনু ভাই?'

'আমি তাকে ঐ বলে ডাকি। সবাই তাকে জানে প্রভু হনুমান বলে।'

হনুমান হেসে হাতজোড় করে মাথা নোয়াল। 'বিষ্ণু প্রভু সীতাকে প্রণাম। বিষ্ণু প্রভু রামকে প্রণাম। '

রাম ও সীতা মুখ দেখাদেখি করল। বিব্রত হয়ে।

সীতা ও রাম লক্ষ্মণ আর মলয়পুত্রদের বলেছে তারা শিকারে যাচ্ছে। তার পরিবর্তে চুপি চুপি তারা এসেছে প্রায় অর্ধেক দিনের দূরত্বে এক ফাঁকা জায়গায়। গোদাবরীর ভাটিতে নৌকা করে হনুমান যেখানে তাদের অপেক্ষা করছিল সেখানে। সীতা হনুমানের সঙ্গে রামের পরিচয় করিয়ে দিয়েছে এবং তাদের সিদ্ধান্ত জানিয়েছে। হনুমান সিদ্ধান্তটা খুব সহজে মেনে নিয়েছে। এমনকি স্বাগত জানিয়েছে।

'কিন্তু তোমার কি মনে হয় গুরু বিশ্বামিত্র এবং গুরু বশিষ্ঠ মেনে নেবেন?' প্রশ্ন করল সীতা।

'আমি জানি না,' হনুমান বলল। তারপর রামের দিকে চেয়ে বলল, 'গুরু বশিষ্ঠ যে আপনাকে বলেছেন যে তিনি আপনাকে বিষ্ণু করতে চান এতে গুরু বিশ্বামিত্র খুবই রাগ করেছেন।'

রাম চুপ করে রইল।

হনুমান বলতে লাগল। 'আপনার ভাই লক্ষ্মণ একজন সাহসী এবং বিশ্বস্ত ব্যক্তি। আপনার জন্য প্রাণ দেবে। কিন্তু কখনো কখনো সে এমন গোপন কথা বলে ফেলে যা বলা উচিৎ নয়।'

রাম ক্ষমার্থীর হাসি হাসল। 'হ্যাঁ, অরিষ্টনেমীজির সামনে ও এটা বলেছে। লক্ষ্মণ কোন ক্ষতি করতে চায় নি। ও আসলে...'

'বলাই বাহুল্য' সায় দিল হনুমান। 'সে আপনাকে নিয়ে খুবই গর্বিত। আপনাকে দারুণ ভালবাসে। কিন্তু সেই ভালবাসার ফলে কখনো কখনো ভুল করে ফেলে। অনুগ্রহ করে ভুল বুঝবেন না। কিন্তু আমার পরামর্শ হল আপনাদের এই ছোট বন্দোবস্ত সম্পর্কে ওকে কিছু বলবেন না। বা আমার সম্পর্কেও। অন্তত এখনকার মত।'

রাম মাথা নেড়ে সম্মতি জানাল।

'গুরু বশিষ্ঠ আর গুরু বিশ্বামিত্রের মধ্যে শত্রুতার কারণ কি?' প্রশ্ন করল সীতা। 'আমি কিছুতেই জানতে পারি নি।'

'হ্যাঁ,' বলল রাম। 'এমন কি গুরু বশিষ্ঠও এ বিষয়ে কিছু বলতে অস্বীকার করেন।'

'আমিও ঠিক নিশ্চিত নই।' হনুমান বলল। 'কিন্তু আমি শুনেছি নন্দিনী বলে কোন মহিলার এতে ভূমিকা থেকে থাকতে পারে।'

'সত্যি?' প্রশ্ন করল সীতা। 'তাদের ছাড়াছাড়ির কারণ মহিলা? এত গতানুগতিক?'

হনুমান মৃদু হাসল। 'মনে হয়, অন্য সমস্যাও ছিল। কিন্তু কেউ নিশ্চিত নয়। এ সবই অনুমান।'

'সে যাই হোক, বেশী গুরুত্বপুর্ণ হচ্ছে, তোমার কি মনে হয়, এ বিষয়ে মলয়পুত্র আর বায়ুপুত্র একসঙ্গে হতে পারবে?' রাম প্রশ্ন করল। 'আমরা দুজন বিষ্ণু হওয়া কি তারা মেনে নেবে? সীতার কাছে শুনেছি এর বিরুদ্ধে কোন আইন নেই। কিন্তু এটা অবশ্যই বিষ্ণু এবং মহাদেবের সাধারণ নীতির বহির্ভূত। তাই না? '

হনুমান অল্প হাসল। 'রাজকুমার রাম, আপনি কি জানেন বিষ্ণু ও মহাদেবের বিধান কতদিন ধরে চলছে?'

রাম কাঁধ ঝাঁকাল। 'আমি জানি না। হাজার হাজার বছর? প্রভু মনুর সময় থেকে, বোধ হয় , বা তারও আগে?'

'ঠিক। আর আপনি কি জানেন পুর্ববর্তী বিষ্ণু বা মহাদেবের রেখে যাওয়া উপজাতির পরিকল্পনা ও রীতিনীতি অনুসারে ঠিক কতজন বিষ্ণু বা মহাদেব বেরিয়ে এসেছেন?'

রাম সীতার দিকে তাকাল। তারপর আবার হনুমানের দিকে 'আমি জানি না।'

হনুমানের চোখে হাসির ঝিলিক। 'সংখ্যাটা হল শূন্য।'

'সত্যি?'

'একবারও নয়, একবারও এমন হয় নি যে কোন বিষ্ণু বা মহাদেব পরিকল্পনা মত আবির্ভুত হয়েছেন। খুব ভাল করে করা পরিকল্পনা সব সময়ই ভণ্ডুল হবার সম্ভাবনা থাকে। সব সময় অপ্রত্যাশিত কিছু ঘটেছে।'

রাম অল্প হেসে বলল। 'আমাদের এমন এক দেশ যা নিয়ম আর পরিকল্পনা পছন্দ করে না।'

'ঠিক তাই।' বলল হনুমান। 'মহাদেব বা বিষ্ণুদের উদ্দেশ্য "পরিকল্পনা ঠিকমত চলেছে" বলে সফল হয় নি। তাঁরা সফল হয়েছেন কারণ এই মহান দেশের জন্য তাঁরা সবকিছু দিয়ে দিতে প্রস্তুত ছিলেন, এবং তাঁদের সঙ্গে বহু লোক ছিল যারা একই রকম ভাবতো। ওটাই আসল কথা- আবেগ। পরিকল্পনা নয়।

'তাঁর মানে তোমার মতে মলয়পুত্র আর বায়ুপুত্রদেরকে রাজী করাতে আমরা সফল হব?' সীতা প্রশ্ন করল।

'অবশ্যই হব,' হনুমান উত্তর দিল। 'তারা কি ভারতবর্ষকে ভালবাসে না? কিন্তু তুমি যদি আমাকে জিজ্ঞাসা কর, কি করে আমরা সফল হব, আমার উত্তর হবেঃ আমি জানিনা। এখন পর্যন্ত কোন পরিকল্পনা নেই! কিন্তু আমাদের হাতে সময় আছে। তোমরা দুজনে সপ্ত সিন্ধু ফিরে যাবার আগে কিছুই করা যাবে না।'

নির্বাসনের তেরো বৎসরের বেশী কেটে গেছে। এক বৎসরের মধ্যে রাম, সীতা ও লক্ষ্মণ সপ্ত সিন্ধুতে প্রত্যাবর্তন করে তাদের জীবনের মহত্তম কর্ম আরম্ভ করতে চলেছে। হনুমান বায়ুপুত্রদের সীতাকে স্বীকার করে নিতে রাজী করিয়েছে। এবং অরিষ্টনেমী ও আরও কয়েকজন মলয়পুত্র রামকে সমর্থন করতে আরম্ভ করেছে। বশিষ্ঠ, বলাই বাহুল্য, রাম ও সীতার একযোগে বিষ্ণু হবার বিষয়ে তাঁর কোন সমস্যা ছিল না। কিন্তু বিশ্বামিত্র... সে সম্পুর্ণ অন্য গল্প। তিনি যদি বেঁকে বসেন তবে মলয়পুত্রদেরকে সম্পূর্ণভাবে দলে পাওয়া যাবে সেই ভরসা করা যায় না। যতই হোক তারা এক অনুশাসিত প্রতিষ্ঠান যারা নেতাকে অনুসরণ করে চলে।

কিন্তু এই মুহূর্তে রাম ও সীতার মনে সেই চিন্তা ছিল না। তারা শিবিরে তাদের অংশটায় অলসভাবে শুয়ে, সুর্যাস্তের ফলে আকাশের অপূর্ব রঙের খেলা দেখছিল। অপ্রত্যাশিত ভাবে, পাখির খাঁচার বিপদসংকেত চালু হয়ে গেল। খাঁচার ভেতরকার পাখির ঝাঁক সহসা শোরগোল করে ডানা ঝাপটাতে আরম্ভ করেছে। কেউ তাদের শিবিরের পরিসীমা উল্লঙ্ঘন করেছে।

'ওটা কি হল?' লক্ষ্মণ প্রশ্ন করল।

রামের সহজাত অনুভূতি বলছে অনুপ্রবেশকারীরা পশু নয়।

'অস্ত্র,' শান্ত ভাবে আদেশ দিল রাম।

সীতা ও লক্ষ্মণ তাদের তলোয়ারের কোষ কোমরে বেঁধে নিল। লক্ষ্মণ নিজের ধনুক তুলে নেবার আগে রামকে তার ধনুকটা এগিয়ে দিল। দুই ভাই দ্রুত ধনুকে গুণ দিয়ে নিল। রাম ও লক্ষ্মণ পিঠে তীর ভরতি তূণীর বাঁধতে না বাঁধতেই জটায়ু ও তার লোকেরা ছুটে এল, সশস্ত্র এবং প্রস্তুত। সীতা একটা লম্বা বর্শা তুলে নিল, রাম তখন কোমরে তলোয়ারের খাপ বাঁধছে। পিঠের নীচে খাপে ভরা ছোট ছুরি আড়াআড়ি ভাবে আগেই বাঁধা ছিল। এই অস্ত্র তারা সর্বদা সঙ্গে রাখে।

'এরা কারা হতে পারে?' জিজ্ঞাসা করল জটায়ু।

'আমি জানি না।' বলল রাম।

'লক্ষ্মণের প্রাচীর?' সীতার প্রশ্ন।

"লক্ষ্মণের প্রাচীর" লক্ষ্মণের উদ্ভাবিত প্রধান কুটিরের পুর্বদিকে এক মৌলিক রক্ষা ব্যবস্থা। এটা পাঁচ ফুট উঁচু এক দেয়াল যা একটা ছোট বর্গ ক্ষেত্রকে তিনদিক দিয়ে সম্পুর্ণ রূপে ঘিরে আছে। প্রধান কুটিরের দিকটা কেবল আংশিক খোলা। বাইরে থেকে কাঠামোটাকে দেখলে ঘেরা রান্নাঘর বলে মনে হবে। যোদ্ধাদের চলাফেরার সুবিধের জন্য আসলে প্রাচীরে ঘেরা জায়গাটি খালি। কিন্তু সেটি প্রাচীরের অন্যদিকের শত্রুদের দৃষ্টির অগোচরে। অবশ্য হাঁটুগেড়ে বসতে হবে সকলকে। দক্ষিণ দিকের দেয়ালের বাইরের দিকে একটা ছোট তন্দুর বেরিয়ে আছে। ঘেরা জায়গাটার অর্ধেকটা ছাতে ঢাকা যাতে রান্নাঘরের ছদ্মবেশটা সম্পুর্ণ হয়েছে। এতে শত্রুদের তীর থেকে সুরক্ষা পাওয়া যাবে।

দক্ষিণ, পশ্চিম আর উত্তর দিকের দেওয়ালে বড় বড় গর্ত কাটা আছে। যেগুলোর মুখ ভেতর দিকে সরু ও বাইরের দিকে চওড়া। বাইরে থেকে দেখলে এগুলোকে রান্নাঘরের ধোঁয়া বের হবার ফুটো বলে মনে হবে। এগুলোর আসল উপযোগিতা হল ভেতরের লোকেদের বাইরে থেকে আসা শত্রুদের দেখার সুবিধা করে দেয়া। কিন্তু বাইরে থেকে ভেতরের কিছু দেখা যাবে না। এই গহ্বর গুলো দিয়ে তীরও ছোঁড়া যাবে। কাদামাটির তৈরি বলে এতে বড় কোন বাহিনীর দীর্ঘ আক্রমণ ঠেকান যাবে না। কিন্তু হত্যার উদ্দেশ্য নিয়ে পাঠানো ছোট দলের হাত থেকে রক্ষা পাবার পক্ষে যথেষ্ট এটি। সেটাই হতে পারে বলে লক্ষ্মণের সন্দেহ।

লক্ষ্মণের পরিকল্পনা অনুযায়ী সবাই মিলে এটি বানিয়েছে। মক্রন্ত এর নাম দিয়েছে “লক্ষ্মণের প্রাচীর”।

‘হ্যাঁ,’ বলল রাম।

সকলে ছুটে প্রাচীরের কাছে গিয়ে নিচু হয়ে বসল। উদ্যত অস্ত্র হাতে শত্রুর অপেক্ষায়।

লক্ষ্মণ কুঁজো হয়ে দক্ষিণ দিকের দেয়ালের ছিদ্র দিয়ে উঁকি মারল। ভাল করে দেখে সে দেখতে পেল জনা দশেকের একটা ছোট্ট দল শিবিরের চত্বরে ঢুকে পড়েছে। তাদের সামনে আছে একজন পুরুষ ও একটি নারী।

সামনের পুরুষটি সাধারণ উচ্চতার। অস্বাভাবিক রকমের ফর্সা। তার পাটকাঠির মত শরীর দেখে দৌড়বীর মনে হয়, এ যোদ্ধা হতে পারে না। রোগা কাঁধ আরা পাতলা বাহু সত্ত্বেও তার হাঁটার ভঙ্গীতে মনে হচ্ছিল বাহুমূলে ফোস্কা পড়েছে। বাহুর বড় পেশীর জায়গা করার ভান। অধিকাংশ ভারতীয় পুরুষের মত তার লম্বা ঘন কালো চুল, মাথার পেছনে গিঁট দিয়ে বাঁধা। তার মুখ ভরতি দাড়ি পরিপাটি করে ছাঁটা এবং গাঢ় বাদামী রঙ করা। তার পরনে চিরাচরিত বাদামী ধুতি ও একটু কম বাদামী রঙের অঙ্গবস্ত্র। তার অলঙ্কার গুলি মূল্যবান কিন্তু জাহির করা নয়। মুক্তার কানের দুল আর একটি তামার সরু কেয়ূর। তাকে আলুথালু দেখাচ্ছিল। যেন বহুদিন পথে কাটিয়েছে। পোশাক বদলানোর সুযোগ পায় নি।

তার পাশের নারীর চেহারায় তার সঙ্গে একটা হাল্কা সাদৃশ্য আছে, সম্ভবত এ তার ভগ্নী। সম্মোহক। প্রায় উর্মিলার মত খাটো। বরফ সাদা গায়ের রঙ। যা তাকে ফ্যাকাসে এবং রুগ্ন দেখাতে পারত। উলটো সে বিহ্বল করার মত সুন্দরী। তীক্ষ্ণ অল্প উঁচু নাক। উঁচু গালের হাড়। দেখতে প্রায় পরিহার বাসিন্দাদের মত। কিন্তু এর চুলের রঙ সাধারণ নয়, সোনালী। পরিহার লোকেদের তা হয় না। প্রতিটি চুল পরিপাটি ঠিক জায়গামত আছে। তার চোখে চুম্বকের আকর্ষণ। বোধহয় সে হিরন্যলোমের ম্লেচ্ছ সন্তান। ফর্সা, পাতলা রঙের চোখ এবং চুলধারী এই বিদেশীরা উত্তর পশ্চিমে অর্ধেক পৃথিবী দূরত্বে বাস করে। তাদের হিংস্রতা এবং দুর্বোধ্য ভাষার ফলে ভারতীয়রা তাদেরকে বর্বর বলে থাকে। কিন্তু এই মহিলাটি একেবারেই বর্বর নয়। ঠিক তার বিপরীত, মার্জিত, মেদহীন এবং ছোটখাট। ব্যতিক্রম কেবল তার শরীরের তুলনায় অত্যধিক বড় স্তন। তার পরনে এক উৎকৃষ্ট, মূল্যবান রঙ করা ময়ূরপঙ্খী ধুতি, যা সরযুর জলের মত চকচক করছে। বোধহয় এটি ভারতবর্ষের সুদূর পুর্ব প্রান্তের সুবিখ্যাত রেশমি কাপড় যা এখন শুধুমাত্র বড়লোকেরাই কিনতে পারে। কারণ রাবণ এটি সম্পূর্ণ কব্জা করে নিয়ে দাম বাড়িয়ে দিয়েছে। ধুতিটা কেতাদুরস্ত ভাবে নিচু করে বাঁধা, তাতে তার মেদহীন উদর এবং পাতলা ঢেউ খেলানো কোমর দৃশ্যমান। তার রেশমি বক্ষবন্ধনী একটি কাপড়ের ছোট্ট ফালি যা তার বুকের খাঁজকে ভাল করে প্রদর্শন করছে। তার অঙ্গবস্ত্র ইচ্ছে করে শরীরে না জড়িয়ে কাঁধ থেকে ঝোলান। অতিরিক্ততার ছবিটা তার অত্যধিক গয়নাগাঁটি সম্পুর্ণ করেছে। একটি মাত্র বেমানান বস্তু হল তার কোমরে বাঁধা ছুরির খাপ। মহিলাটি দেখবার মত।

রাম সীতার দিকে এক ঝলক তাকাল। 'কে ওরা?'

সীতা কাঁধ ঝাঁকাল।

মলয়পুত্ররা দ্রুত জানিয়ে দিল যে পুরুষটি রাবণের ছোট সৎভাই বিভীষণ এবং মহিলাটি তার সৎবোন শূর্পনখা।

বিভীষণের পাশে একজন যোদ্ধা একটা সাদা পতাকা উঁচিয়ে ধরে আছে। শান্তির প্রতীক। স্পষ্টতই তারা আলোচনা করতে চায়। রহস্য হলঃ কি ব্যাপারে কথা বলবে?

এবং কোন গোপন মতলব আছে কিনা।

রাম আবার ছিদ্র দিয়ে তাকাল, তারপর নিজের লোকেদের দিকে ফিরে বলল। 'আমরা একসঙ্গে বাইরে বেরবো। তাহলে ওরা বোকার মত কিছু করার চেষ্টা করতে পারবে না।'

'সেটাই বুদ্ধির কাজ,' বলল জটায়ু।

'এসো।' বলে সুরক্ষা প্রাচীরের পেছন থেকে বাইরে বেরিয়ে এল রাম। তার ডান হাত তুলে ধরা, তার কোন ক্ষতি করার ইচ্ছে নেই বোঝানর জন্য। বাকি সবাই রামকে অনুসরণ করে রাবণের সৎভাই-বোনের সঙ্গে দেখা করতে বাইরে বেড়িয়ে এল।

রাম, সীতা, লক্ষ্মণ এবং তাদের সেনাদের ওপর দৃষ্টি পড়তেই বিভীষণ উৎকণ্ঠিত হয়ে থেমে গেল। যেন এবার কি করা উচিৎ স্থির করতে না পেরে সে পাশে তার বোনের দিকে তাকাল। কিন্তু শূর্পনখার চোখ কেবল রামকে দেখছিল। নির্লজ্জের মত তার দিকে একদৃষ্টে তাকিয়ে ছিল।

জটায়ু কে দেখতে পাবার সঙ্গে সঙ্গে বিভীষণের অবাক মুখে পরিচিতির চাউনি দেখা গেল।

রাম লক্ষ্মণ ও সীতা আগে আগে হাঁটছিল, জটায়ু এবং তার যোদ্ধারা ঠিক তাদের পেছন পেছন অনুসরণ করছিল। বনবাসীরা লঙ্কার লোকেদের কাছে পৌঁছুলে বিভীষণ মেরুদণ্ড সোজা করে বুক ফুলিয়ে আত্মম্ভরি স্বরে বলল। 'আমরা শান্তিতে এসেছি অযোধ্যারাজ।'

'আমরাও শান্তিই চাই।' ডান হাত নীচে করে বলল রাম। তার লোকেরাও তাই করল। রাম "অযোধ্যারাজ" সম্বোধন নিয়ে কোন মন্তব্য না করে প্রশ্ন করল। 'এখানে আসার কারণ কি, লঙ্কার রাজপুত্র?'

তাকে চিনতে পারায় বিভীষণ একটু গর্বিত হয়ে বলল। 'সপ্ত সিন্ধুর লোকেরা বিশ্বের সম্পর্কে যতটা অজ্ঞ বলে আমাদের অনেকের ধারণা তারা ততটা নয় সেটা বোঝা যাচ্ছে।'

রাম অমায়িক ভাবে হাসল। এমন সময় শূর্পনখা একটা বেগুনী রুমাল বের করে সাবধানে নাক ঢাকল। লক্ষ্মণ তার কেতাদুরস্ত পরিচর্যা করা নখ গুলি

লক্ষ্য করছিল, প্রতিটা নখ এক একটি কুলোর মত। এটাই বোধহয় তার নামের কারণ। কেননা সংস্কৃতে শূর্প কথার অর্থ কুলো।

'সে আমিও সপ্ত সিন্ধুর অধিবাসীদের বুঝি এবং শ্রদ্ধা করি।' বিভীষণ বলল।

সীতা শ্যেন দৃষ্টিতে শূর্পনখাকে লক্ষ্য করছিল। মহিলাটি তার স্বামীকে একদৃষ্টে দেখে যাচ্ছে। কাছ থেকে, অকুণ্ঠিত ভাবে। কাছ থেকে বোঝা যায় শূর্পনখার চোখের জাদুর কারণ হচ্ছে সেটির চমকপ্রদ রঙঃ উজ্জ্বল নীল। তার শরীরে প্রায় নিশ্চিত হিরণ্যলোমের ম্লেচ্ছ রক্ত কিছুটা আছে। কার্যত মিশরের পুর্ব দিকের কারোরই নীল চোখ হয় না। তার সুগন্ধি আতরে চান করার ফলে পঞ্চবটী শিবিরের গ্রাম্য, জান্তব গন্ধটা চাপা পরে গিয়েছিল, অন্তত যারা তার কাছাকাছি ছিল তাদের ক্ষেত্রে। কিন্তু তার নিজের জন্য যে সেটা যথেষ্ট চাপা দিতে পারে নি, সেটা বোঝাই যাচ্ছিল। নাকের ওপর রুমালটা ধরে রেখে চারদিকের দুর্গন্ধটাকে সরিয়ে রাখছিল সে।

'আপনি কি ভেতরে আমাদের দীন কুটীরে আসতে ইচ্ছুক?' কুঁড়ে ঘরের দিকে ইশারা করে বলল রাম।

'না ধন্যবাদ মহারাজ।' বিভীষণ বলল। 'আমি এখানে ঠিক আছি।'

জটায়ুর উপস্থিতি তাকে একটু বেসামাল করে দিয়েছে। কুঁড়ে ঘরের চার দেয়ালের ভেতরে তাদের জন্য অপেক্ষারত আর কোনও অপ্রত্যাশিত বিষয়ের সামনা করতে বিভীষণ এখনি প্রস্তুত নয়। আগে কিছু একটা বোঝাপড়া হোক। হাজার হোক সে সপ্ত সিন্ধুর শত্রুর ভ্রাতা। এখনকার মত খোলা জায়গাই নিরাপদ।

'ঠিক আছে,' বলল রাম। 'স্বর্ণলঙ্কার রাজপুত্রের এখানে আগমনের সম্মান আমরা কেন পেলাম জানতে পারি কি?'

শূর্পনখা আকর্ষক গভীর স্বরে বলল। 'প্রিয়দর্শন। আমরা আশ্রয়ভিক্ষা করতে এসেছি।'

'আমি ঠিক বুঝলাম না,' এক অচেনা নারীর তার সুদর্শন চেহারার প্রতি ইঙ্গিতে রাম মুহূর্তের জন্য বিহ্বল হয়ে বলল। 'আমার মনে হয় না আমরা এমন কাউকে সাহায্য করতে পারি যাঁদের আত্মীয়তা...'

'হে মহান পুরুষ। আমরা আর কার কাছে যেতে পারি?' বিভীষণ প্রশ্ন করল। 'আমরা রাবণের ভাইবোন, ফলে আমাদেরকে সপ্তসিন্ধুর কেউ স্থান দেবে না। কিন্তু আমরা এও জানি যে সপ্ত সিন্ধুতে এমন অনেকে আছে যারা আপনাকে অমান্য করবে না। আমি এবং আমার বোন রাবণের নিষ্ঠুর অত্যাচার অনেক দিন ধরে সহ্য করেছি। আমাদের পালাতেই হয়েছে।'

রাম চুপ করে রইল।

'অযোধ্যারাজ,' বিভীষণ বলে চলল, 'আমি লঙ্কার লোক হতে পারি। কিন্তু আমি প্রকৃতপক্ষে আপনাদের নিজের লোকের মতই। আমি আপনার আদর্শে বিশ্বাসী করি। আপনার পথই অনুসরণ করি। আমি লঙ্কার অন্যদের মত নই। যারা রাবণের অতুল বৈভব দেখে অন্ধ হয়ে তার দানবিক পথ অনুসরণ করে। আর শূর্পনখাও আমার মতই। আপনি কি মনে করেন না আপনার আমাদের প্রতিও একটা কর্তব্য আছে?'

সীতা মাঝখান থেকে বলে উঠল। একবার এক প্রাচীন কবি বলেছিলেন, "কুঠারকে বনে ঢুকতে দেখে গাছেরা বলাবলি করল: ভয়ের কিছু নেই, হাতলটা আমাদেরই একজন।"

শূর্পনখা শ্লেষ্মাত্মক হাসল। 'তাহলে মহান রঘুর উত্তরসূরি পত্নীকেই তাঁর হয়ে সিদ্ধান্ত নিতে দেন। তাই না?'

বিভীষণ আলতো করে শূর্পনখার হাত স্পর্শ করায় সে চুপ করে গেল। 'রানি সীতা,' বলল বিভীষণ, 'আপনি দেখতেই পাচ্ছেন এখানে কেবল হাতলই এসেছে, কুঠারের মাথা লঙ্কায়। আমাদের সত্যি আপনাদের মতই অবস্থা। দয়া করে সাহায্য করুন।'

শূর্পনখা জটায়ুর দিকে ফিরল। বরাবরের মতই প্রতিটা লোক যে হাঁ করে তার দিকে চেয়ে আছে সেটা তার নজর এড়ায় নি। শুধু রাম ও লক্ষ্মণ ছাড়া। 'মহান মলয়পুত্র। আপনার কি মনে হয় না আমাদের আশ্রয় দিলে আপনাদের

লাভ হবে? লঙ্কার বিষয়ে আপনারা যা কিছু জানেন আমরা তার চেয়ে বেশী খবর দিতে পারব। সেখানে আরও সোনা আছে।'

জটায়ু আড়ষ্ট হয়ে গেল। 'আমরা প্রভু পরশুরামের ভক্ত। সোনাদানায় আমাদের কোন আগ্রহ নেই।'

'তাই বুঝি...' বিদ্রূপের সুরে বলল শূর্পনখা।

বিভীষণ লক্ষ্মণের কাছে আর্তি জানাল। 'হে জ্ঞানী লক্ষ্মণ, অনুগ্রহ করে আপনার ভাইকে রাজী করান। আমি নিশ্চিত আপনি নিশ্চয় মানবেন যে আপনারা ফিরে এলে আপনাদের যুদ্ধে আমরা প্রচুর সাহায্য করতে পারব।'

'আমি আপনার সঙ্গে একমত হতেই পারি, লঙ্কার রাজপুত্র।' হেসে বলল লক্ষ্মণ, 'কিন্তু সেক্ষেত্রে আমরা দুজনেই ভুল করব।'

বিভীষণ মাটির দিকে চেয়ে দীর্ঘশ্বাস ফেলল।

'রাজকুমার বিভীষণ,' রাম বলল, 'আমি সত্যি দুঃখিত কিন্তু –'

বিভীষণ রামের কথায় বাধা দিয়ে বলল। 'দশরথপুত্র, মিথিলার যুদ্ধ মনে করে দেখুন। আমার ভাই রাবণ আপনার শত্রু। সে আমারও শত্রু। ফলে আপনি কি আমার মিত্র হচ্ছেন না?'

রাম চুপ করে রইল।

'লঙ্কা থেকে পালাতে গিয়ে আমরা প্রাণের ঝুঁকি নিয়েছি। আপনারা আমাদের কিছু সময়ের জন্য আপনাদের অতিথি হতে দিতে পারেন না? আমরা কয়েকদিন পরেই চলে যাব। মনে রাখবেন তৈত্তিরিয় উপনিষদে বলা আছে "অতিথি দেব ভব।" এমন কি অনেক স্মৃতিতেও বলা আছে যে সবলদের দুর্বলের রক্ষা করা উচিৎ। আমরা শুধু কয়েকদিনের জন্য আশ্রয় চাইছি। অনুগ্রহ করুন।'

সীতা রামের দিকে চেয়ে দীর্ঘ নিঃশ্বাস ফেলল। আইনের উল্লেখ করা হয়েছে। এবার কি হবে সীতার জানা। সীতা জানে, রাম এখন আর এদেরকে ফিরিয়ে দেবে না।

'মাত্র কয়েকদিন, অনুগ্রহ করুন।' বিভীষণ অনুনয় করল।

রাম বিভীষণের কাঁধ স্পর্শ করল। 'আপনারা কয়েকদিন এখানে থাকতে পারেন। কিছুদিন বিশ্রাম করে নিন। তারপর আবার যাত্রা শুরু করবেন।'

বিভীষণ হাত জোড় করে নমস্কার করল। 'মহান রঘুবংশের জয়।'

অধ্যায় ৩১

‘খাবারে লবণ নেই।’ অভিযোগ করল শূর্পনখা।

চতুর্থ প্রহরের প্রথম ঘন্টায় পঞ্চবটী শিবিরের সবাই সান্ধ্য ভোজনে বসেছিল। আজ সীতার রান্না করার পালা ছিল। রাম, লক্ষ্মণ আর অন্যরা সবাই খাবারটা উপভোগ করলেও শূর্পনখা অভিযোগ করার অনেক কিছু পেয়েছে। লবণ না থাকাটা তার নালিশের ঘ্যানঘ্যানানির নবতম পদ।

‘কারণ পঞ্চবটীতে লবণ পাওয়া যায় না, রাজকুমারি।’ অনেক কষ্টে ধৈর্য রেখে বলল সীতা। ‘যা পাওয়া যায় আমরা তাই দিয়ে কাজ চালাই। এটা রাজপ্রাসাদ নয়। তোমার খাবার পছন্দ না হলে খেও না।’

‘এতো কুকুরের খাবার!’ হাতের গ্রাসটা থালায় ছুঁড়ে ফেলে বিরক্তিভরে বিড়বিড় করল শূর্পনখা।

‘তবে তো তোমার জন্যে একদম ঠিক আছে,’ বলল লক্ষ্মণ।

সবাই হেসে উঠল। এমন কি বিভীষণও। কিন্তু রাম খুশি হয় নি। কড়া দৃষ্টিতে লক্ষ্মণের দিকে তাকাল সে। লক্ষ্মণ বেপরোয়া দৃষ্টিতে ভাইয়ের দিকে তাকিয়ে ঘাড় নাড়ল তারপর আবার খাওয়ায় মন দিল।

শূর্পনখা তার থালাটা ঠেলে সরিয়ে দিয়ে ঝড়ের মত বেরিয়ে গেল।

‘শূর্প...’ যেন অনুনয়ের স্বরে বলল বিভীষণ, তারপর সেও উঠে বোনের পেছনে ছুটল।

রাম সীতার দিকে চাইল। সীতা ঘাড় ঝাঁকিয়ে খাওয়ায় মন দিল।

ঘন্টা খানেক পর, সীতা ও রাম তাদের কুটিরে শুধু দুজনে নিভৃতে ছিল।

যদিও শূর্পনখা কে বাদ দিলে লঙ্কার লোকেদের মধ্যে আর কেউ কোন ঝামেলা করে নি কিন্তু লক্ষ্মণ আর জটায়ু তাদের বিষয়ে সন্দিহান ছিল। তারা অতিথিদের নিরস্ত্র করে শিবিরের অস্ত্রাগারে তাদের সব অস্ত্রশস্ত্র তালাবন্ধ করে রেখেছিল। এছাড়াও তাদের ওপর সর্বদা নজর রাখার জন্য পালা করে এক চব্বিশ ঘন্টা ব্যাপী পাহারাদারির বন্দোবস্ত করা হয়েছিল। আজ জটায়ু এবং মক্রন্তের রাত জেগে পাহারা দেবার পালা।

'ঐ বখাটে রাজকন্যার তোমার ওপর নজর আছে।' সীতা বলল।

রাম ঘাড় নাড়ল। তার দৃষ্টিতে অবিশ্বাস।

'সে কি করে হতে পারে সীতা? ও জানে আমি বিবাহিত। আমাকে ওর ভাল লাগবে কেন?'

'তুমি যা ভাব তার চেয়ে তুমি অনেক বেশী আকর্ষণীয় সেটা তোমার বোঝা উচিৎ।'

রাম হাসল। 'বাজে কথা।'

সীতাও হেসে দুহাতে দিয়ে রামকে জড়িয়ে ধরল। 'কিন্তু তুমি আমার। শুধু আমার।'

'হ্যাঁ, প্রিয়তমা। ' হাসিমুখে নিজের পত্নীকে জড়িয়ে ধরে রাম বলল।

তারা এক ধীর শান্ত চুম্বন করল পরস্পরকে। ধীরে ধীরে বনে নেমে এলো নীরবতা, যেন রাতের বিশ্রামের জন্য প্রস্তুত।

— ৫১ —

বনবাসীদের সঙ্গে অতিথিদের এক সপ্তাহ কেটে গেছে।

লক্ষ্মণ এবং জটায়ু অতিথিদের ওপর অবিরাম নজর রাখার জন্য পালা করে পাহারা দেবার বিষয়ে জোর দিয়েছে।

বিভীষণ জানিয়েছে তারা কয়েক ঘন্টার মধ্যে বিদায় নেবে। কিন্তু শূর্পণখা জেদ ধরেছে তাকে নাকি যাবার আগে নিজের চুল ধুতে হবে। তার আরেক দাবী সীতাকে তার সঙ্গে যেতে হবে। চুল ধুতে সাহায্য করার জন্য।

সীতার শূর্পনখার সঙ্গে যাবার কোন আগ্রহ ছিল না। কিন্তু এই বিগড়ান রাজকন্যাকে যত তাড়াতাড়ি সম্ভব ঘাড় থেকে নামাতে চাইছিল সে। সেই আশায় সে রাজী হয়েছে।

শূর্পনখা নৌকা করে নদীর ভাটিতে অনেকটা দূরে যাবার জন্য জোর করেছে।

'তোমার শিবিরের ঐ বিরক্তিকর লোকগুলি যে আমার স্নানের সময় আমাকে লুকিয়ে দেখে, ভেবো না যে আমি সেটা জানি না।' রাগের ভান করে শুর্পনখা বলল।

সীতা বিরক্তিতে মুখ বিকৃত করে লম্বা নিঃশ্বাস নিল। কিন্তু কিছু বলল না।

'অবশ্য তোমার ভালমানুষ পতিটি ছাড়া,' ন্যাকামো করে বলল শূর্পণখা। 'ওর চোখ কেবল তোমার প্রতি।'

সীতা তবু কিছু না বলে নৌকায় চড়ে বসল। শূর্পনখাও সাবধানে গা বাঁচিয়ে উঠে পড়ল। সীতা অপেক্ষা করছিল শূর্পনখা একটা দাঁড় তুলে নেবে ভেবে। কিন্তু সে চুপচাপ বসে সপ্রশংস চোখে নিজের নখগুলি দেখতে লাগল। ক্রুদ্ধ নিঃশ্বাস ফেলে সীতা দুটো দাঁড়ই তুলে নিয়ে বাইতে আরম্ভ করল। শূর্পণখার কথা মত সে যেখানে স্নান করতে চায় সেই লুকনো উপহ্রদে পৌঁছুতে অনেকটা সময় লাগল। সীতা বিরক্ত ও ক্লান্ত হয়ে পড়েছিল।

'যাও স্নান কর গিয়ে।' বলে ঘুরে অপেক্ষা করতে লাগল সীতা।

শুর্পনখা ধীরে ধীরে পোশাক খুলল। সঙ্গে আনা পোশাকের ঝুলিতে সব কাপড় ঢুকিয়ে রেখে জলে ঝাঁপ দিল। সীতা নৌকোর পেছন দিকের বসার পাটাতনে মাথা রেখে তলার কাঠে দেহ এলিয়ে দিয়ে অপেক্ষা করতে লাগল। একটু সময় পর অস্বচ্ছন্দ বোধ করায় কিছু পাটের বস্তা টেনে বের করে সেগুলি একসাথে বালিশের মত করে পাটাতনের ওপর পেতে মাথাটা তাতে রাখল। অলস দিনের আলো ঘন লতাপাতার মধ্যে দিয়ে এসে তাকে শান্ত করে দিয়ে ধীরে ধীরে ঘুম পাড়িয়ে দিল।

ঘুমিয়ে পড়ায় সময়ের হিসেব ছিল না সীতার। ঘুম ভাঙল একটা সজোরে পাখির ডাকে।

শূর্পণখাকে জলে হুটোপাটি করতে শুনতে পেল। সীতা কিছুক্ষণ অপেক্ষা করে, যথেষ্ট সময় হয়েছে মনে হবার পর কনুইয়ে ভর করে মাথা তুলল। 'হয়েছে তোমার? চুলের জট ছাড়িয়ে বাঁধতে চাও?'

শূর্পণখা সাঁতার কাটা একটু থামিয়ে সীতার দিকে গভীর অবজ্ঞা আর বিতৃষ্ণার দৃষ্টিতে তাকিয়ে বলল। 'তোমাকে আমার চুলে হাত দিতে দিচ্ছি না!'

সীতার রাগে চোখ বড় হয়ে গেল। 'তাহলে আমাকে কি করতে এখানে নিয়ে...'

'আমি তো আর একা এখানে আসতে পারতাম না, তাই না?' বাধা দিয়ে বলল শূর্পনখা, যেন নিতান্তই একটা সহজ কথা ব্যাখ্যা করছে। 'আর পুরুষদের কাউকে তো সঙ্গে নিয়ে আসতাম না। আমাকে এই অবস্থায় দেখলে তারা কি করতো সে প্রভু ইন্দ্রই জানেন।'

'জলে চুবিয়ে দিলেই ভাল করত।' অস্ফুট স্বরে সীতা বলল।

'কি বললে?' ঝাঁঝাল গলায় বলল শূর্পনখা।

'কিছু না। তাড়াতাড়ি স্নানটা শেষ কর। তোমার ভাই আজ চলে যেতে চায়।'

'আমার ভাই তখনই যাবে যখন আমি যেতে বলব।'

শূর্পনখাকে উপহ্রদের কুলের ওপাশের জঙ্গলের দিকে তাকিয়ে থাকতে দেখে সীতা তার দৃষ্টি অনুসরণ করল। তারপর বিরক্ত হয়ে ঘাড় নাড়ল। 'কেউ আমাদের অনুসরণ করেনি। তোমাকে কেউ দেখছে না। যা কিছু শুভ আর পবিত্র তার দোহাই, স্নানটা শেষ কর!'

শূর্পনখা উত্তর দেওয়া প্রয়োজন মনে করল না। সীতার দিকে এক তাচ্ছিল্যের নজরে চেয়ে সাঁতরে চলে গেল।

সীতা হাত মুঠো করে কপালে ঠেকিয়ে চাপা স্বরে নিজেকে বার বার বোঝাতে লাগল।

'শান্ত থাক। শান্ত থাক। আজকেই চলে যাবে। একটু ধৈর্য ধর।'

শূর্পনখা বার বার জঙ্গলের দিকে আড়চোখে দেখছিল। কাউকে দেখতে পাচ্ছিল না। সে বিড়বিড় করে বলল। এই নির্বোধগুলির একটার ওপরে নির্ভর করা যায় না। আমাকে নিজেই সবকিছু করতে হয়।'

—ॐ—

পঞ্চবটী শিবিরে বিভীষণ রামের সঙ্গে কথা বলতে এসেছে।

'হে মহান পুরুষ,' বলল বিভীষণ। 'আমরা শিগগিরি চলে যাচ্ছি আপনি তো জানেন। আমাদের অস্ত্রশস্ত্রগুলি কি ফেরত দেয়া সম্ভব যাতে আমরা রওয়ানা হতে পারি।'

'অবশ্যই,' রাম বলল।

বিভীষণ অল্প দূরে জটায়ু আর তার মলয়পুত্রদের দিকে তাকাল। তারপর ঘন লতাপাতার আড়ালে লুকানো মহান গোদাবরী নদের দিকে ফিরল। তার হৃদস্পন্দন দ্রুত চলছিল।

আশা করি ওরা পৌঁছে গেছে।

—ॐ—

'যথেষ্ট! ' বিরক্ত হয়ে বলল সীতা। 'তুমি যতটা পরিষ্কার হতে পারো হয়ে গেছ। জল থেকে বের হও এখন। আমরা যাচ্ছি।'

শূর্পনখা আরেকবার জঙ্গলের দিকে তাকাল।

সীতা দাঁড়গুলো তুলে নিল। 'আমি চললাম। তুমি আসতে হলে এস নইলে থাক এখানেই।'

শূর্পনখা রাগে চীৎকার করলেও হাল ছেড়ে দিল।

—ॐ—

সীতা অনতিবিলম্বে নৌকা নিয়ে ফিরে এল। এখান থেকে শিবিরে দশ মিনিটের চড়াই। সে শূর্পণখার নৌকা থেকে নামার অপেক্ষা করছিল।

নৌকাটি তীরে টেনে এনে গাছের সঙ্গে নিরাপদে শনের দড়ি দিয়ে বেঁধে রাখার ব্যাপারে শূর্পণখার কোন রকম সাহায্য পাওয়ার আশা সীতার ছিল না, পেলোও না। সীতা যখন নিচু হয়ে নৌকার দড়িটা ডান হাতে জড়িয়ে নিয়ে নৌকার ওপরের তক্তাটা হাত দিয়ে ধরে টানতে আরম্ভ করল শূর্পনখা তখন সীতার পেছনে ছিল।

নিজের কাজে মনোযোগ এবং সেই সঙ্গে একা নৌকাটি টেনে তীরে আনার শারীরিক পরিশ্রমের ফলে সীতা দেখতে পায় নি, শূর্পনখা নিজের ঝুলিতে হাত ঢুকিয়ে কিছু ঔষধি পাতা বের করে চুপি চুপি তার পেছনে এসে দাঁড়িয়েছে।

শূর্পণখা এক বিশেষ ধরনের আতর ও সাবান ব্যবহার করে যা সে স্নান করার উদ্দেশ্যে সঙ্গে নিয়ে এসেছিল। এর একটা বিশেষ ধরনের গন্ধ আছে। বনের জান্তব গন্ধের থেকে সম্পুর্ণ ভিন্ন।

সেই গন্ধটির জন্যই সীতা রক্ষা পেয়ে গেল।

সীতার প্রতিক্রিয়া প্রায় সঙ্গে সঙ্গে হল। ঠিক যখন শুর্পনখা লাফ দিয়ে সীতার মুখে ঔষধিটা গুঁজতে যাবে, নৌকা ছেড়ে ঘুরে দাঁড়িয়ে লঙ্কার রাজকন্যার মুখে কনুই দিয়ে সজোরে আঘাত করল সীতা। যন্ত্রণায় চীৎকার করে শূর্পনখা পেছনে উলটে পড়ে গেল। সীতা লঙ্কার রাজকন্যার দিকে লাফ দিল কিন্তু হাতে জড়ান দড়িটার ফলে ভারসাম্য হারাল। সুযোগ বুঝে শূর্পনখা সীতাকে জলে ঠেলে দিল। কিন্তু পড়তে পড়তে সীতা তাকে আবার কনুই দিয়ে মারল। শূর্পণখা দ্রুত সামলে নিয়ে সীতার পেছন পেছন জলে ঝাঁপিয়ে পড়ে তার মুখে আবার ঔষধিটা গুঁজতে চেষ্টা করল।

সীতা শহুরে শুর্পনখার চেয়ে লম্বা, তৎপর ও শক্তপোক্ত। শূর্পণখাকে সজোরে ধাক্কা দিয়ে খানিকটা দূরে ছিটকে ফেলে দিল সে। ঔষধি পাতাগুলি মুখ থেকে থু করে ফেলে দিয়ে খাপ থেকে ছুরি বের করে দ্রুত দড়িটা কেটে

দিল সীতা। জলে ভাসমান পাতাগুলি এক ঝলক দেখল সীতা, প্রায় সঙ্গে সঙ্গেই চিনে গেল সেগুলি। জল ঠেলে শূর্পনখার কাছে এগিয়ে গেল সে।

শূর্পণখা ততক্ষণে নিজেকে সামলে নিয়েছে। সীতার দিকে সাঁতরে এসে তাকে ঘুষি মারতে চেষ্টা করল সে। সীতা তার কব্জি দুটো বাঁ হাতে ধরে নিয়ে ঝটকা মেরে লঙ্কার রাজকন্যাকে ঘুরে যেতে বাধ্য করল। এবার শূর্পনখার গলায় বাহু চেপে ধরে সীতা নিজের শরীরের সাথে শক্ত করে চেপে ধরল।

তারপর শূর্পনখার গলার কাছে ছুরিটা নিয়ে এল। 'বরবাদ ছুঁড়ি। আর যদি কিছু করতে চেষ্টা করেছ তো রক্তপাতে মরার ব্যবস্থা করে দেব।'

শূর্পনখা চুপ করে গিয়ে হাত ছাড়াবার চেষ্টা বন্ধ করে দিল। সীতা ছুরিটা খাপে পুড়ে তার কব্জিতে জড়ান দড়ির টুকরো গুলো দিয়ে শূর্পনখার হাত বেঁধে দিল , শূর্পনখার অঙ্গবস্ত্রটা নিয়ে তার মুখে বাঁধল।

শূর্পনখার ঝুলির ভেতর হাত ঢুকিয়ে সেই পাতাগুলি আরও কয়েকটা পেল। 'আর কোন ঝামেলা করলে এগুলো তোমার মুখে ঢুকিয়ে দেব।'

শূর্পনখা চুপ করে রইল।

সীতা তাকে শিবিরের দিকে হিঁচড়ে নিয়ে চলল।

শিবিরে পৌঁছনর একটু আগে শূর্পণখার মুখ থেকে অঙ্গবস্ত্রটা পিছলে খুলে যেতেই সে চীৎকার আরম্ভ করল।

'চুপ করে থাক!' তাকে টেনে নিয়ে যেতে যেতে চেঁচাল সীতা।

শূর্পণখা যদিও তারস্বরে চেঁচাতেই থাকল।

একটু পরে তারা জঙ্গলের বাইরে বেড়িয়ে এল। দীর্ঘকায়া, রাজকীয়, ক্রুদ্ধ সীতার ভেজা শরীর থেকে জল ঝরছে। শূর্পনখাকে টেনে নিয়ে যাওয়ার ধকলে তরঙ্গায়িত মাংসপেশী। লঙ্কার রাজকন্যার হাত কষে বাঁধাই আছে।

রাম ও লক্ষ্মণ তৎক্ষণাৎ তাদের তলোয়ার বের করে নিল। সেখানে উপস্থিত সকলেই সেটা করল।

অযোধ্যার ছোট রাজপুত্র প্রথম কথা খুঁজে পেল। বিভীষণের দিকে দোষারোপের দৃষ্টিতে তাকিয়ে সে জানতে চাইল, 'এসব কি কাণ্ড? কি হচ্ছে?'

বিভীষণ মহিলা দুজনের ওপর থেকে চোখ সরাতে পারছিল না। তাকে দেখে মনে হচ্ছিল প্রকৃতই স্তম্ভিত হয়ে গেছে, কিন্তু দ্রুত নিজেকে সামলে নিয়ে উত্তর দিল। 'তোমার ভ্রাতৃবধূ আমার বোনের সঙ্গে এসব কি করছেন? বোঝাই যাচ্ছে উনিই শূর্পনখাকে আক্রমণ করেছেন।'

'এসব নাটক বন্ধ কর!' চেঁচাল লক্ষ্মণ। 'তোমার বোন আগে আক্রমণ না করলে বৌদি এটা করত না।'

সীতা লোকেদের বৃত্তের মধ্যে ঢুকে শূর্পনখাকে ছেড়ে দিল। দেখাই যাচ্ছিল লঙ্কার রাজকন্যা ফ্যাকাসে আর নিয়ন্ত্রণহীন।

বিভীষণ তাড়াতাড়ি তার বোনের কাছে এগিয়ে গিয়ে ছুরি বের করে তার হাতে বাঁধা দড়িটা কেটে দিল। তারপর তার কানে ফিসফিস করে বলল। 'আমাকে সামলাতে দাও। চুপ করে থাক।'

শূর্পনখা বিভীষণের দিকে কটমট করে তাকাল। যেন এ সবই তার দোষ।

সীতা রামের দিকে ফিরে শূর্পনখার প্রতি ইঙ্গিত করল। তার হাতের তালুতে গাছের কিছু পাতা। 'লঙ্কার এই জঘন্য মেয়েটা আমার মুখে এই পাতাগুলি গুঁজে আমাকে জলে ঠেলে ফেলে দিতে চেষ্টা করছিল!'

রাম পাতাগুলি চিনতে পারল। সাধারণত শল্য চিকিৎসার আগে এগুলি রোগীকে অচেতন করার জন্য ব্যবহার করা হয়। সে বিভীষণের দিকে তাকাল। তার তীক্ষ্ণ চোখ রাগে লাল হয়ে গেছে। 'কি হচ্ছে এসব?'

বিভীষণ সঙ্গে সঙ্গে উঠে দাঁড়াল, তার ভাবভঙ্গীতে সবাইকে শান্ত করার চেষ্টা 'কিছু একটা ভুল বোঝাবুঝি হয়েছে দেখাই যাচ্ছে। আমার বোন এমন কিছু করতেই পারে না।'

'তুমি কি বলতে চাইছ যে ও আমাকে জলে ঠেলতে চেষ্টা করছে এটা আমি স্বপ্ন দেখেছি?' সীতা মারমুখী স্বরে প্রশ্ন করল।

শূর্পণখা ততক্ষণে উঠে দাঁড়িয়েছে, বিভীষণ তাঁর দিকে এক দৃষ্টে তাকিয়ে ছিল। মনে হচ্ছিল যেন তাকে চুপ করে থাকার জন্যে মিনতি করছে। কিন্তু প্রার্থনাটা স্পষ্টতই ঠিক জায়গায় পৌঁছল না।

'মিথ্যে কথা!' চীৎকার করল শূর্পনখা। 'আমি এরকম কিছু করি নি!'

'তুমি আমাকে মিথ্যেবাদী বলছ?' গর্জন করে উঠল সীতা।

এর পর যা ঘটল সেটা এতই আকস্মিক যে কারোর কিছু করার সময় প্রায় ছিলই না। শূর্পণখা ভয়ঙ্কর ক্ষিপ্রতার সঙ্গে তার পাশ থেকে নিজের ছুরিটা টেনে বের করে নিল। সীতার বাঁ পাশে দাঁড়ানো লক্ষ্মণ তার ক্ষিপ্র নড়াচড়াটা দেখতে পেয়ে চীৎকার করে দ্রুত সামনে এগিয়ে এল। 'বৌদি!'

সীতা আঘাতটা এড়াতে দ্রুত পাশে সরে গেল। মুহুর্তের সেই ভগ্নাংশের মধ্যে লক্ষ্মণ সামনে ঝাঁপিয়ে ছুটে আসা শুর্পনখার দু হাত ধরে তাকে সজোরে পেছনে ঠেলে দিল। স্বল্পকায়া রাজকন্যা পেছনে ছিটকে গিয়ে কিংকর্তব্যবিমুঢ় হয়ে তার পেছনে দাঁড়ানো সৈন্যদের ওপর আছড়ে পড়ল। তার নিজের যে হাতে ছুরিটি ধরা ছিল সেই হাতটাই এসে লাগল তার মুখে। ছুরিটা আড়াআড়ি ভাবে নাকের মধ্যে গভীর ভাবে কেটে বসে গেল। নিজে মাটিতে পড়ার সঙ্গে সঙ্গে তার হাত থেকে পড়ে গেল সেটা। ধাক্কাটার ফলে যন্ত্রণার অনুভুতি অসাড় হয়ে গেছে।

গলগল করে রক্তপাতের মধ্যে তার সচেতন মন নিজেকে জাহির করল। মুখে হাত দিয়ে নিজের রক্তাক্ত হাতটা চোখের সামনে আনতেই, এর ফলাফলের আতঙ্কটা তার সত্ত্বাকে কাঁপিয়ে দিল। সে জানত তার মুখে গভীর ক্ষতচিহ্ন হয়ে যাবে, যেগুলি সরাতে যন্ত্রণাদায়ক অস্ত্রোপচার প্রয়োজন হবে।

হিংস্র রাগে তীক্ষ্ণ স্বরে চীৎকার করে সে আবার সামনে ঝাঁপালো, এবার তার লক্ষ্য লক্ষ্মণ। বিভীষণ ছুটে গিয়ে তার ক্রোধান্ধ বোনকে ধরল।

'মার!' শূর্পণখার চীৎকার। 'সব কটাকে মেরে ফেল!'

'দাঁড়াও!' অনুনয় করল চরম আতঙ্কিত বিভীষণ। সে জানত তারা সংখ্যায় কম। মরতে চায় না সে। আর তার ভয় মৃত্যুর চেয়েও ভয়ঙ্কর কিছুর। 'দাঁড়াও!'

রাম মুষ্টিবদ্ধ বাঁ হাত তুলল, তার লোকেদের প্রতি থামবার কিন্তু প্রস্তুত থাকার ইশারা। 'এখুনি চলে যান রাজকুমার। নইলে ফল ভাল হবে না।'

'আমাদের কি বলা হয়েছে ভুলে যাও!' শূর্পণখা চেঁচাল। 'সব কটাকে মেরে ফেল!'

রাম, স্পষ্টতই হতভম্ব, বিভীষণকে, যে শূর্পণখাকে কোনমতে আটকে রেখেছে, উদ্দেশ্য করে বলল। 'এখুনি চলে যাও রাজকুমার বিভীষণ।'

'পিছু হট।' মৃদু স্বরে বলল বিভীষণ।

তার সৈন্যরা পিছু হটতে আরম্ভ করল। তাদের তলোয়ার তখনো বনবাসীদের দিকে তাক করা।

'কাপুরুষ! মেরে ফেল ওদের!' শূর্পণখা কশাঘাতের মত স্বরে বলল। 'আমি তোমার বোন! আমার প্রতিশোধ নাও! '

হাত পা ছুঁড়তে থাকা শূর্পনখাকে টেনে নিয়ে গেল বিভীষণ, তার চোখ রামের ওপর, কোন সহসা প্রতিক্রিয়ার খেয়াল রাখছে।

'মার ওদের!' চেঁচাল শূর্পনখা

লঙ্কার লোকেরা শিবির থেকে বেরিয়ে পঞ্চবটী ছেড়ে পালানোর সঙ্গে সঙ্গে বিভীষণ তার অসম্মত বোনকে টেনে নিয়ে গেল।

রাম, লক্ষ্মণ ও সীতা নিজের নিজের জায়গায় স্থাণু হয়ে দাঁড়িয়ে ছিল। যা ঘটে গেল সে একটা চরম দুর্বিপাক।

'আমরা এখানে আর থাকতে পারব না।' যা সবাই জানে জটায়ু সেই কথাটা উচ্চারণ করল। 'আর কোন উপায় নেই। আমাদেরকে পালাতে হবে। এখনি।'

রাম জটায়ুর দিকে তাকাল।

'আমরা লঙ্কার রাজরক্ত ঝরিয়েছি। তা রাজপরিবারের বিদ্রোহীদের হলেও।' বলল জটায়ু। 'তাদের প্রথাগত নিয়ম অনুযায়ী। রাবণের কাছে এর প্রত্যুত্তর দেওয়া ছাড়া কোন উপায় নেই। সপ্ত সিন্ধুর অনেক রাজ পরিবারেও এরকমই হয় তাই না? রাবণ আসবে। সে নিয়ে সন্দেহ রেখো না। বিভীষণ একটা কাপুরুষ। কিন্তু রাবণ ও কুম্ভকর্ণ তা নয়। ওরা হাজার হাজার সৈন্য নিয়ে আসবে। এটা মিথিলার চেয়ে খারাপ হবে। সেখানে ওটা ছিল সৈন্যদের মধ্যে লড়াই; যুদ্ধের অংশ, সেটা ওরা বোঝে। কিন্তু এখানে বিষয়টা ব্যক্তিগত। তার

বোন, রাজ পরিবারের একজন সদস্যের ওপর আক্রমণ হয়েছে। রক্তপাত ঘটেছে। তার প্রতিপত্তি প্রতিশোধ দাবী করবে।'

লক্ষ্মণ আড়ষ্ট হয়ে বলল। 'কিন্তু আমি তো ওকে আক্রমণ করি নি। ওই...'

'রাবণ সেভাবে এটা দেখবে না।' বাধা দিয়ে বলল জটায়ু। 'খুঁটিনাটি নিয়ে তোমার সঙ্গে বাদানুবাদে সে যাবে না, রাজকুমার লক্ষ্মণ। আমাদের পালাতে হবে। এক্ষুনি।'

অধ্যায় ৩২

ত্রিশ দিন হয়ে গেল তারা পালিয়ে বেড়াচ্ছে। যাতে তাদের কে অনুসরণ করা বা দেখতে পাওয়া সহজ না হয় সেই উদ্দেশ্যে তাঁরা গোদাবরীর সমান্তরাল হয়ে দণ্ডকারণ্যের পূর্বে অনেকটা দূরত্ব অতিক্রম করে এসেছে। কিন্তু তাদের পক্ষে উপনদীগুলি বা জলাশয় থেকে বেশী দূরে থাকা বাঞ্ছনীয় ছিল না। তাতে পশু শিকারের সুযোগ হারাতে হত।

অনেক দিন ধরে তাঁরা শুকনো মাংস, জংলী জামুন বা পাতা খেয়ে কাটাচ্ছিল। এটাও ভেবেছে যে, হয়তো লঙ্কার লোকেরা তাদের অনুসরণ করতে ব্যর্থ হয়েছে। সীমিত খাদ্য আর অবিরাম পথচলায় তাদের শরীর দুর্বল হয়ে পড়ছিল। তাই রাম আর লক্ষ্মণ শিকারে বেরিয়ে পড়েছে। ওদিকে সীতা এবং মলয়পুত্র যোদ্ধা মক্রন্ত গিয়েছিল কলাপাতা আনতে।

গোপনীয়তা অপরিহার্য ছিল। ফলে তারা মাটিতে গভীর গর্ত খুঁড়ে তার মধ্যে রান্না করতো। আগুনের জন্য বিশেষ ধরনের কম ধোঁয়ার পাথুরে কয়লা (অ্যানথ্রাসাইট) ব্যবহার করত। সাবধানের মার নেই ফলে মোটা কলাপাতা দিয়ে গর্তের ভেতরকার রান্নার হাঁড়ি ঢাকা দেয়া হয় যাতে কোন অবস্থাতেই ধোঁয়া বাইরে যেতে না পারে। কারণ এতে তাদের অবস্থানটা জানাজানি হয়ে যেতে পারে। এই কারণেই সীতা এবং মক্রন্ত কলাপাতা কাটছিল। আজ সীতার রান্না করার পালা।

সীতার অগোচরে রাবণের পুষ্পক বিমান শিবিরের অল্প দূরে এসে নেমেছে। হাওয়ার ঝড়ের বজ্র গর্জনে তার কান ফাটানো শব্দ চাপা পড়ে গিয়েছে। অসময়ের বৃষ্টি অঞ্চলটায় আছড়ে পড়েছে কিছুক্ষণ আগে। একশত লঙ্কার

সৈন্য বিমান থেকে বেরিয়ে শিবির আক্রমণ করেছে এবং অধিকাংশ মলয়পুত্রদের হত্যা করেছে।

কিছু লঙ্কার সৈন্যরা সীতা, রাম ও লক্ষণের সন্ধানে চারদিকে ছড়িয়ে পড়েছে। তাদের মধ্যে দুজন শিবিরে ফিরবার পথে সীতা আর মক্রন্তের ওপর হামলা করেছিল। মক্রন্ত ঘাড়ে আর গলায় দুটি তীরবিদ্ধ হয়ে মারা গেছে। সীতা কেবল মাত্র তার পারদর্শীতার সাহায্যে সৈন্য দুজনকে হত্যা করে তাদের অস্ত্র সঙ্গে নিয়ে শিবিরে পৌঁছাতে সফল হয়েছে। সেখানে পৌঁছে দেখতে পেয়েছে একমাত্র জটায়ু ছাড়া মলয়পুত্রদের সকলেই মৃত। জটায়ুর প্রাণ রক্ষা করার তার সাহসী চেষ্টা বিফল হয়েছে। নিজের আরাধ্য বিষ্ণুকে রক্ষা করার প্রচেষ্টায় নাগটি গুরুতর ভাবে আহত হয়েছে।

কুম্ভকর্ণ, রাবণের অনুজ, সীতাকে জীবন্ত বন্দী করার আদেশ দিয়েছিল। একসঙ্গে বহু সংখ্যক লঙ্কার সৈন্য সীতাকে আক্রমণ করে। সীতা বীরের মত লড়াই করেছে। কিন্তু শেষ পর্যন্ত ধরা পড়ে গেছে। তাকে বন্দী করে লঙ্কার এক নীল রঙের বিষাক্ত ওষুধের সাহায্যে অজ্ঞান করে দেয়া হয়েছে।

তারা দ্রুত সীতাকে পুষ্পক বিমানে তুলে নিয়ে স্থানত্যাগ করেছে। তার প্রায় সঙ্গে সঙ্গে রাম ও লক্ষ্মণ শিবিরে এসে গুরুতর আহত জটায়ু এবং চারদিকে পরে থাকা মৃতদেহ দেখতে পেয়েছে।

— ২৮ —

সীতা মনে করতে পারছিল না কতক্ষণ ধরে সে অজ্ঞান অবস্থায় ছিল। নিশ্চয় কয়েক ঘন্টা। তার ঘোর এখনো পুরোপুরি কাটে নি। বিমানের গায়ের গোলাকার জানালাগুলি দিয়ে আলোর রশ্মি ভেতরে আসছিল। একটা ঢিমে অবিরাম শব্দ তার মাথায় যন্ত্রণা সৃষ্টি করছিল। শব্দটা আসলে যে বিমানের পাখাগুলির শব্দ, যা শব্দরোধক দেয়ালের ফলে খানিকটা চাপা পরেছে। সেটা বুঝতে সীতার কিছুটা সময় লাগল।

দেয়ালগুলি যথেষ্ট শব্দরোধক না।

মাথার ব্যথাটা কমাতে কপালের দুপাশে চাপ দিল সীতা। কিন্তু তাতে শুধু কয়েক মুহুর্তের জন্য রেহাই পেল সে। ব্যথাটা আবার ফিরে এলো। হঠাৎ সীতার একটা ব্যাপার খেয়াল হল।

আমার হাত বাঁধা নয়।

সে নীচে পায়ের দিকে তাকাল। পায়েও বন্ধন নেই।

আশার আলো জাগল তার মনে।

প্রায় সঙ্গে সঙ্গে সেটা নিভে গেল, সে নিজের নির্বুদ্ধিতায় নিজেই হেসে ফেলল।

কোথায় যাচ্ছিলাম আমি? মাটি থেকে হাজার হাজার ফুট উঁচুতে আছি। নীল মাদকটা আমার মাথা গুলিয়ে দিয়েছে।

সে ধীরে ধীরে মাথা ঝাঁকিয়ে চিন্তাধারা পরিষ্কার করার চেষ্টা করল।

দেয়ালের কাছে একটা বেদীর ওপর আটকান দেহবহনের তক্তার ওপর শুয়ে ছিল সে।

সীতা চারদিকে দেখল। বিমানটা সত্যি বিশাল। ওপরের দিকে তাকাল সে। এর ভেতর দিকটাও নিখুঁত শঙ্কু আকৃতির। মসৃণ ধাতু ধীরে ধীরে নীচে থেকে সরু হয়ে অনেক ওপরে উঠে গেছে। চুড়ায় একটা ছবি আঁকা আছে। দৃষ্টি এখনো একটু অস্পষ্ট থাকায় ঠিক কিসের ছবি বুঝতে পারল না সে। বিমানের ঠিক কেন্দ্রে একটা নিখুঁত নলাকার স্তম্ভ একেবারে নীচে থেকে ছাত পর্যন্ত উঠে গেছে। নিরেট ধাতুর তৈরি এবং স্পষ্টতই শক্তপোক্ত। তার মনে হল যেন এক বিরাট মন্দিরের প্রধান স্তম্ভের কাঠামোর ভেতরে শুয়ে আছে। কিন্তু ভেতরটায় প্রচুর জায়গা এবং স্বাচ্ছন্দ্য থাকলেও আসবাবপত্র খুবই সীমিত। অধিকাংশ রাজকীয় যানের, অন্তত সপ্তসিন্ধুর রাজকীয় যানের বিলাসিতা এবং দুর্মূল্য অলঙ্করণের ছিটেফোঁটাও ছিল না এতে। পুষ্পক বিমান মৌলিক, অনাড়ম্বর এবং কার্যকরী। স্পষ্ট বোঝা যায় এটা এক সামরিক যান, জাঁকজমক দেখানোর জন্য নয়।

সুসজ্জার চেয়ে কার্যক্ষমতাকে প্রাধান্য দেবার ফলে পুষ্পক বিমান স্বচ্ছন্দে শতাধিক সৈন্য বহনের ক্ষমতা রাখে। তারা সকলে সুশৃঙ্খল ভাবে, নীরবে অনেক গুলো সমকেন্দ্রিক বৃত্তাকার সারিতে বসে ছিল, বিমানের দেয়াল অবধি।

সে রাবণ আর কুম্ভকর্ণকে মেঝেতে আটকান আসনে বসে থাকতে দেখতে পাচ্ছিল। তাদের বসবার জায়গাটা আংশিক ঢাকা। একটা পর্দা ওপর থেকে ঝুলছে। তারা বেশী দূরে না হলেও, ফিসফিস করে কথা বলায় সীতা তাদের কথা শুনতে পাচ্ছিল না।

তখনও দেহবহনের পাটাতনের ওপর শায়িত ছিল সীতা। এবার কনুইয়ে ভর দিয়ে উঠতে গিয়ে বলপ্রয়োগ করার শব্দ করে ফেলল। সে এখনো দুর্বলবোধ করছিল।

রাবণ ও কুম্ভকর্ণ ঘুরে তার দিকে দেখল। তাঁরা উঠে দাঁড়িয়ে তার দিকে এগিয়ে এলো। অন্যমনস্ক রাবণ ধুতিতে পা জড়িয়ে হোঁচট খেল।

সীতা ততক্ষণে উঠে বসতে পেরেছে। বুক ভরে নিঃশ্বাস নিয়ে উদ্ধত দৃষ্টিতে দুই ভাইয়ের দিকে তাকাল সে।

'আমাকে এখনি মেরে ফেল।' গর্জে উঠলো সীতা। 'নইলে পরে আপসোস করতে হবে তোমাদের।'

লঙ্কার সৈন্যরা সকলে অস্ত্র বের করে উঠে দাঁড়ালো। কিন্তু কুম্ভকর্ণ ইশারা করায় এগোল না।

'আমরা তোমার ক্ষতি করতে চাইনা। তুমি নিশ্চয় ক্লান্ত। খুব তাড়াতাড়ি জেগে গেছ। তোমাকে যে ওষুধটা দেয়া হয়েছে সেটা খুব কড়া। অনুগ্রহ করে বিশ্রাম নাও।'

সীতা উত্তর দিল না। কুম্ভকর্ণের সদয় গলার স্বরে সে বিস্মিতও।

'আমরা জানতাম না,' দ্বিধাভরা স্বরে বলল কুম্ভকর্ণ। 'আমি...আমি জানতাম না। নইলে তোমাকে বিষাক্ত ওষুধটা দিতাম না...'

সীতা চুপ করে রইল।

তারপর সে রাবণের দিকে ফিরল। দেখল তার দিকে একদৃষ্টে চেয়ে আছে সে। পলকহীন। তার মুখের ভাব দুঃখিত। বিষণ্ণ। এবং তার চোখে অদ্ভুত চাউনি। প্রায় যেন ভালবাসা ভরা।

সীতা দেয়ালের কাছে পিছিয়ে এল। অঙ্গবস্ত্র দিয়ে নিজেকে ঢেকে নিল।

হঠাৎ একটা হাত এগিয়ে এল। একটা নিমের পাতা। এবং সেই নীল রঙের মলম। তার নাক।

সীতা অনুভব করল তার দৃষ্টি অন্ধকার হয়ে আসছে। ধীরে ধীরে।

সে দেখতে পেল রাবণ তার ডানদিকে, যেখানে তাকে যে অজ্ঞান করার ওষুধ দিয়েছে সে দাঁড়িয়ে আছে, সেদিকে চেয়ে আছে । রাবণের মুখে ফুটে উঠেছে ক্রোধ।

তারপর সব অন্ধকার হয়ে গেল।

— ৮১ —

তার চোখ খুলল।

গোলাকার জানালা দিয়ে স্তিমিত আলোর কিরণ এসে ঢুকছে। সুর্য পাটে বসেছে।

আমি কতক্ষণ অজ্ঞান ছিলাম?

সীতা নিশ্চিত হতে পারছিল না। কয়েক ঘন্টা? না অনেক প্রহর?

আবার সম্বিত ফিরল তার। ধীরে ধীরে। দুর্বল ভাবে। তার চোখে পড়ল অধিকাংশ সৈন্যরাই মেঝেতে ঘুমিয়ে আছে।

কিন্তু যে বেদীটার ওপর সে শুয়ে ছিল তার চারদিকে কোন সৈন্য নেই।

তাকে একা ছেড়ে দেওয়া হয়েছে।

রাবণ ও কুম্ভকর্ণ তাদের আসনের কাছে দাঁড়িয়ে ছিল, পায়ের আড়ষ্ট ভাবে কমাতে। নিজেদের মধ্যে ফিস ফিস করে কথা বলছিল।

ধীরে ধীরে সীতার দৃষ্টি পরিষ্কার হয়ে এল। দূরত্ব আন্দাজ করতে পারছে সে এখন। রাবণ ও কুম্ভকর্ণ তার থেকে পনের কুড়ি ফুটের বেশী দূরে নয়। সীতার দিকে পেছন ফিরে দাঁড়িয়ে আছে তারা। গভীর আলোচনায় মগ্ন।

সীতা চারদিকে তাকিয়ে মৃদু হাসল।

কেউ অসাবধান হয়ে পড়েছে।

কাছেই একটা ছুরি পড়ে আছে। সে যেখানে শুয়েছিল সেই বেদীর ওপর। সে নেমে পড়ল। নিঃশব্দে। সন্তর্পণে। খুব সাবধানে খাপটা তুলে নিয়ে ছুরিটা বের করে নিল, কোন শব্দ না করে।

ছুরিটা শক্ত করে হাতে ধরল সীতা।

কয়েকবার গভীর শ্বাস নিল সে। শরীরে শক্তি সঞ্চার করতে।

তার মনে পড়ল কি শুনেছিল।

নেতাকে মেরে দিলে লঙ্কার লোকেরা আত্মসমর্পন করে দেয়।

সে উঠতে চেষ্টা করল। তার চারদিকের সব কিছু ঘুরতে আরম্ভ করেছে।

গভীর ভাবে শ্বাস নিতে নিতে বেদীর ওপর আবার বসে পড়ল সে। শরীরে বেশী করে হাওয়া ভরে নিল।

তারপর মনোসংযোগ করে, চুপি চুপি উঠে দাঁড়ালো সে। রাবণের দিকে পা টিপে টিপে এগিয়ে গেল।

রাবণের পেছনে মাত্র কয়েক ফুট দূরে পৌঁছে ছুরিটা তুলে ধরে সামনে ঝাঁপাল সীতা।

সজোরে একটা চীৎকার শোনা গেল আর তাকে পেছন থেকে কেউ জাপটে ধরল। তার গলার চারদিকে একটা হাত। একটা ছুরি গলায় চেপে ধরল কেউ। সীতা বুঝতে পারছিল তার আক্রমণকারী একজন মহিলা।

রাবণ ও কুম্ভকর্ণ তৎক্ষণাৎ ঘুরে দাঁড়াল। অধিকাংশ লঙ্কার সৈন্যরাও উঠে দাঁড়িয়েছে।

কুম্ভকর্ণ ধীরে ধীরে তার হাতদুটো তুলল। সাবধানে। শান্ত কিন্তু আদেশের স্বরে বলল। 'ছুরিটা ফেলে দাও।'

সীতা অনুভব করল, তার গলার চারদিকে হাতের বাঁধন শক্ত হচ্ছে। সে দেখতে পেল, লঙ্কার সব সৈন্য উঠে দাঁড়িয়েছে। হাল ছেড়ে দিয়ে ছুরিটা হাত থেকে ফেলে দিল সে।

কুম্ভকর্ণ আবার বলল। এবার একটু বেশী রুক্ষ স্বরে। 'বললাম যে, ছুরিটা ফেল।'

সীতা বিভ্রান্ত হয়ে ভুরু কোঁচকাল। নীচে নিজের ফেলে দেওয়া ছুরিটা দেখল। তার কাছে অন্য কোন ছুরি নেই এটা বলতে যাবে এমন সময় গলায় একটা খোঁচা লাগল তার। আক্রমণকারী পেছন থেকে তাকে ধরে ছুরিটা আরও কাছে আনায় তার ডগা লেগে রক্ত বেরিয়ে এসেছে।

কুম্ভকর্ণ রাবণের দিকে চাইল, তারপর ঘুরে সীতাকে ধরে থাকা আক্রমণকারীকে বলল। 'খর মৃত। এতে সে ফিরে আসবে না। বোকামো করো না। এটা আমার আদেশ। ছুরিটা ফেল।'

সীতা বুঝতে পারল তার গলায় চেপে বসা হাতটা কাঁপছে। তার আক্রমণ কারী গভীর আবেগের সঙ্গে লড়ছে।

অবশেষে রাবণ কাছে এগিয়ে এসে রুক্ষ আদেশের এবং প্রায় ভীতিপ্রদ স্বরে বলল। 'ছুরিটা ফেল। এক্ষুনি।'

সীতা অনুভব করল তার গলার ওপর চেপে বসা হাতের বাঁধন আলগা হয়ে গেল। হঠাৎ হাতটা সরে গেল। এবং শোনা গেল একটা চাপা স্বরের ফিসফিসানি।

'যে আজ্ঞা ইরৈবা।'

কণ্ঠস্বরটা কানে আসতেই সীতা স্তম্ভিত হয়ে গেল। এক ঝটকায় ঘুরে দাঁড়াতে গিয়ে টাল সামলাতে না পেরে পেছন দিকে পরে যেতে যেতে ভর দেবার জন্য বিমানের দেয়াল ধরে ফেলল সে।

মনের জোরে শরীরে শ্বাস প্রশ্বাস ফিরিয়ে এনে তার আক্রমণকারী ব্যক্তিটির মুখের দিকে তাকাল সীতা। এমন এক ব্যক্তি যে তাকে কয়েক মুহুর্ত আগে হত্যা করার চেষ্টা করেছে। এমন একজন যার খরের প্রতি গভীর আবেগ আছে। এমন একজন যে স্পষ্টতই রাবণের সম্পূর্ণ নিয়ন্ত্রণে।

এমন একজন যে একবার তার প্রাণরক্ষা করেছিল...
এমন একজন যাকে সে নিজের বন্ধু মনে করেছিল।
সমিচি।
…ক্রমশ।

লেখকের অন্যান্য বই

শিব ত্রয়ী

ভারতীয় প্রকাশনীর ইতিহাসে সর্বাধিক বিক্রীত ধারাবাহিক:

মেলুহার মৃত্যুঞ্জয়ীগণ
(কাহিনি-১)

১৯০০ খ্রিঃ পূঃ যে সময়ের সভ্যতাকে আধুনিক ভারতীয়রা ভুল করে সিন্ধু সভ্যতা বলে। সেই সময়ের অধিবাসীরা যাকে বলত মেলুহা—প্রায় নিখুঁত এক সাম্রাজ্য যা বহু শতাব্দী আগে প্রতিষ্ঠা করেছিলেন প্রভু শ্রীরাম। এই সাম্রাজ্য তাদের প্রধান সরস্বতী নদীর শুকিয়ে যাওয়ার কারণে গভীর সংকটের সম্মুখীন। তাছাড়া তারা পূর্বদিক থেকে আসা বিধ্বংসী সন্ত্রাসবাদী আক্রমণেরও মুখোমুখি। তাদের পৌরাণিক নায়ক নীলকণ্ঠ কি এই অশুভ শক্তিকে বিনাশ করতে আবির্ভূত হবেন?

নাগ রহস্য
(কাহিনি-২)

দুষ্ট নাগযোদ্ধা তাঁর বন্ধু বৃহস্পতিকে হত্যা করেছে আর এখন তাঁর পত্নী সতীকে চুপিসাড়ে অনুসরণ করছে। তিব্বতীয় অভিবাসী শিব তাঁর দানব প্রতিপক্ষকে না খুঁজে পাওয়া অব্দি বিশ্রম নেবেন না। ভবিষ্যদ্‌বাণী অনুযায়ী তিনিই অশুভের বিনাশকর্তা। তাঁর প্রতিশোধস্পৃহা ও অশুভের দিকে চলার পথ তাঁকে নিয়ে যাবে সর্পমানব নাগদের দরজায়। ভয়ংকর যুদ্ধ বেধে যাবে। বিস্ময়কর জোট স্থাপন হবে। রাষ্ট্রীয় বেস্টসেলার *মেলুহার মৃত্যুঞ্জয়ীগণ*-এর পরবর্তী অংশে—শিব-ত্রয়ী কাহিনির দ্বিতীয় বইতে অবিশ্বাস্য সব রহস্যের উন্মোচন হবে।

বায়ুপুত্রদের শপথ
(কাহিনি-৩)

নাগ রাজধানীর পঞ্চবটীতে পৌঁছলেন শিব। নীলকণ্ঠ তাঁর প্রকৃত শত্রুর বিরুদ্ধে ধর্মযুদ্ধের প্রস্তুতি শুরু করলেন। কোনোভাবেই নীলকণ্ঠের হারা চলবে না—তা সে মূল্য যাই হোক না কেন। মরিয়া হয়ে শিব বায়ুপুত্রদের দোরগোড়ায় এসে পৌঁছলেন। তিনি কি সফল হবেন? অশুভশক্তির সঙ্গে সংগ্রামের কি প্রকৃত মূল্য বহন করতে হবে? সর্বাধিক বিক্রীত শিব-ত্রীয় কাহিনির অন্তিম ভাগে খুঁজে পান এইসব রহস্যের উত্তর।

রামচন্দ্র ধারাবাহিক

ভারতীয় প্রকাশনীর ইতিহাসে দ্বিতীয় সর্বাধিক বিক্রীত ধারাবাহিক:

রাম—ইক্ষ্বাকু কুলতিলক
(রামচন্দ্র ধারাবাহিক-১)

এক নির্যাতিত, বহিষ্কৃত রাজপুত্র। দশরথপুত্র রাম। ন্যায় প্রতিষ্ঠায় একক লড়াইয়েও সে প্রস্তুত। কলঙ্ক আর লাঞ্ছনার বোঝা ঝেড়ে ফেলে রাম কি উঠে দাঁড়াতে পারবে? সীতার প্রতি তাঁর প্রেম পারবে কি সংগ্রামের শেষ পর্যন্ত তাঁকে প্রেরণা জোগাতে? যে তার শৈশবকে ছারখার করে দিয়েছে সেই রাক্ষসরাজ রাবণকে কি সে পারবে পরাভূত করতে? পারবে কি পরবর্তী বিষ্ণুর নিয়তিকে বাস্তবায়িত করতে? অমীশের নতুন ধারাবাহিক 'রামচন্দ্র'-র সঙ্গে শুরু হোক আর এক ঐতিহাসিক যাত্রা।

রাবণ-আর্য্যাবর্তের অরিশ্রেষ্ঠ
(রামচন্দ্র ধারাবাহিক-৩)

রাবণ মানবসমাজের মধ্যে একজন দৈত্য হিসাবে প্রতিষ্ঠিত হতে, জয় লাভ ও লুন্ঠন করতে এবং মাহাত্ম্য অর্জন করতে দৃঢ়প্রতিজ্ঞ এবং তিনি এটি তাঁর অধিকার বলে মনে করেন। তাঁর চরিত্র বিপরীতমুখী, একদিকে তিনি নৃশংস ও হিংস্র এবং অন্যদিকে প্রভূত জ্ঞানের অধিকারী। তিনি এমন একজন মানুষ যিনি নিঃশর্তে ভালবাসতেও পারেন আবার অনুশোচনাহীন ভাবে হত্যাও করতে পারেন। রামচন্দ্র সিরিজের তৃতীয় বইয়ে অমীশ লঙ্কার রাজা রাবণ চরিত্রের উপর আলোকপাত করেছেন। তিনি কি ইতিহাসের সবচেয়ে বড় খলনায়ক নাকি চিরকালই একজন অন্ধকারের বাসিন্দা?

অ কল্পকাহিনি

মৃত্যুঞ্জয়ী ভারত: নবীন দেশ, নিরন্তর সভ্যতা

অমীশ একগুচ্ছ ক্ষুরধার প্রবন্ধ, সূক্ষ্মাতিসূক্ষ্ম বক্তৃতা এবং বুদ্ধিদীপ্ত বিতর্কের মাধ্যমে আপনাকে নতুনভাবে ভারতকে বুঝতে সাহায্য করবেন। ধর্ম, পুরাণ, ঐতিহ্য, ইতিহাস, সমসাময়িক সামাজিক নিয়ম, শাসন এবং নীতিশাস্ত্র প্রভৃতি বিষয়ে তাঁর গভীর অনুভবের ভিত্তিতে, *মৃত্যুঞ্জয়ী ভারত: নবীন দেশ, নিরন্তর সভ্যতা*-য় অমীশ আকর্ষক আধুনিক দৃষ্টিভঙ্গির দ্বারা বিন্যস্ত করেছেন সেই সুপ্রাচীন বিশাল সংস্কৃতির মহান চালচিত্রকে।